Mikal Gilmore
Das Herz der Gewalt

Mikal Gilmore

Das Herz
der Gewalt

Goldmann Verlag

Deutsch von Pociao und Roberto de Hollanda (Teil I–III),
Angelika Felenda (Teil IV) und Cornelia C. Walter
(Teil V, VI und Epilog)

Die amerikanische Originalausgabe erschien 1994
unter dem Titel »Shot in the Heart«
bei Doubleday, New York

Umwelthinweis:
Dieses Buch und der Schutzumschlag
wurden auf chlorfrei gebleichtem Papier gedruckt.
Die Einschrumpffolie (zum Schutz vor Verschmutzung)
ist aus umweltschonender und recyclingfähiger
PE-Folie.

Der Goldmann Verlag
ist ein Unternehmen der Verlagsgruppe Bertelsmann

1. Auflage
Satz: Uhl + Massopust, Aalen
Druck: Mohn, Gütersloh
Printed in Germany
ISBN 3-442-30607-8

Dieses Buch ist meinem Bruder
Frank Gilmore jun. gewidmet.
Er hat vieles durchgemacht,
um mir zu helfen,
diese Geschichte zu erzählen.

Inhalt

Es gibt etwas,
das die Toten für sich behalten.

Robert Frost

Vorwort

Ich habe einen schrecklichen, immer wiederkehrenden Traum. In diesem Traum ist es Nacht. Wir sind im Haus meines Vaters, einem verwitterten, schindelgedeckten Holzhaus aus den Fünfzigern. Es hat zwei Stockwerke und liegt am äußersten Rand einer heruntergekommenen amerikanischen Stadt zwischen den Scheinwerfern und rauchenden Schornsteinen riesiger Fabrikanlagen. Vor dem Haus schimmern Eisenbahngleise im Mondlicht und markieren die Grenze zu einem Wald, den ich nicht betreten darf. Während der ganzen Nacht kann man in der Ferne das Pfeifen einer Lokomotive hören, das die Ankunft eines

Personenzuges aus der Außenwelt ankündigt. Aus irgendeinem
Grund folgt diesem Signal niemals ein Zug. Man hört nur das
Pfeifen.

Menschen gehen im Haus ein und aus, bewegen sich zwischen
der Dunkelheit draußen und der Dunkelheit drinnen. Es ist
meine Familie, und im Traum sind sie alle von den Toten aufer-
standen. Da ist meine Mutter, Bessie Gilmore, deren Leben von
bitteren Verlusten geprägt war. Sie spuckte Blut, als sie starb,
und rief die Namen ihres Vaters und ihres Mannes – jener Män-
ner, die vor Jahren all ihre Hoffnung und Liebe mit Füßen getre-
ten hatten. Sie flehte sie um Gnade an, als sie in die Dunkelheit
einging, vor der sie sich so lange gefürchtet hatte. Da ist mein
Bruder Gaylen. Er starb jung an den Folgen alter Stichwunden;
seine Braut saß neben ihm, hielt seine Hand und mußte mitanse-
hen, wie das Leben aus seinem eingefallenen Gesicht wich. Da
ist mein Bruder Gary, der unschuldige junge Männer umbrachte,
um sich für die Liebe und die Zeit zu rächen, die das Leben ihm
gestohlen hatte; er starb in einem Kugelhagel, der ihm sein ge-
walttätiges, geschundenes Herz aus der Brust riß. Da ist mein
Bruder Frank, der mit jedem neuen Tod stiller und verschlosse-
ner wurde und zum letztenmal gesehen wurde, als er eine Straße
unweit des Hauses aus diesem Traum entlangging, die Hände
tief in den Taschen vergraben, das Gesicht von unvorstellbarem
Leiden gezeichnet. Und da ist mein Vater, Frank sen., der elend
an Krebs starb. Er taucht in meinen Träumen von allen Fami-
lienmitgliedern immer als letzter auf, und seine Anwesenheit
löst jedesmal Schuldgefühle in mir aus: Ich bin froh, ihn zu
sehen, aber ich bin der einzige, der sich freut. Denn im Traum wie
im wirklichen Leben lauert tief innen die Angst, daß mein Vater
noch mehr Kummer und Schmerz über die Familie bringen
könnte, daß er irgendeinen Weg findet, um jene gänzlich zu
vernichten, die bereits getötet wurden. Gelegentlich besteht der
Sinn des Traumes darin, ihn zu überreden, zu den Toten zurück-
zukehren, wenn all das Leiden und Blutvergießen ein Ende ha-

ben soll. »Leg dich hin, Vater«, sagten wir Brüder dann. »Wir wollen dich wieder begraben.«

In diesen Träumen beobachte ich meine Familie, und immer hat es den Anschein, als stünde ich abseits, als fände hier ein Kampf um Liebe und Nähe statt, den ich auf irgendeine Weise jedesmal verliere. Und so schaue ich zu, was meine Brüder unternehmen. Ich blicke aus dem Fenster und sehe sie in der Dunkelheit draußen, wie sie durch das Gebüsch des Vorgartens auf die Straße zugehen. Ich sehe Autos, die die Eisenbahngleise überqueren. Ich sehe, wie sie anhalten und meine Brüder mitnehmen und dann später wieder zurückbringen. Und ich weiß, daß sie sich zwischen Welten bewegen, die mir verwehrt bleiben, denn aus irgendeinem Grund darf ich das Haus nicht verlassen.

Eines Nachts, nach Jahren solcher Träume, verrät mir Gary, warum ich meiner Familie bei ihrem Kommen und Gehen nur zusehen darf und stets allein im Wohnzimmer zurückbleibe: Ich habe den Tod nicht erfahren. Er erklärt mir, daß ich ihnen erst über die Gleise folgen kann in diesen Wald, wo sich ihr wirkliches Leben abspielt, wenn ich sterbe. Dann zieht er einen Revolver aus seiner Manteltasche und legt ihn mir in den Schoß. Es gibt eine Tür auf der anderen Seite des Raums, und er geht auf sie zu. Hinter der Tür ist die Nacht. Ich erkenne die schimmernden Eisenbahngleise, auf der anderen Seite wartet meine Familie. »Wir sehen uns im Dunkel des Jenseits wieder«, sagt er.

Ich zögere nicht. Ich greife nach dem Revolver. Ich stecke mir den Lauf in den Mund. Ich drücke ab. Ich spüre, wie mein Hinterkopf explodiert. Das Gefühl ist sanfter, als ich vermutet hatte. Ich spüre, wie meine Zähne splittern und in einem Schwall von Blut aus meinem Mund fallen. Dann fühle ich, wie ich mein Leben aushauche, und in diesem Augenblick breche ich zusammen und falle ins Nichts. Da ist Dunkelheit, aber kein Jenseits. Es gibt nie ein Jenseits, nur den plötzlichen, unwiderstehlichen Sog der Vernichtung. Ich weiß, daß ich den Tod fühle, das heißt, ich weiß, daß der Tod sich so anfühlen muß.

Ich habe diesen Traum immer wieder und in den verschieden-
sten Variationen geträumt. Jedesmal wache ich an diesem Punkt
auf, mit rasendem Herzklopfen, das schmerzt, weil ich aus der
Leere herausgerissen wurde, die das Tor zum Zufluchtsort mei-
ner unglücklichen Familie ist. Oder ist sie das Tor zur Hölle? Wie
auch immer, ich möchte zurück in den Traum, doch in diesen
düsteren Stunden der Nacht gibt es keinen Weg zurück.

Ich habe eine Geschichte zu erzählen. Es ist eine Geschichte von
lauter Morden: Mord am Körper und an der Seele, Mord aus
verletzter Liebe, aus Haß und aus Rache. Es ist die Geschichte vom
Ursprung dieser Morde und der Art, wie sie Gestalt annahmen und
unser Leben prägten. Zugleich aber ist es eine Geschichte darüber,
wie Gewalt und Mord enden – falls sie überhaupt je enden.

Ich kenne diese Geschichte nur allzugut, denn ich war ein Teil
von ihr. Ich habe mit ihren Ursachen und Auswirkungen, ihren
Abgründen und unvergeßlichen Lehren leben müssen, immer.
Auch die Toten dieser Geschichte kenne ich. Ich weiß, warum sie
anderen den Tod brachten und warum sie ihn selbst suchten.
Wenn ich mich je von diesem Vermächtnis befreien soll, dann muß
ich das, was ich weiß, erzählen.

So will ich beginnen.

Ich bin der Bruder eines Mannes, der unschuldige Menschen ermordet hat. Er hieß Gary Gilmore und starb als einer der bekannte-
sten Verbrechergestalten des modernen Amerika. Doch es waren
nicht seine Verbrechen, die sinnlosen Morde an zwei jungen Mormonen in zwei aufeinanderfolgenden Nächten im Juli 1976, die ihn
bekannt machten. Berühmt wurde er erst durch die Rolle, die er bei
seiner eigenen Bestrafung spielte. Die Verbrechen geschahen, kurz
nachdem der Oberste Gerichtshof der Vereinigten Staaten den
Weg für die Wiedereinführung der Todesstrafe geebnet hatte. Utah,
der Bundesstaat, in dem Gary zum Mörder geworden war, gehörte
zu den ersten, die das Gesetz zur Wiedereinführung der Todes-

strafe ratifiziert hatten. Doch die tatsächliche Anwendung der Todesstrafe war eine andere Sache. Als man Gary im Herbst 1977 zum Tode verurteilte, war in Amerika seit mehr als einem Jahrzehnt niemand mehr hingerichtet worden. Ungeachtet der neuen Rechtslage war das Land noch nicht bereit, im Namen des Gesetzes Blut zu vergießen. All dies änderte sich mit Gary Gilmore.

Am 1. November 1976 verzichtete Gary auf das Recht, gegen sein Todesurteil Berufung einzulegen und bestand darauf, daß der Staat einen Termin für die Vollstreckung festlegte. Damit traf er den Nerv der Nation und machte während der folgenden Monate rund um die Uhr Schlagzeilen. Es folgten Diskussionen, Verzögerungen, Intrigen und sogar eine Liebesgeschichte. Gary blieb von alledem unberührt und fest entschlossen zu sterben; zweimal versuchte er sogar, Selbstmord zu begehen. Damit brachte er den Bundesstaat Utah und die Befürworter der Todesstrafe unvorhergesehen in eine heikle Lage. Er machte sie nicht nur zu seinen Verbündeten, sondern degradierte sie darüber hinaus zu Handlangern, die ihn auf eigenen Wunsch hin töten mußten, um seine Vorstellungen von Schuld und Sühne zu erfüllen. Indem er auf seiner Hinrichtung beharrte und damit die juristische Maschinerie in Gang setzte, die diese Hinrichtung möglich machen sollte, schien Gary uns sagen zu wollen: »Es gibt nichts, womit ihr mich bestrafen könnt, denn das ist genau das, was ich will, es ist mein Wille. Ich mache euch zu Komplizen bei meinem letzten Mord.«

Und die Nation haßte Gary; nicht wegen seiner Verbrechen, sondern weil es so aussah, als hätte er in seiner Unbeugsamkeit und Arroganz eine Methode gefunden, die ihn als Sieger dastehen und ihn letztendlich entwischen ließ.

Viele Leute kennen diesen Teil der Geschichte bereits. Er machte 1976 und 1977 monatelang internationale Schlagzeilen und wurde später Gegenstand eines erfolgreichen Romans von Norman Mailer, *Gnadenlos. Das Lied vom Henker*, der auch fürs Fernsehen verfilmt wurde. Wenn man das Buch gelesen oder den Film gesehen hat, kennt man die letzten Monate in Garys Leben:

das Vertrauen, das er enttäuschte, die Liebe, die er verlor, die Leben, die er zerstörte, und die Selbstzerstörung, nach der er strebte. Weniger bekannt, da nie ernsthaft dokumentiert, ist die Geschichte von Garys Gewalt – die wahre Geschichte meiner Familie und deren mörderische Geheimnisse. Dieser Aspekt des Falls Gary Gilmore kam nie zur Sprache, ganz einfach, weil niemand darüber redete.

In den letzten Wochen von Garys Leben versuchte Larry Schiller, der sich die Rechte an Garys Lebensgeschichte gesichert hatte und später die meisten Interviews für *Gnadenlos. Das Lied vom Henker* durchführte, Gary dazu zu bewegen, offen über seine Kindheit und seine Familie zu sprechen. Schiller spürte, daß irgend etwas Furchtbares in Garys Vergangenheit begraben lag, doch Gary leugnete dies hartnäckig. Häufig reagierte er mit Wut oder Spott auf die Fragen, und das bis zu seinen letzten Stunden. Monate später verbrachten Larry Schiller und Norman Mailer viele Nachmittage bei meiner Mutter Bessie Gilmore, um eine Antwort auf die brennende Frage zu bekommen: War in Garys Kindheit irgend etwas geschehen, das ihn später zum Mörder machte? Schiller und Mailer taten ihr Bestes, doch nur allzuoft antwortete meine Mutter mit rätselhaften Andeutungen oder wich ihren Fragen einfach aus. Es gab lange finstere Passagen in der Geschichte unserer Familie, mit denen sie nichts zu tun haben wollte, die sie lieber unter mysteriösen Schleiern verborgen ließ. Es hatte mit meinem Vater zu tun: wie er sein Leben gelebt und seine Söhne behandelt hatte. Was immer in jenen vergangenen Tagen geschehen war, weder meine Mutter noch Gary wollten darüber sprechen und nahmen ihr Geheimnis mit ins Grab. Es war, als wollten beide lieber sterben, als die Vergangenheit preiszugeben.

Auch ich wollte nicht über die Vergangenheit meiner Angehörigen sprechen. In den folgenden fünfzehn Jahren versuchte ich so gut es ging, mich von meiner Familie und ihrer Geschichte zu distanzieren. Ich sagte mir, daß das, was in Garys Blut gewesen war und ihn zum Mörder gemacht hatte, mit mir nichts zu tun habe.

Was die Hoffnungen meiner Familie zerstört hatte, würde nicht auch mein Leben vernichten. Ich war *anders* als sie, das wußte ich. Ich würde nicht dasselbe Schicksal erleiden.

Heute bin ich klüger. Zu glauben, Gary allein habe das ganze Verderben der Familie in sich getragen oder der größte Teil davon sei an jenem Morgen der Exekution mit ihm untergegangen, heißt, den Ursprung und die wahre Natur jenes Familienerbes zu verkennen, das ihn vor diese Gewehre getrieben hat.

Erster Teil

Mormonengeister

Es gibt Missetäter, die, würden sie sich selbst
und die einzige Bedingung kennen, unter der sie
Vergebung finden können, ihre Brüder anflehen
würden, ihnen das Leben zu nehmen, damit der
Rauch dieses Opfers zu Gott aufsteige und den
Zorn beschwichtige, der gegen sie entfacht ist,
und damit dem Gesetz Genüge getan werde.

Brigham Young, Journal of Discourses

Selbst wenn die Mormonen Gespenster erschu-
fen, war es für die Ewigkeit gedacht.

Wallace Stegner, Mormon Country

Die Welt meiner Brüder

Einen nach dem anderen hatte ich sterben sehen. Zuerst meinen Vater. Dann meine Brüder Gaylen und Gary. Schließlich meine Mutter, eine verbitterte und gebrochene Frau. Am Ende gab es nur noch mich, den jüngsten, und Frank, den ältesten Bruder.

Seitdem ist ein Jahrzehnt vergangen. In dieser Zeit glaubte ich, nicht länger an das Unglück gebunden zu sein, das meine Familie verfolgte. Eines Tages jedoch wurde mir klar, daß ich dem Fluch doch nicht entkommen war. Und daß ich dem Vermächtnis meiner Familie nur dann ein Ende bereiten konnte, wenn ich ihre Geheimnisse fand – und lüftete.

Ich will also zurück zu meiner Familie – zurück zu ihren Geschichten, Mythen, Erinnerungen und ihrem Erbe. Zurück und sehen, was den Traum in einen Alptraum verwandelte, der so vielen Menschen das Leben kostete.

Die Familie, in die ich geboren wurde, war nicht dieselbe wie die, in der meine Brüder groß wurden. Sie wuchsen in einer Familie auf, die ständig unterwegs war und nie länger als höchstens ein paar Monate am selben Ort verbrachte. In dieser Familie mußten sie mitansehen, wie der Vater die Mutter regelmäßig verprügelte und ihr so lange ins Gesicht schlug, bis sie nicht wiederzuerkennen war. Sie wuchsen in einer Familie auf, in der sie selbst geschlagen, mißhandelt und wegen geringfügiger Kleinigkeiten gedemütigt wurden.

In der Familie, in der ich aufwuchs, waren meine Brüder für mich ebenso wichtig wie meine Eltern. Sie lebten mir vor, was ich erfahren und lernen mußte. Aber sie zeigten mir zugleich, was ich zu überwinden und wovon ich mich abzugrenzen hatte. Sie vermittelten mir, daß es erstrebenswert war, einem ähnlichen Schicksal wie dem ihren zu entgehen. Tatsächlich verhalf mir meine Familie vor allem zu der Einsicht, daß ich nicht ihren Werten, Verpflichtungen oder Traditionen verhaftet bleiben wollte.

Jedenfalls unterschied sich die Welt, in der ich aufwuchs, so sehr von der meiner Brüder, daß ich durchaus einen anderen Nachnamen hätte tragen können. Auf den ersten Blick sollte ich für diese Umstände vielleicht dankbar sein, aber leider ist nicht immer alles so einfach. Das Elend der Kindheit meiner Brüder ist so anders als das Elend meiner eigenen; trotzdem ist es mir fast unmöglich, davon unberührt zu bleiben.

Man kann eine Menge über diese unterschiedlichen Familien herausfinden, über die Familie meiner Brüder und die Familie, in der ich aufwuchs, wenn man sich die Fotos in unseren Alben anschaut, auf denen fast nur meine Brüder zu sehen sind. Auf den meisten Fotos posieren sie für ein Gruppenbild: Aufnahmen von

Frankie und Gary als kleine Kinder, wie sie sich an der Hand halten und fröhlich in die Kamera lächeln; Aufnahmen von beiden, wie sie nebeneinander stehen in ihren Armee- oder Marineuniformen während der Kriegsjahre oder in langen Hosen mit Hosenträgern, weißen Hemden und breiten Krawatten, als die Familie in der Wüste von Arizona lebte. Nach Gaylens Geburt erschienen sie zu dritt auf den Fotos: drei Jungen in echtem Cowboy-Outfit mit glänzenden Spielzeugrevolvern in der Hand, drei kleine Desperados, die sich alle Mühe geben, finster dreinzublicken. Wenn man weiterblättert und zu der Zeit kommt, als ich geboren wurde, wird man nur wenige Fotos entdecken, auf denen ich mit meinen Brüdern zu sehen bin – meistens nur solche, wo wir am Weihnachtsmorgen vor dem Tannenbaum aufgereiht stehen und aussehen wie arme Sünder. Bezeichnenderweise gibt es im Gegensatz zu den vielen Porträtaufnahmen meiner Brüder nur zwei oder drei Fotos von mir, auf denen ich allein zu sehen bin.

Die Bilder enthüllen etwas Wahres: Meine Brüder und ich lebten nicht zur selben Zeit oder im selben Raum. Wir kannten uns nicht. Wir gehörten kaum zusammen. Ich erinnere mich, daß ich als kleiner Junge gelegentlich mit Gaylen spielte, weil er mir vom Alter her am nächsten war, und ich erinnere mich, daß Frank jun. auf mich aufpaßte, mich mit ins Kino nahm und sich um mich kümmerte. Im Gegensatz zu meiner Mutter kann ich mich nicht daran erinnern, viel mit Gary unternommen zu haben.

Möglich, daß ich öfter mit meinen Brüdern gespielt habe, als daß ich mich entsinne, aber nur wenige Ereignisse, die uns vier betreffen, sind mir im Gedächtnis geblieben. Einmal waren wir alle im Garten unseres Hauses in Portland, Oregon, und meine Brüder warfen mit Pfeilen auf eine Zielscheibe, die sie an einem Baum befestigt hatten. Ich fand es schön, ihnen zuzusehen, und wollte auch einmal werfen, aber natürlich hatten sie keine Lust, sich von einem unbeholfenen kleinen Kind den Spaß verderben zu lassen. Ich aber ließ nicht locker und quengelte so lange, bis einer – ich glaube, es war Gary – nachgab. »Okay«, sagte er. »Wenn du unbedingt mitspielen willst, dann bitte. Es wird aber so gemacht.« Er stellte mich vor der Zielscheibe auf. »Mal sehen, wer *dich* am besten trifft.«

Ich hätte weglaufen sollen, aber ich tat es nicht. Ich war froh, dabeisein zu dürfen. Gary warf den ersten Pfeil. Er landete etwa fünfzehn Zentimeter vor meinem Fuß. Frank jun. warf den nächsten und kam einige Zentimeter näher heran. Gaylen warf seinen Pfeil, er landete nur noch drei Zentimeter von meinem Fuß entfernt. Mein Bedürfnis mitzuspielen nahm rapide ab. Der nächste Pfeil – Gary warf ihn – gab den Ausschlag. Er durchbohrte meinen rechten Schuh und blieb im Nagel meines großen Zehs stecken. Meine Brüder bekamen einen Schreck, und ich fing an zu heulen. Als meine Mutter herauskam, den Pfeil in meinem Zeh und die schuldbewußten Gesichter meiner Brüder sah, war sie alles andere als begeistert.

Später revanchierte ich mich auf meine Art. An einem herrlichen Sommertag saß Gary mit ein paar Freundinnen in unserem Vorgarten, und auch mein Bruder Frank war mit einem Mädchen da. Wieder wollte ich einbezogen werden, und wieder wurde ich weggeschickt. Ich ging um das Haus und holte den Wasserschlauch, dann drückte ich Gary, der mit einer Blondine flirtete, das Ende in die Hand und sagte: »Halt mal einen Augenblick, ich bin gleich wieder da.« Er achtete nicht auf das, was ich sagte. Er blieb mit dem Schlauch in der Hand sitzen und unterhielt sich mit dem Mädchen.

Ich lief um das Haus und drehte den Hahn voll auf. Wie ich gehofft hatte, traf der Strahl Gary mitten ins Gesicht und durchnäßte ihn von oben bis unten. Ich hörte ihn schreien und die Mädchen lachen. Daraufhin versteckte ich mich in einem Gebüsch hinter unserem Haus und kam erst nach Stunden wieder hervor. Gary war immer noch wütend. »Das verzeihe ich dir nie«, sagte er.

Ich studiere die Fotos von meinen Brüdern. Gegen diese Fotos empfinde ich mehr Groll als gegen alles andere in unserem Familienalbum. Ich sehe mir die drei an, wie sie mit ihren Pistolen auf die Kamera zielen, und ich spüre die Welt, die sie teilten, die Welt, in die sie gehörten. Es ist nicht ihre trotzige Haltung, die romantische Pose kleiner Desperados, die mir auffällt. Was mich an diesen Fotos verblüfft, ist, wie oft meine Brüder lächelten, wenn sie zusammen waren, wie glücklich sie in ihrer Welt zu sein schienen. Ich kann mich nicht daran erinnern, daß in meiner Familie soviel gelacht wurde, als ich klein war. Aber es gibt vieles, an das ich mich nicht richtig erinnern kann. Das Lächeln meiner Brüder bleibt ein Geheimnis: Es verrät mir, daß es ein ganzes Leben in meiner Familie gab, von dem ich nichts weiß, ein Leben, über das bis heute keiner redet.

Ganz gleich durch welche Hölle meine Brüder gegangen sind, zumindest müssen sie eine Zeitlang wirklich Brüder gewesen sein. Ich sehe mir die Gesichter auf diesen Bildern an, und ich hasse sie. Ich will es nicht, aber ich tue es. Ich hasse sie, weil ich nicht auf den Fotos bin. Ich hasse sie, weil ich nicht Teil dieser Familie bin, ganz gleich, wie hoch der Preis dafür gewesen sein mag.

Blutsbande

Ich versuche, mich an meine Mutter zu erinnern. Ich schließe die Augen, um meine frühesten Erinnerungen an ihr Gesicht in mir aufsteigen zu lassen, damals, als mein Vater die meiste Zeit nicht da war und meine Brüder noch nicht in ein Leben voller Gewalt abgeglitten waren. In jenen Tagen lachte sie viel. Doch ein paar Jahre später hatte sich ihr Gesicht verändert und war nun voller Wut und manchmal, so schien es, voller Wahnsinn. Damals bekam ich Angst vor diesem Gesicht – teilweise, weil mir mein Vater einredete, ich müßte Angst vor ihm haben, was die Sache nur noch schlimmer machte.

Die Wahrheit ist, daß Bessie Gilmore allen Grund hatte, unglücklich und unzufrieden zu sein. Mein Vater hatte sie jahrelang gedemütigt, verhöhnt und geschlagen, und meine Brüder hatten sich in der Nachbarschaft einen zweifelhaften Ruf erworben. Doch die Wut hatte schon früher begonnen, viel früher.

Letztendlich war meine Mutter diejenige in der Familie, mit der ich die meiste Zeit verbrachte. Je älter ich wurde, um so mehr glaubte ich, mich mit ihrem Leid, ihrer Einsamkeit und ihrem Außenseitertum identifizieren zu müssen. Doch jetzt, da ich den Punkt erreicht habe, an dem ich anfangen muß, ihr Bild für diese Geschichte genauer zu zeichnen, stelle ich überrascht fest, daß ich vielleicht die Tiefe oder die Ursprünge ihres Leids nie richtig begriffen habe. Der Rest der Familie bestand nur aus Männern, und ich kenne unsere boshafte Art, unsere Wutanfälle und Launen nur allzugut. Bis zu einem gewissen Punkt verstehe ich sogar die Gewalt, die unser Leben durchzog – zumindest verstehe ich, wie man die Welt hassen kann, wenn man von ihr abgewiesen wird. Doch wenn ich versuche, mir das Leben meiner Mutter vorzustellen, bekomme ich Angst. Ich fürchte mich davor, damit auch einen Blick in meine eigene Zukunft zu tun.

Aber ich weiß auch dies: Es war meine Mutter, die mir am stärksten das Gefühl gab, daß ich es in dieser Welt schaffen könnte – mit anderen Worten, daß es mir gelingen würde, der Tradition unserer Familie zu entkommen. Und es war sie, vermutlich mehr als jeder andere, die mir half, diesen Traum zu verwirklichen. Wahr ist auch, daß sie später einen Teil ihrer Gesundheit und materiellen Sicherheit opferte, damit ich dieses Ziel erreichte. Im Gegenzug lernte ich, mich von ihr zu lösen, so wie ich lernte, mich von jedem Mitglied unserer Familie zu distanzieren. Sie wollte, daß ich dem verhängnisvollen Schicksal unserer Familie entkam, damit sie stolz auf mich sein konnte. Doch um das zu schaffen, mußte ich sie verlassen. Das hat ihr natürlich weh getan. Man kann nicht in eine neue Welt treten und noch an die Forderungen der alten gebunden sein.

Aber ich war nicht der einzige, auf den meine Mutter große Hoffnungen setzte. Ich glaube, daß sie auch auf Gary stolz war. Vielleicht war er dazu da, um ihre Wut auszuleben und sich für die Jahre der Mißhandlungen und Kränkungen in Utah zu rächen. Wenn es je eine Mutter gab, deren Sohn ihr Vermächtnis sühnen sollte, dann war es die Konstellation Bessie und Gary Gilmore. Ich kann mich noch erinnern, wie meine Mutter mir einmal sagte: »Gary war der Verbrecher. Ich will, daß du Anwalt wirst. Deine Brüder werden einen guten und umsichtigen Rechtsbeistand brauchen.«

Es war keine Forderung, aber sie sagte es auch ohne jede Ironie.

Um begreiflich zu machen, warum Bessie Gilmore möglicherweise ihr Heimatland und ihre Sippe hat bestrafen wollen, sollte ich wohl damit beginnen, etwas über ihre Landsleute und die Tradition, in der sie aufwuchs, zu erzählen. Meine Mutter wurde Anfang des zwanzigsten Jahrhunderts in die Welt des Mormonenstaates Utah geboren, der sich in vielerlei Hinsicht vom übrigen Amerika unterschied. Die Mormonen besaßen seit jeher ein besonders ausgeprägtes Gefühl von Andersartigkeit. Sie sahen sich nicht nur als das moderne von Gott auserwählte Volk, sondern auch als ein Volk, dessen Überzeugungen und Identität von einer langen grausamen Geschichte des Blutvergießens und der Vertreibung gekennzeichnet war. Sie waren ein besonderes Volk – ein Volk mit eigenen Mythen und Zielen und einer erstaunlich gewalttätigen Vergangenheit.

Meine Mutter erinnerte sich an die Legenden ihres Volkes, die sie in ihrer Kindheit immer wieder gehört hatte, und sie erzählte mir und meinen Brüdern dieselben Geschichten, als wir noch klein waren. Ein Zentralthema bildete der Überlebenskampf der ersten Mormonen, vor allem die beeindruckende und furchterregende Geschichte des gemarterten Begründers der mormonischen Kirche, Joseph Smith. Smith war ein Mann mit bemerkenswerter Einbildungskraft und Vision; er gehört wohl zu den innovativsten

Mythenschöpfern des modernen Amerika. Außerdem war er ein Mann, der seine persönlichen Zwangsvorstellungen in eine epische Mischung aus Theologie und Folklore umzumodeln verstand. Smith baute fast seine ganze komplexe Theologie auf etwas auf, das sich als Frage des schicksalhaften Familienerbes entpuppte: Man hatte die Wahl, die Träume und Verpflichtungen der eigenen tiefsten Familientradition mitzutragen oder aber unterzugehen, wenn man sich aus diesem Bann lösen wollte. Dieses Prinzip hatte für meine Familie fatale Folgen.

Das Hauptwerk von Smith war natürlich *Das Buch Mormon*. Es wurde Ende der 1820er Jahre veröffentlicht und hat sich wie nur ganz wenige andere amerikanische Texte aus dieser Zeit bis auf den heutigen Tag behaupten können. Seit über hundertsiebzig Jahren trägt es entscheidend dazu bei, den mormonischen Glauben als eine der sich am schnellsten entfaltenden Religionen unseres Jahrhunderts zu etablieren. Die Ursprünge des Buches sind ebenso faszinierend wie umstritten: Smith behauptete, den Text von antiken goldenen Platten abgeschrieben zu haben, die ihm der Gottesengel Moroni offenbart hätte. Auf diesen Platten war angeblich die Geschichte der Ureinwohner Amerikas und ihr Bund mit dem Gott Israels festgehalten. Smith erklärte, eine verloren geglaubte, heilige Ergänzung zum Alten und Neuen Testament gefunden zu haben. Das Buch übte einen enormen Einfluß auf viele Amerikaner aus, und daran hat sich bis heute nichts geändert. Wenn man beim *Buch Mormon* einmal den Anspruch, eine heilige Schrift zu sein, beiseite läßt, bleibt nicht mehr und nicht weniger übrig als Amerikas Lieblingsthema: mörderische Familiengeschichten.

Das Buch Mormon erzählt die tausendjährige Chronik einer jüdischen Sekte, der Familie eines aufrechten Mannes und Propheten namens Lehi, der mit seiner Familie und seinen Freunden im Jahre 600 vor Christus Jerusalem verläßt, weil die Stadt in Korruption versinkt. Unter der Anleitung Gottes bauen Lehi und seine Söhne ein Boot und segeln zu einem neuen Land, wo Lehi lehrt, daß das Wesentliche im Leben – der einzige Weg, Erlösung zu finden – darin besteht, Gottes Liebe zu gewinnen, indem man seine Gesetze strikt befolgt. Doch auch in Lehis Stamm gibt es Rivalitäten, und als der alte Prophet stirbt und einen seiner jüngeren Söhne, Nephi, zum rechtmäßigen Patriarchen und Seher der Familie bestimmt, nehmen die älteren Söhne Laman und Lemuel diese Entscheidung nur widerwillig hin. Es dauert nicht lange, bis sich Lamans und Lemuels Wut über das Vermächtnis ihres Vaters und Nephis altväterlichen Glauben entlädt. Sie drohen ihrem Bruder und seinen Anhängern mit dem Tod; Nephi muß daraufhin mit seinem Gefolge das Haus seiner Brüder verlassen. Gott ist erzürnt über die Rebellion von Laman und Lemuel und bestraft sie wegen ihres Stolzes und ihrer Blutrünstigkeit mit dem Fluch der roten Haut. Er verkündet ihnen, daß ihre Kinder und Kindeskinder fortan diesen Makel – und das Wissen um Gottes Mißfallen – als Buße für die Sünden ihrer Väter tragen werden. So beginnt die Spaltung in Nephiten und Lamaniten, das zentrale Thema und Leitmotiv im *Buch Mormon*.

Im folgenden Jahrtausend bekriegen sich die Nachkommen dieser Familienzweige unablässig. Die eine Seite bezahlt für ihre Abstammung von tugendhaften Vorfahren; die andere Seite ist dazu verurteilt, das rebellische und mörderische Vermächtnis ihrer Vorfahren auszuleben. Nach seiner Kreuzigung und Wiederauferstehung besucht Jesus Christus beide Völker, spricht von Erlösung und verkündet die Friedensbotschaft. Doch der Frieden ist nicht von Dauer. Die Gewalt kehrt zurück, und das Morden nimmt kein Ende. Am Schluß des Buchs ist nur noch die Stimme von Moroni vernehmbar, des letzten Überlebenden aus dem Stamm der Nephiten. Er sinnt über die Geschichte seines Volkes und dessen letzte Schlacht nach, die in einer Stadt namens Desolation stattfand. Am Ende der Schlacht liegen die Leichen der Nephiten zu Tausenden auf dem blutgetränkten Boden. Einige Kinder, die überlebt haben, werden gezwungen, die Leichen ihrer Eltern zu essen. Schließlich bleibt Moroni nichts anderes übrig, als auf die Lamaniten zu warten, die in Wirklichkeit seine entfremdeten Brüder sind. Sie finden und töten ihn.

Mord und Verwüstung überziehen Joseph Smith' voramerikanisches Panorama. Doch da Gewalt stets eine Erklärung oder eine Lösung erfordert, liefert *Das Buch Mormon* eine äußerst erstaunliche Offenbarung: Als Moroni auf das blutrote Land sieht und ihm das ganze Ausmaß des Geschehens deutlich wird, das zu dieser Massenvernichtung geführt hat, wird auch klar, daß die Triebkraft, die hinter all diesen Jahrhunderten von Verwüstung steht, niemand anderes ist als Gott. Es war Gott, der dieses umherirrende Volk in ein leeres Land schickte, und es war Gott, der das Schicksal dieses Volkes festlegte, das schließlich zu seiner Auslöschung führen mußte. Gott ist der unsichtbare Drahtzieher für all das Morden in Amerikas größtem Krimi aller Zeiten, der zornige Vater, der von unzähligen Generationen seiner Nachkommen verlangt, daß sie für seine Gesetze und seine Ehre zahlen, auch wenn der Preis grauenhafteste Zerstörung ist.

Das stärkste Beispiel für Ketzerei im *Buch Mormon* ist ein charismatischer Antichrist namens Korihor, der vor den Richtern und Königen Gottes steht und erklärt: »Ihr sagt, dieses Volk sei ein schuldbeladenes und gefallenes Volk, und zwar wegen der Übertretung eines Vorfahren. Siehe, ich sage, ein Kind ist nicht wegen seiner Eltern schuldig.«

Wegen dieser unerhörten Worte bestraft Gott Korihor mit Stummheit und gewährt ihm trotz seiner Reue keine Vergebung. Korihor irrt umher und bittet jeden um Gnade und Hilfe, doch man schlägt und tritt auf ihn ein, bis er tot zusammenbricht.

Das Buch der mormonischen Vision von Amerika als einem Land, das schon immer Zerstörung gekannt hat, ist das unheimlichste und prophetischste Werk von Joseph Smith. Gewalt und Schrecken sollten ihn und sein Volk bis zu seinem eigenen blutigen Tod Jahre später begleiten, und sogar darüber hinaus wurde Mord zu einem festen Bestandteil der Geschichte der Mormonen.

Dessenungeachtet schlossen sich Tausende von Männern und Frauen Smith und seinem Glauben an. Smith nannte seinen neuen Glauben schließlich »Kirche Jesu Christi der Heiligen der Letzten Tage« und seine Anhänger »Heilige«. Seine Feinde jedoch nannten sie »Mormonen« in Anlehnung an das verhaßte *Buch Mormon.*

Der mormonische Stammbaum meiner Mutter reicht in all seinen Verästelungen bis in jene Frühzeit zurück. Die meisten ihrer Vorfahren waren vor der in England herrschenden Armut geflohen und mit der Vorstellung zu der Gemeinde der Mormonen in Amerika gestoßen, hier endlich das Gelobte Land zu finden. Statt dessen kamen sie in ein Land des Schreckens und der Gewalt. Mitte der 1830er Jahre waren die Mormonen bereits aus mehreren selbstgegründeten Gemeinden, darunter den großen in Kirtland, Ohio, und Independence, Missouri, vertrieben worden. Man hatte ihre Farmen niedergebrannt, Männer und Kinder umgebracht und die Frauen vergewaltigt – manchmal auf Anweisung der staatlichen Bürgerwehr. Man haßte die Mormonen wegen ihres angeblich verrückten Glaubens und ihrer unruhestiftenden Form des Zusammenlebens. Es hieß, die »Heiligen« betrieben Polygamie (was stimmte) und glaubten an ein System von vielen Göttern und mehreren Himmel (auch das war zutreffend). Doch was die Menschen am meisten aufzubringen schien, war die Persönlichkeit des Begründers Joseph Smith. Er war ein charismatischer Führer, aber auch sehr ehrgeizig und stolz. Unter Politikern und Journalisten kursierte das Gerücht, Smith wolle Amerikas mittlere Staaten erobern und einen Mormonenstaat proklamieren, in dem Smith als religiöses und staatliches Oberhaupt fungiere. In den 1840er Jahren war er geteert und gefedert worden; man hatte auf ihn geschossen, ihn eingesperrt und ihm gedroht, ihn standrechtlich zu erschießen. Bei vielen Bürgern galt er als »gefährlichster Mann von Amerika«. Der Gouverneur des Staates Missouri, Lilburn Boggs, hatte ein Dekret erlassen, wonach die Mormonen als offizieller Feind betrachtet und aus dem Land vertrieben oder vernichtet werden sollten. Die Mormonen verließen Missouri und gründeten einen neuen Stadtstaat namens Nauvoo im Westen des Bundesstaates Illinois. Unter Smith' Führung wurde Nauvoo zu einer der größten und eindrucksvollsten Städte des Mittleren Westens, doch ironischerweise machte diese Entwicklung für Smith und seine Anhänger alles nur noch schlimmer. Man sah die Mormonen bereits als ein Königreich im Staat, und um 1844 begannen die Bewohner von Illinois, wie zuvor die Bürger von Missouri, Smith und seine Sekte zu fürchten. Als dann bekannt wurde, daß der Leibwächter von Smith, ein bekannter Westernheld namens Orrin Porter Rockwell, den ehemaligen Gouverneur von Missouri, Lilburn Boggs, in den Hinterkopf geschossen hatte – ein Anschlag, den dieser wie durch ein Wunder überlebte –, war der Traum von einem eigenen Mormonenstaat im Mittelwesten ausgeträumt.

Nach weiteren Zwischenfällen platzte dem Gouverneur Thomas Ford der Kragen, und er bestand darauf, daß sich der selbsternannte Prophet den Behörden von Illinois stellte, damit ihm vor einem ordentlichen Gericht der Prozeß gemacht werden konnte. Smith ergab sich den Behörden und wurde wenig später zusammen mit seinem Bruder Hyrum und ein paar anderen Kirchenführern in einer kleinen Stadt namens Carthage ins Gefängnis geworfen. Zuerst erhob man keine Anklage, doch es dauerte nicht lange, bis sich etwas fand: Landesverrat – und darauf stand die Todesstrafe.

Gouverneur Ford hatte Smith und seinem Gefolge Unversehrtheit versprochen, falls sie sich ergaben, doch die Bürgerwehr, die sie bewachen sollte, bestand aus den Carthage Greys, einer Truppe, die ihm gedroht hatte, ihn niemals lebendig abziehen zu lassen. Am späten Nachmittag des 27. Juni 1844 bewachte eine kleine Mannschaft das Gefängnis in Carthage, als sich draußen etwa hundert Männer zusammenrotteten. Der Mob und die Wächter kannten sich und gehörten derselben Bürgerwehr an, so daß die Wachtruppe keinerlei Widerstand leistete. Mehrere Männer stürmten das Gefängnis und liefen die Treppen hinauf zu dem Raum, wo

Joseph und Hyrum Smith festgehalten wurden. Der Mob feuerte seine Musketen durch die Tür in den Raum ab. Hyrum wurde von einer Kugel im Gesicht getroffen. Vier weitere Schüsse zerfetzten ihn, bevor er seinem Bruder tot vor die Füße fiel. Joseph besaß eine Pistole, die ein Anhänger ins Gefängnis geschmuggelt hatte. Er verschoß alle sechs Kugeln und verletzte drei der Angreifer. Damit hielt er den Mob immerhin so lange auf, daß er versuchen konnte, aus dem Fenster zu flüchten. Er schwang ein Bein über das Sims und sah dann aber unter sich nur Bajonette und Gewehre. Laut mehrheitlicher Zeugenaussagen wurde er in dem Moment von Kugeln durchsiebt. Er rief »O Herr, mein Gott!« und stürzte dann herab. Der Mob umringte ihn, einige traten ihn, andere verhöhnten ihn, bis sie sicher waren, daß er nie wieder aufstehen würde. Dann flüchteten sie.

Das ist die Geschichte, die ich mein Leben lang über den Märtyrer Joseph Smith gehört habe. Es gab aber auch Zeugen, die eine andere Geschichte von Josephs Tod erzählten. Viele Jahre lang, so habe ich vor kurzem erfahren, wurde deren Version weithin als authentisch anerkannt: Smith hatte es demnach schon bis zum Fenster geschafft, als ihn zwei Schüsse trafen und er nach draußen stürzte, wo der Mob auf ihn wartete. Einer der Männer in der Menge hob ihn auf und stellte ihn gegen die Umrandung eines Brunnens neben dem Gefängnis. Dann befahl der Oberst der Bürgerwehr vier seiner Männer, ihn zu erschießen. Sie standen etwa drei Meter von ihm entfernt und zielten direkt auf sein Herz. Joseph Smith stürzte zu Boden, und sein Blut versickerte im Staub. So blieb er lange sterbend allein liegen.

Mit dem Mord an Joseph Smith wollte man den mormonischen Glauben auslöschen, doch genau das Gegenteil trat ein. Innerhalb weniger Monate nach dem Mord versammelten sich die verbliebenen Oberhäupter der Kirche um einen neuen Propheten und Führer: Brigham Young. Er war ein weniger visionärer Theologe als Smith, doch ein klügerer Führer und ein geschickterer Autokrat.

Die Mormonen blieben noch zwei weitere Jahre in Nauvoo – lange genug, um den Ort vorübergehend zur größten Stadt von Illinois zu machen. Doch der Druck und die Übergriffe hörten nicht auf, und als Young Gerüchte hörte, wonach Truppen bereitstanden, um die »Heiligen« endgültig zu zerschlagen, kam er zu dem Schluß, daß sein Volk in Amerika nur überleben konnte, wenn es Amerika verließ. Im Februar des Jahres 1846 begaben sich Young und seine Leute auf eine lange Pilgerreise mit dem Ziel, eine neue Heimat außerhalb der Staatsgrenzen zu finden. Achtzehn Monate später ließen sie sich in der Wüste am Großen Salzsee nieder, in einem Land, das sie Deseret nannten (der Ausdruck stammte aus dem *Buch Mormon* und bedeutet »Honigbiene«, gemeint ist der fleißige Arbeiter, der in einer Gemeinde von Gleichgesinnten wirkt). Die neue Heimat sollte teilweise die Erfüllung von Joseph Smith' Traum eines Gottesreiches auf Erden sein. Tatsächlich war es der einzige religiöse Staat, der jemals innerhalb der Grenzen Amerikas etabliert wurde. In diesem Tausendjährigen Reich namens Deseret – das später Utah heißen sollte – waren die Mormonen vor den schrecklichen Armeen in Sicherheit, die sie zum einzigen Volk gemacht hatten, das jemals in der Geschichte Nordamerikas unter Androhung völliger Ausrottung vertrieben worden war. In diesem Gelobten Land würden sie sich gegen jeden Aggressor zur Wehr setzen, der sie von außen bedrängte.

Kurz nachdem Brigham Young sich in Salt Lake City niedergelassen hatte, ordnete er an, daß alle Mormonen, die reisefähig waren, zu ihnen an den Großen Salzsee stoßen sollten, um neue Kolonien für das lange ersehnte Reich zu gründen und die Kirche zu festigen. Dieses Dekret führte einen Vorfahren meiner Mutter, Francis Kerby, ins Tal von Utah, wo er sich offenbar Jahre später mit einer desillusionierenden Realität konfrontiert sah.

Vor kurzem habe ich eine Kopie von Francis Kerbys altem handgeschriebenen Tagebuch auf Mikrofilm entdeckt (wie so viele Chroniken der »Heiligen der Letzten Tage« wird es in dieser Form in den unschätzbaren Archiven der Bibliothek für mormonische

Familiengeschichte in Salt Lake City aufbewahrt). Von all meinen Vorvätern hinterließ Kerby (der Großvater meiner Großmutter) das detaillierteste persönliche Zeugnis, zumindest bis zu einem gewissen Zeitabschnitt. Kerby wurde 1821 in eine aristokratische Familie von gläubigen und treuen Anhängern der Kirche Englands geboren, die auf den Kanalinseln vor der Küste Frankreichs ansässig waren. Im Jahre 1849 hörten Francis und seine Frau Mary LeCornu Kerby die Predigten eines Missionars der »Heiligen der Letzten Tage«. Daraufhin lasen sie *Das Buch Mormon* und konvertierten zu den Mormonen. Kerbys Eltern waren entsetzt und tobten. Zwar kam es nicht zum offenen Bruch mit ihrem Sohn, doch hielten sie Distanz zu ihm und seiner Familie und hinterließen ihnen später so gut wie nichts von ihrem Reichtum. Kerby begann eine Bilderbuchkarriere beim britischen Zweig der Mormonen. Wenige Tage nach seiner Konversion hatte er den Vorschlag eines Kirchenoberen akzeptiert und hielt fortan seine Aktivitäten in einem Tagebuch fest. Dieses Dokument ist langweilig und faszinierend zugleich. Wie die meisten Tagebücher von Mormonen bietet auch das von Kerby – es umspannt die Jahre 1849 bis 1893 – eine Fülle von nüchternen kirchenbezogenen Details. Sollte Francis Kerby sich je mit seiner Frau oder seinem Nachbarn gestritten haben oder gar krank geworden sein, einen guten Witz gehört oder sich für das, was um ihn geschah, interessiert haben, so hat er es nicht in seinem Tagebuch festgehalten. Statt dessen zählt er Seite für Seite sämtliche kirchlichen Aktivitäten auf, an denen er teilgenommen hat, eingeschlossen die Abendessen mit namhaften Mormonen und Berichte über seine unzähligen Funktionen in der Kirche Jesu Christi der »Heiligen der Letzten Tage«.

Am 1. Januar 1857 schiffte sich Kerby mit seiner Frau und ihren gemeinsamen Kindern nach Amerika ein, und drei Jahre später schlossen sie sich einer der letzten Handkarrenexpeditionen der Mormonen nach Utah an (die sogenannten *handcarters* zogen buchstäblich mit Handkarren, auf denen sie ihr ganzes Hab und Gut mitführten, durch Amerika). Nach seiner Ankunft in Utah war

Kerby offensichtlich ein anderer geworden. Während er in England alle kirchlichen Vorkommnisse stolz und peinlichst genau aufgelistet und eine hohe Stellung innerhalb der Kirche innegehabt hatte, ließ jetzt das Interesse an seinem weiteren Aufstieg und auch an kirchlichen Belangen merklich nach. So verzeichnen die Tagebucheintragungen der folgenden dreiunddreißig Jahre hauptsächlich Hochzeiten, Geburten und Todesfälle. Die langen Passagen über seinen Glauben und seine Frömmigkeit, die in England noch bedeutend mehr Raum eingenommen hatten, fehlen jetzt gänzlich.

Meine Mutter hatte eine Theorie über Francis Kerby. Sie meinte, er habe eine Glaubenskrise durchgemacht. »Nach dem Massaker bei Mountain Meadows war er nie wieder derselbe«, sagte sie einmal. »Er wollte nicht glauben, daß die Mormonen zu so etwas fähig gewesen waren, und nachdem er die Wahrheit erfahren hatte, brachte er der Kirche nie wieder dieselbe Liebe entgegen wie zuvor.«

Das Massaker bei Mountain Meadows ereignete sich 1857 – im selben Jahr, in dem Francis Kerby nach Amerika kam. Die Wurzeln der Tragödie reichen jedoch bis zu den Anfängen der Mormonen zurück, als Joseph Smith begann, eine Theologie zu entwickeln, die sich als ebenso gnadenlos und blutig erwies wie die Handlung, die er sich für *Das Buch Mormon* ausgedacht hatte. Genauer noch muß sein Ursprung in der Ära von Nauvoo gesucht werden, als Smith zum erstenmal ein Prinzip verkündete, das unter der Bezeichnung Blutsühne traurige Berühmtheit erlangte. Neben der Ausübung der Polygamie war keine andere Lehre der Mormonen so umstritten wie die von der Blutsühne. Im weitesten Sinne – und auch in Joseph Smith' ursprünglichem Gebot – besagt das Dogma folgendes: Wer einem anderen das Leben nimmt oder eine vergleichbare schwere Sünde begeht, muß mit seinem eigenen Blut bezahlen. Galgen oder Gefängnis reichen als Buße oder Strafe nicht aus. Erst wer im Tod den Boden mit seinem Blut tränkt, darf darauf hoffen, daß Gott ihm verzeiht.

In den letzten Jahren hat die mormonische Kirche, um ihrem historischen Ruf als rachsüchtiges Volk entgegenzusteuern, den angestrengten Versuch unternommen, von dieser Interpretation abzurücken. Die modernen Theologen der Mormonen behaupten, die Lehre von der Blutsühne sei eine Frage der Buße, nicht der Rache. Jesus Christus habe für die Sünden der Welt gebüßt, indem er sein eigenes Blut opferte; wenn man an Jesus als Sohn Gottes glaube, seine Lehre und Gesetze befolge, werde man durch sein Blut gereinigt. Es gebe jedoch Sünden, die so schwer seien – und dazu gehöre auch Mord –, daß sie den Gläubigen, der sie begehe, außerhalb von Christi Erlösung stellten. Die einzige Hoffnung auf Vergebung bestehe darin, das eigene Blut zu opfern – und auch das reiche unter Umständen nicht aus, um im Jenseits Vergebung zu finden. Doch damit diese Art der Blutsühne die richtige Anwendung erfahre, müßten wir alle auf eine bessere Welt warten, in der bürgerliche und religiöse Gesetze von derselben Instanz vertreten werden. Ihre Zeit sei aber noch nicht gekommen.

Soweit die offizielle Version; die Legenden sprechen jedoch eine ganz andere Sprache. Nach Aussage einiger Zeitzeugen – darunter frühere Gouverneure und Richter des Bundesstaates Utah sowie Geständige – wurde die Blutsühne tatsächlich von Mormonen praktiziert und war nicht nur auf Mord beschränkt, sondern fand auch bei vielen anderen Verfehlungen Anwendung. Es ist nicht schwer, sich die Vergehen vorzustellen, die nach Ansicht der Mormonen Blutsühne verlangten. Mitte bis Ende des neunzehnten Jahrhunderts kursierten zahlreiche Gerüchte über Männer, die angeblich Brigham Young schwer beleidigt oder gegen den mormonischen Eid zur Aufrichtigkeit und Geheimhaltung verstoßen hatten und mit einer Kugel im Kopf auf einer menschenleeren Straße tot aufgefunden worden waren. Es gab auch andere Vergehen, die den Tod nach sich ziehen konnten. Darunter fielen nach Aussage einiger Eingeweihter Ehebruch, Inzest, Hurerei, Vergewaltigung, Diebstahl, schwere Geisteskrankheiten (die in ihren schlimmsten Auswüchsen als Zeichen für die Besessenheit durch den Teufel gewertet wurden) und fortgesetzter, hartnäckiger Ungehorsam gegenüber den Eltern. Berichten zufolge erschien um Mitternacht eine Abordnung der ältesten Mormonen ganz in Schwarz vor dem Haus des betreffenden Missetäters und führte ihn zu einem frisch ausgehobenen Grab. Ein paar Gebete wurden gesprochen, während der Verurteilte vor dem Grab kniete, und dann beugte sich jemand vor – vielleicht der gehörnte Ehemann, der Vater oder ein hoher Geistlicher – und schnitt ihm die Kehle durch, während er ihn gleichzeitig am Kopf festhielt, damit sich das Blut auf den Boden ergoß.

Haben sich im Bundesstaat Utah solche Vorfälle tatsächlich ereignet? Kirchenhistoriker leugnen diese Gerüchte seit über einem Jahrhundert. Tatsächlich gibt es keine bewiesenen Fälle, in denen die Autoritäten der Mormonen unter Federführung der Kirche das Ritual der Blutsühne angeordnet hätten. Andererseits trifft es zu, daß die Daniten, ein Geheimbund der Mormonen, sich einer Reihe von Schießereien und Morden in Utah schuldig gemacht haben und für ihre Taten nie verurteilt oder auch nur vor Gericht gestellt wurden. In Anbetracht der unerforschten theokratischen Herrschaftsform der Mormonen während der ersten Jahre ihrer Ansiedlung in Utah scheint es möglich gewesen zu sein, daß Morde und Hinrichtungen derart verdeckt und geheim ausgeführt wurden, daß die Wahrheit nie ans Licht kommen wird. Wallace Stegner schreibt in *Mormon Country:* »Man wäre ein schlechter Historiker, wollte man behaupten, es habe keine heiligen Morde in Utah gegeben..., es seien niemals Seelen der Sünder durch die Blutsühne gerettet worden..., Abtrünnige und unbequeme Nichtmormonen auf geheimnisvolle Weise verschwunden.«

Die Legenden über die Blutsühne dienten zugleich mythischen und moralischen Zwecken. Auf einer Ebene verdeutlichte die Verbreitung solcher Geschichten zwei Fakten. Soweit sie von Gegnern der Mormonen im Umlauf gebracht wurden, zeigten sie, daß Amerika die »Heiligen« als Teufel betrachtete, die ihre Religion in ein System von rituellen Auswüchsen verwandelt hatten. Wurden die Geschichten von Mormonen erzählt, so wird klar, in welchem Ausmaß ihre eigene Überlieferung sie verbittert hatte und wie ihre Härte und Bosheit nun auf das Land, das sie besiedelten, übergriff. Zudem half die Lehre der Blutsühne, die eigenen Leute einzuschüchtern. Meine Mutter erinnerte sich noch nach Jahren an die Horrorgeschichten über die Daniten und ihre mitternächtlichen Taten. Und sie hatte nie vergessen, daß diese Legenden vor allem Kindern erzählt wurden, und zwar mit einem Unterton, der suggerierte, daß die Daniten und ihre Riten in Utah vielleicht doch nicht zu Beginn des neunzehnten Jahrhunderts ausgelöscht worden waren.

Das Massaker bei Mountain Meadows jedoch war weder ein Mythos noch ein Gerücht. Das Massaker hat sich tatsächlich ereignet, und sein Schrecken ist dokumentiert; es gab sogar Geständige. Hier in aller Kürze die Fakten.

Im September 1857 durchquerte ein Wagenzug von Siedlern aus Arkansas, die unter dem Namen Baker-Fancher-Trupp bekannt waren, das südliche Utah auf dem Weg nach Kalifornien. Unglücklicherweise reisten sie durch die Region, kurz nachdem die Mormonen erfahren hatten, daß Bundestruppen sich auf sie zubewegten. Diese Truppen kämen in feindseliger Absicht, erklärte Brigham Young, der schon lange eine Auseinandersetzung zwischen den Mormonen und ihren Vertreibern erwartete. Im Rahmen seiner Verteidigungsstrategie hatte Young mehrere Indianerstämme dazu bewegt, ihnen bei der Zurückschlagung der US-Invasion zu helfen.

Als der Baker-Fancher-Trupp den südlichen Außenposten von Cedar City passierte, beobachteten die Mormonen aus der Gegend die Eindringlinge voller Argwohn und Angst: Vielleicht waren die Siedler tatsächlich ein Vorposten der US-Truppen. Zudem war es nicht gerade diplomatisch, daß eine Fraktion der Emigranten, die später Missouri Wildcatters genannt wurde, sich damit brüstete, zu der Bürgerwehr gehört zu haben, die einige Jahre zuvor Joseph Smith gelyncht hatte. Sie prahlten damit, daß sie, sobald sie in

Kalifornien ankämen, eine Armee ausheben würden, um ein für alle Male mit den überlebenden »Heiligen« aufzuräumen. Die Mormonen, von dieser Gruppe aus Missouri in Rage versetzt, konnten sich noch gut daran erinnern, was es hieß, von einem Mob vertrieben zu werden. Sie beschlossen, daß diese Leute ihr Land nicht verlassen würden, um später mit einer Armee zurückzukommen und sie alle zu töten. Sie hielten eine Versammlung ab und debattierten darüber, ob sie die Eindringlinge, die einige Tage an einer Wasserstelle namens Mountain Meadows Rast machten, als kriegerische Gegner betrachten sollten. Die Mormonen sandten einen Boten zu Brigham Young nach Salt Lake City und baten um Rat. Young antwortete, daß die Siedler keinesfalls zu den Bundestruppen gehörten und daß man ihnen freien Durchzug gewähren solle. Doch als der Bote ein paar Tage später nach Cedar City zurückkam, war fast der ganze Baker-Fancher-Trupp abgeschlachtet worden. Als Brigham Young von dem Massaker erfuhr, weinte er über die Tatsache, daß sein Volk grausam genug war, ein derartiges Verbrechen zu begehen.

Die Nachricht von dem Massaker bei Mountain Meadows verbreitete sich wie ein Lauffeuer und wurde bald zur Hauptwaffe im Krieg der Vereinigten Staaten gegen die Mormonen. Doch erst achtzehn Jahre später wurde der Mann, der angeblich für das Massaker verantwortlich war – ein prominenter Mormone namens John D. Lee und obendrein berüchtigtes Mitglied der Daniten –, verhaftet. Während der folgenden beiden Prozesse erhielten Utah und die Nation ein besseres Bild von dem, was sich in Mountain Meadows wirklich abgespielt hatte. Lee war damals der für die Indianer zuständige Vermittler in der Gegend gewesen und hatte Berichten von Häuptlingen zufolge behauptet, der Baker-Fancher-Trupp vergifte die Rinder der Indianer und führe noch mehr Unheil im Schilde. Lee selbst sagte aus, es seien die Indianer gewesen, die sich durch das Eindringen der Siedler bedroht gefühlt und Lee gewarnt hätten, die Mormonen brächten sich selbst in Gefahr, wenn sie den Baker-Fancher-Trupp nicht der Gerichtsbarkeit der

Indianer überlassen würden. Kurz nachdem der Bote zu Brigham Young ausgesandt worden war, führte eine Gruppe aus Mormonen und Indianern einen ersten Angriff gegen die Siedler. Die Schlacht dauerte mehrere Tage, und um sie zu beenden, erklärte Lee den Häuptlingen, daß die Mormonen ihnen erlauben würden, die Männer zu töten, wenn die Indianer zuvor die Frauen und Kinder ziehen ließen. Die Indianer hätten zugestimmt, behauptete Lee später, und dann habe er die Siedler überzeugt, daß sie das Gebiet verlassen könnten, wenn sie sich ergeben würden. Lee führte die männlichen Siedler aus der Wagenburg. Im gleichen Augenblick wurde ein Zeichen gegeben, und die Indianer begannen mit dem Töten. Doch in dem Gemetzel verloren die Indianer den Überblick, und als das Blutbad beendet war, hatten hundertsechs Männer, Frauen und Kinder ihr Leben verloren. Viele waren mit besonderer Grausamkeit abgeschlachtet worden.

Lee wurde von einer rein mormonischen Jury für schuldig befunden und zum Tode verurteilt.

John D. Lee war nicht der erste Mann, der in Utah legal hingerichtet wurde, doch niemand vor ihm und auch nach ihm – bis zu meinem Bruder hundert Jahre später – zeigte ein derart klares Verständnis für die Bedeutung der Todesstrafe in Utah. In den frühen 1850er Jahren, als die unter mormonischem Einfluß stehende Legislative ein Strafgesetzbuch ausarbeitete, schlug sie eine Strafe für geplanten Mord vor, welche insbesondere auf die Doktrin der Blutsühne Rücksicht nahm. Jene, die zum Tode verurteilt wurden, konnten zwischen zwei Optionen wählen: erschossen oder geköpft zu werden (die zweite Möglichkeit wurde 1888 abgeschafft, nachdem sich, was kaum erstaunlich ist, niemand dafür entschieden hatte). Für jene, die weniger Lust verspürten, Blut zu lassen, oder für Nichtmormonen gab es immer noch die Möglichkeit eines unerleuchteten Todes am Galgen. Doch wie sich herausstellte, wurde jede Menge Blut vergossen. Zwischen Ende der 1840er Jahre und 1977 richtete man in Utah mindestens fünfzig

Menschen hin: acht durch Hängen, einen angeblich durch Bauch-
aufschlitzen, zwei durch unbekannte Methoden und die restlichen
neununddreißig durch Erschießen. Andere Staaten, vor allem im
Süden, haben im gleichen Zeitraum nachweisbar mehr Menschen
exekutiert. Doch nirgends starben so viele Delinquenten auf eine
Art, bei der Blut floß, und kein anderer Bundesstaat hatte ein
Strafgesetzbuch, das die Todesarten auf der Basis religiöser Doktri-
nen festlegte.

Als man Lee fragte, wie er hingerichtet werden wolle, entschied
er so, wie es seine Religion vorschrieb: Er verlangte, erschossen zu
werden.

Am 23. März 1877 wurde Lee zu der Stelle geführt, wo das
Massaker von Mountain Meadows stattgefunden hatte. »Ich
fürchte den Tod nicht«, erklärte er an diesem Morgen. »Ich werde
nie zu einem schlimmeren Ort gehen als dem, an dem ich schon
bin.« Nachdem er Brigham Young beschuldigt hatte, die Mormonen von den Lehren des Joseph Smith abzubringen, setzte er hinzu:
»Ich bin auf feige und gemeine Art geopfert worden. Ich kann
nichts dagegen tun. Das sind meine letzten Worte. So ist es.«
(Später, als dies Brigham Young berichtet wurde, verfluchte er Lee
und alle seine Nachkommen, so wie der Herr es im *Buch Mormon*
getan hatte.)

Lee setzte sich auf seinen Sarg und sagte: »Zielt nur auf das Herz.
Verunstaltet nicht meinen Körper.«

Die Henker befolgten seine Bitte. Sie feuerten gleichzeitig auf
John D. Lees Herz, und er fiel rückwärts auf den Sarg. Sein Blut
ergoß sich über den Boden Utahs, dort, wo eine Generation zuvor
das Blut der Opfer des Massakers geflossen war. Danach wurde er
in den Sarg gebettet und seiner Familie übergeben, damit sie ihn
begraben konnte.

Die Affäre kennzeichnet einen weiteren blutigen Wendepunkt
in der Welt der Mormonen. Das Massaker war schändlich gewesen, ebenso aber die Art, in der Lee benutzt worden war, um die
Mormonengemeinde von ihrer Schuld reinzuwaschen. (Achtund-

vierzig Jahre später wurde Lee von seiner Kirche rehabilitiert und als volles Mitglied mit allem Segen wieder aufgenommen.)

Nach den Morden von Mountain Meadows mußten die Mormonen einsehen, daß in allen gelobten Ländern Gottes Mord vorkam – im von ihnen aufgegebenen Amerika ebenso wie im zukünftigen Reich Gottes. Das Blutvergießen sollte kein Ende nehmen, und jetzt klebte es auch an den Händen des auserwählten Volkes.

Das Haus an der Jordan Lane

Das waren die Legenden, die meine Mutter während ihrer Kindheit im mormonischen Utah hörte, und sie bildeten einen Teil der Überlieferung, die sie an uns weitergab. Und dann war da noch die Geschichte ihrer eigenen Familie.

Die Mutter meiner Mutter, Melissa Kerby, war die Enkelin von Francis Kerby und die Urenkelin von Emanuel Masters Murphy. Zu Melissas Zeit hatten sich die Murphys und die Kerbys in der Region von Provo in Utah niedergelassen, etwa achtzig Kilometer südlich von Salt Lake City. Provo war die zweite Stadt, die Brigham

Young in den vierziger Jahren des neunzehnten Jahrhunderts gründen ließ, und mehr noch als andere Kolonien der Mormonen in Utah hatte sie eine blutige Vergangenheit. Die Stadt wurde nach einem Mann namens Etienne Provost benannt, dessen Erkundungstrupp viele Jahre zuvor von den Snake-Indianern am Jordan River in einen Hinterhalt gelockt worden war. Während des ersten Jahrzehnts nach der Gründung kam es in Provo zu mehreren Auseinandersetzungen mit Indianern über die Nutzung von Land oder Weidegründen. Doch jetzt waren es vor allem die Indianer, die diese Scharmützel mit dem Leben bezahlten.

Utahs erste dokumentierte – aber inoffizielle – Hinrichtung ereignete sich in der Gegend von Provo: Ein draufgängerischer und gefährlicher Ute-Indianer namens Patsowits (oder Pat Souette, wie die Mormonen ihn schrieben) tötete 1850 einen einheimischen Siedler und einige seiner Rinder und Pferde. Des weiteren drohte er, einen Häuptling aus der Gegend umzubringen, weil dieser der Landnahme durch die Mormonen tatenlos zusah. Darauf wurde er von zwei Brüdern aus seinem eigenen Stamm gefangengenommen. Die Utes waren emsig darauf bedacht, ihre Beziehungen zu den neuen Siedlern zu verbessern, und übergaben Patsowits den mormonischen Behörden, die in einer bisher nicht dagewesenen Mischung aus Blutsühne und Kriegsrecht dem Indianer den Bauch aufschlitzten, ihn mit Steinen füllten und in einen See warfen.

Wegen der abergläubischen Überzeugungen der Mormonen und der vielen Indianergeschichten bekam Provo bald den Ruf einer verfluchten Stadt. Es gab Sagen von allerlei Wesen, die nachts durch die Hügel und um die Farmen geisterten. Es sollen die armen Seelen derjenigen gewesen sein, die ihr Land und ihr Leben an die Mormonen und ihre seltsamen neuen Riten verloren hatten.

Das ist die Gegend, in der meine Großeltern, meine Mutter und ihre Geschwister geboren wurden und aufwuchsen. Meine Großmutter Melissa Kerby kam 1880 aus dem nahe gelegenen Wallsburg, sie war die Tochter von Joseph Kerby und Mary Ellen Murphy. Joseph Kerby war ein hochbegabter Maler und dafür bekannt, daß er seine Malutensilien nahm und tagelang in einem Canyon verschwand, um dort gewaltige Berglandschaften auf die Leinwand zu bannen. Er litt an starken Gemütsveränderungen und Depressionen, und sein Verlangen nach Einsamkeit machte der Familie häufig zu schaffen. Als Melissa neun war, schickte ihr Vater sie ins nahe gelegene Heber, um für drei Männer, die für ihn arbeiteten, den Haushalt zu führen und zu kochen. Später erzählte sie, daß sie die ganze Zeit Heimweh gehabt und sich einsam gefühlt habe. Um die Langeweile zu überwinden, fing sie an zu schreiben und behielt auch später diese Angewohnheit bei. Sie produzierte eine Flut von Gedichten, Theaterstücken, Briefen und Geschichten, führte Tagebuch und zwang sich, jeden Tag bis zu ihrem Tod etwas zu Papier zu bringen.

Während Melissas Gedichte und Abhandlungen über die Kirche die typische mormonische Frömmigkeit widerspiegeln, sind ihre Kurzgeschichten ganz anders. Manchmal schrieb sie in der ersten Person über eine junge Frau, deren Vater einsam und gequält lebt. Es ist ein Mann, der seine Tochter zwingt, zu Hause zu bleiben, sich um ihn zu kümmern und die Außenwelt fernzuhalten, während er sich aufgrund seiner wachsenden Schuldgefühle und ohnmächtigen Wut sinnlos betrinkt. Er schlägt seine Tochter, doch die Seelenqualen, die er anschließend durchmacht, erwecken jedesmal aufs neue das Mitleid seiner Tochter. Dann ringt er ihr das Versprechen ab, ihn nie zu verlassen. Andere Geschichten handeln von einer jungen Frau, der nichts wichtiger ist, als die Liebe und Zuneigung der Männer um sie herum zu gewinnen. Am Ende weist sie sie jedoch stets ab und bricht ihnen das Herz.

Die Versuchung ist groß, von diesen Geschichten auf das Leben der jungen Melissa zu schließen, doch ich vermag nicht zu sagen, ob derartige Interpretationen haltbar wären. Alles, was ich aus den Familienlegenden weiß, ist, daß Melissa sehr attraktiv gewesen sein muß und mehrere Verehrer besaß. Angeblich hat sie tatsächlich einer Reihe von jungen Männern das Herz gebrochen, ehe sie den Mann traf, den sie nicht verschmähen konnte.

Es war William Brown, ein schüchterner, hochgewachsener junger Mann, der sechs Jahre jünger war und ihrer Intelligenz nicht gewachsen zu sein schien. Wills Vater Alma hatte sein ganzes Leben in Provo verbracht und als Schmied und Eisenbahner gearbeitet. 1875 heiratete Alma Mary Ann Duke und zeugte in bester mormonischer Tradition zehn Kinder mit ihr. Will war der fünfte. Als Erwachsener wurde Alma von einem Zug überfahren und verlor ein Bein. Nach diesem Unfall, so heißt es, wurde er ein unbarmherziger und autoritärer Mensch. Bei seinen schlimmsten Wutanfällen nahm Alma Brown sein Holzbein ab und prügelte damit vor den Augen seiner Kinder auf seine Frau Mary Ann ein, manchmal so lange, bis diese ohnmächtig wurde. Mindestens zweimal schlug er sie krankenhausreif. Als kleines Kind hatte Will einmal versucht, seinen Vater zurückzuhalten, doch dann flog das Holzbein gegen ihn, und er landete selbst mit einem schwerverletzten Bein im Krankenhaus. Den Leuten erzählten die Browns, Will sei vom Pferd gestürzt. Danach lernte Will, seinem Vater bedingungslos zu gehorchen und seine Gefühle für sich zu behalten.

Als Melissa und Will sich kennenlernten, gehörten die Tage von Almas Schreckensherrschaft bereits der Vergangenheit an. Im übrigen starb der alte Mann ein oder zwei Wochen vor ihrer Hochzeit. Melissa hatte man zur Schönheitskönigin der örtlichen Kirchengemeinde gekürt. Sie führte Regie bei den Theateraufführungen der Gemeinde, war zur Dichterin und Präsidentin der Young Ladies Association ernannt und sogar zur Freiheitsgöttin gewählt worden, die Provos großen Umzug am 24. Juli anführen sollte (man feierte an diesem Tag den Einzug der »Heiligen« in Salt Lake City). Will spielte eine kleine Rolle in dem Theaterstück, das Melissa aus diesem Anlaß einstudierte, und seine Schüchternheit sowie die gebrochene Art, in der er seine Zeilen stotterte, erweckten ihre Aufmerksamkeit. Vielleicht gab es etwas in seiner Einsamkeit, mit dem sie sich identifizieren konnte. Jedenfalls brachte sie es nicht über sich, dieses Herz zu brechen.

Am 4. Dezember 1907, anderthalb Jahre nachdem sie sich kennengelernt hatten, heirateten Will Brown und Melissa Kerby in Provo. Finanziell ging es ihnen von Anfang an schlecht. Nach dem Tod seines Vaters mußte sich Will um seine Mutter, die Geschwister und die Farm kümmern, abgesehen von der eigenen Familie, die er nun zu versorgen hatte. Zudem bestand Mary Duke Brown darauf, ihre Kinder so nah wie möglich bei sich zu haben. Unter diesen Umständen war es einem Mann ziemlich unmöglich, viel zu verdienen oder sich ein eigenes Nest zu bauen. So blieb ihnen nichts anderes übrig, als nach der Hochzeit zu Wills Mutter zu ziehen und sich um die Farm zu kümmern. Meiner Mutter zufolge war Mary Brown eine strenge Frau. Es war, als hätte sie all die Jahre nur auf den Tod ihres Mannes gewartet, um seine Rolle übernehmen zu können.

1908 bekamen Melissa und Will ihr erstes Kind, einen Jungen namens George. Zwei Jahre später folgte das zweite, eine Tochter, die sie Patta nannten. Diese Geburt war sehr schwer für Melissa; um ein Haar wäre sie gestorben. Will kam zu der Erkenntnis, daß die beengten Lebensverhältnisse auf der Farm seiner Mutter und die Plackerei mit zwei Kindern über die Kräfte seiner Frau gehen würden. Er erklärte seiner Mutter, für seine Frau und ihn sei die Zeit gekommen, sich ein eigenes Haus zu bauen. Mary Brown konnte sich mit der Idee, ihren Sohn ganz zu verlieren, nicht anfreunden und machte ihm einen Vorschlag. Im Norden der Jordan Lane, dort wo die Straße sich einen Hügel hinaufschlängelte, der gegenüber der Wasatch Mountain Range lag, und einen Blick auf das ganze Tal bot, in einer Gegend, die zu Recht Grandview genannt wurde, befand sich ein Fleckchen Erde, das seit langer Zeit Mary und Alma gehört hatte. Ursprünglich hatten sie vorgehabt, selbst eines Tages dort hinzuziehen. Jetzt bot sie ihrem Sohn das beste Ackerland und ein Viertel des gesamten Grundstücks unter der Bedingung an, daß Will weiterhin ihre Farm bewirtschaftete und daß seine Kinder, sobald sie groß genug waren, um einen Eimer zu tragen oder das Land zu bearbeiten, ebenfalls auf der Farm mithelfen sollten. Will war klar, daß es die Gelegenheit war, um an das beste Ackerland in der Gegend von Provo zu kommen. Er nahm die Bedingungen seiner Mutter an, und in kürzester Zeit hatte er für sich und seine Familie am obersten Ende der Jordan Lane ein Haus mit zwei Zimmern gebaut.

Ein Jahr nach Patta kam Melissas drittes Kind zur Welt, ein Mädchen namens Mary, und am 19. August 1913 wurde meine Mutter Bessie geboren. In den nächsten fünf Jahren kamen noch fünf weitere Kinder dazu: Mark, Alta, Wanda und die Zwillinge Ada und Ida. Alle wohnten zusammen in dem kleinen Zweizimmerhaus an der Jordan Lane. Neun Kinder waren es insgesamt, und als schließlich alle wie die Sardinen zusammengequetscht lebten, baute Will noch zwei Zimmer an: ein Schlafzimmer für die Eltern und ein weiteres Zimmer für die Mädchen. Hinter dem Haus errichtete Will unter ein paar großen Bäumen einen Lager- und Arbeitsschuppen, wo die Jungen schliefen. Neben dem Schuppen entstand eine große Scheune. Nun glich das Heim von Will und Melissa einer bescheidenen Farm, doch zu viel Wohlstand brachten sie es nicht – hauptsächlich, weil Will und seine Söhne mehr auf der Farm seiner Mutter als auf ihrer eigenen schufteten.

Wie viele kleine Farmer in Provo produzierte auch Will genügend Obst und Gemüse, um eine Familie zu ernähren, doch selten mehr. Die Milch lieferte eine Familienkuh; das Tier hieß Bessie. Meine Mutter haßte diese Kuh zutiefst. Es war schon schlimm genug, daß sie den gleichen Namen hatten, noch schrecklicher aber war, daß die Kuh ihn bereits vor ihr trug. Böse Witze, wie es dazu kam, daß sie nach dem blöden Vieh benannt worden war, machten die Runde. Noch Jahre später und bis zu ihrem Tod war meine Mutter eifrig darauf bedacht, klarzustellen, daß sie nicht denselben Namen trage wie die Familienkuh. »Mein richtiger Name ist Betty, nicht Bessie«, betonte sie immer wieder. »Es ist eine Abkürzung für Elizabeth. Ich wurde nach der Königin von England benannt.« Ich habe sie nie gefragt, welche Königin Elizabeth sie meinte, aber ich wette, daß es die letzte war – jene, die 1926 geboren wurde, dreizehn Jahre nach Bessie Brown.

Die meiste Zeit waren die Brown-Kinder sich selbst überlassen. Neben der Arbeit auf der Farm seiner Mutter hatte Will eine Stelle als Hausmeister an der örtlichen Schule angenommen und bekleidete darüber hinaus das Amt des Wassermeisters von Grandview Hills, der verantwortlich war für die Bewässerungsanlagen in der Region. Zudem fungierte er als Schmied, wenn Nachfrage bestand. Mittlerweile machte Melissa die Arbeit mit den vielen Kindern immer mehr zu schaffen. Außerdem verlor sie nach der Geburt der Zwillinge allmählich ihr Gehör. Kurz gesagt: Die Familie war zu groß, die Pflichten erdrückend, und sie hatte zuwenig Zeit. Will und Melissa waren aufgrund ihres Glaubens verpflichtet, so viele Kinder wie möglich in die Welt zu setzen, schafften es aber nicht, genügend Zeit für sie zu haben. Sie machten ihnen unmißverständlich klar, daß sie hart mit anpacken und selbst auf sich aufpassen mußten. Wer zu sehr vom vorgegebenen Weg abwich, aufsässig oder rebellisch war oder die Werte der religiösen Gemeinde verletzte, wurde verstoßen. Anders ging es nicht.

Als kleines Kind fand ich es aufregend, daß meine Mutter auf einer Farm aufgewachsen war. Offensichtlich teilte meine Mutter diese Meinung nicht. »Ich haßte es, mir bei der Arbeit auf der Farm die Hände schmutzig machen zu müssen«, sagte sie. »Ich hatte schöne Hände. Ich habe nie eingesehen, warum ich sie mir beim Ernten von Gurken und Buschbohnen ruinieren sollte, nur damit die alte Hexe zufrieden war. Sie hat sich nicht einmal bedankt.« Wann immer sie konnte, drückte sich meine Mutter unter diesem oder jenem Vorwand vor der Feldarbeit. Sie hatte ein Versteck auf der Farm ihrer Großmutter, eine Stelle, wo es Sandlöcher gab. Dort verbrachte sie Stunden und versenkte Äste und Steine und manchmal die Puppen ihrer Schwestern im Sand, der abgrundtief erschien.

Manchmal lief Bessie über die Jordan Lane und den Hügel hinab ins Tal, wo im Sommer Zigeuner ihr Lager aufschlugen. Niemand folgte ihr dorthin. »Die Zigeuner stehlen Kinder«, warnte ihre

Mutter. »Aber keine Sorge, sie nehmen nur die Hübschen mit.«
Die meiste Zeit jedoch versuchte Bessie, bei ihrem Vater zu sein.
Sie spielte in seiner Nähe und sah zu, wie er auf seinem Amboß
Hufeisen zurechthämmerte. Sie mochte es, ihn bei der Arbeit zu
beobachten. Bessie beschloß, Will Browns Lieblingstochter zu
werden, damit er ihr nie einen Wunsch abschlagen könnte.

Wenn Bessie aus der Tür blickte, sah sie die Bergkette der Wasatch Mountains, ein gewaltiger Gebirgskamm, der aussah, als sei
er eigens dafür gemacht, das auserwählte Volk vor der Außenwelt
zu schützen. Ein Gipfel stach besonders hervor, dort sollte die
Brigham Young University später ein großes Y (für Young) aus
Stein errichten. Wenn das Footballteam der Schule siegreich gewesen war, stiegen die Spieler auf den Berg und steckten Fackeln in
den Stein, damit es im ganzen Tal sichtbar war. Bessie liebte diesen
Berg mehr als alles andere in Utah. Stundenlang starrte sie in seine
Richtung, sprach mit ihm und vertraute ihm ihre Geheimnisse an.
Wahrscheinlich betete sie zu diesem Berg mehr als zum Gott ihres
eigenen Volkes. Schließlich war sie der Meinung, daß der Berg –
wie die Liebe ihres Vaters – nur ihr allein gehörte.

»Dad«, sagte sie eines Nachmittags, während ihr Vater am Amboß arbeitete. »Darf ich diesen Berg haben? Darf ich ihn nur für
mich allein haben?«

Ihr Vater hielt inne, sah zu dem Berg auf und zuckte die Achseln.
»Klar, warum nicht?« antwortete er und setzte seine Arbeit fort.

»Gut, Berg«, sagte Bessie. »Jetzt gehörst du mir.«

Ein paar Wochen später spielte Bessie im Schuppen neben ihrem arbeitenden Vater und fand eine alte zugenagelte Holzkiste.
»Was ist da drin?« wollte sie wissen.

Ihr Vater zog mit einer Zange die Nägel heraus. »Mach sie auf,
und guck rein«, sagte er.

Meine Mutter öffnete die Kiste und entdeckte das Holzbein, mit
dem Alma Frau und Kinder zu schlagen pflegte. Bessie schrie auf
und knallte die Kiste wieder zu. Dann brach sie in Tränen aus,
während Will neben ihr stand und lachte.

Anfang 1959 erhielt meine Mutter die Nachricht, daß ihr Vater einen Schlaganfall erlitten und wahrscheinlich nicht mehr lange zu leben habe. Seit meiner Geburt war meine Mutter nicht mehr bei ihm gewesen, und so beschloß sie, mich im Zug nach Utah mitzunehmen, um das Haus meiner Großeltern zu besuchen. Damals war ich acht.

George, der ältere Bruder meiner Mutter, holte uns mitten in der Nacht an dem alten Bahnhof ab. Er war schüchtern und komisch – ein schlanker alter Mann mit Schnurrbart und Flanellhemd, einer dicken Mütze mit Ohrenschützern und einem Wintermantel. Er führte uns zu einem uralten Kombi, und als wir durch die Hügel oberhalb von Provo fuhren, erklärte er Bessie, daß sie sich darauf vorbereiten solle, mit ihrer Mutter sehr laut zu reden. Mittlerweile war Melissa so gut wie taub, und an manchen Tagen half nicht einmal mehr das Hörgerät.

Wir bogen in eine lange holprige Straße ein, die an einem kleinen Haus vorbeiführte, und parkten im Hinterhof. Im Mondlicht erkannte ich einen Schuppen und große Bäume und konnte es kaum abwarten, alles zu erkunden. Wir traten durch die Hintertür in die Küche des Hauses. An der Wand schienen noch dieselbe Blumentapete und dasselbe altmodische Telefon zu hängen wie damals, als meine Mutter noch jung war. Meine Großmutter saß in einer Ecke im Schaukelstuhl. Sie schlief, ihr Kopf war nach unten gesunken und die Brille von der Nase gerutscht. Sie bemerkte uns nicht, bis George sie sanft an der Schulter berührte und dann wachrüttelte. In ihren plötzlich aufgerissenen Augen spielte sich jenes Grauen und jene Angst, die Menschen befällt, wenn sie sich erneut in einer schrecklichen Wirklichkeit wiederfinden. Dann entdeckte sie meine Mutter. Augenblicklich sprang Melissa auf und umarmte ihre Tochter. Es war eine schnelle Versöhnung, und vielleicht überwanden beide vorübergehend die langen Jahre der Entfremdung. Sie unterhielten sich bis spät in die Nacht, während George mir im Dunkeln den Garten zeigte.

Später führte uns Melissa zu unserem Nachtquartier, dem Zimmer, wo früher Bessie und ihre Schwestern geschlafen hatten. Ich lag lange Zeit wach und konnte vor Aufregung nicht einschlafen. Ich versuchte, mich nicht zu bewegen, weil meine Mutter einen leichten Schlaf hatte. Nach einer Weile merkte ich, daß sie weinte. Ich sah zu ihr hinüber. Sie lag mit dem Rücken zu mir, und trotzdem wußte ich, daß sie die Hand vor den Mund preßte und hemmungslos schluchzte. Eine innere Stimme sagte mir, daß ich sie in Ruhe lassen sollte. Ich glaubte damals, daß sie über den bevorstehenden Tod ihres Vaters trauern würde, was durchaus der Fall gewesen sein mag. Aber vielleicht weinte sie auch wegen der alten Erinnerungen, die das Haus in ihr heraufbeschwor.

Als ich am Morgen aufwachte, war meine Mutter schon aufgestanden. Ich fand sie draußen im Vorgarten. Sie starrte auf den Berg, den sie vor vielen Jahren für sich reklamiert hatte. Nachdem ich ihn neulich wieder gesehen habe, kann ich sie jetzt besser verstehen. Er ist genauso stolz und einsam wie Bessie Brown selbst es war.

»Ist das dein Berg?« wollte ich wissen.

»Ja, das ist er. Ich habe gerade mit ihm gesprochen. Ich kann seine Antworten hören. Und heute hat er mir gesagt, daß mein Vater sterben wird.«

»Er wird wieder gesund, Mutter«, sagte ich, obwohl ich wußte, daß sie wahrscheinlich recht hatte. Es war meine erste Begegnung mit dem Tod, und seine Nähe erregte und erschreckte mich zugleich.

»Nein«, erwiderte sie. »Er wird nicht wieder gesund. Diesmal wird er sterben.« Sie verschränkte die Arme vor der Brust – eine typische Geste, die unweigerlich anzeigte, daß sie eine Diskussion beenden wollte – und starrte noch einen Augenblick auf den Berg. Dann ließ sie mich stehen und verschwand hinter dem alten Haus. Ich folgte ihr nicht. Ich blieb, wo ich war, und betrachtete den Berg meiner Mutter, während ich mich fragte, wie man mit einem solchen Ungetüm wohl sprechen und seine Botschaften verstehen mochte.

Den Rest des Tages und auch den nächsten Tag verbrachten wir mit meiner Familie aus Utah, meistens zuckersüßen Tanten, die sich als höchst pingelig entpuppten, wenn es um Tischmanieren und Tischgebete ging. Auch mit den meisten meiner Cousins vertrug ich mich nicht besonders. Sie waren so zimperlich und zugleich boshaft, wie es nur verwöhnte kleine Mormonenkinder sein können, und ich erinnere mich, daß ich mit einem Streit bekam. Eine Ausnahme bildete nur die Familie von Ida, der Lieblingsschwester meiner Mutter. Vor Jahren, als die Erziehung ihrer neun Kinder ihr über den Kopf gewachsen war, hatte Melissa Ada in Marys Obhut und Ida in die meiner Mutter übergeben. Mary hatte Ada ermutigt, mit ihrer Schwester zu konkurrieren, und redete Ida ein, sie wäre das häßliche Entlein (so ähnlich behauptete es jedenfalls meine Mutter). Im Gegenzug nahm sich Bessie Idas an und sorgte für hübsche Kleider und kaufte ihr besonders schöne Haarschleifen. Jahre später sollte es in der Beziehung zwischen Ida und meiner Mutter eigene Probleme geben – teilweise, weil Ida einen einfachen, nüchternen Mann geheiratet hatte, eine glückliche Ehe führte und nette, brave Kinder besaß, die ihr keinen Kummer bereiteten, während meine Mutter einen Säufer heiratete, der sie häufig im Stich ließ, und ihre Kinder waren... nun ja, wir sorgten für Aufregung, egal, wie man es drehte und wendete.

Doch während unserer Reise nach Utah kamen solche Dinge nie zur Sprache. Vielmehr wurden einige alte Freundschaften und Bündnisse neu belebt. Als sich Bessie und Ida trafen, schien ihr Reden, Lachen und Weinen gar kein Ende mehr zu nehmen, und an unserem zweiten Besuchstag bestand Ida darauf, daß wir in ihr Haus zogen, wo sie mit ihrem Mann Vernon Damico und ihren Töchtern lebte. Vern war ein großgewachsener, stämmiger Mann, der in Folge einer alten Kriegswunde humpelte. Er hatte einen bekannten Schuhladen in der Stadtmitte von Provo, wo ich meine glücklichsten Stunden in Utah verbrachte. Ich beobachtete, wie er mit seinen großen Händen Schuhe besohlte, so wie meine Mutter früher ihrem Vater zugeschaut hatte. Vern war ein guter Onkel:

warmherzig, fürsorglich und immer gut gelaunt. Zudem trug er einen hübschen Schnurrbart, der ihm eine gewisse Ähnlichkeit mit dem Komiker Ernie Kovacs verlieh. Damals wußte ich noch nicht, daß der Schnurrbart eine Hasenscharte verdeckte. Wegen dieses Geburtsfehlers hatte Vern eine Menge durchmachen müssen und war innerlich hart geworden. Doch ich bemerkte diese Härte nicht. Ich sah in ihm einen Mann, den ich gerne zum Vater gehabt hätte.

Vern und Ida hatten zwei Mädchen im Teenageralter: Brenda und Toni. Ich war damals zwar erst acht, aber ich wußte schon, was niedlich und sexy war, und Toni und Brenda waren unleugbar beides. Dabei hatten sie nichts Großspuriges oder Aufgesetztes an sich. Sie waren süß und aufgeschlossen und die einzigen Mädchen, die ich jemals als Schwestern empfand. Im Haus von Ida und Vernon fühlte ich mich sicher. Ich kann mich noch erinnern, wie gern ich in dieser Familie aufgewachsen wäre. Denselben Gedanken hatten, wie ich später herausfand, auch meine Brüder gehabt, was schließlich schreckliche Folgen für uns alle nach sich ziehen sollte.

Am dritten oder vierten Abend unseres Besuches in Provo saß ich mit meiner Großmutter und meiner Mutter auf der Veranda vor dem Haus. Am Abend hatte das Team der Brigham Young University ein Spiel gewonnen, und die Mannschaft war auf Bessies Berg gestiegen und hatte das Y illuminiert. Meine Mutter war begeistert, daß ich das Ritual miterleben konnte. Wir saßen da und beobachteten, wie die Fackeln langsam in der Ferne erloschen. Ein paar Minuten später sahen wir aus der Richtung der alten Farm von Mary Brown etwas Weißes in der Dunkelheit auf uns zukommen. Je mehr es sich näherte, um so deutlicher wurde, daß es etwa dreißig Zentimeter über dem Boden schwebte. Über seiner hellen Gestalt, die mittlerweile einem im Wind flatternden Gewand glich, erkannten wir zwei glühende Augen, die uns ansahen. Bessie und Melissa sprangen gleichzeitig auf. »Es ist der Geist«, sagte meine Großmutter, und meine Mutter packte mich an den Schultern und schubste mich ins Haus. Ich wollte näher herangehen. Ich hatte noch nie einen Geist gesehen und wollte wissen, was passieren würde, wenn man sich ihm näherte. Aber Bessie und Melissa ließen es nicht zu. Also beobachtete ich das Ganze eine Weile vom Fenster aus. Doch nachdem wir hineingegangen waren, kam die Erscheinung nicht weiter auf das Haus zu. Sie bewegte sich mehrere Male die Straße hinauf und hinunter, als würde sie uns mustern oder auf etwas warten. Nach ein oder zwei Minuten verschwand sie plötzlich ebenso rasch, wie sie gekommen war, in der Nacht. Später, als ich meinem Vater von dem Gespenst erzählte, lachte er. »Das war kein Geist«, sagte er. »Wahrscheinlich war es nur ein Hund aus der Nachbarschaft, der ein altes Laken von der Wäscheleine gerissen hatte und jemanden suchte, dem er es zeigen konnte. Was du gesehen hast, war nur der Aberglaube alter Mormonen.«

In der Nacht nach dem Erscheinen des Geistes starb mein Großvater Will Brown im Alter von dreiundsiebzig. An seinem Totenbett wachten der Geistliche, seine Frau und all seine Kinder. Ich kann nicht sagen, daß mir sein Tod damals sehr naheging, immerhin hatte ich den Mann gar nicht gekannt. Aber dreißig Jahre später, als ich Melissas Tagebuch las, stieß ich auf eine schlichte Eintragung, die mich erschaudern ließ. In den letzten Jahren waren ihre Eintragungen furchtbar langweilig geworden. Seite um Seite berichtete sie, wie sie Deckchen für die Enkel häkelte, Mahlzeiten für irgendwelche Gäste zubereitete oder ihren Krimskrams abstaubte. Selbst der Schlaganfall ihres Mannes glich einem Tatsachenbericht. Doch in der Nacht, als Will Brown in die Dunkelheit einging, brachte sie nur vier Worte zu Papier: »Sah ihn sterben. Entsetzlich.«

Will Browns Begräbnis war angeblich eines der größten, das Provo seit Jahren erlebt hatte. Aus irgendeinen Grund saß ich mit all den anderen Enkelkindern Will Browns in der ersten Kirchenbank, direkt vor dem offenen Sarg meines Großvaters. Es war das erste Mal, daß ich einen Toten aus nächster Nähe sah. Ich musterte Will Browns weißes Haar und versuchte, etwas zu empfinden.

Doch ich spürte fast nur Angst. Es lag etwas Unwirkliches darin, einen Toten so lange anstarren zu müssen, es kam mir wie etwas Verbotenes vor, zum Beispiel das Anschauen von unzüchtigen Handlungen, was, wie ich später rauskriegte, höchstens halb so schlimm wie der Tod war.

Danach fuhr eine lange Kolonne von Limousinen zum Stadt-friedhof von Provo, wo mein Großvater beerdigt wurde. Als wir anschließend den Friedhof verließen, stolperte ich aus Versehen über einen Grabstein. Danach machte ich es absichtlich und stol-perte über den nächsten und dann noch einen. Vielleicht versuchte ich auf diese Art die Angst loszuwerden, die ich wegen der Nähe zu den Toten empfand. Ich weiß es wirklich nicht. Es war kindisch und fehl am Platz, und meine Tanten und Vettern tadelten mich für mein Verhalten. Plötzlich packte mich einer der strengen Mormo-nen von hinten, drehte mich herum und zeigte mit dem Finger auf mich.

»Respektiere die Toten, junger Mann. Vergiß nie, *niemals*, daß du in ihrer Schuld stehst.«

Alta und der tote Indianer

Als meine Mutter Bessie heranwuchs, spaltete sich der Clan der Browns in zwei Lager: in die braven Kinder und in die rebellischen Kinder. Zu der ersten Gruppe gehörten jene, die fleißig auf der Farm arbeiteten und ihren Eltern und Kirchenführern gehorchten, zum Beispiel Mark, Mary und Wanda. Zu der zweiten Gruppe zählten jene, die ihren eigenen Stolz hatten und ihren Willen durchsetzen wollten wie George und Patta und mit der Zeit auch meine Mutter. Irgendwo zwischen diesen beiden Lagern stand Alta, die fünf Jahre nach Bessie zur Welt gekommen war.

Auf den Fotos, die ich von ihr gesehen habe, wirkt Alta schlicht und stoisch wie viele jener Kinder mit den ernsten Gesichtern, die aus Pioniersfamilien stammen. Doch in ihren Augen lag ein unmißverständlicher Ausdruck von wacher Intelligenz. Sie sah aus wie jemand, der mühelos jeden in der Umgebung um den Finger wickeln konnte. Deshalb war sie von allen Brown-Kindern wohl das umschwärmteste. Sie war so beliebt, daß ihr Tod in Provo Schlagzeilen machte. In den Augen ihrer Eltern war Alta das ideale Kind: Bescheiden und gehorsam tat sie ohne Groll, was man ihr auftrug, und brachte gute Zeugnisse nach Hause. Doch laut meiner Mutter war da noch mehr. Sie verstand sich aufs Verstellen. Sie konnte einem das Gefühl geben zu tun, was man von ihr erwartete; sie lebte jedoch hinter dieser Fassade ihr eigenes Leben. Wie Patta und meine Mutter machte sie so ziemlich, was sie wollte, doch stets im verborgenen, ohne wie die anderen aufsässig zu erscheinen. Während Bessie und Patta gegen den Willen ihrer Eltern bis spät in der Nacht ausblieben und sich eine Menge Ärger einhandelten, wenn sie nach Hause kamen, wartete Alta, bis ihre Eltern schliefen, und schlich sich dann davon, um sich mit ihren Schwestern oder einem Jungen zu treffen. Das war nicht besonders schwer, denn Melissas Gehör ließ schon damals so nach, daß sie nicht hörte, wenn man das Fenster im Zimmer nebenan auf- oder zumachte.

Obwohl meine Mutter ein halbes Jahrzehnt älter war als Alta, fühlte sie sich ihr am nächsten, und Alta empfand ähnlich – das behauptete zumindest Bessie. Sie vertrauten sich gegenseitig ihre tiefsten Geheimnisse an. Zwar konnte Bessie mit Altas gesellschaftlicher Gewandtheit nicht ganz mithalten, bewunderte sie aber dafür um so mehr. »Alta war die Beste von uns«, sagte meine Mutter, »die Vielversprechendste. Wir haben ihren Verlust nie verwunden. Danach hat sich unsere Familie verändert.«

Im Jahre 1929, kurz vor Halloween – Alta war zwölf und Bessie sechzehn –, saßen beide eines Nachmittags mit den übrigen Geschwistern in der Sonntagsschule, als der Prediger gegen Ouija-Bretter und andere spiritistische Spielereien wetterte. Besonders die Mormonen seien aufgerufen, vor dem Spiritismus auf der Hut zu sein, sagte der Prediger. Mehr als andere Menschen wüßten die »Heiligen« um die Existenz von Geistern. Schließlich sei es ein Geist in Gestalt des Engels Moroni gewesen, der Joseph Smith zu den goldenen Tafeln geführt habe. In den folgenden Generationen hätten sich den Mormonen öfters Geister gezeigt, und zwar auf vielfältigste Weise. Doch manche Geister seien wie manche Menschen niederträchtig und schlecht, warnte der Geistliche. Sie könnten bei Séancen oder mit Hilfe von Ouija-Brettern Kontakt zu den Lebenden aufnehmen, und dies sei stets das Werk Satans. Wenn nämlich ein solcher Geist vom Körper eines Lebenden Besitz ergreife, könne er ihn vom rechten Weg abbringen, ihn zu unverzeihlichen Sünden verleiten oder gar in den Tod treiben. Der Geistliche kannte angeblich persönlich einige junge Männer, die auf diese Weise gestrauchelt waren. Sie hätten versucht, mit den Toten in Kontakt zu treten, und dabei etwas Furchtbares ausgelöst. Man habe einen oder zwei gefunden, und zwar an die Wand genagelt. Das Haar sei ihnen in ihrer Todesangst schlohweiß geworden, und zu ihren Füßen habe ein Ouija-Brett gelegen.

»Viel Spaß beim Halloween«, schloß der Geistliche. »Verkleidet euch und spielt den anderen Streiche, aber vergeßt nicht, daß ihr Heilige seid, und Heilige laden nicht teuflische Geister zu sich nach Hause ein.«

Etwa eine Woche später kauften Bessie, Alta und andere in Provo Dekorationen für ihre Halloween-Party. In einem Billigladen entdeckte Bessie ein Ouija-Brett. Sie kaufte es, versteckte es zwischen den anderen Sachen in ihrer Einkaufstasche und schmuggelte es nach Hause. Spät in der Nacht, als die Eltern ins Bett gegangen waren, zündeten Bessie und Alta eine Kerze im Mädchenzimmer an. Sie ließen sich im Schneidersitz nebeneinander auf dem Fußboden nieder und hielten das Brett auf den Knien. Die anderen Mädchen setzten sich in ihren Betten auf, um zu sehen, was die beiden trieben. Patta gesellte sich zu Bessie und Alta, aber Mary schimpfte. »Was macht ihr da?« sagte sie. »Ihr wißt doch, was der Prediger gesagt hat. Wollt ihr den Teufel ins Haus holen?«

Wanda begann zu wimmern: »Das sage ich Mutter.«

Bessie starrte sie böse an. »Das wirst du nicht tun, oder du bekommst eine Tracht Prügel.« Und sie wandte sich wieder Alta und Patta zu. Die drei legten die Fingerspitzen auf die herzförmige Planchette des Bretts. Die übrigen Schwestern beobachteten das Ganze ängstlich und gespannt zugleich. »Was sollen wir fragen?« begann Patta.

Bessie schaute Alta an und zuckte die Achseln. Alta schloß die Augen, warf den Kopf zurück und fragte mit beschwörender Stimme: »Ist da jemand?«

Im Raum war es still. Alle starrten auf die Planchette. Nach ein paar Sekunden fing sie an, sich zu bewegen. Langsam und stokkend glitt sie bis in die Ecke des Bretts und kam dort bei dem Wort JA zum Stehen.

Bessie, Alta und Patta sahen sich verwundert an. Der Kontakt zu einem Geist war hergestellt! Niemals hatte je ein Gebet so schnell und zuverlässig gewirkt.

Alta schloß wieder die Augen und fragte: »Wer bist du?«

Diesmal bewegte sich die Planchette noch schneller über die Buchstaben der Tafel und antwortete: I-C-H B-I-N E-I-N I-N-D-I-A-N-E-R.

»Ein toter Indianer?« wollte Bessie wissen.

In diesem Moment hörten die Mädchen einen gespenstischen Schrei, der sie zu Tode erschreckte. Es war Wanda, die am ganzen Leib zitterte und weinte. Noch ehe jemand sie aufhalten konnte, lief sie schreiend aus dem Zimmer.

Melissa hatte zwar Schwierigkeiten mit dem Hören, aber ganz taub war sie wiederum nicht. Sie stürzte ins Schlafzimmer der Mädchen und entdeckte das Ouija-Brett auf Altas Knie. »Was um Gottes willen habt ihr mir da ins Haus gebracht?«

Niemand sagte ein Wort.

Melissa wandte sich an Alta. »Bessie oder Patta hätte ich das zugetraut. Sie spielen gerne mit dem Feuer, aber *du* müßtest es besser wissen, Alta. Wie konntest du mitmachen? Hast du nicht gewußt, daß du Gott lästerst? Kennst du nicht den Preis dafür?«

Alta sah tief betroffen aus. »Tut mir leid, Mutter. Wir haben nur Spaß gemacht. Wir werfen es weg.«

»Nein! Du wirst noch mehr tun. Du bringst es nach draußen und steckst es in den großen Ofen. Das machst du sofort, Alta, und zwar ganz allein.« Melissa wartete, bis sich ihre Tochter angezogen hatte, dann folgte sie Alta aus dem Zimmer und knallte die Tür hinter sich zu.

Ihre Mutter hatte den Raum kaum verlassen, als Bessie Wanda anfuhr: »Blöde Petze.«

Wanda begann wieder zu weinen. »Laß sie in Ruhe«, sagte Mary zu Bessie. »Du bist an allem Schuld, weil du das verdammte Ding hergebracht hast.«

Eine halbe Stunde später kehrte Alta zurück. Kurz vor dem Einschlafen flüsterte sie Bessie ins Ohr: »Mutter ist wieder zu Bett gegangen. Ich habe das Brett in der Scheune versteckt.«

Nach dem Zwischenfall mit dem Ouija-Brett folgten einige Tage der Sühne und des Betens im Haus der Browns. Die Schuldigen nahmen ihre Bestrafung still entgegen, doch nur Alta zeigte überzeugende Reuegefühle.

Dann kam die Nacht des Halloween. Die Browns gingen zu einem Kostümball in der Kirchengemeinde von Grandview, und alle tanzten und lachten, bis sie von dem Rummel schwindlig und müde waren.

Gegen zwei Uhr morgens kletterten Alda und Bessie aus dem Fenster und schlichen sich in die Scheune. Es war eine stille Herbstnacht. Bessie zündete eine Kerosinlampe an, und Alta kramte das Brett hervor. Es war Zeit, den Geist erneut anzurufen.

Alta und Bessie saßen allein im Schuppen, das Brett auf den Knien, und stellten dieselben Fragen wie einige Tage zuvor. Wieder bildeten sich die Antworten unter ihren Fingern. »I-C-H B-I-N

E-I-N T-O-T-E-R I-N-D-I-A-N-E-R. I-C-H W-U-R-D-E G-E-T-Ö-T-E-T, W-E-I-L I-C-H E-I-N-E-N M-A-N-N T-Ö-T-E-T-E. E-R H-A-T-T-E M-I-C-H B-E-S-T-O-H-L-E-N. I-C-H W-I-L-L Z-U-R-Ü-C-K-H-A-B-E-N...«

Bessie und Alta hörten, wie das Scheunentor quietschte. Sie sahen eine Gestalt in den dämmrigen Lichtschein treten. Es war nur ihr Vater. Doch Bessie konnte keineswegs aufatmen, denn mittlerweile hatte sie gelernt, ihn zu fürchten. Will Brown war ein netter Mensch, solange man ihn nicht reizte.

Er kam auf sie zu. »Ihr beschwört mitten in der Nacht die Geister?« fragte er. »Seid ihr noch meine Kinder, oder habt ihr euch bereits dem Teufel verschrieben?« Will griff nach einer Axt, nahm ihnen das Ouija-Brett ab und hackte es in Stücke. »Wenn ich euch jemals wieder dabei erwische, daß ihr den Teufel anbetet, übergebe ich euch eigenhändig den Daniten.«

Das war das Ende des Ouija-Bretts im Hause der Browns. In den folgenden Wochen versuchten Bessie und Alta an abgelegenen Orten noch einmal Kontakt zu dem Geist aufzunehmen, indem sie sich im Dunkeln an den Händen hielten. Doch es passierte nichts. Es antwortete weder eine Stimme, noch materialisierte sich etwas. Sie hätten genausogut beten können.

Weihnachten kam und verging, und dann begann das neue Jahr. In der zweiten Woche des Jahres 1930 erlebte Provo einen starken Schneesturm, der Berge und Täler einhüllte. Die ganze Woche über schneite es.

Eines Abends, nachdem es wieder den ganzen Tag geschneit hatte, tauchte plötzlich ein weißes Pferd im Hinterhof der Browns auf. Da Grandview eine kleine Gemeinde war, kannte jeder die Tiere des anderen so gut wie seine eigenen Kinder, und die Browns wußten von niemandem, der eine derartig schöne und gespenstisch aussehende Stute besaß. Bessie und ihre Schwestern liefen nach draußen, um sich das Tier anzusehen, und Alta ging sogar hin und streichelte es. Als Melissa ihre Töchter mit dem unheimlichen

Tier sah, holte sie sie ins Haus. Dann versuchte sie das Pferd zu verscheuchen, doch es sah sie nur an.

Stundenlang stand die Stute da und starrte auf das Haus. Ihr Fell schimmerte im Schein des Wintermondes. Als Will Brown von seiner Arbeit nach Hause kam, vertrieb er das Tier. In derselben Nacht belauschte meine Mutter ein Gespräch zwischen ihren Eltern. »Du weißt ja, was der Besuch eines weißen Pferdes bedeutet«, sagte meine Großmutter. »Es kündigt an, daß jemand sterben wird.«

»Ich habe noch nie gehört, daß der Herrgott sich solcher Zeichen bedient«, antwortete Will.

Am späten Nachmittag des darauffolgenden Sonntags kam ein Nachbar mit einem Pferdeschlitten vorbei und lud die Schwestern zu einer Spazierfahrt ein. Alta und Wanda liefen zu ihrer Mutter und fragten, ob sie ein Stück auf dem Schlitten mitfahren dürften. Melissa kannte den Nachbarn und auch das Pferd – ein ruhiges, freundliches Tier –, trotzdem schüttelte sie den Kopf. »Ich habe zwar keinen Grund, es euch zu verbieten, trotzdem sage ich nein. Ich habe kein gutes Gefühl.« Die Mädchen waren enttäuscht, versuchten aber nicht, sie umzustimmen. Melissa kehrte wieder an ihre Arbeit zurück, und Alta lief zu Bessie. »Komm, Bess. Wir schleichen uns bis hinter die Biegung und fahren dann mit dem Pferdeschlitten wieder hoch. Mutter wird es nicht erfahren.«

Doch ausnahmsweise teilte Bessie diesmal die Intuition ihrer Mutter. »Nein«, antwortete sie. »Ich glaube, das ist keine gute Idee.«

Alta fragte nun Wanda, ob sie mitkomme. Wanda zögerte. Sie war es nicht gewohnt, ungehorsam zu sein. Aber was war schon schlimm an einer Schlittenfahrt? Die beiden Mädchen rannten aus dem Vorgarten und den Hügel hinunter, wo sie vom Haus aus nicht gesehen werden konnten.

Bessie blieb auf der vorderen Veranda stehen, wartete auf den Schlitten und sah zu, wie Ada und Ida einen Schneemann bauten. Kurz darauf kam das Pferd im Galopp um die Ecke. Alta lag bäuchlings auf dem Schlitten und hielt sich fest, Wanda saß auf ihr. Genau vor dem Haus muß irgend etwas das Pferd erschreckt haben. Der Reiter versuchte, es zu beruhigen, doch es scheute, schlug aus und schleuderte den Schlitten durch die Luft. Die Mädchen flogen im hohen Bogen gegen einen Telegrafenmast. Wanda prallte mit der linken Schulter am Boden auf, während Alta mit dem Gesicht zuerst gegen den Mast donnerte und dann zu Boden fiel.

Jemand lief ins Haus und holte Melissa, die herbeigerannt kam und ihre beiden Töchter blutüberströmt im Schnee fand. Wanda hatte das Bewußtsein verloren und schien tot zu sein, doch Alta wälzte sich hin und her und versuchte, sich umzudrehen. Melissa kniete vor ihr und bettete ihren Kopf in den Schoß. Alta hatte einen Schädelbruch erlitten, Melissa konnte die Knochen sehen. »O Mama«, sagte Alta. »Es tut mir so leid. Ich hätte auf dich hören sollen.« Und dann fing sie an zu weinen. Der gespaltene Schädel konnte ihr Gesicht nicht mehr zusammenhalten, und als sie weinte, lösten sich ihre Augen aus den Höhlen und rutschten auf die Wangen. Melissa blieb im Schnee sitzen, hielt ihre Lieblingstochter in den Armen und streichelte so lange ihr Haar, bis sie ihr Leben aushauchte.

Bessies jüngerer Bruder Mark sattelte ein Pferd und ritt zur Kirche, um seinen Vater zu holen. Als Will und Mark mit dem Geistlichen und einem Arzt kamen, hatte man die beiden Mädchen ins Haus getragen. Der Arzt sah sich Alta an und stellte ihren Tod fest. Dann untersuchte er Wanda und sagte: »Die hier ist noch am Leben. Aber wir müssen sie sofort ins Krankenhaus bringen, sonst schafft sie es nicht.«

Wanda erholte sich von dem Unfall, blieb aber ein Leben lang halbseitig gelähmt.

Einige Tage später, als Alta beerdigt werden sollte, war der Boden zu sehr gefroren. Der Sarg mußte neben dem Grab stehen bleiben, bis der Boden aufgetaut war. Während dieser Zeit zogen die Kinder der Browns täglich zum Friedhof, wo sie am Sarg für die Seele ihrer Schwester beteten.

Einige Wochen später folgte ein letzter Spuk. Meine Cousine Brenda erzählte mir: »Die Schwestern lagen nachts in ihren Betten, als sie ein Licht sahen, das immer näher kam. Es war Alta. Sie setzte sich auf das Bett neben die Mädchen und erzählte ihnen, es gehe ihr gut, sie habe keine Schmerzen und sei sehr glücklich. Dann wurde das Licht schwächer und verschwand, doch man sah noch die Vertiefung auf dem Bett, wo sie gesessen hatte.«

Sie erfuhren nie, warum das Schlittenpferd damals scheute, doch meine Mutter war sicher, daß es den Geist des toten Mannes gesehen hatte, der von Alta und ihr beschworen worden war. Von nun an würde dieser Geist ihre Familie verfolgen.

Viele Jahre später und ehe ich die Einzelheiten dieser Geschichte gehört hatte, bat ich meine Mutter, mir ein Ouija-Brett zu kaufen. Es war nach dem Tod meines Vaters – zu einer Zeit, als ich nur Edgar Allan Poe, Bram Stoker und viktorianische Gruselgeschichten las. Das Makabre und Übernatürliche tröstete mich auf eine Art, die ich nicht erklären, die meine Mutter aber kaum ertragen konnte. Sie lehnte meine Bitte ab, und genau wie sie viele Jahre zuvor ging ich hin und kaufte mir heimlich ein Brett. Nur konnte ich nicht meine Brüder bitten, es mit mir auszuprobieren. Also saß ich wie ein Dummkopf ganz allein da, die Planchette auf den Knien, stellte Fragen und wartete auf Zeichen aus dem Jenseits, die nie kamen.

Eines Nachmittags fand mich meine Mutter mit dem Brett auf dem Schoß und wurde sehr böse. »Schaff mir dieses verdammte Ding aus dem Haus, und schlepp es nie wieder hier an. Außerdem will ich nicht, daß du diese schrecklichen Bücher über Gespenster liest. Nicht alle meine Söhne sollen zu Monstern werden.« Und dann weinte sie so laut und anhaltend, daß ich das Haus verließ, nur um dieses Schluchzen nicht mehr mitanhören zu müssen.

Zweiter Teil

Mutter und Vater

Zuerst lieben Kinder ihre Eltern; wenn sie älter
werden, urteilen sie über sie; und manchmal verzeihen sie ihnen.

Oscar Wilde, Das Bildnis des Dorian Gray

Das schwarze Schaf

Lange sprach Bessie von ihrem Vater wie von einem Idol. Ein ruhiger bescheidener Mann sei er gewesen, der keine Opfer gescheut habe, um einem Freund oder Verwandten zu helfen. In ihren Erzählungen war er ein liebevoller Vater, der den ganzen Tag schuftete, um seine Kinder ordentlich zu kleiden und in die Schule schicken zu können. Er habe ihnen beigebracht, Nachbarn und Fremde gleichermaßen freundlich zu behandeln.

In ihren letzten Jahren jedoch änderte sich das Bild, das meine Mutter von ihrem Vater zeichnete, auf drastische Weise. Das geschah nach Garys Hinrichtung, als sie sich immer mehr in die

Vergangenheit zurückzog. Es war auch einer der Gründe, warum ich sie nicht mehr so oft besuchte oder anrief. Sie konnte über kaum mehr etwas anderes sprechen als über die Etappen unserer Familientragödie. Die endlose Reihe von Enttäuschungen und Todesfällen schien sie mittlerweile in den Wahnsinn getrieben zu haben. Vielleicht verspürte sie auch den Zwang, jedes Detail ihres Lebens auf den Kopf zu stellen und nach dem Punkt zu forschen, an dem das ganze Übel seinen Anfang genommen hatte – so ähnlich habe ich es ja selbst in den letzten Jahren zu tun versucht.

Als die Brown-Kinder älter wurden, so meine Mutter, verlor Will seine Gelassenheit und wurde aufbrausend wie früher sein eigener Vater. Die beiden Kinder, die er sich als Zielscheibe aussuchte, waren meine Mutter und ihr älterer Bruder George. Ich kenne den Grund für die Querelen zwischen George und seinem Vater nicht, aber ich weiß, daß George mit der Zeit sowohl bei seiner eigenen Familie als auch bei der Grandview-Gemeinde als wunderlich galt. Offensichtlich war er schon immer schüchtern und eigen gewesen wie sein Vater in jungen Jahren auch, was Will wahrscheinlich nicht vertragen konnte. Einige Kinder in der Nachbarschaft verspotteten George wegen seines Aussehens und seiner bäurischen Art. Kein Wunder, daß George sich immer mehr zurückzog. Wie sein Großvater Joseph Kerby ging er in der Einsamkeit seinen künstlerischen Neigungen nach. Er malte herrliche naturalistische Landschaften von der Gegend um Provo und schmückte die Waffen der Bogenschützen im ganzen Staat mit seinen wunderbaren Schnitzereien.

Manchmal brachte jedoch Georges Einsamkeit ihn dazu, etwas Wildes zu tun. Dann zog er seine Kleider aus, legte sie vor der Haustür der Browns ordentlich zusammen und lief in der Jordan Lane auf und ab. Ein- oder zweimal schaffte er es sogar splitterfasernackt unter den verdutzten Blicken all der strenggläubigen Mormonen bis zur Stadtmitte, wo die Polizei ihn aufgriff und festhielt, bis sein Vater kam und ihn abholte. Das Resultat war eine Tracht Prügel. Es kam auch vor, daß George grundlos von seinem

Vater geschlagen wurde, wenn dieser seinen Koller bekam. Dann zerrte Will ihn zu einem Baum hinter dem Haus und band ihn dort mit einem Strick fest. Mit einem Lederriemen hieb er so lange auf seinen schreienden Sohn ein, bis der Junge vor Schmerz und Schock das Bewußtsein verlor. Gelegentlich schlug er so hart zu, daß Bessie oder Mark zu Wills älterem Bruder Charley liefen und ihn baten, zu kommen und Will von George wegzulotsen. Damals war Charley der einzige Mensch, der sich Wills Raserei entgegenstellen konnte.

Die Prügelstrafen dauerten bis 1940, als George und Mark in den Zweiten Weltkrieg zogen. George gehörte zu den Soldaten, die die Konzentrationslager der Nazis in Deutschland befreiten. Eine Zeitlang war er auch in Frankreich stationiert. Kaum kehrte er aus dem Krieg zurück, sah er sich erneut mit der Brutalität seines Vaters konfrontiert. Will schlug mit der Faust zu, aber George packte sie und drehte seinem Vater den Arm um. »Du schlägst mich *nie* wieder«, sagte er. Laut Aussage meiner Mutter erhob Will Brown danach kein einziges Mal mehr die Hand gegen seinen Sohn oder eine andere Person.

All die Jahre der Wut und des Wahnsinns hinterließen Spuren bei George. Er ging nie mit Mädchen aus, er heiratete nicht, und trotz des Leids, das er zu Hause ertragen mußte, wagte er sich nicht über die Grenzen der Familie hinaus. In einer Truhe in seinem Zimmer bewahrte George eine Fotosammlung auf, die er aus dem Krieg mit nach Hause gebracht hatte. Darunter befanden sich Aufnahmen von Leichen und ausgemergelten Überlebenden der Konzentrationslager sowie pornografische Postkarten, die er in Paris auf der Straße erstanden hatte. Manchmal lockte George seine Nichten und ihre Freundinnen in sein Zimmer. Dann schloß er die Tür ab und ließ sie nicht heraus, bevor sie nicht alle Aufnahmen angeschaut hatten: Fotos von den schrecklichsten Verbrechen unserer Zeit zusammen mit Pornografie. Zweifellos reizte etwas an dieser Kombination Onkel George, und gleichzeitig sprach sie Bände über sein trauriges Schicksal.

George hat die Farm seiner Eltern nie verlassen. Er erbte sie nach dem Tod seiner Mutter und lebte dort bis zu seinem eigenen Tod im Jahre 1974. Er lag drei Tage tot im Bett neben der Truhe mit den Fotos, bis man ihn fand.

Meiner Mutter zufolge begann sie ihren Vater Will Brown am Tag einer Hinrichtung zu hassen.

Meine Mutter erinnerte sich, wie ihr Vater sie als kleines Mädchen eines Sommermorgens zusammen mit ihren Geschwistern in einen Planwagen setzte und in der Dämmerung zu einer Wiese neben dem Staatsgefängnis fuhr. Dort, so behauptete sie, hätten sie zugeschaut, wie ein verurteilter Mann die Treppen zum Schafott hinaufgeführt wurde, wo der Henker auf ihn wartete. Das Hängen selbst hatte sie nicht mitansehen können. Sie kniff die Augen ganz fest zu und versteckte das Gesicht an der Seite ihres Vaters. Doch sie hörte, wie sich die Falltür öffnete, und eine Sekunde später auch das schreckliche, schnappende Geräusch, als der Körper des Mannes fiel und das straffe Seil ihm das Genick brach. Und dann hörte sie etwas, das noch schlimmer war: Jubel und Applaus. Als sie weggingen, warf sie einen verstohlenen Blick zurück und sah den Körper des Mannes in der Luft baumeln. Die Männer auf der Wiese nahmen ihre Kinder an der Hand, zeigten auf die Leiche und ermahnten ihre Sprößlinge, diese Lehre nie zu vergessen.

Bessie Brown hatte sie gewiß nicht vergessen. Als ich klein war und wir in Portland im Bundesstaat Oregon lebten, verfolgte sie die Nachrichten über drohende Hinrichtungen voller Angst und Unruhe. Sie schrieb Briefe an den Gouverneur, in denen sie die Todesstrafe als unmoralisch bezeichnete und den Staat aufforderte, sie in eine andere Strafe umzuwandeln. Und sie veranlaßte mich, sich zu ihr an den Eßtisch zu setzen und ebenfalls an den Gouverneur zu schreiben. Einmal erklärte sie mir, diese Morde seien die einzigen, von denen wir wüßten, die einzigen, die sich nach einem festgelegten Zeitplan vollziehen würden, und daher die einzigen, die wir möglicherweise verhindern konnten.

Während meiner Kindheit erzählte mir meine Mutter sehr viele Geschichten über Hinrichtungen, doch erst bei unserer allerletzten Begegnung verriet sie mir etwas, das sie zuvor stets geheimgehalten hatte. Am Weihnachtstag, einige Monate vor ihrem Tod, vertraute mir meine Mutter an, daß sie es an jenem Sommermorgen doch nicht geschafft hatte wegzusehen. Denn kurz bevor die Falltür aufklappte, riß sie ihr Vater an den Haaren hoch und zwang sie hinzusehen, als der Mann in den Tod stürzte. Sie sagte, daß sie auf der Rückfahrt beschlossen habe, ihrem Vater das nie zu verzeihen. Ihr Gesicht war voller Haß, als sie das sagte. In ihren Augen spiegelte sich der Wahnsinn eines Menschen, der unsägliche Dinge hatte mitansehen müssen.

Die Geschichte machte mich nachdenklich. Wenn der Vater meiner Mutter sie nicht gezwungen hätte hinzusehen, wäre Gary dann vielleicht nicht der gewalttätige Mensch geworden, der er war? Konnte es sein, daß in jenem Augenblick der Keim für ein tödliches Schicksal gelegt worden war, das sich erst fünfzig Jahre später in den Morden meines Bruders und seiner eigenen blutigen Hinrichtung im Geburtsland meiner Mutter erfüllen sollte?

Vor etwa zwei Jahren, als ich mit der Arbeit an diesem Buch begann und über Hinrichtungen im Staat Utah recherchierte, entdeckte ich etwas, das mich noch mehr verunsicherte. Die Geschichte, die meine Mutter erzählt hatte, konnte nicht stimmen. Es war einfach unmöglich, daß sie Zeugin einer Exekution gewesen sein sollte. Es fanden in Utah nach etwa 1919, als meine Mutter sechs Jahre alt war, keine öffentlichen Hinrichtungen mehr statt. Noch wichtiger allerdings ist die Tatsache, daß während der Kindheit und Jugend meiner Mutter in Utah niemand gehängt wurde. In diesem Zeitraum fanden, soweit ich weiß, etwa zwölf Exekutionen statt, darunter die weltbekannte Hinrichtung des Gewerkschafters Joe Hill im Jahre 1915, über die wir zu Hause auch sehr viel hörten. Aber alle Exekutionen waren hinter den Mauern des Sugarhouse-Gefängnisses in Utah und in Anwesenheit weniger ausgewählter Zeugen von Erschießungskommandos ausgeführt worden!

Die Geschichten meiner Mutter gehen mir nach. Ich frage mich, was wohl in ihrem Herzen vorging, wenn sie es fertigbrachte, ein so blutrünstiges Motiv wie das der Hinrichtung zu einem so wichtigen Teil unserer Mythologie zu machen. Was war ihr wirklich zugestoßen, um ihr eine derartige Angst vor der Blutsühne einzuflößen? Wie konnte es sein, daß sich ihre schlimmsten Befürchtungen fast als Prophezeiung dessen lasen, wie ihr Lieblingssohn einmal sterben sollte? Manchmal erzählen wir Lügen über unsere Vergangenheit, entweder um uns eines Verbrechens oder einer Leistung zu rühmen, unsere eigene Bedeutung zu steigern oder aber, um unsere tiefsten Geheimnisse zu verbergen. Ich bin überzeugt, daß meine Mutter etwas anderes vermitteln wollte, als sie uns von den Hinrichtungen in Utah erzählte. Ich glaube, sie wollte uns vor Augen führen, wie grausam es ist, in einem derart hartherzigen Land aufzuwachsen. Möglicherweise wollte sie uns auf diese Art von anderen Mißhandlungen erzählen, die ihr Vater ihr angetan hatte, Verfehlungen, die sie nicht beim Namen nennen konnte oder an deren Einzelheiten sie sich vielleicht nicht mehr erinnern wollte.

Als kleines Kind galt Bessie als hübscheste der Brown-Töchter. Sie mochte feine Kleider, trug große Schleifen in ihrem schönen schwarzen Haar und fiel bei Tanzveranstaltungen und Picknicks der Kirchengemeinde auf. Damals war ihr Vater Will stolz auf sie gewesen, manchmal vielleicht sogar etwas zu besitzergreifend. Doch mit zunehmendem Alter empfand die Brown-Familie ihr reizvolles Aussehen als Nachteil. Angeblich bildete sich Bessie mit der Zeit ein, etwas Besonderes zu sein. Sie gab sich als Kind reicher Eltern aus. Sie war sich zu schade, wie die anderen auf der Farm zu arbeiten. Sie mochte keine Blasen an ihren zarten Händen, weil sie dann keine Ringe tragen konnte. Zudem haßte sie ungepflegtes Haar. Sie sagte, es würde die Wirkung der schönen Kleider zunichte machen, die sie sich für die Gemeindebälle und Tanzveranstaltungen in Provos Utahna-Ballsaal schneiderte. Doch am schlimmsten war, daß sie so tat, als ginge die Hausordnung sie nichts an. Sie blieb länger weg als die anderen und traf sich mit jungen Männern, vor allem mit Studenten von der nahe gelegenen Brigham Young University. Das machte Bessies Vater am meisten Kummer. Gerüchten zufolge liebte Will Brown seine Töchter über alles und wollte sie nicht verlieren. Seiner Meinung nach fing Bessie viel zu früh mit dem Ausgehen an.

Während ihre Geschwister die Regeln befolgten oder sie umgingen, ohne sich erwischen zu lassen, forderte Bessie die elterliche Autorität regelrecht heraus. Natürlich galt sie damit als schlechtes Beispiel für die anderen Kinder. Nach Altas Tod steigerte sich Bessies Aufsässigkeit nur noch mehr. Den anderen kam es so vor, als sei mit Altas Tod bei Bessie eine Sicherung durchgebrannt, als sei ihre Trauer in offene Rebellion umgeschlagen und als mache sie ihre Eltern oder die Farm für den Unfall ihrer Schwester verantwortlich. Sie blieb bis spät nachts aus, und dann kam es gewöhnlich zu einem heftigen und lauten Streit mit den Eltern. Will und Melissa warfen ihr unmoralisches Verhalten vor. Bessie protestierte, und wahrscheinlich traf es auch nicht zu, daß sie mit einem Jungen schlief, doch sie genoß die Macht, die solche Verdächtigungen ihr verliehen, sowie die Verzweiflung ihrer Eltern, wenn sie sagte: »Das würdet ihr wohl gerne wissen, was?« Es war trotzdem ein gefährliches Spiel. Abgesehen von Mord oder Gotteslästerung gab es für die Mormonen keine verwerflichere Sünde als Unzucht. Indem sie ihre Eltern auf diese Weise herausforderte, riskierte sie, von der Familie verstoßen zu werden. Eine oder zwei Generationen zuvor wäre sogar eine Bestrafung durch die Daniten fällig gewesen.

Eines Nachts kam es fast so weit. Seit einigen Wochen war Bessie mit einem jungen Mann aus Salt Lake City ausgegangen. Es hieß, er sei ein Trinker und führe einen lockeren Lebenswandel. Das war während der Prohibition, und obwohl es in Provo die eine oder andere Flüsterkneipe gab, konnte sich keine Mormonenfamilie leisten zuzulassen, daß ihre Tochter dort verkehrte. Bessies

Eltern forderten sie auf, den Kontakt zu dem jungen Mann abzubrechen, und erklärten, daß er bei ihnen zu Hause nicht willkommen sei. Doch Bessie traf sich weiterhin mit ihm und kam in derselben Woche dreimal zu spät heim, was zu den schlimmsten Auseinandersetzungen mit ihren Eltern führte. Beim viertenmal stand Bessie um drei Uhr früh vor dem Haus der Browns und verabschiedete sich mit einem Kuß von ihrem Freund, als die Tür aufging. Will Brown stand da mit einem Schrotgewehr in der Hand und zielte auf seine Tochter. Sein Gesicht war verzerrt. »Geh zum Teufel mit deiner Hurenseele«, brüllte Will und spannte den Hahn. In dem Augenblick erschien George hinter seinem Vater und griff nach der Waffe. »Du wirst niemanden erschießen«, rief er. Daraufhin peitschte Will George und Bessie vor den Augen der anderen Kinder fürchterlich aus. Die weinten und beteten zu Gott, der Gewalt ein Ende zu machen. Bessies Mormonenfreund nahm die Beine in die Hand und ließ sich bei den Browns nie wieder blicken.

Ich habe eine Handvoll Fotos von meiner Mutter, die mein Onkel George etwa 1933 geschossen haben muß, als Bessie um die zwanzig war. Ich hatte sie zu Lebzeiten meiner Mutter nie gesehen; Larry Schiller gab sie mir kurz nach ihrem Tod. Als ich sie zum erstenmal sah, war ich so betroffen, daß ich sie weglegte und erst Jahre später wieder hervorholte. Ich brauchte lange Zeit, um mir über meine Reaktion klar zu werden. Ich hatte nie Bilder von ihr in jungen Jahren gesehen. Es war zweifellos ihr Gesicht, trotzdem war es so anders, so frei von allem, was Alter, Schmerz und Tod ihr später zufügen sollten.

Was mich an den Bildern schockierte, war ihr zuversichtliches Gesicht an jenem Tag, als die Aufnahmen gemacht wurden. Nicht übertrieben zuversichtlich (auf jeden Fall mehr stolz als hoffnungsvoll), aber genug, um deutlich zu machen, was der Mangel an Hoffnung über lange Jahre hinweg dem Gesicht eines Menschen antun kann. Als ich diese Bilder sah, wußte ich, daß meine Mutter mit einem anderen Gesichtsausdruck hätte sterben können.

Meine Mutter blickte auf eine Art in die Kamera, die dem Betrachter verrät, wie sie die Welt sah. Auf meinem Lieblingsbild sitzt Bessie Brown in einem Sessel. Sie schaut nach links, das eine Bein ist elegant über das andere geschlagen, die Hände ruhen auf dem Schoß. Sie trägt ein einfaches, bodenlanges weißes Kleid, das wie angegossen sitzt und atemberaubend aussieht, und eine Perlenkette um den Hals. Das lange schwarze Haar ist zum Teil hinten aufgesteckt, zum Teil fließt es in Locken herab und unterstreicht ihre Schönheit.

Die Aufnahme wurde unter freiem Himmel gemacht. Bessie sitzt in einem Sessel auf der Farm vor ihrem Lieblingsberg. Neben ihr steht ein Mädchen, eine Schwester oder Freundin, und hält eine Tasche in der Hand. Die Kleine ist hübsch, doch das Bild wird ganz von Bessie beherrscht. Sie ist sich des witzigen Bruchs in ihrer Pose sehr bewußt: elegante Schönheit in ländlicher Umgebung. Sie lächelt leicht, als wüßte sie zuviel von sich und vom Leben, um in dieser Umgebung zu bleiben.

Das Foto erwies sich als Bessies Abschied von der Farm ihrer Eltern. Meine Cousine Brenda hat mir einmal gesagt: »Deine Mutter sehnte sich nach einem feineren Leben.« Damals bedeutete das Flucht nach Salt Lake City, achtzig Kilometer nördlich von Provo. Mitte der dreißiger Jahre verließ Bessie die Familie und zog mit drei Freundinnen dorthin. Sie mieteten eine Wohnung unweit der Stadtmitte und nahmen Jobs als Hausangestellte an. Nach einem Monat kehrte ein Mädchen zu ihren Eltern nach Provo zurück und erzählte, daß sie sich mit dem Lebenswandel von Bessie und den beiden anderen nicht anfreunden könne. Alle drei hätten ihre Stellungen gekündigt, aber keine Probleme, die Miete zu zahlen.

Lange Zeit hörten die Browns nichts von Bessie und besuchten sie auch nicht im Norden. Gelegentlich kam Bessie nach Hause, um ihre jüngste Schwester Ida zu sehen. Bei diesen Anlässen trug sie ihre schönsten Kleider, neuen Schmuck und an jedem Finger einen Ring. Ihre Eltern fragten, wie es komme, daß sie sich so teure

Sachen leisten könne, und sie antwortete, daß sie eine Stelle als Goldschmiedin angenommen habe. Natürlich glaubten sie ihr nicht, und es kam wieder zum Streit. Dann verließ Bessie wütend das Haus, und ihr Vater flüchtete sich in die Kneipe. Der gottesfürchtige Mormon Will Brown begann, sich ans Trinken zu gewöhnen.

Die Gerüchte um Bessie nahmen kein Ende. 1936 verschwand sie eine Zeitlang. Anschließend wurde gemunkelt, sie sei mit einer Freundin nach Kalifornien getrampt und habe sich dort in einen Soldaten verliebt. Die Affäre ging in die Brüche; Bessie kehrte mit gebrochenem Herzen und bloßgestellt nach Hause zurück. Danach lebte sie allein und hielt Distanz zu ihren früheren Freundinnen.

All der Klatsch ging nicht spurlos an Bessie vorbei. Doch nach außen hin trug sie stolz ihr Image der Verstoßenen. Sie hatte zuviel Würde, um sich den demütigenden Forderungen nach Reue zu beugen, die ihre Eltern und andere von ihr verlangten. Sie mußte ihren eigenen Weg gehen – eine verlorene Tochter, die sich auf verbotenes Gelände wagte.

Bessie Brown sollte die erste nach drei Generationen in der Familie Brown sein, die das Refugium der Mormonen im Bundesstaat Utah verließ.

Der verstoßene Sohn

Bis zum Tod meines Bruders Gary wußte ich nicht, wie meine Eltern sich kennengelernt und ineinander verliebt hatten. Ich konnte mir nicht einmal *vorstellen*, daß sie sich je geliebt hatten, denn ich selbst sah sie immer nur streiten. Ich wußte auch nicht, was in den Jahren geschehen war, als meine Brüder geboren wurden. Ich kannte die Namen vieler Städte, in die es die Familie verschlagen hatte, aber fast nichts von ihrem Leben dort. Warum waren sie so oft und so weit umgezogen? Womit hatte mein Vater den Unterhalt für die Familie verdient? Vor allem wußte ich nicht, ob sie je wirklich eine Familie gewesen waren.

Im Jahre 1979, als Norman Mailers Buch *Gnadenlos. Das Lied vom Henker* erschien, bekam ich zum erstenmal eine Ahnung davon, wie ihr Zusammenleben ausgesehen haben könnte. Larry Schiller und Mailer hatten meine Mutter lange über Garys Kindheit befragt, und im zweiten Teil des Buches präsentierte Mailer eine faszinierende Skizze unseres Familienhintergrundes. Als dann die Zeit kam, für mein Buch das Geheimnis meiner Familie zu ergründen, erwiesen sich Mailer und Schiller als sehr großzügig und boten mir die Tonbänder mit den Interviews an, die sie vor fünfzehn Jahren mit meiner Mutter und meinem Bruder Gary geführt hatten. Irgendwie machte die Stimme meiner Mutter den unterdrückten Teil unserer Geschichte für mich etwas faßbarer. Doch jede Enthüllung meiner Mutter warf viele neue Fragen auf. Schiller und Mailer versuchten damals ihr Bestes, aber meine Mutter reagierte auf ihre Fragen oft nur mit Andeutungen oder wich einfach aus; es war zum Verrücktwerden.

An einer Stelle fragte Schiller, warum sie Angst habe, ihnen zuviel zu verraten. Nachdem Gary und mein Vater tot seien, wäre doch niemand mehr da, den sie mit ihrer Geheimniskrämerei schützen könne. »Mikal weiß nichts davon«, erklärte meine Mutter. »Ich habe Angst, daß er mich oder seinen Vater hassen könnte, wenn er davon erfährt, und das wäre schrecklich. Er war der einzige, der seinen Vater wirklich geliebt hat. Ich könnte mir nicht verzeihen, wenn ich diese Liebe zerstören würde.«

Meine Eltern haben sich im Sommer 1937 kennengelernt. Damals lebte Bessie Brown allein in einem kleinen Hotelzimmer im Stadtzentrum von Salt Lake City. Sie verdiente sich ihren Lebensunterhalt als Hausangestellte, und gelegentlich produzierte sie in Handarbeit billigen Schmuck für Werbezwecke.

Schon zu jener Zeit war Salt Lake City die größte und lebendigste Stadt Utahs. Doch wenn es um Utah geht, ist die Bezeichnung »lebendig« relativ. Dennoch konnte man in Salt Lake City mehr unternehmen als im übrigen Staat, vorausgesetzt, man tat es vor

Einbruch der Nacht. Als meine Mutter im Alter von vierundzwanzig Jahren dort lebte, kamen ihr die Straßen der Stadt ungeheuer breit und die Häuserblocks endlos lang vor. Da sie wenig Geld hatte, ging sie viel zu Fuß. Am liebsten saß sie im Lesesaal der alten Stadtbibliothek und las Bücher über Astrologie, Medizin und andere Themen, von denen sie in Provo wenig gehört hatte. Manchmal spazierte sie durch den großen Liberty Park. Sie saß am Ufer eines Sees und beobachtete die Paare, die mit ihren Booten auf dem Wasser fröhlich im Kreis paddelten, oder sie kaufte Popcorn und Brot, um die Enten zu füttern. Sie mochte die Enten, denn sie schienen zu wissen, wo ihr Platz war. Sie schenkten einem Aufmerksamkeit, kamen aber nie zu nahe.

Am Abend schlossen fast alle Läden in der Stadt, und sobald die Sonne unterging, kehrte Bessie in ihr Hotelzimmer zurück. Manchmal aß sie mit einer Freundin zu Abend oder ging tanzen, wenn Big Bands in der Stadt gastierten.

Die überwiegende Zeit jedoch verbrachte sie allein. Nach der unglücklichen Liebesaffäre in Kalifornien war sie nun in bezug auf Männer recht vorsichtig. Sie wollte auf die große Liebe warten und suchte nicht wie die meisten Mormonenfrauen fieberhaft nach einem Ehemann.

Eine ihrer besten Freundinnen war damals eine gewisse Anita, die als Kellnerin in einem Fischrestaurant arbeitete. Anita hatte gerade eine gescheiterte Ehe hinter sich und trank übermäßig, was der Freundschaft zwischen beiden gewisse Grenzen setzte. Bessie trank nicht, sie verabscheute das dumpfe Schwindelgefühl, das Alkohol bei ihr verursachte, hatte aber auch keine Lust, über die Schwächen der anderen zu Gericht zu sitzen. Anita gehörte nicht gerade der gehobenen Gesellschaft an, aber Bessie hatte sie gern. Vielleicht tat sie ihr auch leid.

Eines Tages besuchte Bessie Anita in deren Hotelzimmer, wo sie mit ihrem Freund lebte, einem Mann namens Daddy. Die beiden Frauen hatten sich verabredet, um zusammen einkaufen zu gehen, doch Anita hatte bereits ein Glas zuviel getrunken. »Bessie, guck

dir die Schreibmaschine an, die mir mein Daddy geschenkt hat.«
Stolz hob sie die Schreibmaschine hoch, aber sie rutschte ihr aus
den Händen und zerbrach am Boden. In dem Augenblick kam
Daddy herein, ein elegant gekleideter Mann Mitte Vierzig, der alles
andere als erfreut war, als er die Bescherung sah. Anita entschuldigte sich stotternd und versuchte, ihre Freundin vorzustellen.
Daddy warf Bessie einen kurzen Blick zu und sagte: »Hallo. Ich bin
Frank Gilmore.« Dann wandte er sich wieder Anita zu: »Ich habe
dir doch gesagt, du sollst die Schreibmaschine nicht anfassen. Jetzt
hast du sie kaputtgemacht. Ich habe die Nase voll von dir. Pack
deine Sachen und verschwinde.«

Bessie spürte, daß sie dort nichts weiter zu suchen hatte. »Wir
sehen uns später, Anita«, sagte sie und verließ das Zimmer. Als sie
zum Aufzug ging, konnte sie hören, wie Anita weinte.

Ein paar Tage später war Bessie auf dem Weg in die Bibliothek, als
sie Frank Gilmore über den Weg lief. Er stand vor dem Utah-Hotel
und trug ein braunes Sportsakko und ein himmelblaues Hemd,
dazu eine schmale Krawatte. Ein schmutziger weißer Filzhut verdeckte sein etwas zu langes, leicht ergrautes Haar. Seit der Szene
im Hotelzimmer hatte Bessie nichts mehr von Anita gehört und
war etwas besorgt. »Hallo! Habt ihr euch versöhnt?« fragte sie.

»Aber nein«, antwortete Frank. »Wahrscheinlich hat sie schon
längst einen anderen.« Frank schaute Bessie in die Augen und
fragte: »Wie wär's mit einem Kaffee?«

Sie gingen in ein Restaurant um die Ecke und bestellten einen
Kaffee und dann noch einen. Bessie erzählte Frank ein bißchen
über sich und erfuhr im Gegenzug etwas von ihm. Er verkaufte
Anzeigen für das *Utah Magazine* und hatte als Vertreter das ganze
Land bereist. Eines Tages, erzählte er, wolle er seine eigene Zeitschrift gründen. Seine Stimme klang intelligent und weckte Vertrauen, und obendrein sah er sehr gut aus. Ganz langsam merkte
Bessie, daß ihr dieser Mann gefiel. Das alte Sprichwort kam ihr in
den Sinn: »Liebe macht blind.« Während sie im Restaurant saßen

und Kaffee tranken, dachte Bessie: »Hier ist ein Mann, bei dem ich blind werden könnte.«

Frank muß ihr wachsendes Interesse gespürt haben, denn plötzlich ließ er eine Bombe platzen: »Übrigens, morgen heirate ich.«

Bessie war wie vom Schlag getroffen. Da saß sie nun, magisch angezogen von einem Mann, der erst drei Tage zuvor mit ihrer besten Freundin gebrochen und ihr gerade erklärt hatte, daß er morgen eine andere heiraten würde. So etwas hatte sie noch nie erlebt.

Bessie verlangte keine Erklärung, und Frank bot ihr auch keine an. Dazu war er nicht der Typ.

»Herzlichen Glückwunsch«, sagte sie.

Fast ein Jahr später lief Bessie Frank vor demselben Hotel erneut über den Weg. »Na, was macht deine Ehe?« fragte sie.

»Ach, die hat nicht lange gehalten«, antwortete Frank. »Wir sind wieder geschieden.« Er zuckte die Achseln, als handele es sich um einen längst vergessenen Fehler. Dann lächelte er sie an. »Ich wollte heute abend ins Kino. Hättest du Lust mitzukommen?«

Sie schenkte ihm ihr bezauberndstes Lächeln. »Ich würde nichts lieber tun, als mit dir ins Kino zu gehen«, sagte sie.

In Wahrheit ging Bessie überhaupt nicht gern ins Kino. Der große dunkle Saal erinnerte sie immer an ein Grab. Doch das nahm sie jetzt in Kauf, Hauptsache, sie saß neben Frank. Er war ein starker Mann, und in seiner Nähe hatte sie vor der Dunkelheit weniger Angst. Jahre später erinnerte sie sich an dieses Gefühl und fragte sich, wo es geblieben sei.

Bei ihrem zweiten Rendezvous am nächsten oder übernächsten Abend führte Frank Bessie in eine Bar. Bessie trank nicht, Frank dafür um so lieber. Er fing an, von seiner Vergangenheit zu sprechen. Doch er verriet nicht allzuviel, gerade genug, um zu zeigen, daß er ein Mann mit einem interessanten Leben war.

Offensichtlich war er im Showgeschäft großgeworden und hatte selbst auf der Bühne gestanden. 1910, als Bessie noch nicht einmal geboren war, hatte Frank als Clown und Seiltänzer im Zirkus Barnum & Bailey gearbeitet. Sein Künstlername war Laffo, der Clown. Er torkelte scheinbar betrunken über das Seil, stellte Stühle zu einer gefährlich schwankenden Pyramide zusammen und kletterte hinauf, um oben einen Handstand zu machen. Eines Abends aber war Laffo wirklich betrunken. Er kletterte auf die Pyramide, und einer der Stühle ganz unten rutschte weg. Frank war im Lauf der Jahre oft gefallen und wußte, wie er abrollen mußte, um sich nicht ernsthaft zu verletzen. Doch in dieser Nacht hatte der Alkohol seine Reflexe verlangsamt. Er kam auf dem linken Fuß auf und brach sich den Knöchel. Als der Bruch verheilt war, hatte der Zirkus bereits einen neuen seiltanzenden Clown unter Vertrag, und Franks Akrobatenkarriere war zu Ende. Also versuchte er sich als Raubtierdompteur. Die Arbeit mit den Großkatzen gefiel ihm; er liebte es, ihr weiches Fell zu streicheln und die straffen Muskeln darunter zu spüren. Doch dann schlug eines Tages ein unberechenbarer Leopard nach ihm und brachte ihm eine Schramme quer über Stirn und Wange bei. Frank kam zu dem Schluß, daß Katzen unzuverlässige Partner sind, und kehrte dem Zirkus den Rücken.

Ein paar Jahre später war er nach Los Angeles gegangen und hatte dort in Stummfilmen als Stuntman gearbeitet, unter anderem für Harry Carey und Francis X. Bushman. (»Alle beide Schweinehunde«, sagte er.) Außerdem hatte er für Hollywoods ersten großen Cowboyhelden gearbeitet: Tom Mix. Sie seien gute Freunde gewesen, erzählte Frank, und gute Saufkumpane auch. Eines Nachts habe Frank bei einer Tour am Steuer gesessen, und Mix habe getrunken, vielleicht war es auch umgekehrt gewesen. Doch wer immer den Wagen steuerte, er fuhr gegen einen Pfosten irgendwo in den Hügeln rund um Hollywood. Mix blieb unverletzt, aber Frank mußte ins Krankenhaus gebracht werden. Als er zu sich kam, schmerzte sein Bein, und er entdeckte, daß er nur noch auf einer Seite des Kiefers Zähne besaß. Links waren alle herausgebrochen. Danach hatte Frank die Nase voll von Hollywood. Er zog weiter und wechselte wieder einmal den Beruf.

Wenn Bessie über die Geschichten nachgedacht hätte, die Frank Gilmore ihr von sich erzählte, hätte ihr einiges auffallen müssen. Zunächst einmal endeten die meisten Geschichten mit einer Katastrophe, die durch Alkohol ausgelöst worden war. Sie hätte auch registrieren müssen, daß seine unsteten Wanderjahre kreuz und quer durch Amerika nur einen kleinen Teil seines Lebens widerspiegeln konnten, denn immerhin war er bereits siebenundvierzig Jahre alt. Es gab sehr viel in seinem Leben, worüber sie nichts wußte, und er machte keine Anstalten, dies zu ändern. Sogar im betrunkenen Zustand erzählte er ihr nur das Notwendigste über seine Vergangenheit, und nüchtern sprach er überhaupt nicht von sich. Aber vielleicht bemerkte Bessie sehr wohl diese Unbestimmtheit und fühlte sich dadurch erleichtert. Möglicherweise war Frank Gilmores Verschwiegenheit hinsichtlich seiner Vergangenheit eine willkommene Abwechslung nach all den Jahren mormonischer Vorherbestimmtheit und den unzähligen Familienlegenden von Pionieren und Vorfahren, die hinter der gläubigen Fassade wahrscheinlich auch nichts anderes als brutale Kerle gewesen waren.

Wie auch immer, Frank unterschied sich enorm von allen Männern, die Bessie je gekannt hatte. Er war zwar um einiges älter als sie, doch sie hatte das Gefühl, daß er geistig jung geblieben war. Er hatte viel erlebt, war erfahren und weltgewandt, aber gleichzeitig spürte Bessie, daß er immer noch nach seinem Platz in der Welt suchte. Und mehr als alles andere sehnte sie sich danach, diesen Platz mit ihm gemeinam zu finden.

Eines Abends, als sie aus dem Kino kamen, sagte Frank: »Was hältst du davon, nach Sacramento zu fahren? Du würdest meine Mutter kennenlernen, und außerdem könnten wir auch gleich heiraten, wenn wir schon mal da sind.«

Es war ihr durchaus klar, daß er nicht gerade auf die Knie fiel, um sie um ihre Hand zu bitten, doch sie antwortete: »Okay. Das wäre wirklich schön.«

Bessie fuhr also mit Frank nach Sacramento, und dort erlebte sie eine Überraschung nach der anderen. Nachdem sie in der Stadt angekommen waren, nahmen sie sich ein Zimmer im Semoh-Hotel gegenüber einem der großen Parks im Zentrum der Stadt. Frank konnte es kaum abwarten, seine Mutter zu besuchen, die in einem Altenheim des Kreiskrankenhauses von Sacramento wohnte. Auf dem Weg dorthin erklärte Frank ihr einige Dinge. Seine Mutter hieß Fay Ingram. Wie Frank hatte auch sie im Showgeschäft gearbeitet. Als er sie das letztemal besuchte, war sie mit einem in Sacramento ansässigen Psychologen verheiratet gewesen. Frank hatte jedoch gehört, daß er inzwischen gestorben war.

»Wie lange ist es her, daß du sie zuletzt gesehen hast?« fragte Bessie.

»Achtzehn Jahre.« Es klang, als gebe es da keinen Grund für Erklärungen oder Beschönigungen.

In einem Kiosk des Krankenhauses kaufte Frank eine Schachtel Pralinen und einen Strauß weißer Rosen, dann fuhr er mit Bessie hinauf zum Zimmer seiner Mutter. Er machte die Tür auf und sagte: »Schönen guten Tag, ich habe hier was abzugeben.«

Fay saß im Rollstuhl an einem kleinen Tisch und schrieb einen Brief. Sie war eine zierliche Frau Ende Sechzig mit schneeweißem Haar und lebhaften blauen Augen. Wie Frank wirkte sie alt und jung zugleich, und wie er machte sie von Anfang an keinen Hehl daraus, wer das Sagen hatte. Fay warf ihrem Sohn einen flüchtigen Blick zu, nahm ihre Lesebrille ab und rief: »Wo zum Teufel hast du die letzten achtzehn Jahre gesteckt?«

Frank lächelte und überreichte ihr die Blumen und Pralinen. »Ach, mal hier, mal da.«

Fay sah Bessie und fragte: »Und wer ist das? Deine neue Frau?« »Das wird sie«, sagte Frank.

Frank traf Vorkehrungen, um Fay aus dem Altenheim zu holen. Er mietete ihr ein schönes viktorianisches Haus in der Nähe seines Hotels und versprach, daß Bessie und er irgendwann zu ihr ziehen würden. Als Fay ihr neues Heim bezog, erfuhr Bessie etwas, das ihr

Frank bislang verschwiegen hatte. Fay war ein Medium und arbeitete als Hellseherin, und wenn man ihren Geschichten Glauben schenken konnte, machte sie das verdammt gut. Sie verstand sich darauf, Geister zu beschwören, und brachte sie dazu, sich mit Geräuschen bemerkbar zu machen oder sich zu materialisieren, um den Lebenden beruhigende Informationen über das Leben nach dem Tod zu vermitteln. Sie wußte auch, wie man Kontakt zu ruhelosen Geistern herstellte und ihnen half, Frieden zu finden, damit sie nicht länger an die Welt der Lebenden gefesselt waren. »Versprich mir, daß du so was nie tust, wenn ich im Haus bin«, sagte Bessie. »Ich habe schon einmal schlechte Erfahrungen mit Geistern gemacht. Sie sind mir unheimlich.«

Es stellte sich heraus, daß Fay kraft ihres Amtes als Priesterin der Spiritistischen Kirche Kaliforniens befugt war, Ehen zu schließen. Jetzt bot sie sich an, ihren Sohn und seine neue Auserwählte zu trauen. Bessie wußte nicht, was sie tun sollte. Was würde ihre Familie sagen? Die böse Bess heiratet einen Mann, der doppelt so alt ist wie sie, und obendrein wird die Ehe von seiner Mutter, einer praktizierenden Hexe, geschlossen. Da sie aber Fays Gefühle nicht verletzen wollte, willigte sie ein. Sie nahm sich vor, bei nächster Gelegenheit dafür zu sorgen, daß die Zeremonie von einem ordentlichen Priester oder Friedensrichter wiederholt wurde. Am zweiten Abend ihres Aufenthalts in Sacramento, nachdem sie Fay in das neue Haus gebracht hatten, erklärte die alte Frau die beiden zu Mann und Frau. Sie zündete Kerzen an, murmelte ein paar Worte und eine Zauberformel, und das war's. Keine Geburtsurkunden, keine Blutproben, keine Papiere. (Es ist mir nie gelungen, irgendwo einen offiziellen Eintrag der Ehe aufzustöbern.)

Kaum waren sie ein paar Minuten verheiratet, als Fay zu Frank sagte: »Ach übrigens, Robert wohnt hier um die Ecke. Er hat im Lauf der Jahre ein- oder zweimal nach dir gefragt. Ich hätte eigentlich erwartet, daß du dich nach ihm erkundigen würdest.«

Frank antwortete nicht, doch ein Anflug von Bitterkeit huschte über sein Gesicht.

»Wer ist dieser Robert?« wollte meine Mutter wissen.

Frank und Fay sahen sich an. Nach einer Weile sagte Frank: »Es ist mein Sohn.«

»Dein Sohn?«

»Ja, aus einer früheren Ehe.«

»Wie alt ist er?«

Frank wandte sich an Fay. »Ich weiß nicht. Wie alt ist er denn?«

»Neunzehn«, sagte Fay lächelnd und zeigte ihre wunderbaren Zähne.

»Wann hast du ihn das letztemal gesehen?« fragte Bessie.

»Tja, vor etwa achtzehn Jahren. Ich brachte ihn her, nachdem meine Ehe am Ende war. Seine Mutter hätte ihn nicht aufziehen können. Ich habe Fay gebeten, sich eine Weile um ihn zu kümmern.«

»Als mehr oder weniger feststand, daß du nicht zurückkommst, habe ich ihn adoptiert«, sagte Fay. »Er heißt jetzt Robert Ingram.«

Frank machte deutlich, daß er genug von der Diskussion hatte. »Du kannst Robert ja sagen, wo ich bin«, erklärte er Fay. »Sag ihm, er solle mal vorbeikommen.«

Dann brachte Frank seine neue Frau zum Hotel. Das war der Anfang ihrer Ehe.

Mehrere Stunden später, etwa um vier Uhr früh, als Bessie und Frank fest schliefen, klopfte es an der Tür. Bessie spürte, wie Frank sich neben ihr verkampfte. »Wer ist da?« fragte er.

»Robert.«

Frank schien erleichtert, aber auch gereizt zu sein. »Verdammt noch mal, was hast du um diese Zeit hier zu suchen?«

Bessie sagte: »Nun geh schon, und laß ihn rein.«

Robert, der nun in der Tür stand, hatte dunkles gelocktes Haar und hellblaue Augen genau wie Frank und Fay. Sie fand, daß er der schönste junge Mann war, den sie je gesehen hatte. So mußte Frank vor fünfundzwanzig Jahren ausgesehen haben.

Frank sagte: »Gehen wir runter in den Park, da können wir uns ein bißchen besser kennenlernen. Wir warten draußen im Gang, bis sich Bessie angezogen hat.«

Die drei setzten sich auf eine Bank im Park. Anfangs kam das Gespräch nur stockend in Gang. Robert erzählte Frank, daß er mit vierzehn Jahren einmal ausgerissen sei, um ihn zu suchen. Man hatte ihn aber festgenommen und zu Fay zurückgebracht. Frank antwortete nicht darauf. Nach einer Weile wandte sich Robert an Bessie und sagte: »Du erinnerst mich an meine Freundin. Du hast wunderschönes Haar.« So ein Kompliment hatte sie von Frank nie gehört. Sie mochte Robert auf Anhieb.

Frank und Robert saßen da und versuchten, sich aneinander zu gewöhnen, doch Frank verhielt sich so, als langweile ihn das alles. Gegen Morgen fragte Robert seinen Vater, ob er wisse, wo er seine Mutter finden könne.

»Nein«, antwortete Frank. »Und ich würde es dir auch nicht sagen, wenn ich es wüßte. Sie taugt nichts.«

Diese Worte beendeten ihre erste Begegnung. Die Beziehung sollte nie eng werden. Bessie hatte den Verdacht, daß Frank Robert für das, was seine Exfrau ihm vor achtzehn Jahren angetan hatte, bestrafen wollte.

Bald wurde klar, daß es zwischen Frank und Fay viele Punkte aus der Vergangenheit gab, die nicht geklärt waren. Bessie hatte den Eindruck, daß Frank seine Mutter sehr liebte, denn er sprach nur in den höchsten Tönen von ihr. Doch wenn sie zusammen waren, konnte die Atmosphäre gespannt und frostig sein. Fay verspottete Frank auf ihre spröde und herausfordernde Art und stellte die unmöglichsten Forderungen. Es entging Bessie auch nicht, daß, wenn sie Besuch bekamen, Fay Robert als ihren Sohn und Frank einfach als Frank Gilmore vorstellte. Fay schien ihre liebevollen Gefühle auf Robert und Bessie zu konzentrieren. Nur wenn sie zusammen eine Flasche Whiskey tranken, fiel die Mauer zwischen Fay und Frank, und Bessie begann dann aufmerksam zu lauschen. Sie hörte skandalöse Geschichten über das Showgeschäft und den

Zirkusbetrieb von damals. Vor allem über den berühmten, jedoch bereits verstorbenen Magier und Entfesselungskünstler Harry Houdini. Offensichtlich hatte Fay ihn gut gekannt und ihm sogar zu Anfang seiner Karriere geholfen. Später jedoch hatte sie sich von ihm hintergangen gefühlt. Bessie meinte, es müsse etwas mit Houdinis Feldzug gegen spiritistische Scharlatane zu tun haben. Was immer es war, Frank teilte Fays Haß auf den Toten. Manchmal betranken sie sich und wetterten in den übelsten Tönen gegen Houdini. Ihr Haß schmiedete sie enger zusammen als alles andere.

Kaum waren sie verheiratet, da verkündete Frank, er müsse geschäftlich verreisen und werde eine Zeitlang unterwegs sein. Als Bessie ihn fragte, wohin er fahre und was für Geschäfte das seien, tat er, als hätte er es schrecklich eilig und gab keine richtige Erklärung. »Ich bin jemandem noch einen Gefallen schuldig«, war alles, was er sagte. »Ich möchte, daß du hierbleibst und dich um Fay kümmerst.«

Das war das erstemal, daß er sich einfach absetzte. Innerhalb einer Stunde hatte Frank seinen Koffer gepackt und war weg. Später sollte er auch ohne jegliche Vorwarnung verschwinden. Da saß Bessie nun, achthundert Kilometer fern von zu Hause, und mußte sich um eine nette, aber seltsame alte Frau kümmern, die sie kaum kannte und die gewohnt war, Leute herumzukommandieren. Doch Bessie war viel zu rebellisch, um sich jemandem zu unterwerfen. Als Fay ihr zum erstenmal einen Befehl gab, antwortete Bessie: »Paß auf, das mag bei Frank und Robert funktionieren, aber mich läßt es kalt. Ich weiß, daß du im Rollstuhl sitzt, aber das heißt noch lange nicht, daß ich deine Sklavin bin.« Das machte offensichtlich Eindruck auf Fay. Danach kamen die beiden ganz gut miteinander klar.

Frank blieb einige Wochen weg, und Bessie fing an, sich Sorgen zu machen. Außerdem wurde sie allmählich böse. Sie fragte Fay, ob sie wisse, wohin er gefahren sei und wie sie ihn erreichen könne. Fay musterte Bessie mit ihren scharfen blauen Augen, als wolle sie ihre Gefühle einschätzen, und sagte dann: »Hör mal, Bessie, wie lange kanntest du Frank, bevor du beschlossen hast, ihn zu heiraten?«

Bessie verstand den Wink. Vielleicht hätte sie mehr über den Mann und seine Vorgeschichte in Erfahrung bringen sollen, bevor sie die Entscheidung traf, ihr Leben mit ihm zu teilen. Bessie erklärte ihr, daß Frank stets über sein Leben geschwiegen habe und sie sogar überrascht gewesen sei, als sie erfuhr, daß seine Mutter noch lebe. Fay saß einfach da, beobachtete Bessie beim Sprechen und sagte nichts. Daraufhin beschloß Bessie, direkter zu werden.

»Erzähl mir von Franks erster Frau«, sagte sie. »Warum hat sie ihm Robert überlassen?«

Bessie hatte das wohl mit einer solchen Unschuld vorgebracht, daß sie Fay überrumpelte. »Franks erste Frau?« lachte sie. »Ach, Schätzchen, er hat dir wirklich nicht viel erzählt. Soweit ich mitgezählt habe, mußt du Franks sechste oder siebte Frau sein, aber vergiß nicht, daß ich ihn eine ganze Weile aus den Augen verloren hatte, und über diese Zeit bin ich nicht im Bilde. Außerdem ist Robert keineswegs Franks erstes Kind. Er müßte etwa das fünfte sein. Frank hat im ganzen Land seine Familien sitzen.«

Fay erzählte ihr von Roberts Mutter. Bessie war derart verwirrt, daß sie sich nur an ganz wenige Einzelheiten erinnern konnte. Die Frau hieß Nan, und Frank hatte sie etwa 1919 in Chicago geheiratet. Sie muß eine Schönheit gewesen sein und stammte aus einer angesehenen Mormonenfamilie in Illinois. Sie wollte Frank wahrscheinlich gar nicht zum Ehemann, aber er hatte sie kompromittiert. Obwohl er kein Mormone war, bestanden ihre Eltern darauf, daß sie heirateten, um die Schande zu sühnen. Eine Zeitlang dachte Frank, der von Fay zu einem strengen Katholiken erzogen worden war, ernsthaft daran, zu den Mormonen zu konvertieren. Gelegentlich besuchte er mit Nan die Sonntagsschule und studierte sogar *Das Buch Mormon*, wie Fay erzählte. 1920 bekamen Nan und Frank einen Sohn und nannten ihn Robert. Frank liebte Robert, aber nur, weil er seine Mutter so sehr liebte. Fay hatte noch nie eine Frau gesehen, die ihrem Sohn soviel bedeutete. Seine Briefe damals waren voller Freude und Zuversicht gewesen.

Doch plötzlich hörten die Briefe auf. Fay schrieb ihm nach Illinois, doch der Brief kam zurück. Einige Monate später stand Frank eines Tages unangemeldet vor der Tür. Auf dem Arm hielt er Robert, der damals kaum ein Jahr alt war. Frank befand sich in einem fürchterlichen Zustand. Er hatte sich seit Tagen nicht rasiert, war die ganze Zeit betrunken gewesen und brauchte nun Geld. Offensichtlich schuldete er es einem Mann, der ihm geholfen hatte, nach Sacramento zu gelangen. Dann erzählte Frank Fay, was passiert war. Eines Tages war er frühzeitig von seinem Job als Anzeigenvertreter einer Zeitung nach Hause gekommen und hatte seine hübsche Frau mit einem Kirchenältesten im Bett gefunden. Er hatte den Mann zusammengeschlagen. Frank war ein starker Kerl, der einen übel zurichten konnte. Dann hatte er das Baby genommen und das Haus verlassen. Weder Frank noch Robert sahen Nan jemals wieder. Er brachte das Kind zu Fay. Es sollte eine Art Bestrafung für Nan sein. Daher war Fay überrascht gewesen, als Frank später mit Bessie auftauchte, die ebenfalls Mormonin war. »Als ich ihn zum letztenmal sah, hatte er einen gewaltigen Haß auf die Mormonen.«

Ob denn die Polizei nicht versucht habe, Frank und Robert zu finden, fragte Bessie, ob sie nicht gewußt hätten, wo Fay lebte?

»Nein«, sagte Fay. »Das glaube ich kaum. Er hatte für diese Ehe nicht den Namen Gilmore benutzt, also wußten sie nicht recht, nach wem sie suchen sollten. Frank hat mehr Namen gehabt als Frauen.« Fay lachte. »Wahrscheinlich bist du die einzige Frau, die er unter dem Namen geheiratet hat, mit dem er aufgewachsen ist. Doch muß ich dir sagen, daß Gilmore auch nicht sein richtiger Name ist.«

»Wie heißt er denn wirklich?«

Fay studierte Bessies Gesicht eine Weile, bevor sie antwortete. »Weiss«, sagte sie schließlich. »Aber verrate niemandem, daß ich es dir gesagt habe, nicht einmal Frank.«

Jetzt sprudelten die Fragen nur so aus Bessie heraus. Wer waren Franks andere Frauen gewesen? Wie hatte er noch geheißen? Woher stammten diese Namen, und warum hatte er sie benutzt? Fays Gesicht verschloß sich, als Bessie sie so bombardierte. Die alte Frau war sich bewußt, daß sie dabei war, zuviel zu verraten. »Ein paar Fakten werde ich dir sagen. Ich denke, daß es dein gutes Recht ist, es zu erfahren. Aber es gibt Dinge in Franks Leben, von denen ich dir nie erzählen werde, egal, wie sehr du darauf drängst. In diese Geheimnisse muß dich dein Mann schon selbst einweihen.«

Fay war bereit, Bessie einige von Franks anderen Namen zu enthüllen, denn sie rechnete damit, daß das Paar ohnehin schon bald unter diesen Namen leben würde. Frank hatte sich mit Vornamen Francis, Franklin, Harry und Walter genannt und die Nachnamen Ingram, Seville, Sullivan, Lancton, LaFoe, Collier und Coffman benutzt. Manchmal sogar seinen richtigen Namen Weiss, obgleich Fay ihn stets davor gewarnt hatte. Warum er sich so viele Namen gegeben hatte, mußte Bessie Frank selbst fragen. Dann zu den Frauen und Kindern: Franks ältester Sohn hieß Christopher und war 1914 in Baltimore geboren worden (ein Jahr nach Bessie), und zwar unehelich. Eine Familie aus Baltimore hatte ihn adoptiert. Trotzdem hielt Frank Kontakt zu dem Jungen, ebenso Fay. Christopher arbeitete mittlerweile im Showgeschäft, und gelegentlich bekam Fay einen Brief von ihm. Einmal hatte er sie sogar besucht. Über Christopher war es ihr gelungen, in den Jahren, nachdem er sie und Robert verlassen hatte, losen Kontakt zu Frank zu halten.

Einige Jahre nach Christophers Geburt hatte Frank eine kurze und heftige Affäre mit einer bekannten Opernsängerin aus New York gehabt, die zu einer noch kürzeren und heftigeren Ehe und einer schnellen, ziemlich unangenehmen Scheidung führte. Danach kam die Ehe mit Nan, und nachdem Frank seinen Sohn Robert bei Fay abgegeben hatte, brach der Kontakt ab. Ein paar Jahre später erfuhr sie von Christopher, daß Frank 1928 unter dem

Namen Walter Coffman eine Siebzehnjährige aus Greenville in Alabama namens Barbara Solomon geheiratet hatte. Sie bekamen zwei Kinder, einen Jungen und ein Mädchen. Anschließend, so Fay, könnte es eine Familie namens Lancton in Seattle und mindestens ein oder zwei weitere kinderlose Ehen gegeben haben. Soweit sie wußte, hatte Frank seine Frauen stets legal geheiratet und sich von ihnen offiziell scheiden lassen, wobei Roberts Mutter Nan eine besondere Rolle einnahm.

Die vielen Ehen seien jedoch nur ein Teilaspekt in Franks Leben, erklärte Fay. »Du hast dir einen interessanten Mann ausgesucht. Keine Frau hat ihn lange halten können, aber bei dir habe ich ein besseres Gefühl als bei den anderen.«

Als Bessie Fay nach ihrer eigenen Vergangenheit befragte, fand sie heraus, daß die alte Frau hier ebenso abweisend und geheimnistuerisch sein konnte wie ihr Sohn. Fay behauptete, sie sei im französischsprachigen Teil Kanadas geboren. Ihr Vater war angeblich ein Nachkomme des französischen Bourbonengeschlechts. In den 1870er Jahren hatten gewisse Umstände ihre Familie bewogen, nach Lincoln, Nebraska, zu ziehen und den Namen Lancton anzunehmen. Fay verriet ihr nicht den ursprünglichen Namen der Familie oder die Umstände, die sie zu diesem Schritt veranlaßt hatten. Wie Bessie hatte Fay mehrere Schwestern, und alle haßten das Kleinstadtleben. Ende der 1880er Jahre stellten sie eine eigene Show mit Gesang und Tanz zusammen und gingen auf Tournee. Anfang der 1890er Jahre traten sie auf der Weltausstellung in Chicago als Iva und die Lancton Sisters auf. Dort hatte Fay den Mann getroffen, der Franks Vater werden sollte. Einen Mann, der später berühmt wurde. Fay verriet Bessie nicht, wer es war. »Wenn ich dir seinen Namen sage, würde es dir die Sprache verschlagen.« Fay hatte den Mann kurze Zeit geliebt, doch dann nur noch gehaßt. Als sie ein Kind von ihm erwartete, ließ er sie sitzen, und sie kehrte gedemütigt nach Lincoln zurück. Am 23. November 1890 wurde Frank geboren.

»Woher stammt der Name Gilmore?« fragte Bessie.

»Ein Mann, den ich in Nebraska kennengelernt habe.«

Plötzlich fiel Bessie etwas ein, das Frank ihr über seinen Vater erzählt hatte. Er hatte gesagt, daß der Mann an einem Schlag in den Bauch gestorben sei. War das der Mann mit dem Namen Gilmore gewesen oder Franks richtiger Vater?

»Mich wundert's, daß Frank dir das erzählt hat«, sagte Fay. »Nein, das war nicht Gilmore. Er spielte keine große Rolle in unserem Leben, und ich weiß nicht, was aus ihm geworden ist. Der Mann, der an einem Schlag in den Bauch starb, war Franks richtiger Vater. Aber mehr will ich darüber nicht sagen.«

Mitte der 1890er Jahre verließ Fays Familie Nebraska und zog in den Osten. Dort steckte Fay ihren Sohn in ein Internat und ging eine Zeitlang wieder mit ihren Schwestern auf Tournee. Sie traten in der Umgebung von Boston und New York auf, aber am Ende brach die Truppe auseinander, und Fay folgte einem Liebhaber an die Westküste. In den zwanziger Jahren ließ sie sich in Sacramento nieder. Die Stadt war damals, wie sie erzählte, ein Dorado für spiritistische und theosophische Bewegungen, in denen sie sich nun engagierte. Sie heiratete später einen Mann namens William Ingram, einen bekannten Psychologen der Stadt, und arbeitete in seiner Praxis. Nach Ingrams Tod vor einigen Jahren hatte Fay den Kontakt zu einigen seiner Patienten aufrechterhalten. Als Witwe fand sie zum Spiritismus zurück. Sie glaubte daran, daß viele Menschen Probleme haben, weil sie keine Verbindung zum Jenseits besitzen, das heißt zu den Menschen, die mit dem Tod in eine andere Welt übergegangen sind. Für die Lebenden und die Toten gleichermaßen könnte es jedoch von großem Nutzen sein, wenn sie durch ein Medium wie Fay zusammenkämen. »Zum Beispiel kann ich sehen, daß dich die meiste Zeit ein guter Geist umgibt«, sagte Fay. »Ich spüre seine Gegenwart, sogar wenn wir hier sitzen und uns unterhalten. Ich glaube, er ist da, um dich vor einem bösen Geist zu schützen, der hin und wieder versucht, in deine Nähe zu gelangen.«

»So, das reicht!« antwortete Bessie. »Es ist mir völlig egal, wie du dein Geld verdienst, aber wenn du willst, daß ich bei dir bleibe, laß die Toten aus dem Spiel, sonst bin ich schneller weg, als du glaubst. Ich habe beschlossen, einen großen Bogen um Gespenster zu machen.«

Fay versprach, keinen Kontakt zwischen Bessie und ihren dienstbaren Geistern herzustellen.

All die Anspielungen auf Franks berühmten Vater hatten Bessie sehr neugierig gemacht, und Fays Erzählungen brachten meine Mutter schließlich auf die richtige Spur. So viel wußte sie: Franks richtiger Nachname lautete Weiss, und sein Vater war an den Folgen einer Magenverletzung gestorben. Mit diesen Informationen ging Bessie in die Stadtbibliothek von Sacramento, um zu recherchieren, denn sie hatte einen Verdacht. Sie brauchte nicht lange, um zu finden, was sie suchte. 1874 war der berühmte Magier Houdini, der Mann, den Fay und Frank so verachteten, als Erich Weiss zur Welt gekommen. Später benannte er sich in Harry Houdini um, als Hommage an den berühmten französischen Magier Robert Houdin. 1926 erlaubte Houdini, der damals bereits achtundvierzig Jahre alt war, einem fanatischen Anhänger, ihm als Beweis für seine magische Unverletzlichkeit mit aller Kraft in die Magengrube zu boxen. Die Schläge richteten jedoch schwere, irreparable Schäden an. Am 31. Oktober 1926 erlag Harry Houdini den Folgen einer akuten Bauchfellentzündung.

Aufgrund dieser Tatsachen schloß Bessie, daß Harry Houdini Frank Gilmores leiblicher Vater war.

Als Bessie ihr erzählte, was sie herausgefunden hatte, bestätigte Fay ihre Vermutung. Vor vielen Jahren, bevor Houdini zu Ruhm gelangt war, hatte sie ihm von Frank erzählt und ihn gebeten, die Vaterschaft anzuerkennen. Aber Houdini hatte nie verwinden können, daß seine eigene Frau keine Kinder bekommen konnte, und wollte einen Skandal um jeden Preis verhindern. Daher schlug er Fays Bitte ab. Trotzdem hatte sie ihrem Sohn gesagt, wer sein

Vater war. Sie fand das nur fair. »Das ist die große Tragödie in Franks Leben. Er wird nie beweisen können, wer er wirklich ist«, sagte Fay.

Die bittere Tatsache, von seinem Vater verleugnet zu werden, hatte ihn so rastlos werden lassen – immer auf der Suche nach Scherereien und nie in der Lage, zu seinen Söhnen zu stehen. »Wenn du ihm Kinder schenkst, Bessie, dann sorg dafür, daß er zu ihnen hält. Das ist das einzige, was ihm Frieden bringen wird. Houdinis Sohn kann er nicht mehr werden, dafür ist es zu spät. Alles, was er jetzt noch tun kann, ist, seinen eigenen Kindern ein guter Vater zu sein.«

Fays Geheimnis

Lange Zeit hat mich Fay mehr als jedes andere Familienmitglied
fasziniert und verwirrt. Offensichtlich war sie eine Frau, die sich
mit der Macht des Geheimnisvollen auskannte, und ihre Saat ging
auf. Ihre Geschichten über Houdinis Vaterschaft oder unsere verlorene adlige Abstammung waren ein fester Bestandteil unserer
Kindheit. Zusammen mit den Legenden über unsere mormonischen Vorfahren und die Blutsühne machten sie einen wesentli-
chen Teil dessen aus, was wir für unsere Wurzeln hielten. Geheimnis und Schuld prägten unsere Vergangenheit, Geister verfolgten
uns, und irgendwo in unserer Geschichte gab es einen dunklen

Punkt. Es war etwas, das wir nicht recht verstehen konnten; wir wußten nur, daß es der älteste und tiefste Teil in uns war.

Eigentlich spielte es keine Rolle, ob diese Geschichten stimmten oder nicht. Wir glaubten an sie und verhielten uns dementsprechend. Als ich mit diesem Buch begann, hoffte ich trotzdem, soviel Wahrheit in ihnen zu finden wie möglich. Doch muß ich einräumen, daß Fay eine Meisterin im Spurenverwischen war. Es ist ihr gelungen, das Wichtigste über ihr eigenes Leben und auch das ihres Sohnes für sich zu behalten. Ein kleines Beweisstück hat sie jedoch übersehen. Wahrscheinlich ist es der traurige Schlüssel zu der ganzen Tragödie.

Am 7. November 1869 heiratete Fays Mutter Josephine St. Louis mit siebzehn Jahren einen Mann namens Lewis Lavois. Er war ein siebenundzwanzigjähriger Schuhmacher aus Marlborough, Massachusetts. Beide waren im französischsprachigen Teil Kanadas geboren. Ihre französischen Vorfahren lassen sich jedoch nicht zurückverfolgen. Sollte es wirklich eine Verwandtschaft zum französischen Königshaus gegeben haben, so ist sie nicht nachweisbar. Ich habe Fays Geburtsurkunde weder in Kanada noch in Massachusetts gefunden. Dabei ist es durchaus möglich, daß sie dort zur Welt kam, angeblich am 8. Januar 1871.

Erst bei der Volkszählung von 1880 in Lancaster County, Nebraska, tauchte Fays Familie wieder auf. Mittlerweile hatte sie einen neuen Nachnamen, Lancton, und der Name ihres Vaters, eines sechsundvierzigjährigen Schreiners, ist mit Peter angegeben. Ein erfahrener Genealoge, der mir bei diesen Nachforschungen behilflich war, ist der Meinung, daß es sich bei Lewis Lavois, der in den 1870ern aus Massachusetts verschwand, und Peter Lancton, der in den 1880ern in Nebraska auftauchte und gelegentlich auch unter dem Namen Peter Lancto geführt wird, um zwei verschiedene Männer handelt. Immerhin ist Peter Lancton zehn Jahre älter als Lewis Lavois. Ich bin mir hingegen dessen nicht so sicher. Da Fay einerseits selbst von einem Identitätswechsel in der Familie gesprochen hat, andererseits aber nie die Rede von einem zweiten Vater war, bin ich eher der Meinung, daß es sich bei Lavois und Lancton doch um dieselbe Person handelt. Soviel jedenfalls steht fest: 1880 lebte Josie in Nebraska mit einem Mann namens Peter Lancton zusammen, und diesen Nachnamen sollte die Familie fortan führen.

Die Lanctons waren genau wie die Browns einfache Leute mit vielen Kindern. Als sie in Lincoln lebten, zogen sie mehrmals um. Meistens wohnten sie in den kleinen Häusern der Randbezirke. Als ich kürzlich diese alten Viertel besuchte, fiel mir auf, daß sich in den häßlichen Gegenden wahrscheinlich seitdem nicht viel verändert hat. Eine solche Umgebung wirkt einfach abstumpfend auf junge Menschen, damals genauso wie heute. Und wer überleben wollte, mußte entweder genauso stumpf werden wie seine Umwelt oder aber eine Fantasie besitzen, die alle Eintönigkeit überwand.

Hier zeigen sich die ersten Risse in der Fassade von Fays Geschichte. Soweit ich feststellen konnte, ist sie mit ihren Schwestern 1890 bei der Weltausstellung in Chicago nicht aufgetreten. Statt dessen hatte Fay, die in Lincoln als Fannie bekannt war, am 31. Juli 1886 in Omaha, Nebraska, einen Mann namens Harry Noole Gilmore geheiratet. Harry, der aus Illinois stammte, entpuppte sich als Mann mit beschränkten finanziellen Mitteln. Laut Melderegister von Lincoln City wohnten die beiden meistens bei Fannies Familie. Manchmal arbeitete Harry als Aushilfe in der Schreinerei von Peter Lancton, gelegentlich auch als Straßenbahnfahrer in Lincoln.

Etwas mehr als ein Jahr nach ihrer Hochzeit bekamen Fannie und Harry ihren ersten Sohn Clarence, der jedoch am 31. Oktober 1890 starb und auf dem Wyuka-Friedhof in Lincoln beigesetzt wurde. Drei Wochen nach der Beerdigung, am 23. November 1890, wurde mein Vater Frank Harry Gilmore geboren. Davon muß ich zumindest ausgehen, da man in Nebraska damals keine Geburten registrierte. Es ist mir nie gelungen, eine Geburtsurkunde oder irgendeinen kirchlichen Eintrag für Frank Gilmore zu finden.

Viel mehr gibt es zu dieser Geschichte in Nebraska nicht zu erzählen. Anfang 1893 reichte Fannie die Scheidung ein. Ein Ereignis, das so neu war, daß es im *Nebraska State Journal* unter der Schlagzeile SCHEIDUNGSMARKT BOOMT Erwähnung fand. In dem Artikel vom 28. Februar 1893 hieß es weiter: »Fannie Gilmore hat beim hiesigen Bezirksgericht die Scheidung eingereicht. Nachdem sie einen entsprechenden Antrag gestellt hatte, behauptete sie, Harry habe sie im Juli 1886 in Omaha geheiratet und sich seitdem geweigert, für ihren Unterhalt aufzukommen. Sie müsse sich ihren Lebensunterhalt mit körperlicher Arbeit mühsam selbst verdienen und erhalte Unterstützung von Verwandten. Des weiteren bat sie das Gericht, ihr das Sorgerecht für das Kind zuzusprechen.«

Nach der Scheidung lebte Fannie mit ihrem Sohn wieder bei ihren Eltern. 1896 zogen die Lanctons in den Osten, wo die Schwestern einige Jahre zusammen in verschiedenen Varietétheatern auftraten. Harry Gilmores Name taucht indessen im Meldcregister von Lincoln auf, wo er bis 1895 als Page im Lincoln-Hotel aufgeführt ist. Das war das letzte, was man von ihm hörte, bis das *Nebraska State Journal* am 11. Juni 1911 berichtete: »Gestern starb Harry Gilmore, vierzig Jahre alt, in Scotts Bluff Hospital an Typhus. In seiner Hinterlassenschaft fanden sich keinerlei Hinweise auf Verwandte, Freunde oder Herkunft. Er arbeitete in der Zuckerfabrik. Seine Kollegen werden sich um die morgige Bestattung kümmern.«

Nach den 1890er Jahren verschwand Fay aus den Familienalben und sämtlichen offiziellen Akten. Erst 1920 tauchte sie wieder auf, als sie in Sacramento wohnte und unter dem Namen Baby Fay LaFoe als Hellseherin auftrat. Frank Gilmore setzte sein eigenes verborgenes Leben fort.

Das ist die wahre Geschichte von der Herkunft meines Vaters, soweit ich sie entschlüsseln konnte. Ich glaube nicht daran, daß er der uneheliche Sohn Harry Houdinis gewesen ist, obwohl ich vermute, daß mein Vater es glaubte. Wenn er sich je an seinen richtigen Vater erinnert hat oder etwas über Harrys trauriges Schicksal wußte, hat er es für sich behalten. Doch waren nicht alle Geschichten, die Fay auftischte, erfunden. In ihrer Darstellung der frühen Jahre der Lanctons steckte zum Beispiel viel Wahrheit. Auch ihre Angaben zu Franks Ehen und den Nachnamen, die er führte, erwiesen sich als zutreffend.

Das macht Fays Berichte natürlich nur noch verwirrender. Warum hätte sie die Legende von der unehelichen Geburt ihres Sohnes erfinden und diese ein Leben lang aufrechterhalten sollen? Offensichtlich bezahlte Frank Gilmore sehr teuer dafür und nicht nur er. Manchmal habe ich gemeint, daß Fay diese Geschichte erfunden hat, um sich für ihre eigenen Enttäuschungen zu rächen. Vielleicht war die Ehe und deren Scheitern viel zu banal für einen Menschen mit einer derart überschäumenden Fantasie. Vielleicht brauchte sie in ihrem Leben die Vorstellung von einer größeren Tragödie, etwa die verlorene Liebe eines berühmten Mannes, der Vater ihres unehelichen Kindes war. Vielleicht gefiel ihr der Abglanz, den eine solche Geschichte ihr verlieh, und sie erkannte dann Jahre später, welche Gewähr er dafür bot, daß man sich über ihren Tod hinaus an sie erinnern würde. Vielleicht steht aber auch etwas anderes dahinter.

Vor einiger Zeit besuchte ich den Wyuka-Friedhof außerhalb von Lincoln, wo Clarence, der ältere Bruder meines Vaters mit drei Jahren begraben wurde. An dem frühen Wintermorgen war es bitterkalt, der Wetterdienst hatte einen Schneesturm vorhergesagt. Dichter Nebel hing in der Luft und erschwerte das Lesen der Inschriften auf den alten verwitterten Steinen. Ich wanderte lange umher, bis ich das Grab fand: eine kleine einzelne Grabstätte neben einer leeren Parzelle. Auf dem flachen Stein war lediglich zu lesen: »Unser Baby«.

Ich stand da und starrte so lange darauf, bis die Kälte mich vertrieb. Ich versuchte mir vorzustellen, wie es war, als Fay und Harry ihr Kind begruben. Vielleicht war die Ehe bereits zerrüttet, und vielleicht hatte der Tod des Kindes die letzten Hoffnungen, die für das Paar noch bestanden, zunichte gemacht. Doch dann kam drei Wochen später das neue Baby, mein Vater, zur Welt. Als Fay so kurz nach dem Tod ihres ersten Kindes das Neugeborene in den Armen hielt, fand sie da Trost beim Anblick des Kleinen? Oder hatte sie das Gefühl, daß das Risiko, dieses Kind genauso zu lieben wie das andere, einfach zu groß war? Hatte der Tod von Clarence sie derart erschüttert, daß sie Frank das Gefühl der Geborgenheit, das für ein Kind entscheidend ist, einfach nicht vermitteln konnte?

Wie auch immer die Antwort hierzu lauten mögen, die Ehe der Gilmores hielt nicht lange. Innerhalb weniger Jahre war sie am Ende; Fay verschwand, und Harry wurde vergessen. Ich glaube nicht, daß Frank Gilmore seiner Mutter nach Nebraska noch sehr viel bedeutete. Sie schickte ihn von einem Internat zum anderen und nahm ihn nur selten bei sich auf. Es war offenbar besser, das Kind auf Distanz zu halten, statt es zu lieben und begraben zu müssen. Frank Gilmore wurde abgelehnt, und zwar überall. Er wuchs ohne Vater und ohne Mutter auf. Dreißig Jahre später, als er mit Robert vor Fays Tür stand, wollte er vielleicht damit sagen: »Ich kehre wieder in dein Leben zurück.« Und dann schob Frank seinen eigenen Sohn zu seiner Mutter ab, so wie sie ihn selbst einst abgeschoben hatte.

Dies erklärt teilweise die Distanz zwischen Fay und Frank, aber warum dann noch die Sache mit Houdini? Ich bin mir darüber nicht sicher. Vielleicht hatte Fay tatsächlich eine Affäre mit ihm gehabt. Vielleicht hatte sie ihn gekannt und fühlte sich von ihm betrogen. Wie konnte man sich besser rächen als mit dem Skandal eines unehelichen Sohnes? Indem sie Frank diesen Floh ins Ohr setzte, versuchte sie vielleicht nur, die Wahrheit ihrer eigenen traurigen Vergangenheit noch ein bißchen tiefer zu vergraben.

Als ich den Friedhof verließ, erkundigte ich mich bei der Verwaltung nach der leeren Parzelle neben dem Grab von Clarence. Der freundliche alte Mann hinter dem Schreibtisch grub ein paar uralte Bücher aus, blätterte darin und erklärte dann: »Die Parzelle gehörte einem gewissen Harry Gilmore. Er war der Vater von Clarence und kaufte das Grab für sich selbst, nachdem er seinen Sohn bestattet hatte. Aber er ist nie wieder aufgetaucht und liegt auch nicht hier begraben.«

Niemand wurde neben Clarence Gilmore zur letzten Ruhe gebettet. Er liegt dort ganz allein wie ein kleines vergessenes Geheimnis.

Vielleicht hätte sich Bessie an dieser Stelle sagen sollen: »Vorsicht, offenbar bin ich an eine Familie geraten, die noch problematischer ist als die, die ich gerade verlassen habe.« Aber sie tat es nicht. Bessie blieb – trotz aller schrecklichen Geheimnisse und fürchterlichen Aussichten. Sie blieb sogar, als das Trinken und Schlagen und monatelange Verschwinden erst richtig begann.

Sie hatte ihre Gründe.

Und wir, die Kinder, sind das Resultat dieser Entscheidung.

Wanderjahre

Mittlerweile war Frank mehr als einen Monat fort, und während seiner Abwesenheit blühten Fays parapsychologische Unternehmungen wieder auf. Den größten Teil davon nannte Fay Alltagsspiritismus. Darunter fielen Kartenlegen und Hellsehen für jene, die Liebeskummer oder Schwierigkeiten im Beruf hatten. Diese Klientel brauchte vor allem Trost und Rat, und darauf verstand sich Fay bestens. Am Abend aber wurde es ernst, dann begannen die Séancen. Gewöhnlich kamen zu diesen Sitzungen etwa ein Dutzend Leute, aber gelegentlich drängten sich auch bis zu vierzig Personen in Fays Wohnzimmer. Es waren meistens ältere Leute, etwa in Fays

Alter. Sie brannten darauf, Mißverständnisse mit Menschen auszuräumen, die sie einmal geliebt und dann verloren hatten, oder sie suchten den Rat des Verstorbenen in der einen oder anderen weltlichen Angelegenheit. Manchmal verlangte es sie auch einfach nur nach einem Zeichen dafür, daß es ein Leben und Erlösung nach dem Tod gibt. Diese Zeichen fanden sie mit Hilfe von Fays Beschwörungen. Vertraute Stimmen kamen aus dem Nichts oder, wenn Fay selbst zum Medium für die Toten wurde, aus ihrem Mund. Ein Hauch der Toten streifte die Gesichter der Lebenden, und ein seltsames Poltern ertönte aus Boden und Wänden. Manchmal schwebten leuchtende Gestalten durch das dämmrige Zimmer.

Meine Mutter blieb nie im Haus, wenn Fay die Geister rief. Sie fühlte sich in dieser Atmosphäre unbehaglich, und außerdem hatte sie Angst vor den Folgen solcher Séancen. Entweder waren Fays Kunden bemitleidenswerte alte Leute, die übers Ohr gehauen wurden, oder Fay besaß tatsächlich übernatürliche Kräfte, und das war für Bessie noch schlimmer. Die Abende, an denen Fay Séancen abhielt, verbrachte Bessie bei Robert, der in einem kleinen Zimmer einige Häuserblocks entfernt wohnte. Sie hatte Franks Sohn, der beinahe selbst schon ein erwachsener Mann war, ins Herz geschlossen. Er war schüchtern und höflich und sah verdammt gut aus. Und je länger Frank fortblieb, um so mehr hatte sie das Gefühl, mit Robert viel gemeinsam zu haben, denn immerhin waren beide von demselben Mann verlassen worden. Bessie wußte, daß Robert einen tiefen Schmerz mit sich herumschleppte. Er war in einer Welt unerklärlicher, übernatürlicher Schatten aufgewachsen und sehnte sich nach der Anerkennung seines Vaters. Doch alles, was er von ihm wußte, war, daß er in Varietés und im Zirkus großgeworden war und keine Zeit für Robert hatte, weil ein unergründliches Geheimnis ihn davon abhielt. Natürlich war der Gedanke an ein Geheimnis kein Trost für Robert. In Wahrheit hatte es Frank Gilmore überhaupt keine Schwierigkeiten bereitet, seinen Sohn zu verlassen; er hatte in all den Jahren weder angerufen noch geschrieben Trotzdem sehnte sich Robert weiter nach der Liebe seines Vaters. Es war eine ziemlich vertrackte Situation.

Bessie und Robert redeten ganze Abende darüber, während bei Fay die Geister hofhielten.

Im Spätherbst tauchte Frank nach fast sechs Wochen Abwesenheit wieder auf. Bessie sah ihn die Einfahrt zu Fays Haus heraufkommen, und ihr Herz klopfte heftig, trotz der Wut, die sie empfand. Er hatte etwas, das sie nicht losließ und ihr sagte, daß er der einzige Mann war, den sie jemals wirklich lieben würde. Aber sie mußte ihm auch klarmachen, wie unglücklich sie darüber war, einfach so verlassen zu werden. Sie erzählte ihm, daß sie nun gewisse Einzelheiten über seine Vergangenheit wußte, und berichtete ihm, was Fay ihr über seine anderen Frauen und Namen gesagt hatte und wie sie darauf gekommen war, daß sein richtiger Vater Erich Weiss hieß.

Frank hörte sich alles ziemlich unbewegt an. »Genau wie seine Mutter«, dachte Bessie.

»Was hat sie dir sonst noch erzählt?« fragte Frank.

»Sonst nichts. Sie hat mir gesagt, daß ich dich selbst fragen soll, wenn ich mehr über dein Leben wissen will.«

Frank schien erleichtert zu sein. Er warf meiner Mutter einen Blick zu, der verriet, daß er gar nicht daran dachte, mehr preiszugeben.

Doch Bessie ließ nicht locker. »Frank, wo bist du gewesen? Was hast du gemacht?«

»Wenn es dich etwas angegangen wäre, hätte ich es dir gesagt. Aber vielleicht ist es besser, wenn du nicht alles weißt. Sieh es einfach so.«

Trotzdem gab es etwas, das sie unbedingt wissen mußte. Hatte er andere Familien in anderen Städten? Traf er sich noch mit seinen früheren Frauen, und zahlte er Unterhalt für seine Kinder? »Ich kann vieles ertragen, aber wenn du dich mit anderen Frauen abgibst, verlasse ich dich.«

Frank lachte und hob zärtlich ihr Kinn. Dann schaute er Bessie in die grünen Augen und sagte: »Glaub mir, du bist mir mehr als genug. Außerdem müßte ein Mann ganz schön dumm sein, sich mehrere Frauen gleichzeitig anzulachen. Verdammt noch mal, ich bin kein Mormone. Du brauchst dir also keine Sorgen zu machen. Ich treffe die anderen Frauen nicht mehr. Hin und wieder rufe ich an und besuche die Kinder. Das ist alles.«

Bessie wußte nicht, warum, aber sie glaubte ihm.

Frank war unterwegs zu etwas Geld gekommen und machte keinen Hehl daraus. Er ging mit Bessie in die Stadt und kaufte ihr neue Kleider und Schmuck. Er gab Robert das Geld für einen gebrauchten Ford, den dieser sich schon lange gewünscht hatte. Dann bezahlte er Fays Miete sechs Monate im voraus und gab ihr einen Umschlag mit Geld für ihren Lebensunterhalt. Er sagte, er fühle sich rastlos und wolle Bessie das Land zeigen, bevor sie sich irgendwo niederließen und selbst Kinder bekämen. Fay erklärte er, daß sie in ein paar Monaten wieder zurück seien, und Bessie, daß er von Fays Hokuspokus die Nase voll habe. All die Jahre habe er sich die Sache angeschaut und nur Verachtung für die dummen Leute übrig, die Fays Schabernack auf den Leim gingen. »Alles Humbug«, sagte er. Fay habe Schalter unter Tisch und Teppich installiert und könne es auf Knopfdruck spuken lassen.

Bessie war sich dessen nicht so sicher. Als Mormonin wußte sie, daß die Toten von den Lebenden nur durch einen dünnen Schleier getrennt sind. Die Toten seien immer da, erklärte Bessie, viel näher als man glaube. Außerdem, wie solle Fay solche Tricks bewerkstelligen, wenn sie doch an den Rollstuhl gefesselt sei?

Frank lachte. »Ach, von wegen«, antwortete er. »Das gehört alles zur Show. Im übrigen ist es eine prima Möglichkeit, andere herumzukommandieren.«

Bessie entschied, daß Frank bloß Witze machte. Sie hatte selbst gesehen, wie hilflos Fay im Rollstuhl saß. Ihre Beine hingen leblos herab. Es gab keinen Zweifel daran, daß Fay gelähmt war.

Frank und Bessie zogen also weiter. Frank kaufte einen nagelneuen Pontiac mit Innenverkleidung aus Holz; sein Leben lang hatte er eine Schwäche für solche Wagen. Die beiden warfen ein paar Habseligkeiten in ihre Koffer und machten sich auf den Weg zurück nach Utah. Dort wollte Frank Geld eintreiben, das ihm das *Utah Magazine* schuldete. Bessie fand, es sei an der Zeit, der Familie ihren Ehemann vorzustellen. Sie hatte ihren Eltern aus Sacramento geschrieben und ihnen von der Heirat berichtet. Ihr Mann sei ein erfolgreicher Anzeigenvertreter, schrieb sie, und habe früher im Stummfilm und beim Zirkus gearbeitet. Das andere verschwieg sie lieber, zum Beispiel, daß er doppelt so alt war wie sie und es ein halbes Dutzend Exehefrauen und auch Kinder gab. Diese Informationen wollte sie für sich behalten, denn sie hatte Angst, die Nachbarn könnten sich die Mäuler zerreißen. Einige Wochen später hatte ihre Mutter in einem knappen, aber freundlichen Brief geantwortet. »Wir haben uns Sorgen gemacht, seit Du Utah verlassen hast, aber wir sind froh über Deinen Brief«, schrieb Melissa. »Wie Du weißt, kann eine Frau nur in der Ehe Gottes Zuneigung gewinnen und ins Himmelreich eingehen. Wir freuen uns, daß Du diesen bedeutsamen Schritt getan hast. Besuch uns doch bitte, wenn Du zurückkommst. Wir würden Deinen Frank sehr gerne kennenlernen.«

Doch der Besuch ging von Anfang an schief. Melissa und Will waren entsetzt, als sie sahen, daß Frank nur vier Jahre jünger war als Bessies Vater. Melissa sagte es Bessie nicht ins Gesicht, äußerte es aber vor ihren Schwestern, die es ihr weitererzählten. Frank war ihren Eltern zudem unheimlich; es war, als witterten sie den Gangster in ihm. Vor allem Will war enttäuscht, daß seine Tochter einen solchen Menschen geheiratet hatte. »Dieser Mann«, erklärte er ihr eines Tages, als sie im Garten spazierengingen, »war im Gefängnis. Warum hast du uns das nicht gesagt? Wie konntest du einen solchen Menschen bloß heiraten?«

»Das stimmt nicht«, widersprach Bessie, und die alte Wut stieg wieder in ihr auf. »Frank hat ein hartes Leben gehabt. Sein Vater

hat sich gleich nach der Geburt aus dem Staub gemacht, und seine
Mutter mußte im Showgeschäft arbeiten, um ihn zur Schule schik-
ken zu können. Er hat sich von Kindheit an allein durchschlagen
müssen. Das war schlimm für ihn. Aber im Gefängnis ist mein
Mann nie gewesen. Wie kannst du es wagen, so was zu behaupten?«

Doch Bessies Proteste stießen auf taube Ohren. Die Browns
wurden mit Frank nicht warm, und Bessies jüngere Schwestern
schienen gar Angst vor ihm zu haben. Mehr als je zuvor empfand
Bessie die Verachtung ihrer Familie. Sie bekam sie auf übelste
Weise zu spüren. In der Welt der Mormonen gibt es nämlich nichts
Heiligeres als die Ehe; sie ist der Felsen, auf dem man eine Familie
gründet, und Voraussetzung für die ewige Gnade. Ihre Familie
vermittelte nun Bessie das Gefühl, daß sie in dieser ungeheuer
wichtigen Angelegenheit versagt habe. Sowohl in der materiellen
Welt als auch in Gottes Augen war sie demnach ein Nichts.

Als die beiden die Farm verließen, schlug Bessie die Hände vor
das Gesicht und schluchzte hemmungslos. Es war ihr egal, ob sie
ihre Familie jemals wiedersah. Frank legte den Arm um sie und
drückte ihren Kopf an seine Schulter. »Was zum Teufel kann man
von einer gottverdammten Horde Mormonen schon anderes erwarten?«

So fing die Wanderschaft an. In den folgenden Monaten sollte
Bessie mit Frank durch ganz Südkalifornien, Nevada, Arizona und
Colorado reisen. Sie ließen sich irgendwo nieder, verbrachten dort
ein paar Wochen und zogen dann weiter. Nur selten blieben sie
einen oder gar zwei Monate an einem Ort. Fast immer reisten sie
von heute auf morgen ab. Frank sagte, Bessie solle sich nicht die
Mühe machen, jeweils alle ihre Habseligkeiten wieder einzupak-
ken. Stets hieß es: »Steig in den Wagen, wir fahren los. Die Sachen,
die wir brauchen, können wir unterwegs kaufen.« Er wollte sich
von nichts aufhalten lassen.

Wie sich herausstellte, gab es immer einen Grund für die überstürzten Aufbrüche. Bald fand Bessie heraus, daß Frank in Wahrheit ein Gauner war. Wenn sie in eine neue Stadt kamen, nahm er sich als erstes unter einem seiner vielen Namen ein Hotelzimmer oder eine Wohnung und ließ sich einen Telefonanschluß legen. Dann suchte er verschiedene Geschäftsleute auf und unterbreitete ihnen Angebote für Inserate in einer geplanten Zeitschrift oder in einem Fachblatt. Er hatte ein Muster, um zu zeigen, wie die Zeitschrift aussehen sollte, und überreichte seine Visitenkarte. Schließlich ging er in sein Hotelzimmer zurück und wartete darauf, daß die Geschäftsleute anriefen, um ihre Anzeigen aufzugeben. Manchmal mußte Bessie ans Telefon gehen und Sekretärin spielen. »Mr. Colliers Büro, guten Tag«, oder »Hallo, hier Miller Publications, Frank Colliers Büro«. Später ging Frank bei den Geschäftsleuten vorbei, holte die Anzeigen ab und kassierte – manchmal sogar den vollen Preis. Die Zeitschrift erschien natürlich nie. Frank machte sich mit dem Geld aus dem Staub. Diese Art des Anzeigenverkaufs wurde als »hundertprozentig« bezeichnet, denn der Verkäufer steckte den ganzen Betrag in die eigene Tasche.

Derartige Aktivitäten waren Grund genug, um nach einem Coup so schnell wie möglich Fersengeld zu geben, doch die kleinen Gaunereien waren nicht das einzige, was sie auf Trab hielt. Bessie kam es vor, als sei Frank auf der Flucht vor einem Phantom, das ihn verfolgte. Sie spürte es an seinem Schlaf, wenn er stocksteif dalag oder beim Geräusch von Schritten draußen im Gang plötzlich hochfuhr. Mit der Zeit gewöhnte sich Bessie dasselbe Verhalten an. Sie wurde nervös, wenn sie zu lange an einem Ort blieben, und kam erst wieder zur Ruhe, wenn sie auf die nächste Station ihrer Reise zusteuerten oder einen neuen Coup planten.

Trotz des ständigen Unterwegsseins und der damit verbundenen Risiken sprach Bessie später von diesen Monaten als der schönsten Zeit ihrer Ehe. Damals waren sie noch allein und zogen wie zwei kleine Gauner durch den Westen von Amerika. »Als wir noch keine Kinder hatten, kamen wir prima miteinander aus. Ich hatte nie Kinder gewollt oder geplant. Frank war derjenige, der sich welche wünschte. Es war schon seltsam: Erst wollte er Kinder, und dann wandte er sich von ihnen ab, und ich, die nie welche gewollt hatte, mußte sie beschützen. Hätten wir bloß nie Kinder bekommen.«

Sie sagte dies, um uns zu verletzen, und es tat weh. Wir fühlten uns für alles schuldig. In unseren Herzen wurde die kinderlose Familie zur idealen Familie.

Diese schöne Zeit dauerte nur wenige Monate. Im Frühjahr 1939 wurde Bessie schwanger. Sie zogen weiter umher, doch kurz vor der Geburt mieteten sie einen Bungalow in Glendale, einem Stadtteil von Los Angeles. Dort wurde mein ältester Bruder Frank Gilmore jun. geboren. Im Gegensatz zu dem, was Bessie nach Fays Warnungen befürchtet hatte, schien Frank mächtig stolz auf seinen Sohn zu sein. Nervös und leicht betrunken tauchte er mit ein paar alten Freunden im Krankenhaus auf. Er machte jede Menge Wirbel, bot den Anwesenden Zigarren an, schenkte dem Arzt eine Flasche Whiskey, die mit einer Schleife geschmückt war, und flirtete mit allen Krankenschwestern. Als meine Mutter sah, wie er das Baby zum erstenmal auf den Arm nahm, hatte sie den Eindruck, ihn noch nie so zufrieden gesehen zu haben. Es war, als fühlte er sich nun wie ein richtiger Mann. Frank betrachtete das Gesicht seines Sohnes, wandte sich zu Bessie um und sagte: »Ich schenke dir diesen Sohn, damit er später für dich sorgen kann.«

Eins stand fest, Frank wußte, wie man mit Säuglingen umgeht. Es machte ihm nichts aus, Franks Windeln zu wechseln, ihn zu füttern oder nachts aufzubleiben, wenn er weinte oder krank war. Bessie sagte später, dies seien die schönsten Erinnerungen, die sie an ihn habe. Frank saß mit dem Baby im Schaukelstuhl, beruhigte es, sprach zärtlich mit ihm oder sang es mit seiner gebrochenen Stimme in den Schlaf.

In Los Angeles blieben sie einige Wochen. Frank kümmerte sich rührend um das Kind und um Bessie. Anschließend reisten sie zu dritt nach Norden, um Fay zu besuchen. Als Robert sah, wie fürsorglich Frank mit seinem neuen Sohn umging, war er tief getroffen. Die beiden stritten nun öfter, doch kam nie zur Sprache, daß Frank ihm seine Liebe verweigerte. Robert bezichtigte seinen Vater, sich nicht um seine Mutter Nan gekümmert zu haben, und traf damit einen wunden Punkt. Dann sagte Frank die schlimmsten Dinge über sein ehemaliges »Hurenweib«, bis Robert mit Tränen in den Augen den Raum verließ. Anschließend gerieten Frank und Bessie aneinander. Sie meinte, er sei unfair, Roberts Mutter, die er nicht einmal gekannt habe, so vor ihm zu erniedrigen. Frank antwortete nur: »Ich weiß, daß du Robert magst, aber es wäre besser, wenn du lernen würdest, deinen Mund zu halten.«

»Tja, Frank«, erwiderte sie. »Ich fürchte, ich bin zu alt zum Lernen.«

Anfang des darauffolgenden Jahres war Bessie wieder schwanger, aber diesmal schien Frank alles andere als erfreut zu sein. Als er davon erfuhr, zog er einige Tage allein in ein Hotel im nahe gelegenen Oakland und ging auf Sauftour. Schlechtgelaunt und reizbar kehrte er schließlich nach Hause zurück. Dann erklärte er, es sei an der Zeit, weiterzuziehen. Bessie war nicht gerade begeistert: Es war mitten im Sommer, sie hatte ein sieben Monate altes Baby und war im dritten Monat schwanger. Sie hatte keine große Lust, unter diesen Umständen durch die Gegend zu reisen, und als sie erfuhr, daß es diesmal nach Alabama gehen sollte, gefiel ihr die Idee noch weniger. Sie sah nicht ein, warum sie so weit fahren mußten, nur damit Frank wieder einmal eine seiner Gaunereien abziehen konnte. Irgend etwas war faul an der Sache und sogar an der Route, die Frank sich ausgedacht hatte. Statt direkt nach Süden und durch Texas zu fahren, wollte Frank zuerst nach Utah, damit Bessie ihren Eltern das Kind zeigen konnte. Anschließend würden sie über Colorado, Kansas, Missouri, Arkansas und Mississippi nach Alabama weiterfahren. Bessie wußte, daß Frank nicht das geringste Interesse hatte, Will und Melissa seinen Sohn zu präsentieren. Sie vermutete etwas anderes dahinter, doch was es auch sein mochte, Frank schwieg sich aus.

Die Dinge besserten sich nicht, als sie endlich in Alabama eintrafen. Die stickige, schwüle Hitze des Hochsommers war schlimmer als alles, was Bessie jemals erlebt hatte. Obendrein lag hier etwas in der Luft, das Bessie in Panik versetzte. Vielleicht war es all das Gerede über die Engstirnigkeit und Gewalt im Süden; jedenfalls hatte sie das Gefühl, daß die Einheimischen sie mit Blicken töteten, sobald sie ihren Yankee-Mund aufmachte. Eines Tages, als sie in einem Straßenrestaurant bestellte, musterte die Kellnerin sie von oben bis unten und fragte: »Wo zum Teufel kommen Sie denn her?«

Frank trug auch nicht gerade zu ihrer Beruhigung bei. Mittlerweile wohnten sie in einem kleinen Motelzimmer in einem Kaff südlich von Selma, in dem so gut wie nichts los war. Es gab nur ein Kino und einen Drugstore mit Ausschank, wo Bessie zu Mittag essen konnte. Frank wünschte, daß sie die meiste Zeit im Zimmer blieb und keinen engeren Kontakt zu den Nachbarn pflegte. Sie durfte mit den Einheimischen nicht über sich und ihr Leben plaudern und vor allem keine neugierigen Fragen beantworten. »Diese Leute stecken ihre Nase mit Vorliebe in fremde Angelegenheiten. Sie geben sich freundlich, aber in Wirklichkeit hassen sie dich, weil du fremd bist«, erklärte er ihr. »Du bist ein Yankee, und Yankees sind hier nicht beliebt. Geh ihnen lieber aus dem Weg, Bessie. Tagsüber sind sie freundlich, aber in der Nacht schlitzen sie dir die Kehle auf, und du verschwindest, ohne eine Spur zu hinterlassen.«

Eines Nachts, als Frank betrunken war, erzählte er Bessie von seinem ersten Aufenthalt in Alabama vor zehn Jahren, als er mit Barbara Solomon verheiratet war, einer Jüdin. Sie waren in eine Stadt namens Greenville gezogen, und Frank war seiner Arbeit als Anzeigenverkäufer nachgegangen. Eines Tages kamen ein paar Mitglieder des Ku-Klux-Klans vorbei und luden ihn zu einer ihrer Versammlungen ein. Frank lehnte die Einladung ab, und als sie den Grund wissen wollten, erklärte er, daß er katholisch, mit einer Jüdin verheiratet und mit Schwarzen stets gut ausgekommen sei. Er sehe keinen Grund, sich dem Ku-Klux-Klan und seinen Aktivitäten anzuschließen. Ein paar Tage später kam er nachts von der Arbeit nach Hause und fand seine Frau mit dem Baby im Dunkeln sitzen. Barbara erzählte Frank, daß mehrere Männer gegen die Tür gehämmert und sie bedroht hätten. Sie hätten gesagt, Katholiken und Juden seien hier nicht willkommen, und wenn sie am nächsten Tag immer noch da wären, würden sie ihrem Mann vor ihren Augen die Eier abschneiden. Frank glaubte nicht an einen Scherz. Noch in derselben Nacht verließen Barbara und er Greenville und fuhren nach Montgomery. Die Ehe hielt nur ein oder zwei Jahre.

Was immer Frank diesmal in Alabama trieb, Bessie dauerte es zu lange. Sie drängte ihn, die Stadt endlich zu verlassen. Sie wollte das Kind in Kalifornien zur Welt bringen, entweder in Los Angeles oder in Sacramento bei Fay. Frank sagte: »Bald. Wir brechen bald auf. Ich muß nur noch das zu Ende bringen, was ich hier angefangen habe, kassieren, und dann können wir los.«

An Thanksgiving stand Frank vor Anbruch der Dämmerung auf, zog sich an und verließ das Zimmer. Um Mitternacht war er noch nicht zurück. Bessie saß in dem winzigen Raum im Dunkeln, genau wie Barbara Solomon zehn Jahre zuvor. Sie überlegte, was sie tun sollte, falls sie Frank nie wiedersehen würde. Wie sollte sie aus dieser gruseligen Stadt herauskommen? Vielleicht würden sie irgendwann in der Nacht auch sie holen. Gegen zwei Uhr früh tauchte Frank auf und erklärte: »Ich habe alles erledigt. Wir sollten noch heute nacht hier verschwinden. Du kannst im Wagen schlafen; ich fahre.« Sie war todmüde, aber in seiner Stimme war etwas, das sie ihre Müdigkeit vergessen ließ. Wieder einmal brachen sie Hals über Kopf auf, ohne ihre wenigen Habseligkeiten zu packen. Wieder einmal flüchteten sie mitten in der Nacht. Doch diesmal machte es Bessie nichts aus. Sie war froh, dieses unheimliche Land hinter sich zu lassen.

Wieder wollte Frank den Umweg um Texas herum nehmen, doch Bessie protestierte: »Das ist doch Blödsinn, wir sollten den direkten Weg nehmen. Ich will mein Kind nicht mitten auf der Straße auf dem Autorücksitz kriegen, Frank. Ich will zurück nach

Kalifornien.« Dieses eine Mal setzte sich Bessie durch, und die Fahrt quer durch die endlose Weite begann. Diesmal gab es keinen Zweifel: Frank hatte hier etwas zu verbergen. Er war nervös und gereizt. Er versuchte, Tag und Nacht durchzufahren, um so schnell wie möglich Texas wieder zu verlassen. Es war offensichtlich so wichtig, von hier zu verschwinden, daß Bessie sich, im neunten Monat schwanger, gelegentlich selbst ans Steuer setzte, obwohl sie kaum fahren konnte.

Mitten auf der Route 67 wurde ihnen klar, daß sie nicht rechtzeitig in Kalifornien ankommen würden. Die Geburt stand unmittelbar bevor, und sie mußten nach einem Krankenhaus suchen. Ein Mann an einer Tankstelle wies ihnen den Weg nach McCamey. Die Stadt lebte vom Öl und hatte ein gutes Krankenhaus. Als der Wagen in die Einfahrt der Klinik bog, hielt Bessie sich mit einer Hand krampfhaft an der Türklinke fest, während sie die andere auf ihren Bauch preßte. Das letzte, woran sie sich erinnerte, war, daß Frank ihr einschärfte: »Sag kein Wort in dieser verdammten Stadt. Überlaß mir das Reden.« Dann fand sie sich auf einer Bahre in einem Korridor wieder, der in die Entbindungsstation führte.

Ein paar Stunden später wachte Bessie auf und hatte den breiten Tonfall einer texanischen Krankenschwester im Ohr. »Mrs. Coffman? Wie geht's Ihnen, Mrs. Coffman? Hören Sie mich?« Noch benommen fragte sich Bessie: »Warum antwortet Mrs. Coffman nicht? Geht es Mrs. Coffman vielleicht nicht gut?«

Dann spürte sie, wie mein Vater sie sanft an der Schulter rüttelte. »Bessie, kannst du uns hören? Ich bin es, Walter.«

Bessie schlug die Augen auf und sah ihren Ehemann rechts von ihrem Bett sitzen. Auf der anderen Seite stand die Krankenschwester und hielt das Kind. Als sie es sah, kam Bessie wieder zu sich und streckte die Arme nach ihm aus.

»Hier haben Sie Ihr Kind, Mrs. Coffman. Ist ein gesunder hübscher Junge. Ich möchte sogar meinen, daß unser kleiner Faye hier das schönste Baby ist, das ich je gesehen habe.«

Diese Worte rüttelten Bessie endgültig wach. »Kleiner Fay?« fragte sie.

»Ja«, unterbrach Frank. »Ich habe die Geburtsurkunde auf den Namen Faye Robert Coffman ausstellen lassen.«

»Ein wirklich hübscher Name«, sagte die Krankenschwester. »Und was für ein fürsorglicher Mann! Er hat darauf bestanden, die ganze Zeit hierzubleiben. Er wollte unbedingt bei Ihnen sein, wenn Sie aufwachen.«

Bessie starrte auf das Baby und seine lebhaften blauen Augen und dachte: »Bin ich nun ein neuer Mensch, oder bin ich verrückt?«

Später, als sie allein waren, erinnerte sich Bessie wieder an die verzweifelte Autofahrt durch Texas und an ihre falschen Namen. Schließlich ergab alles einen Sinn, soweit es überhaupt einen ergeben konnte. Nur eines wollte sie nicht einsehen: Warum hatte Frank ihrem Sohn ausgerechnet diesen Namen gegeben? »Wie konntest du das Kind so nennen? Fay Robert Coffman?«

»Ich finde den Namen gar nicht so schlecht. Dir wäre auch nichts Besseres eingefallen. Außerdem habe ich ihn ein bißchen verändert. Ich habe ein E hinten drangehägnt: Faye.«

»Es ist mir egal, wie man den Namen schreibt. Du hast deinen Sohn nach deiner Mutter und einem anderen Sohn von dir benannt, den du nicht mal liebst. Was zum Teufel ist in dich gefahren?«

»Beruhige dich«, sagte Frank. »Wir werden nicht ewig in Texas bleiben. Aber solange wir hier sind, heißt er Faye Robert, und ich heiße Walter Coffman. Vergiß das nicht.«

Wenige Tage später zogen sie ins Doyle-Hotel, bis Bessie wieder so weit bei Kräften war, daß sie die Reise fortsetzen konnte. Die Hoteldirektorin, eine ältere Frau, kam am ersten Abend vorbei, um sich das Baby anzusehen. Als Bessie ihr den Namen des Kindes verriet, war die Frau zuerst sprachlos. »Ja, sein Vater hat ihm den Namen gegeben«, erklärte meine Mutter. Frank, das heißt Walter, platzte fast vor Stolz. Am nächsten Tag, als Frank einkaufen war, kam die Frau wieder. »Wirklich schade wegen des Namens«, sagte sie und streichelte den Kopf des Kindes.

»Ja, ich weiß«, antwortete Bessie. »Aber ich habe nicht vor, ihn weiter so zu nennen. Wenn Ihnen was Besseres einfällt, lassen Sie es mich wissen.«

Danach kam die Frau jeden Tag vorbei und machte Vorschläge. Schließlich beschloß sie, daß Bessie den Jungen Doyle nennen sollte – zu Ehren des Hotels. Fortan nannte die Frau den kleinen Faye nur »kleiner Doyle« und machte Frank damit fast wahnsinnig.

Wenige Wochen später brachen meine Eltern und ihre beiden Söhne nach Westen auf, raus aus Texas. Als sie bei El Paso die Grenze zu New Mexico überquerten, sagte Frank zu Bessie: »Okay, jetzt kannst du die verdammte Geburtsurkunde zerreißen. Wir werden ihm einen neuen Namen geben.«

»Genau, und ich habe mir schon einen ausgedacht. Wir werden ihn Gary nennen. Gary Gilmore. Ich dachte, ich nenne ihn nach Gary Cooper, denn er wird bestimmt mal so gut aussehen wie er.«

Franks Antwort war prompt und heftig: »Da hast du dich aber getäuscht! Kein Sohn von mir wird jemals Gary heißen.«

»Aber warum nicht?«

»Weil der Mann, der mir Roberts Mutter weggenommen hat, Grady hieß. Und der Name Gary hat mich immer an ihn erinnert. Ich hasse diesen Mann, und ich hasse diesen Namen. Ich habe keine Lust, jedesmal, wenn ich meinen Sohn rufe, an ihn erinnert zu werden.«

»Frank, es ist ja nicht mal derselbe Name.«

Doch das spielte für meinen Vater keine Rolle. Sie stritten sich den ganzen Weg bis nach Sacramento über den neuen Vornamen.

Das letzte Wort meines Vaters zu diesem Thema lautete: »Ich will keinen Sohn mit diesem Namen.«

Und das letzte Wort meiner Mutter war: »Der Name bleibt.«

An dieser Stelle muß ich einen Augenblick unterbrechen. Gerade ist etwas sehr Wichtiges geschehen. Der Mörder in unserer Geschichte ist zur Welt gekommen. Im Augenblick ist er ein Baby mit großen blauen Augen und einem hübschen Gesicht. Etwas über sechsunddreißig Jahre später wird er ein Mann sein, der zumindest zwei andere Männer getötet hat und zu traurigem Ruhm gelangt ist, weil er der einzige Mörder in den Vereinigten Staaten ist, der auf seiner Hinrichtung besteht.

In den letzten Jahren habe ich mir immer wieder dieselben einfachen Fragen gestellt: Wo und wann nimmt ein Mord seinen Anfang? Oder, um es anders zu formulieren: Ist es möglich, einen bestimmten Punkt auszumachen, von dem an alles schiefging? Und wenn ich diesen Wendepunkt fände, wäre es einer in Garys Leben? Oder läge er außerhalb davon, sagen wir, in der dunklen Vergangenheit seines Vaters?

Auf solche Fragen gibt es keine einfachen Antworten, nur endlose Spekulationen und Vermutungen. Trotzdem kann ich nicht anders, als in unserer Geschichte nach Antworten auf diese Fragen zu suchen, so wie auch meine Mutter am Ende ihrer Tage jedes schreckliche Glied der verhängnisvollen Kette untersuchte.

In welchem Augenblick wären wir in der Lage gewesen, diese Geschichte zu verändern? Wie hätten wir die Seele meines Bruders und das Leben der unschuldigen Opfer retten können? Man glaubt, daß man etwas lernen kann, wenn man einen solchen Moment der Entscheidung identifiziert, und daß damit alle Zerstörung erklärbar wird und man sich von ihrer Wiederholung freimachen kann. Doch wenn man die einzelnen Glieder in der Kette der Faktoren näher betrachtet, entdeckt man etwas, das noch schlimmer ist. *Jeder* Augenblick war entscheidend, und verdammt viele waren einfach ein Alptraum. Wenn man die tödliche Entwicklung im Leben dieses Mannes ändern wollte, müßte man all diese Augenblicke löschen und eine ganz neue Kette der Ereignisse kreieren.

Sicher hatte dieses Kind nicht gerade die günstigsten Voraussetzungen im Leben. Es besaß Eltern, die jeweils an ihrem eigenen bösen Erbe laborierten und sich obendrein auf der Flucht vor unbekannten Dämonen befanden. Wenn es stimmt, daß die Ängste der Eltern bei der Geburt auf das Kind übergehen, dann begann Garys Leben mit einem gerüttelt Maß an Unsicherheiten.

Nach Garys Geburt und der Rückkehr aus dem Süden drehte Frank ein bißchen durch. Es war, als müßte er ständig auf Achse sein. In den ersten Monaten des Jahres 1941 zog die Familie alle paar Wochen von einer Kleinstadt in die nächste. Bessie und Frank stritten sich immer häufiger und heftiger. In Santa Barbara verschwand Frank einmal für fünf Tage und ging auf Sauftour. Mittlerweile hatte sich Bessie an solche Eskapaden gewöhnt. Sie kümmerte sich um die Kinder und wartete einfach, bis Frank wieder auftauchte. Als er diesmal zurückkehrte, hatte er fürchterliche Laune. Er kam in das Hotelzimmer, ging geradewegs auf das Bettchen zu, in dem sein jüngster Sohn schlief, und sagte: »Das ist nicht mein Sohn, nicht wahr?«

Bessie war auf so etwas nicht vorbereitet. »Was meinst du damit? Wessen Sohn soll es denn sonst sein?«

»Er ist Roberts Sohn. Gib's zu. Glaubst du, ich hätte nicht mitgekriegt, was in Sacramento zwischen euch gewesen ist, als ich weg war?«

Bessie sah Frank lange an. Dann lachte sie. »Du bist ja verrückt. Der Alkohol hat dir den Verstand geraubt und dich zu einem alten Mann gemacht.«

Da schlug Frank ihr heftig ins Gesicht. »Lüg mich nicht an, du Schlampe. Mich belügt keiner mehr.«

Er schlug sie weiter, bis sie mit blutigem Gesicht zu Boden fiel. Die Kinder schrien. Immer wieder beteuerte sie, daß Gary Franks Kind sei. Doch nach diesem Vorfall nahm Frank seinen Sohn nur noch selten in den Arm.

So ging es streitend und mit zwei kleinen Kindern im Schlepptau weiter durch Amerika. Eines Tages im späten Frühling fuhren sie durch das nördliche Missouri. Frank war sehr schlecht gelaunt und hatte meine Mutter den ganzen Tag angeschrien. Er fuhr mit hoher Geschwindigkeit, und die beiden Kinder wurden allmählich quengelig, weil sie so lange im Wagen eingesperrt waren. »Diesmal ist tatsächlich irgendwer hinter Frank her«, dachte Bessie, »anders ist sein Verhalten nicht zu erklären.« Es war, als spürten sie den heißen Atem des Verfolgers bereits im Nacken. Am späten Nachmittag bestand Bessie darauf, daß sie an einer Tankstelle anhielten. Sie mußte Frankies Windeln wechseln und wollte sich die Beine vertreten. Frank war nicht begeistert, das sah man. »Beeil dich«, sagte er und blieb mit dem Baby Gary im Wagen sitzen.

Nach einer Weile kamen Bessie und Frankie aus dem Waschraum. Sie sah sich um. Der Wagen war weg, ihr Mann war weg, und das Baby war auch weg.

»Haben Sie den Mann gesehen, der hier auf mich gewartet hat?« fragte sie den Tankwart.

»Er ist vor ein paar Minuten weggefahren. Schien es eilig zu haben.«

»Hat er irgend etwas gesagt? Zum Beispiel, daß er gleich wiederkommt?«

»Nein, Ma'am.« Dem Blick des jungen Mannes entnahm sie, daß er so etwas noch nie erlebt hatte. Ein Mann, der sich mit einem Kind im Wagen davonmacht und seine Frau mit dem anderen Kind einfach sitzenläßt. »Großartig«, dachte Bessie. »Frank war sauer, weil wir halten mußten, und jetzt läßt er mich mit dem Kind schmoren, um mir eine Lektion zu erteilen. Was für ein egoistischer Mistkerl!«

Stundenlang saß sie mit Frankie vor der Tankstelle und wartete auf ihren Mann. Die Sonne ging unter, Mond und Sterne erschienen am Himmel, und der Tankwart fing an, seine Schilder und Werkzeuge einzupacken. Kurz bevor er die Tür abschloß und die Nachtbeleuchtung anschaltete, sagte er: »Hören Sie, ich glaube kaum, daß Ihr Mann noch kommt, und ich kann Sie nicht hier allein lassen. Ich fahre Sie nach Chillicothe. Da gibt's ein Hotel und einen Busbahnhof.«

Vom Busbahnhof rief Bessie ihre Eltern an und ließ sich Geld schicken, um nach Provo zurückzukehren. Als sie zu Hause ankam, wollte Will Brown seine Tochter überreden, die Polizei einzuschalten, doch sie weigerte sich. Sie erzählte ihren Eltern, daß Frank große Sorgen gehabt habe und sie sich in dieser Zeit nicht mit ihm hätte streiten sollen. Sie sei an allem schuld. Er werde bestimmt wiederkommen und dem Kind keinesfalls etwas antun.

»Wenn er hier auftaucht, gibt es Ärger«, warnte Will. »Niemand hat das Recht, Frau und Kind einfach mitten auf der Straße sitzenzulassen.«

Mehrere Tage danach erhielt Bessie einen Anruf aus einem Kinderheim in Des Moines im Bundesstaat Iowa. Frank hatte Gary dort abliefern müssen, nachdem man ihm dreißig Tage Gefängnis wegen Einlösung eines ungedeckten Schecks aufgebrummt hatte. Ob Mrs. Laffo ihr Kind abholen oder es lieber in der Obhut des Heims lassen und zur Adoption freigeben wolle? Später erzählte meine Mutter: »Wäre das Ganze nicht so tragisch gewesen, hätte ich mich über den Namen ›Mrs. Laffo‹ totgelacht. Es war das erste Mal, daß ich so angesprochen wurde.«

Bessie lieh sich noch mehr Geld von ihren Eltern und fuhr mit Frankie nach Iowa. Sie holte Gary aus dem Kinderheim, nahm eine Stelle als Haushaltshilfe gegen Kost und Logis an und wartete, bis ihr Mann seine Gefängnisstrafe abgesessen hatte.

Am Morgen seiner Entlassung stand sie mit Frankie und Gary vor dem Gefängnistor. »Was zum Teufel hast du zu deiner Verteidigung vorzubringen?« fragte sie. »Was fällt dir eigentlich ein, mich einfach im Stich zu lassen und mit unserem Baby zu verschwinden?«

»An diesem Tag ist mir jemand zu nah auf den Pelz gerückt. Ich mußte weg. Mehr gibt's dazu nicht zu sagen.« Er sah bei diesen Worten müde aus.

Bessie machte sich ihre eigenen Gedanken. Vielleicht war Franks ständige Flucht nur ein Vorwand. Vielleicht war ihm gar keiner auf den Fersen, und er hatte bloß Angst, bei seiner Familie zu bleiben und ein guter Vater zu werden. Vielleicht hatte Fay doch recht gehabt. »Frank«, sagte sie. »Was immer es ist, du kannst mir die Wahrheit sagen. Wenn es eine andere Frau ist oder eine andere Familie, dann sag es mir. Ich werde es nicht gegen dich benutzen. Aber sag mir die Wahrheit.«

Frank schüttelte den Kopf. »Nein«, antwortete er. »Weder das eine noch das andere. Es geht um etwas Schreckliches. Es ist besser für dich, wenn du nichts davon weißt.«

Das ganze restliche Jahr über fuhren sie kreuz und quer durch den Westen von Amerika. Frank karrte seine Familie von einem Loch zum anderen und trank immer mehr. Als die Feriensaison begann, lebten sie in einer kleinen Farmerstadt namens Holyoke im nordöstlichsten Zipfel von Colorado. Frank ging seinen üblichen Gaunereien nach. Er hatte sich falsche Visitenkarten anfertigen und einen Telefonanschluß unter falschem Namen legen lassen. Diesmal traten sie als Mr. und Mrs. Harry F. Laffo auf. Frank hatte ein Girokonto bei einer Bank in der nahe gelegenen Stadt Sterling eingerichtet. Er graste die Gegend ab und verkaufte Anzeigen für die nächste Ausgabe eines Reisemagazins. Eines Tages wollte er bei einem Händler, dem er eine Anzeige aufgeschwatzt hatte, einen Scheck einlösen. Doch der Geschäftsmann schöpfte Verdacht und rief bei der Bank an. Als sich herausstellte, daß der Scheck ungedeckt war – auf dem Konto waren nur drei Dollar, Frank aber hatte fünfzig einlösen wollen –, erstattete der Mann Anzeige, und die Polizei verhaftete Frank in seinem Hotelzimmer. Das war Anfang Dezember 1941. An dem Tag, als die Japaner Pearl Harbor angriffen, hockte mein Vater wegen Scheckbetrugs in einer schmutzigen Zelle.

Die Polizei ermittelte und fand bald heraus, daß Frank fiktive Anzeigen für eine nichtexistente Zeitschrift verkaufte. Das war gravierender als nur das Einlösen eines ungedeckten Schecks. Die Anklage lautete auf schweren Betrug. Bei der Verhandlung, die drei Tage vor Weihnachten stattfand, gelang es dem Staatsanwalt, eine Kopie von Franks bisheriger Vorstrafenliste aufzutreiben. Bessie konnte nur noch staunen. Die Akte begann im Mai 1914, als Frank in Fresno, Kalifornien, unter dem Namen Harry Sevilla verhaftet worden war, weil er einen Jugendlichen zu einer Straftat verleitet hatte. Damals mußte er neunzig Tage Haft verbüßen. Das nächste Mal war er 1919 aufgefallen. Da hatte man ihn als Frank Gilmore in Sacramento wegen Veruntreuung verhaftet. Der Richter bat um eine eingehende Darstellung. »Offenbar hat der Beschuldigte einen mit Pelzen beladenen Laster aus dem Geschäft gestohlen, in dem er angestellt war«, erläuterte der Staatsanwalt. Frank hatte es irgendwie geschafft, eine Freiheitsstrafe auf Bewährung zu bekommen. (Später erfuhr Bessie, daß Fay einen Anwalt mit guten Beziehungen angeheuert hatte.) Frank durfte den Bundesstaat nicht verlassen, hielt sich jedoch nicht an die Auflage. Weniger als zwei Jahre später wurde er in Seattle als flüchtiger Rechtsbrecher unter dem Namen Walter Saville aufgegriffen und nach Sacramento zurückgebracht. In Kalifornien hob der Richter die Bewährungsstrafe auf und verurteilte ihn zu zehn Jahren Haft in San Quentin. Nach zwei Jahren Zwangsarbeit wurde er entlassen.

»Wir gehen davon aus«, erklärte der Staatsanwalt, »daß es möglicherweise in anderen Staaten unter verschiedenen Namen noch mehr Akten über Mr. Laffo gibt. Es ist anzunehmen, daß der Beschuldigte weitere Straftaten, vielleicht sogar gravierendere Straftaten als die des Betruges und der Veruntreuung begangen hat, ohne dafür belangt worden zu sein, oder daß er sich gar seiner Verhaftung entzogen hat. Sicher ist, daß er gewohnt ist, unter mehreren Namen aufzutreten. Tatsache ist auch, daß wir bis heute nicht mit Sicherheit sagen können, welches sein richtiger Name ist. Daher plädieren wir für ein hohes Strafmaß. Obwohl die begangene Straftat nicht allzu schwer wiegt, ist Harry Laffo zweifellos ein

Gewohnheitstäter. Wir würden ihn am liebsten so lange einbehalten, bis andere Staaten Gelegenheit hatten, unter den Namen, die uns sonst noch von ihm bekannt sind, nach Strafakten zu fahnden.«

Richter H. E. Munson verurteilte Harry F. Laffo zu fünf Jahren Haft, die er im Staatsgefängnis von Colorado verbüßen sollte. Als Bessie Franks verzweifeltes Gesicht sah, verwandelte sich ihre Wut in Mitleid. Er machte den Eindruck eines gebrochenen Mannes, und zum erstenmal sah man ihm sein Alter an. »Das ist die Höhe«, sagte sie sich. »Er hat für seine anderen Taten bereits gebüßt. Diese Provinzspießer ziehen ihn nur aus dem Verkehr, um sich wichtig zu tun.«

Bessie war sich schnell darüber im klaren, daß sie nicht in Colorado bleiben konnte, während Frank dort seine Strafe verbüßte. Sie fühlte sich nicht imstande, an einem völlig fremden Ort auszuharren und sich allein um zwei Kinder zu kümmern. Gleich nach Neujahr kehrte sie mit Frank und Gary zu ihren Eltern nach Provo zurück, um dort abzuwarten, bis ihr Mann aus dem Gefängnis entlassen wurde.

Ich besitze die Kopie der Strafvollzugsakte meines Vaters. Diese Akte ist für mich wichtig, weil sie das früheste Foto enthält, das ich je von ihm gesehen habe. Es ist nicht unbedingt ein junges Gesicht. Mein Vater war etwa einundfünfzig, als diese erkennungsdienstliche Aufnahme (Nr. 22470 Colorado State Prison) gemacht wurde. Ohne seine falschen Zähne und mit wirrem, frühzeitig ergrautem Haar sieht er viel älter aus, eher wie ein Sechzigjähriger. Ich versuche in seinem Gesicht zu lesen. Aber es verrät nichts über seine Geheimnisse oder den Ursprung seiner Ängste.

Es ist schon komisch. Jahrelang war ich meinem Vater so nahe wie kein anderer; jedenfalls glaube ich das. Meine Mutter sagte, ich sei der einzige in der Familie gewesen, der ihn bis zu seinem Tod geliebt habe. Obwohl ich die meiste Zeit meiner Kindheit mit meiner Mutter verbrachte, war es mein Vater, mehr als jeder andere, der mich aufzog. Bei ihm fühlte ich mich geborgen. Doch wenn ich mir heute sein Foto ansehe, muß ich an all die Dinge denken, die er meiner Mutter und meinen Brüdern in jener Situation und zu anderen Zeiten antat. Ich versuche meine tiefen Gefühle für ihn mit seiner Brutalität meinen Brüdern gegenüber in Einklang zu bringen. Ich verstehe nicht, wie ein so liebevoller Mann sein Kind auf einer Parkbank liegenlassen konnte, um einen ungedeckten Scheck einzulösen. Denn genau das war an jenem Tag in Atlantic, Iowa, geschehen, als er das Sorgerecht für Gary an das staatliche Kinderheim verlor. Ich kann nicht glauben, daß dieser Mann mein Vater war und ich ihn mehr als alles andere auf der Welt liebte, daß ich ihn heute noch liebe, weil ich gar nicht weiß, wie ich das verhindern sollte.

Er ist mir so nah und doch so fern. Er ist das größte Rätsel in dieser Geschichte, und ich fürchte, daß ich kein Recht habe, sie zu erzählen, wenn ich nicht zuerst die Gestalt meines Vaters durchleuchte, seine Geheimnisse aufdecke und seine Ängste erkläre. Vielleicht muß ich, um meinen Vater zu verstehen, zuerst in mein eigenes Herz schauen und mich dem stellen, was er darin zurückgelassen hat. Doch dann habe ich wieder ungeheure Angst, daß ich so bin wie er, daß ich seine Sünden bereits verinnerlicht habe.

Bessie schlug ihr Quartier in dem kleinen Schuppen draußen im Garten auf, während ihr Bruder George zu Onkel Charley gleich nebenan zog. Will und Melissa waren nicht gerade begeistert, ihre Tochter, das schwarze Schaf der Familie, wieder bei sich zu haben.

Bessie spürte die Mißbilligung der Familie, und es war, als erstreckte sich Franks Verurteilung auch auf sie. Sie fühlte sich vom kriminellen Verhalten ihres Mannes gedemütigt und haßte es, von ihren Eltern in den Schuppen abgeschoben zu werden wie ein Tier. Es dauerte nicht lange, bis die Verbitterung über das Verhalten ihrer Familie und die Enttäuschung über ihre junge Ehe sich in Wut verwandelten. Ihre Mutter und sie stritten sich lauthals über Bessies Leben, und Bessie sagte im Gegenzug schreckliche Sachen über ihre scheinheiligen Schwestern und die Boshaftigkeit ihres Vaters. Melissa tobte. »Wenn du so von deiner eigenen Familie sprichst, gottesfürchtigen Leuten, die aus Liebe und Mitgefühl für dich gebetet haben, dann hast du in unserem Haus nichts verloren. Ich lasse nicht zu, daß du an meinem Tisch so von deiner Familie redest.«

Daraufhin stürmte Bessie in den Schuppen, wo sie mit ihren beiden Söhnen schlief, und knallte die Tür hinter sich zu. Sie musterte die armseligen Möbel im Raum: kaputte Stühle, ein Tisch und ein altes Bett, alles Dinge, die sie nicht einmal ihr eigen nennen konnte. Sie dachte an ihre Schwestern in ihren schönen Wohnungen mit neuen Möbeln, und sie haßte alles an ihrem Leben, das für diese Blamage verantwortlich war. Mein Bruder Frank, damals fast drei Jahre alt, beobachtete jede Bewegung seiner Mutter mit Angst. Bessie nahm eine Schale vom Tisch und schleuderte sie gegen die Wand. Dann hob sie einen Stuhl hoch und warf ihn gegen die Tür. Das Poltern weckte Gary auf, und er begann zu weinen. Bessie schrie ihn an, er solle ruhig sein, was ihn nur noch lauter weinen ließ. Sie verlor die Fassung und sagte zu Frank: »Er soll aufhören zu schreien! Sorg dafür, daß er aufhört!« Frankie ging zu seinem Bruder und schlug ihm leicht auf den Kopf, damit er Ruhe gab, aber es nützte nichts. Bessie griff nach dem Kopfkissen vom Bett und schlug damit Frankie ins Gesicht. Bei jedem Schlag brüllte sie: »Er soll auf-hö-ren! Auf-hö-ren!« Sie schlug Frankie so lange, bis dieser nach draußen lief. Seine Mutter rannte hinterher. Frankie fiel hin, hielt die Hände über den Kopf und weinte. Bessie schlug immer noch auf ihn ein. Später sagte er mir, daß ihm weniger die Schläge etwas ausgemacht hätten, als das ständige Geschrei seiner wahnsinnigen Mutter.

Sein Weinen hörte sogar Bessies fast taube Mutter. »Wenn du nicht aufhörst, deine Kinder zu schlagen, werde ich sie dir wegnehmen«, drohte Melissa. Dann nahm sie Frankie und Gary mit und brachte sie in die Geborgenheit ihres Hauses. Sie trocknete Frankies Tränen, fütterte ihn mit Keksen und wiegte Gary auf dem Arm, während Bessie allein draußen im Schuppen saß und weinte, ohne Kinder und ohne Eltern.

Mein Bruder Frank erinnerte sich, daß sie als Kinder regelmäßig verprügelt wurden. Als Bessie und Melissa sich wieder einmal stritten, mischte sich Frankie ein und bettelte, daß sie aufhören sollten. »Ich habe dich nicht mal mehr lieb«, fuhr Bessie ihn daraufhin an und schlug ihn derart heftig, daß der Kleine das Gleichgewicht verlor und mit dem Kopf heftig gegen die Wand prallte. Als sie das starre, zu Tode erschrockene Gesicht ihres Sohnes sah, kniete sie neben ihm nieder und streichelte sein Haar. »O Frank, natürlich habe ich dich lieb«, schluchzte sie. »Es tut mir leid, mein Kleiner. Es tut mir so leid.«

Für Melissa war das Maß voll. »So, jetzt reicht es, Bessie. Es bleibt uns nichts anderes übrig, als dir die Kinder wegzunehmen. Wir können nicht länger tatenlos zusehen.«

Noch am selben Tag zog Bessie Frankie und Gary an und flüchtete mit ihnen von der Farm. Am späten Abend sah ihre kleine Schwester Ida sie durch die Straßen von Provo irren, Gary auf dem Arm und Frankie an der Hand. Ida und ihr Mann Vern liehen Bessie fünfundzwanzig Dollar und bezahlten ihr für mehrere Nächte ein Zimmer im City Center Motel unweit ihres eigenen Hauses. In diesem Motel sollte viele Jahre später mein Bruder Gary seinen zweiten Mord begehen. Er trat in das Büro und schoß den Manager in den Hinterkopf. Im Zimmer nebenan, nur wenige Meter entfernt, schlief der kleine Sohn des Managers. Er war ungefähr so alt wie Gary, als dieser 1942 dort mit seiner Mutter gewohnt hatte.

Bessie versöhnte sich mit Melissa und durfte wieder in den Schuppen im Garten ziehen. Am 3. Juli 1943, nach achtzehn Monaten Haft, wurde mein Vater wegen guter Führung auf Bewährung entlassen und kam aus dem Gefängnis von Canon City, Colorado, nach Provo. Bessie fühlte sich erleichtert, ihn zu sehen, doch Frank Gilmore war härter geworden, als ihn seine Familie in Erinnerung hatte; er prügelte die Kinder oft und schrie sie wegen jeder Kleinigkeit an: wenn sie nicht schnell genug aufaßen, zu laut weinten oder irgend etwas umwarfen. Es war nicht schwer, meinen Vater zu reizen.

Mein Vater war kaum einen Tag wieder da, als er erfuhr, daß Bessies Eltern daran gedacht hatten, Bessie und ihm die Kinder wegnehmen zu lassen und selbst aufzuziehen. In dem darauffolgenden Streit wäre es um ein Haar zu Handgreiflichkeiten zwischen Frank und Will gekommen. Will warf Frank aus dem Haus. Noch in derselben Nacht trampten Frank und Bessie mit den Kindern nach Sacramento. Bessie glaubte von nun an, daß sie ihre Kinder an ihre Eltern und das eintönige Leben auf der Farm verloren hätte, wenn Frank nicht im richtigen Augenblick aufgetaucht wäre. Dieser Gedanke erfüllte sie mit Haß.

Nachdem meine Eltern wieder in Kalifornien waren, wollte Frank zur Armee gehen, um gegen die Nazis zu kämpfen, aber er war zu alt, und außerdem hatte er eine kriminelle Vergangenheit. Statt dessen fand er Arbeit als Schiffsbauer bei verschiedenen Werften und Stahlwerken. Während des ganzen Krieges zogen Bessie und Frank von einer Stadt zur anderen, immer dorthin, wo gerade irgendwelche Kriegswaffen entstanden, und sie blieben so lange, bis der Auftrag abgeschlossen war oder Frank es dort nicht mehr aushielt. Am 12. Dezember 1944 bekam meine Mutter in Los Angeles ihren dritten Sohn: Gaylen Noel Gilmore. Gaylen kam mit dunkelbraunen, mandelförmigen Augen und einem sonnigen Lächeln zur Welt. Mein Vater entwickelte rasch eine besondere Vorliebe für ihn. Es war, als wären seine anderen beiden Söhne über Nacht einfach nicht mehr interessant für ihn.

Eines Tages war der Krieg vorbei. Meine Mutter erzählte, daß mein Vater dasaß und weinte, als die Verbrechen der Nazis an den Juden bekannt wurden. Obwohl er katholisch war, glaubte er wegen der Sache mit Houdini, jüdisches Blut zu haben.

Mit dem Ende des Krieges verstrich auch die Bewährungszeit für meinen Vater. Er nahm sein altes Gaunerleben wieder auf, und die Familie ging erneut auf Wanderschaft. Fast während der ganzen vierziger Jahre zogen meine Eltern und Brüder von einer Stadt zur anderen. Es konnte dann vorkommen, daß die Familie in Obdachlosenheimen, Herbergen, Busbahnhöfen oder Armenhäusern der Heilsarmee übernachten mußten. Manchmal hatten sie einen eigenen Wagen, manchmal reisten sie im Bus oder im Zug oder trampten. In all der Zeit wuchsen meine Brüder inmitten von Verzweiflung und Unordnung auf, unter fremden Menschen, die alles verloren hatten, die entweder verrückt, betrunken oder gewalttätig waren oder alles zugleich. Sie waren Zeuge, wie Menschen durch Messerstiche zu Tode kamen und vor Hunger starben.

Manchmal erklärte mein Vater, er gehe nur mal eben einkaufen, und kam erst nach Wochen wieder zurück. Meine Mutter mußte zur örtlichen Kirche und sich dort das Geld leihen, um zur nächsten Stadt oder nach Provo zu ihren Eltern zu fahren. So sah ihr Leben fast zehn Jahre lang aus.

Es muß eine schreckliche Zeit gewesen sein, und trotzdem würde ich alles auf der Welt geben, um dabeigewesen zu sein.

In all den Jahren blieben die geheimnisvollen Dämonen der Vergangenheit Frank auf den Fersen. Meine Mutter erinnerte sich, sogar einmal das Gesicht eines dieser Verfolger gesehen zu haben.

Es war an einem Frühsommerabend 1946 in Sacramento. Frank und Bessie saßen mit den Kindern in einem kleinen Restaurant irgendwo im Stadtzentrum und wollten zu Abend essen. Bessie sah, wie ein großer, schmaler Mann mit nach hinten gekämmtem, pomadisiertem Haar das Lokal betrat und an der Bar Platz nahm. Er bestellte einen Kaffee, drehte sich dann auf seinem Hocker herum und starrte Frank an. Der Mann war gut angezogen; er trug ein Kaschmirjackett und einen neuen Filzhut, doch sein Gesicht wirkte hinterhältig, und er schaute Frank an, als würde er ihn kennen. Bessie zupfte an Franks Ärmel. »An der Bar sitzt ein Mann, der dich beobachtet«, sagte sie.

Frank warf einen Blick auf den Fremden und sah dann wieder weg. »Sieh ihn nicht an«, sagte er. »Tu so, als würdest du ihn nicht bemerken.« Sie sah, wie Frank der Schweiß ausbrach. Kurz darauf stand er auf. »Ich gehe zur Toilette«, erklärte er. Bessie und der Mann im Mantel beobachteten, wie Frank im Waschraum verschwand. Nach ein paar Minuten folgte ihm der Fremde. Dann kam er zurück, zahlte hastig seine Rechnung, warf Bessie einen drohenden Blick zu und verließ das Lokal. Dieser eine Blick ließ sie tagelang nicht mehr los.

Bessie wartete, daß Frank aus der Toilette kam, doch vergebens. Sie dachte: »Liegt er vielleicht da drin und ist verletzt oder gar tot?« Sie bat den Kellner nachzuschauen, was ihr Mann mache, da er schon so lange weg sei. Der Kellner kam zurück und erklärte, es sei niemand in der Toilette, allerdings habe das Fenster offengestanden, als sei jemand hinausgeklettert, und er hoffe doch sehr, daß niemand versuche, die Zeche zu prellen.

Bessie bezahlte die Rechnung und kehrte mit den Jungen ins Hotel zurück. Frank war nicht dort. Sie wartete noch eine Weile und ging dann zu Fay. Ihre Schwiegermutter hörte sich die Geschichte mit dem Fremden an, schüttelte den Kopf und sagte: »Bessie, ich glaube, daß du lieber von hier verschwinden solltest. Ich habe nicht viel Geld, aber ich gebe dir, was ich habe. Am besten fährst du zu deinen Eltern nach Provo und wartest dort auf Frank. Er wird sich bei dir melden. Ich glaube nicht, daß er hier so schnell wieder auftaucht.«

»Was soll das alles heißen, Fay? Was ist los?«

»Ich kann's dir nicht sagen, Bessie. Ich weiß nicht genug, um sicher zu sein. Aber im Moment halte ich es nicht für gut, wenn du hierbleibst.«

Bessie und die Kinder zogen los. Das Geld reichte nicht einmal für die Fahrkarten nach Provo. Also nahmen sie den Bus bis Reno und trampten von dort aus nach Utah, so daß sie ein bißchen Geld für Proviant sparen konnten.

Ein paar Tage später standen Bessie und ihre Söhne auf der

Landstraße von Humboldt County in Nevada und versuchten zu trampen. Sie waren meilenweit vom nächsten Ort entfernt, müde und hungrig. Die Kinder weinten, weil ihnen die Füße weh taten. »Jungs«, sagte Bessie.»Kommt, wir knien nieder und beten zusammen. Gott wird uns nicht im Stich lassen.«

Die vier knieten sich am Straßenrand in den Staub, und Bessie betete, daß Gott sie von Hunger und Pein erlöse. Als sie die Augen öffnete, sah sie in der Ferne einen Mann auf sie zukommen. Er war mittelgroß, hatte ein flaches Gesicht und eine Glatze. Er sah aus wie ein Mönch. Als der Mann an ihnen vorbeiging, drückte er meiner Mutter eine Papiertüte in die Hand und sagte:»Hier, junge Frau, wie wär's mit ein paar Sandwiches, Obst und Kuchen? Ein Fremder hat mir das alles geschenkt, aber ich hatte schon gegessen und habe keinen Hunger.«

»Vielen Dank, Mister«, antwortete Bessie und brach in Tränen aus. »Wir sind so allein und hungrig.«

Der Mann reichte ihr die Tüte, klopfte ihr auf die Schulter und sagte:»Es wird alles gut, Ma'am. Sie und die Jungs werden es schaffen.« Dann setzte er seinen Weg fort.

Bessie teilte die Sandwiches auf. Dann sah sie die Straße hinunter, doch sie konnte den Mann nicht mehr sehen. Sie blickte in die andere Richtung, aber auch da war er nicht. Er schien vom Erdboden verschluckt worden zu sein.

Da kam sie zu dem Schluß, daß der Mann einer der drei nephitischen Jünger gewesen sein mußte. Im *Buch Mormon* gibt es eine Geschichte über drei amerikanische Jünger Jesu, die er mit der Gnade des ewigen Lebens ausgezeichnet hatte, so wie einst Johannes. Diese Männer fungieren als Zeugen für christliche Wahrheit und als Helfer der Bedürftigen. Laut mormonischer Folklore ziehen diese Jünger durchs Land und treten häufig selbst in Gestalt von Hungernden oder Obdachlosen auf. Sie segnen die »Heiligen«, die ihnen helfen, ermahnen oder verfluchen jene, die es nicht tun, und stehen den verzweifelten oder verlorenen Kindern Gottes bei, wo immer sie können.

Bessie war sich ganz sicher: Dieser gute Mann war einer der nephitischen Jünger gewesen. Vielleicht hatte er sie von dem Fluch des bösen Mannes im Restaurant in Sacramento erlöst. Vielleicht würde diese Erfahrung ihre Kinder zu gläubigen Mormonen machen. Vielleicht würde alles wieder gut, so wie der engelsgleiche Fremde es gesagt hatte.

Doch wenn der Fremde ein Engel gewesen war, dann hatte der Engel gelogen.

Nestbau

Bessie und die Kinder schafften es schließlich, zu ihren Eltern nach Provo zu kommen. Dort wartete bereits ein Brief von Frank, in dem er schrieb, daß sie in Provo auf ihn warten solle. Sie wartete drei Monate, und als er sie abholte, verhielt er sich wie immer. Er sagte ihr nichts über den Mann im Restaurant oder warum und wohin er geflüchtet war. Später erzählte Fay meiner Mutter folgendes: »Ich glaube, daß dieser Mann einer von Franks Söhnen war, und daß sie zusammen irgendwohin gegangen sind, um etwas einzutreiben, das man ihnen schuldete.« Als Bessie Frank darauf ansprach, antwortete dieser: »Steck deine Nase nicht in fremde Angelegenheiten.«

Als Frank zu Bessie und den Kindern in Provo stieß, war es bereits Mitte des Jahres 1946. Er besaß ein Auto und etwas Geld und behauptete, er habe ein paar Sachen zu erledigen. Er werde eine Zeitlang unterwegs sein und wolle Bessie und die Kinder nach Sacramento zu Fay bringen. Er mache sich Sorgen um seine Mutter, erzählte Frank. Sie sei jetzt fünfundsiebzig und in den letzten Jahren mehrmals im Krankenhaus gewesen. »Vielleicht solltest *du* dich jetzt zur Abwechslung mal um sie kümmern«, entgegnete Bessie. »Vielleicht braucht sie *dich* in ihrer Nähe.«

»Ach was«, antwortete Frank. »Wir gehen uns zu schnell auf die Nerven. Mich kommandiert sie immer nur rum. Mit dir und den Jungs kommt sie viel besser zurecht.«

Also ging es zurück nach Sacramento. Bessie zog mit Frankie, Gary und Gaylen in das große Haus, das Fay allein bewohnte. Frank blieb einige Tage bei ihnen, und sie meinte zu erkennen, wie zwischen ihrem Mann und seiner Mutter eine neue Wärme entstand. Zum erstenmal schien Fay traurig zu sein, als Frank sich von ihr verabschiedete. »Was für eine Schande«, dachte Bessie, »all die Jahre hat Frank sie gebraucht, und Fay hat ihm ihre Liebe verweigert. Jetzt stößt er sie genauso zurück.« Bessie fragte sich, ob Menschen sich überhaupt jemals wirklich nahekommen.

Bessie und die Kinder zogen in das obere Stockwerk des Hauses, während Fay ihr Schlaf- und Wohnzimmer unten behielt. Frank hatte genügend Geld für sie alle dagelassen, aber Fay bestand darauf, auch weiterhin ihre Séancen abzuhalten. Bessie spürte, daß diese Veranstaltungen der alten Frau mehr und mehr zusetzten, sie ahnte aber auch, daß Fay ohne sie nicht sein konnte. Bessie zog es immer noch vor, an diesen Tagen mit ihren Söhnen im McKinley Park spazieren zu gehen, bis es dunkel wurde. Manchmal gab sie Frank und Gary auch Geld fürs Kino, während sie mit Gaylen in einem Café auf sie wartete. Ab und zu aber blieb sie mit den Kindern während der Séancen auch oben im Haus. Sie hatte zwar furchtbare Angst, und manchmal glaubte sie unsichtbare Wesen zu spüren, die im Haus umherwanderten, aber sie machte sich auch

Sorgen um Fay und wollte sie in ihrem Alter nachts nicht gern allein lassen.

Schließlich kam ein Abend, an dem Fay Bessie eröffnete, sie werde heute eine besondere Séance abhalten. Sie müsse nämlich Kontakt zu einem Geist aufnehmen, der unter dem schändlichen Verdacht, einen Mord begangen zu haben, gestorben sei. Sie bat Bessie, mit den Kindern ins Kino zu gehen und so spät wie möglich nach Hause zu kommen.

Als meine Mutter und meine Brüder zurückkehrten, fanden sie Fay im Rollstuhl in der Küche, blasser und zittriger, als sie sie je gesehen hatten. Meiner Mutter kam es vor, als liege an diesem Abend etwas Unheilvolles in der Luft; es zog sogar ein abgestandener, modriger Geruch durch den Raum. Nachdem sie die Kinder ins Bett gebracht hatte, half Bessie auch Fay, sich für die Nacht zurechtzumachen. Doch als sie die alte Frau in die Bettdecke einhüllte, entdeckte sie in deren Blick etwas, das sie noch nie zuvor an ihr gesehen hatte: einen Ausdruck grenzenloser Angst und Hilflosigkeit.

Einige Stunden später sollte meine Mutter mit den Kindern fluchtartig das Haus verlassen und Fay nie wiedersehen. Erst zwei Generationen später, lange nach Garys Tod, erzählte mir meine Mutter, was sich ihrer Meinung nach damals wirklich dort abgespielt hat.

Irgendwann nach Mitternacht hörte sie Geräusche im Haus. Zuerst war sie alarmiert, doch dann fiel ihr ein, daß mein Vater ein oder zwei Tage zuvor angerufen und gesagt hatte, daß er uns in den nächsten Tagen abholen werde. Es war seine Art, spät und betrunken hereinzutorkeln. Sie schlief wieder ein, in der Hoffnung, daß er sie in Ruhe lassen werde, wenn er ins Bett kam. Kurz darauf weckte sie eine intime Berührung. Zuerst, so erzählte sie mir später, war diese Berührung sanfter, als sie es von meinem Vater gewohnt war, und noch im Halbschlaf gab sie ihr nach. Doch dann berührte diese Hand eine Stelle, die kein Mann bei ihr je zuvor berührt hatte, und sie war außer sich. Sie stieß sie weg und schlug die Augen auf – und da sah sie, daß es nicht mein Vater gewesen war, der versucht hatte, auf so schockierende Art in sie einzudringen. Das Wesen wirkte nicht einmal menschlich, obwohl es einen ausgesprochen lüsternen Gesichtsausdruck hatte.

Bessie reagierte blitzschnell. Sie befreite sich aus der Umarmung, lief in den Flur und rief nach Frank und Gary. Doch dort erwartete sie der nächste Schock. Auf dem Gang kam langsam eine Gestalt auf sie zu. Das weiße Haar floß ihr über die Schultern wie die Mähne einer wilden Stute – Fay. Sie war in Trance und murmelte mit leiser, verängstigter Stimme vor sich hin. Fay, die, seit meine Mutter sie kannte, nicht hatte laufen können, schritt ihr im Korridor dieses Hauses entgegen. Zuerst war meine Mutter eher wütend als schockiert. Hatte Fay sie all die Jahre bewußt hinters Licht geführt? Doch bei den Worten, die sie hörte, verrauchte ihre Wut sofort: »Bessie, du mußt fort«, sagte Fay. »Du mußt sofort aus dem Haus. Es weiß es, Bessie. *Es weiß, wer du bist!*«

Im nächsten Moment stand ihr Sohn Frank im Flur und zog meine Mutter an der Hand in Richtung Kinderzimmer. Er weinte, zeigte auf die Tür und rief: »Mommy, *Gary!* Mommy, *Gary!*« Wieder reagierte sie automatisch. Sie lief ins Zimmer und sah, wie dieselbe Gestalt, die bei ihr im Bett gewesen war, sich über meinen Bruder Gary beugte und ihm in die Augen starrte. Bessie hatte Todesangst, zerrte aber trotzdem Gary aus dem Bett, zog auch Frank und Gaylen in aller Eile an und rannte aus dem Haus. Die Nacht verbrachten sie im Busbahnhof. Sie machte sich Sorgen um Fay, aber sie hätte sie nie zum Verlassen des Hauses bewegen können. Außerdem sagte sie sich, daß Fay wisse, wie man mit Geistern fertig werde.

Am nächsten Tag mietete sich Bessie mit den Kindern in einem Hotel ein. Während des Tages besuchte sie Fay und half ihr, aber nach Einbruch der Dunkelheit blieb sie nicht mehr im Haus. Ein paar Tage später kam mein Vater zurück und brach in schallendes Gelächter aus, als er von der Geschichte mit dem Geist hörte. Wenig später zog die Familie nach San Diego, wo mein Vater auf

dem Bau arbeitete. Am Weihnachtsabend 1946 erhielt er ein
Schreiben. Fay war wieder ins Krankenhaus von Sacramento ein-
geliefert worden, wo sie in der letzten Zeit so häufig gewesen war
Am 15. Dezember, abends um halb acht, war sie gestorben. Ihr
Herz hatte einfach aufgehört zu schlagen. Kurz darauf begann
Gary an Alpträumen zu leiden. Es war immer derselbe Traum: Er
wurde enthauptet.

Der Brief mit der Nachricht vom Tod seiner Mutter war postla-
gernd nach San Diego geschickt worden, so daß Frank ihn erst
bekam, nachdem Fay bereits beerdigt worden war. Ein Schwager,
der in New York wohnte, kam für die Kosten der Trauerfeier auf,
bei der ein katholischer Geistlicher die Grabrede hielt. Robert
hatte versucht, Frank zu erreichen, um mit ihm die Einzelheiten zu
besprechen, aber er besaß weder die Anschrift noch die Telefonnummer seines Vaters.
   Offensichtlich wurde Fays Tod zu einem harten Einschnitt im
Leben meines Vaters. Er brauchte Wochen, um damit fertig zu
werden.
   Noch nie hatte sich mein Vater so gehenlassen. Meine Mutter
und meine Brüder fanden ihn auf der Straße betrunken, unter einer
Laterne liegend. Er hatte eine Flasche in der Hand und ein paar
weitere in den Jackentaschen stecken. Sie stützten ihn uund halfen
ihm in die Wohnung; unterwegs trank er weiter. Auf diese Weise
brachte er ihr ganzes Geld durch, so daß die Familie jeden Abend
in der Armenküche der Heilsarmee essen mußte. »Er war ein
harter Mann«, erzählte mein Bruder Frank, »aber damals hat er
nur getrunken und geweint. Er war von Fay gründlich enttäuscht
worden, aber er liebte sie trotzdem. Er konnte sich einfach nicht
damit abfinden, sie für immer verloren zu haben. Darauf lief es ja
letzten Endes hinaus.«
   Eines Abends wartete die Familie vor einem Schnapsladen auf
ihn. Mein Vater taumelte betrunken aus dem Geschäft, stolperte
und schlug im Fallen mit dem Kopf gegen einen Laternenmast.

Dabei schnitt er sich das Gesicht auf, und Bessie und die Jungen mußten ihn nach Hause schleppen und ins Bett bringen. Drei Tage später lag er immer noch im Bett, und Bessie rief einen Arzt. Sie hatte Angst, daß er innere Verletzungen davongetragen haben könnte oder gar an einer Alkoholvergiftung leide. Der Arzt nahm Blut- und Urinproben und stellte folgende Diagnose: Wenn Frank Gilmore das Trinken nicht aufgab, würde er in ein bis zwei Jahren tot sein. Er hatte seine Leber bereits zu sehr geschädigt, um weiterhin regelmäßig Alkohol konsumieren zu können.

Diese Warnung brachte meinen Vater auf den Boden der Tatsachen zurück. Mehr oder weniger gab er an diesem Tag das Trinken auf. Er wurde zwar gelegentlich rückfällig, aber er fing nie wieder mit seinen alten Saufgewohnheiten an. Das hätte eigentlich positiv sein sollen, aber es gab einen Haken. Trotz der schlechten Manieren, die er als Säufer an den Tag gelegt hatte, war Frank bei seinen Alkoholexzessen immer auch sehr friedfertig gewesen. Dann hatte er Geschichten vom Showgeschäft erzählt, von der Zeit als Seiltänzer oder Raubtierdompteur im Zirkus, oder darüber spekuliert, wie man zu Geld kam und es wieder verlor. Außerdem hatte er sich auf geradezu lächerliche Art großzügig gezeigt, wenn er betrunken war. Er gab den Kindern Geld für jedes Spielzeug, das ihnen gerade einfiel, und er verkündete seiner Familie großmütig, daß er ihr alle Verstöße verzeihe, die sie in letzter Zeit gegen seine Regeln oder seine Ehre begangen hätte. Doch wenn er aufhörte zu trinken, verwandelte er sich in ein Ungeheuer. Dann traktierte er seine Söhne wegen der kleinsten Sache mit dem Gürtel. Er sei wie Jekyll und Hyde gewesen, erinnerte sich mein Bruder Frank.

Jetzt, da mein Vater die meiste Zeit nüchtern blieb, reagierte er immer roher und gewalttätiger. Bessie war schon immer sein Blitzableiter gewesen, doch nun nahmen ihre Auseinandersetzungen brutale Formen an. Es vergingen keine zwei Wochen ohne einen heftigen Streit, bei dem es auch zu Handgreiflichkeiten kam. Das alles mußten die Kinder weinend und schreiend mitansehen. Frank erinnerte sich, daß Gary plötzlich nachts nicht mehr richtig schlief. Die Kämpfe meiner Eltern und seine Alpträume von Exekutionen ließen ihm keine Ruhe. Es kam jetzt häufig vor, daß er nachts ins Bett machte und schreiend aufwachte.

Die Abstinenz meines Vaters hatte noch eine weitere Nebenwirkung: Sein Interesse am Vagabundenleben nahm ab. Jetzt blieb er länger als nur ein paar Wochen am selben Ort. Das gefiel Bessie. Sie hatte die Jahre der Wanderschaft satt. Sie sehnte sich nach einem Haus und eigenen Möbeln wie ihre Schwestern in Utah. Sie wollte den Kindern ein stabiles Leben bieten, sie sollten die Möglichkeit erhalten, ein ganzes Schuljahr in derselben Klasse zu verbringen und feste Freundschaften aufzubauen. Das wurde zu einem Wunschtraum für meine Mutter.

1948 zog die Familie in eine Wohnsiedlung im Norden von Portland, Oregon. Frank hatte eine neue Idee für eine Publikation. Er wollte die unterschiedlichen Statuten und Bauvorschriften für die Stadtentwicklung von Portland und Umgebung sammeln, sie in eine verständliche Sprache bringen und in einem Handbuch veröffentlichen, das mit Anzeigen von Bauunternehmen und Architektenbüros finanziert werden sollte. Die Publikation würde von den Inserenten direkt an ihre Kunden und von der Stadtverwaltung an zukünftige Stadtplaner oder Baufirmen verteilt werden. Diese Idee lockte viele Firmen an, und bald nahm Frank Hunderte von Dollar in der Woche ein. Es war das regelmäßigste Einkommen, das er bislang gehabt hatte. Nachdem er mehrere tausend Dollar beisammen hatte, erklärte er Bessie, es sei Zeit, in eine andere Stadt zu ziehen. Sie könnten auf diese Weise sehr schnell zu viel Geld kommen.

Doch diesmal sprach Bessie Gilmore ein Machtwort. »Nein«, sagte sie. »Du solltest dieses Handbuch wirklich machen. Du hast alles in die Wege geleitet, was notwendig ist. Du hast Anzeigenkunden, die dir vertrauen, du hast die Stadtverwaltung, und du hast das Wissen. Es ist die beste Idee, die du je hattest. Dieses Projekt ist deine Schöpfung, Frank. Es muß nicht etwas sein, das man nur einmal macht. Du könntest jedes Jahr eine Ausgabe herausbringen und gutes, ehrliches Geld damit verdienen. Wir könnten endlich ein eigenes Nest bauen. Wenn du dieses Projekt durchziehst, werde ich dir nach Kräften helfen, und wenn du es später woanders versuchen willst, werde ich nicht nein sagen. Aber wenn du jetzt eine deiner Betrügereien im Schilde führst und wir alle irgendwann Hals über Kopf verschwinden müssen, so daß keiner von uns je wieder einen Fuß in die Stadt setzen kann, bleibe ich mit den Kindern hier. Ich bin es leid, die ganze Zeit auf der Flucht zu sein.«

Frank ließ sich nicht gern unter Druck setzen, aber Bessies Idee, jedes Jahr eine neue Ausgabe herauszubringen, gefiel ihm. 1949 veröffentlichte Frank Gilmore das erste Jahrbuch mit Bauvorschriften. Mit dem Geld, das er einnahm, machte er eine Anzahlung auf ein kleines Haus am Crystal Springs Boulevard im Süden von Portland. Das Häuschen war nichts Großartiges. Es hatte zwei Schlafzimmer und einen kleinen Vorgarten und lag in einer Industriezone. Sie erinnerte mehr an eine Wüste als an eine Wohngegend. Es war zwar nicht das Nest, von dem meine Mutter träumte, aber sie erkannte, daß Frank noch zu sprunghaft war, um ehrgeizige Projekte anzupacken.

Frank und Bessie zogen einen Zaun um den Vorgarten und legten sich einen Hund und einen nagelneuen Pontiac zu. Sie schulten die Kinder ein, und zu Weihnachten stellten sie einen Tannenbaum auf und kauften eine Krippe. Es war das erste richtige Zuhause für meine Familie nach zehn Jahren Ehe mit drei Kindern, und es kam dem, was man normalerweise unter einem glücklichen Leben versteht, so nah, wie es ihnen nur möglich war.

Franks Sohn Robert war mittlerweile Leutnant bei der Armee und zweihundertvierzig Kilometer von ihnen entfernt in Fort Lewis bei Tacoma, Washington, stationiert. Robert war verheiratet und hatte drei Kinder, zwei Mädchen und einen Jungen. Alle paar Wochen besuchte er uns mit seiner Familie, und manchmal kam er auch allein. Robert beobachtete die Veränderung, die sein Vater durchmachte, mit großer Anteilnahme. Die beiden kamen jetzt besser miteinander aus. Sie konnten sich länger als zehn Minuten unterhalten, ohne in die bitteren Vorhaltungen und Verdächtigungen vergangener Jahre zurückzufallen. Eines Tages holte Robert, der Fotograf werden wollte, meine Eltern und Brüder im Garten des Hauses am Crystal Springs Boulevard zusammen und nahm ein Gruppenbild auf. Möglicherweise ist es das wertvollste Andenken, das ich von meiner Familie besitze. Jeder zeigt die Haltung, die er im wirklichen Leben bevorzugt hat: Mein Vater wirkt sachlich und nüchtern, meine Mutter sieht aus, als mache ihr das Ganze nicht den geringsten Spaß, Gaylen lächelt auf seine entwaffnende Art, und Gary übt bereits seinen einschüchternden Blick. Mein Bruder Frank aber hat den vielsagendsten Ausdruck. Sein dummes Grinsen und das Clownsgesicht scheinen zu sagen: »Ist es nicht ziemlich lächerlich, uns wie eine richtige Familie posieren zu lassen?« Ich bin natürlich nicht auf dem Foto; ich war noch nicht einmal geboren. Im übrigen sollte ich nie auf ein gemeinsames Foto kommen, denn das hier ist das einzige Porträt, das es von unserer Familie gibt. Nie wieder sollte jemand ein Foto von der ganzen Familie aufnehmen.

Ein oder zwei Jahre nach Gaylens Geburt bekam meine Mutter einen Sohn, der nur wenige Tage oder Wochen überlebte. Ich hatte keine Ahnung von diesem Bruder, bis Frank mir vor kurzem davon erzählte. Laut Frank kam er auf die Welt, starb und wurde begraben, ohne daß je wieder ein Mensch von ihm sprach. Bis zum heutigen Tag weiß ich weder seinen Namen noch seine Lebensdaten. All das gehörte zu den Dingen, über die man nicht sprach. Hätte Frank sich nicht daran erinnert, würde ich wohl nie etwas davon erfahren haben.

Danach erklärte man meiner Mutter, daß sie keine Kinder mehr haben dürfe. Doch als sie sah, wie mein Vater alle Söhne katholisch taufte, bekam sie Gewissensbisse und wünschte, sie hätte mehr zu ihrem eigenen Glauben gestanden. Sie wollte noch ein letztes Kind, das sie im mormonischen Glauben erziehen konnte.

Mein Vater wünschte sich einfach nur ein Kind. So trafen sie eine Abmachung. Wenn meine Mutter ohne Gefahr noch einmal schwanger werden könnte, ließe mein Vater es zu, daß das letzte Kind Mormone wird.

Dieses Kind kam am 9. Februar 1951 in Portland zur Welt. Mein Vater war mittlerweile einundsechzig Jahre alt, meine Mutter achtunddreißig. »Ich kann mich noch an den Tag erinnern, als du geboren wurdest«, erzählte mir kürzlich mein Bruder Frank. »Vater kam in Shorts die Treppe raufgerannt und sagte: ›Jungs, ich weiß nicht, wie ich es euch sagen soll, aber ihr habt ein neues Brüderchen.‹ Ich habe ihn nie wieder so glücklich gesehen, weder vorher noch nachher.« Aber die Freude war nicht von Dauer.

»Als sie mit dir aus dem Krankenhaus kamen«, berichtete Frank, »waren erst mal alle sehr glücklich. Doch nach wenigen Wochen änderte sich das. Mom las ständig irgendwelche medizinischen Ratgeber, aber sie wußte nicht, wie man sie richtig interpretiert. In einem Buch stand zum Beispiel, daß ein Neugeborenes eine genau festgelegte Reaktion zeigen müsse, wenn man es aus Spaß ein paar Zentimeter in die Luft warf. Natürlich verhält sich jedes Kind ein bißchen anders. Mom hat dich in die Luft geworfen, und du hast einfach nicht so reagiert, wie du es ihrer Ansicht nach hättest tun müssen. Jedenfalls machte Mutter daraufhin ein Riesentheater, da sie meinte, daß du nicht normal seist, bis Dad sagte, sie solle jetzt endlich damit aufhören.

Eines Tages sahen wir per Zufall, wie sie vor deinem Bettchen stand und im Begriff war, dir ein Kopfkissen aufs Gesicht zu drükken. Sie wollte dich ersticken. Dad hielt sie fest. Sie war völlig außer sich und sagte: ›Wir können dieses Kind nicht am Leben lassen.‹ Und Dad hat sie daraufhin windelweich geschlagen und immer nur gesagt, daß sie so was nie wieder versuchen solle. Wir waren alle dabei, als es passierte: Gary, Gaylen und ich.«

Meine Mutter schien damals an einer Form schwerer Depression gelitten zu haben, die gelegentlich nach Geburten auftreten kann. Doch zu der Zeit und in Anbetracht der Einstellung meines Vaters war es für Bessie nicht möglich, eine richtige Diagnose und entsprechende Behandlung zu erhalten. Das einzige, was ihm dazu einfiel, war, ihr eine Tracht Prügel zu verpassen.

Heute weiß ich, daß diese Episode von entscheidender Bedeutung war für das, was folgte, und für die Beziehungen, die ich zu meinen Eltern aufbaute. Sie war der Grund, warum mein Vater mich immer in seiner Nähe haben wollte. Mit der Zeit wurde ich zum Zankapfel zwischen meiner Mutter und ihm. Obwohl ich jetzt keine besonderen Gefühle mit diesem Vorfall verknüpfe, ist mir klar, daß ein Großteil der Angst, die ich später vor meiner Mutter hatte, auf dieses Ereignis zurückzuführen ist. Ich erinnere mich, daß mein Vater meine Mutter häufig irgendeiner schmachvollen Form von Verrücktheit bezichtigte und diese Verdächtigungen sie derart offenkundig verletzten, daß ich Mitleid mit ihr hatte. Zugleich machten solche Anschuldigungen sie so wild vor Wut, daß mein Vater recht zu haben schien. Mit der Zeit bekam ich immer mehr Angst vor dem Wahnsinn, den ich in ihrem Gesicht zu entdecken vermeinte.

Mein Vater benutzte den Vorfall später, um sein Versprechen, daß sie mich im mormonischen Glauben erziehen dürfe, zu widerrufen. »An dem Tag, an dem er zum Mormonen getauft wird, setze ich euch beide auf die Straße.«

»Und an dem Tag, an dem du ihn zum Katholiken machst, nehme ich ein Messer und bringe dich im Schlaf um.« Bei diesem Leben zwischen den Extremen kam es dazu, daß ich tatsächlich erst nach dem Tod meines Vaters eine Kirche von innen sah.

Frank Gilmores Jahrbuch war zwei Jahre hintereinander ein Erfolg in Portland, und dann gab er eine Ausgabe für Seattle heraus, die sich ebenfalls als äußerst profitabel erwies. Obwohl er jetzt zwischen den beiden Städten viel auf Reisen war, gab die Regelmäßigkeit seiner Arbeit ihm wahrscheinlich das Gefühl, kapituliert zu haben. Wieder einmal wollte Frank seine Zelte abbrechen und an den Ort zurückkehren, wo Bessie und er angefangen hatten: Salt

Lake City. Bessie war außer sich vor Wut. Endlich hatte die Familie Wurzeln geschlagen, die Kinder besuchten die Schule und hatten Freundschaften geschlossen. Warum ausgerechnet jetzt alles wieder aufgeben? Sie hatte keine Lust, wieder nach Utah zu ziehen, in der Nähe ihrer hochnäsigen Schwestern zu wohnen, die sie wegen ihres Mannes verachteten, und vor allem wollte sie sich von ihren Eltern nicht anhören müssen, was diese über ihr Leben dachten.

Frank schlug alles in den Wind. Er hatte einen alten Partner in Salt Lake City, von dessen Mitarbeit er sich hohe Auflagen in Utah versprach. Außerdem, so glaubte er, würden die Streitigkeiten zwischen Bessie und ihren Eltern jetzt der Vergangenheit angehören, da er inzwischen einen ordentlichen Beruf ausübte und obendrein Erfolg hatte.

Bessie meinte, daß die Wahrheit woanders zu suchen sei. Frank hatte sich immer noch nicht ganz von seiner kriminellen Vergangenheit lösen können. Wenn er zu lange an einem Ort blieb, wurde er nervös, da ihm immer noch die Angst im Nacken saß, es könnte ihn jemand aufspüren.

Im Frühjahr nach meiner Geburt verkauften meine Eltern das kleine Haus am Crystal Springs Boulevard und packten ihre Siebensachen, um nach Utah zu ziehen. Die ganze lange Fahrt nach Salt Lake City stritten sich Frank und Bessie so heftig, daß sich Frankie, Gary und Gaylen auf dem Rücksitz die Ohren zuhielten und verzweifelt Fratzen schnitten. Hin und wieder sah mein Vater in den Rückspiegel, drehte sich um und verpaßte ihnen kräftige Ohrfeigen.

Die Reise brachte meiner Mutter trotz allem doch noch etwas Gutes. Am 7. Juni 1951 kamen wir durch Elko im Bundesstaat Nevada. An diesem Tag ließen sich meine Eltern in einer schlichten Zeremonie vom Friedensrichter der Stadt offiziell trauen. Sie sagten den Kindern nichts davon; erst in den letzten Monaten ihres Lebens erzählte es meine Mutter ihrem Sohn Frank.

In Salt Lake City zogen meine Eltern in ein Haus am Stadtrand. Es lag in der Nähe der Eisenbahngleise, die die Stadt mehr oder weniger in zwei Hälften teilten. Im Norden lebten die Guten – Mormonen und akzeptable Nichtmormonen –, südlich der Gleise die Vagabunden, Einwanderer, Minderheiten und Armen. Damals war die Gegend noch ein ausgedehntes, ödes Niemandsland. Meine Familie wohnte nur ein paar Häuserblocks nördlich der Gleise. Ich glaube, meinem Vater gefiel die Vorstellung, an einer Art Grenze zu leben. Vielleicht gab es ihm das Gefühl, nur die Gleise überqueren zu müssen, und schon wäre er sicher im weiten amerikanischen Hinterland untergetaucht. Kaum war die Familie eingezogen, machte er sich bereits auf den Weg, um in Utah und Idaho Anzeigen für sein neuestes Projekt zu sammeln.

Bessie brauchte nicht lange, um herauszufinden, daß es in ihrem neuen Haus spukte. Sie sah dunkle Schatten neben sich und vernahm Tag und Nacht Geräusche, die keinen Sinn ergaben. Auch die Kinder spürten gelegentlich im Dunkeln, daß etwas ihr Gesicht streifte. Nach einiger Zeit entdeckte meine Mutter, daß sich die meisten unerklärlichen Vorkommnisse auf das jüngste Mitglied der Familie konzentrierten – mich. Manchmal war ich allein im Zimmer, erzählte man mir später, und meine Eltern und Brüder hörten, wie ich vor mich hin plapperte, und sie schworen, daß sie jemanden antworten hörten. Doch wenn sie ins Zimmer traten, sahen sie nur mich reden und gestikulieren. Das ging eine Weile so weiter, bis meine Mutter eines Nachts, als wir beide allein im Haus waren, wieder diese Stimme hörte, diesmal jedoch deutlicher als sonst. Sie schlich sich leise ins Zimmer und sah dasselbe Gesicht, das sie Jahre zuvor bei Fay erblickt hatte. Sie erzählte, das Wesen habe gerade versucht, mich zu küssen. Als sie aufschrie, verschwand es. Als mein Vater von seiner Geschäftsreise zurückkam, versuchte sie, ihm davon zu erzählen, aber er nahm es nicht ernst. Er habe sein ganzes Leben mit Geistern und Spuk zu tun gehabt und nie erlebt, daß sie echt wären, erklärte er ihr.

»Wahrscheinlich ist es eine Maus, die die Geräusche macht. Leg dir eine Katze zu, und du wirst sehen, daß du deine Geister im Handumdrehen los bist.«

»Ich habe das Ding *gesehen*, Frank«, widersprach meine Mutter. »Wenn das eine Maus war, dann war sie verdammt groß, und ein Höllengesicht hatte sie auch.«

Meine Mutter behauptete später, daß Gary in Salt Lake City zum erstenmal auf die schiefe Bahn geriet. Er und Frankie vermißten die Freunde, die sie in Portland gehabt hatten, und mit den neuen Kumpeln, die Gary hier fand, wollte Frankie nichts zu tun haben. Es waren schwere Jungs, die Kraftausdrücke benutzten, rauchten, stahlen und nur Waffen im Kopf hatten. Doch wie schlecht ihre Gewohnheiten auch waren, Gary nahm sich vor, sie zu überflügeln. Frank erinnerte sich, daß er einmal sah, wie Gary mit ein paar anderen Jungen russisches Roulette spielte. Es war eines der wenigen Male, daß Frank ihn verpetzte. Gary behauptete steif und fest, die Pistole sei nicht geladen gewesen, kam aber trotzdem um eine Tracht Prügel nicht herum. Einmal gerieten sich Gary und ein Mann aus der Nachbarschaft in die Haare. Der Mann lief dem elfjährigen Gary hinterher und schlug seinen Kopf gegen eine Garagenwand. Frankie rief meine Mutter. Sie sprang über den Zaun, packte den Mann und fing an, dasselbe mit ihm zu machen. Schließlich mußten die Nachbarn einschreiten und sie voneinander trennen. Als sie meinem Vater davon erzählte, ging dieser hin, drängte den Mann gegen einen Sägebock und schlug auf ihn ein. Ich glaube, wir hatten immer ein wenig Schwierigkeiten, mit den Nachbarn zurechtzukommen.

Gary hat in dieser Zeit monatelang gestohlen und die Sachen in unserer Garage versteckt. Meist handelte es sich um Kleinigkeiten, die er aus dem Supermarkt um die Ecke stibitzt hatte. Er tat das scheinbar ohne jeden Grund. Er klaute und hortete die Beute bloß, um später bei seinen Freunden und seinem Bruder Frank damit anzugeben. Irgendwie kam mein Vater dahinter, und es gab einen Riesenkrach. Er verabreichte Gary eine ordentliche Tracht Prügel und zwang ihn, die Sachen einzupacken und unerkannt wieder zurückzulegen. Niemand merkte etwas, und es kam zu keiner Anzeige. Mein Bruder Frank meinte, daß mein Vater darüber mehr erschreckt war als Gary. Vielleicht hatte er in dem Augenblick in seinem Sohn etwas von sich selbst wiedererkannt und wollte es im Keim ersticken.

Im Dunkeln aber wurde Gary wieder zu einem kleinen Kind. Fast jede Nacht hatte er Alpträume. Dann wachte er auf, rief nach meiner Mutter und schwor, daß irgend etwas im Zimmer gewesen sei und daß er es mit eigenen Augen gesehen habe.

Eines Nachts nach einem dieser Vorfälle wachte Bessie an Garys Bett, bis er wieder einschlief, und studierte sein Gesicht. Vielleicht hatte er zuviel Zeit bei Fay und ihren verfluchten Geistern verbracht. Vielleicht war dieser schreckliche Geist in jener Nacht in Gary gefahren, oder vielleicht hatte der Geist, der zweifellos in diesem neuen Haus spukte, seine verletzliche Seele erobert. Irgend etwas stimmte einfach nicht mit Garys Gesichtsausdruck und seinem aufsässigen Verhalten in letzter Zeit, fand Bessie.

Es war nicht zu leugnen. Ein schrecklicher Geist hatte sich ihres Sohnes bemächtigt.

Silvester feierte die Familie meiner Mutter in ihrem Haus in Provo. Meine Mutter hatte seit Wochen davon gewußt, doch weder sie und mein Vater noch wir Kinder waren eingeladen worden. Schließlich riefen die Browns in letzter Minute an, und wir fuhren nach Provo. Als wir dort ankamen, wurden wir ziemlich unhöflich empfangen. Niemand sprach mit meinem Vater, obwohl er Bessies Eltern ein nagelneues Radio schenkte. Und während andere an diesem Abend ausnahmsweise etwas zu trinken bekamen, nahm man meinem Vater die Bierflasche ab.

Weder Frankie noch Gary mochten es, daß man ihren Vater so behandelte, und bestanden darauf, daß die ganze Familie nach Hause fuhr. Noch bevor das neue Jahr 1952 begonnen hatte, verließen sie das Haus.

Am nächsten Abend saß meine Familie müde und deprimiert von dem Ausflug nach Provo im Wohnzimmer. Alle hatten schon mehrere Stunden seltsame Geräusche vernommen, die nervös machten. Dann kam vom Speicher plötzlich ein langer klagender Seufzer. Es klang, als läge dort jemand im Sterben. Alle versammelten sich unter der Treppe, die zum Speicher führte. Bessie sah ihren Mann an und sagte: »Na, wie wär's? Willst du nicht mal hochgehen und ein Wörtchen mit der Maus reden?« Frank sagte nichts. Er stand mit dem Rest der Familie da und schaute zum Speicher hoch, aus dem die Geräusche drangen. Bessie erkannte, daß die dunkle Macht im Haus nun auch ihn ergriffen hatte. »Wenn wir hier nicht verschwinden, Frank, wird uns dieses unheimliche Wesen fertigmachen.«

Am nächsten Tag gab mein Vater eine Anzeige auf, um das Haus in Salt Lake City zu verkaufen. Die Familie zog nach Portland zurück.

Etwa vor einem Jahr besuchte ich mit meinem Bruder Frank unser altes Viertel in Salt Lake City. Wir wollten unser ehemaliges Haus wiederfinden. Frank sah sich in den Straßen um und ging die Häuserblocks auf und ab, während wir nach der alten Anschrift suchten. Er könne sich noch gut an die Gegend erinnern, sagte er. Alle Häuser von damals standen noch, nur unseres nicht. Es war wie vom Erdboden verschluckt. Statt dessen blickten wir auf ein eingeebnetes leeres Grundstück.

Genug der Gespenstergeschichten! Nur eines sollte ich an dieser Stelle klarstellen: All diese Begebenheiten stammen aus den Erzählungen meiner Mutter oder sind Bestandteile anderer Familienüberlieferungen. Nichts davon gehört zu meiner eigenen Erinnerung, außer in dem Sinne, daß es Teil der quälenden, überdrehten Familienmythologie ist, mit der ich aufgewachsen bin. Wenn meine Mutter diese Geschichten erzählte, hörte ich aufmerksam zu, doch ich glaube, sie wußte, daß ich ungeachtet aller Zuneigung und Liebe zwischen uns nicht an ihre Geschichten glaubte, nicht daran glauben konnte. Sie wußte, daß ich an der Meinung festhielt, daß das, was uns in unseren Träumen verfolgte, nur wir selbst waren. Wir bedurften keiner bösen Geister, um Sünde, Grausamkeit und Dummheit in unser Leben zu bringen. Wir hatten unsere eigene Tradition, unsere dunklen Herzen, die diese Arbeit für uns erledigten.

Dritter Teil

Brüder

Und die Hausgenossen eines Menschen
werden seine Feinde sein.

Matthäus 10, 36

Fremde

An einem heißen Sommernachmittag spielte ich im Vorgarten unseres Hauses in Portland und lief hinein, um etwas Wasser zu trinken. Ich muß drei oder vier Jahre alt gewesen sein. Als ich in die Küche kam, saßen meine Brüder Frank und Gaylen am Tisch, und ein Fremder leistete ihnen Gesellschaft. Ich erinnere mich, daß er kurzes bräunliches Haar und hellblaue Augen hatte und mir schüchtern zulächelte.

»Wer ist das?« fragte ich und zeigte auf den Fremden.

Alle lachten. »Das ist dein Bruder Gary«, sagte meine Mutter. Sicher war ihr mein verwirrter Gesichtsausdruck nicht entgangen, der besagte: »Mein Bruder Gary? Woher kommt er?« Sie setzte also schnell hinzu: »Er war eine Weile hinter der Garage vergraben, aber jetzt hatten wir endlich Zeit, ihn auszubuddeln.« Wieder lachten alle.

In Wahrheit hatte er ein Jahr in einer Besserungsanstalt verbracht, aber das wollte mir keiner sagen.

Noch Jahre später glaubte ich, daß Gary im Hinterhof vergraben und dann wieder herausgeholt worden war.

1952 kaufte meine Familie ein anderes Haus am Stadtrand von Portland, und mein Vater kehrte zu seinem alten Verlegerdasein zurück. In diesem Fall war die Bezeichnung Stadtrand nicht übertrieben. Das Haus lag am Ende einer Industriestraße namens Johnson Creek Boulevard.

Wir lebten jetzt in einem der verwitterten, schindelgedeckten Häuser, für die mein Vater eine besondere Vorliebe hatte. Es war ein zweistöckiges Gebäude mit einer unfreundlichen Fassade, eines von zwei oder drei Wohnhäusern zwischen lauter riesigen Industriekomplexen, die die Nacht mit einem unwirklichen flackernden Licht erfüllten. Auf der anderen Straßenseite lagen die Gleise der alten Straßenbahn, die zwischen der Innenstadt von Portland und Oregon City verkehrte. Gleich hinter den Gleisen verlief der Johnson Creek, damals noch ein Fluß, in dem man schwimmen und angeln konnte, und dahinter erstreckte sich ein ausgedehnter dichter Wald. Man erzählte sich, daß die Jugendlichen sich des Nachts dort treffen würden, um sich zu betrinken und ihre ersten Sexabenteuer zu erleben. Es hieß auch, daß vor Jahren hier ein grausamer Mord geschehen sei. Teile der Leiche waren nie gefunden worden und mußten noch irgendwo im Wald vergraben sein.

Am Ende des Waldes gab es eine Reihe von kleinen, schäbigen Häusern; das war das Armenviertel der Nachbarstadt Milwaukie. Dahinter erstreckte sich ein hügeliges Gelände mit lauter stattlichen Villen, das die bessere Wohngegend darstellte. Hinter unserem Haus lag auf einem Hügel die Arbeitersiedlung Shacktown. Fuhr man ein paar Häuserblocks weiter, kam man in das alte, wohlhabende Viertel Eastmoreland, wo das angesehenste College des Staates, Reed College, zu finden war. Wenn man auf einer Landkarte zwei konzentrische Kreise einzeichnete, wobei der äußere Kreis Wohlstand und der innere Armut symbolisieren würde, dann lag unser Haus am Johnson Creek Boulevard genau im Mittelpunkt beider Kreise, also im Herzen der übelsten Gegend der Stadt.

Es war das Haus, in dem meine frühesten Erinnerungen beheimatet sind, und der Ort, an dem wir als Familie am längsten wohnten, bevor Gefängnis, Tod und Haß uns entzweiten.

Als die Familie ihr neues Haus bezog, kam mein Vater auf die fixe Idee, daß seine Söhne nun einer starken Hand bedürften. Er war geradezu besessen davon. Argwöhnisch beobachtete mein Vater eine gewisse Aufmüpfigkeit bei seinen älteren Söhnen und entdeckte dann sogar Anzeichen für dieselbe Eigenwilligkeit bei Gaylen, der mittlerweile sieben war und seine Sonderstellung als Lieblingssohn zusehends an mich verlor. Frank Gilmore liebte seine Söhne, solange diese seinen Machtanspruch nicht anzweifelten oder ihn nicht herausforderten. Wenn das geschah, behandelte er sie wie seine ärgsten Feinde. Es war, als wertete mein Vater jedes Anzeichen von Widerstand seiner Söhne als Verweigerung ihrer Liebe für ihn, und diese Art von Zurückweisung hatte ihn schon in seiner eigenen Jugend verletzt. Als erwachsener und starker Mann meinte er, es nicht nötig zu haben, sich so etwas von Kindern bieten zu lassen.

Die Launenhaftigkeit meines Vaters schien sich seit den Jahren, in denen die Familie ständig unterwegs gewesen war, nicht sonderlich verändert zu haben. Jedes Vergehen, jeder Verstoß gab Anlaß zu einer Bestrafung. Das Ausmaß der Strafen jedoch hatte sich stark verändert. Statt einiger Ohrfeigen gab es jetzt richtige Prügel mit Gürteln und Riemen und manchmal sogar mit blanken Fäusten. Mit jedem Schlag, den er austeilte, wollte mein Vater seine Söhne zwingen, ihn zu lieben. Doch mit jedem Schlag, den sie hinnehmen mußten, lernten sie statt dessen, ihn zu hassen und ihren eigenen Glauben an die Liebe mehr und mehr zu ersticken.

»So hast du ihn nie erlebt«, erzählte mein Bruder Frank eines Tages. »Wenn Dad auf einen sauer war, kannte er keinen Halt. Es war ihm egal. Er kam mit dem Gürtel und schlug damit auf dich ein. Erbarmungslos. Es endete damit, daß wir am ganzen Körper Schnitte und Prellungen davontrugen, doch achtete er immer darauf, keine Spuren im Gesicht oder an anderen Stellen zu hinterlassen, wo man sie hätte sehen können.«

Offensichtlich war die Prügelstrafe damals etwas ganz Normales, soweit man das Verprügeln eines Kindes überhaupt als normal bezeichnen kann. Mindestens einmal pro Woche peitschte mein Vater entweder Frank oder Gary oder gleich beide aus, bis sich meine Mutter einmischte und ihn zwang aufzuhören. Gewöhnlich gab es schon für das kleinste Vergehen Prügel. Zum Beispiel, weil einer der Jungen vergessen hatte, den Rasen hinter dem Baum im Hof zu mähen.

»Wenn Dad auf uns eindrosch«, erzählte mein Bruder Frank, »dann diskutierte er nicht darüber, was wir falsch gemacht hatten oder wie wir uns anders benehmen sollten. Wir hatten ihn einfach enttäuscht. Er war wütend auf uns, und das war seine Art, sich abzureagieren. Er wollte uns gar nichts beibringen, nur, daß wir ihn zu fürchten hatten. Das war der eigentliche Sinn der Strafe: Er wollte uns nicht erziehen, sondern quälen.«

Frank jun. glaubt heute, daß die Prügel auch etwas mit der Beziehung zwischen meinen Eltern zu tun hatten, als nur mit dem Wunsch, rebellische Kinder zu disziplinieren. Frank Gilmore schlug so lange auf seine Söhne ein, bis seine Frau dazwischenging. Sie kam ins Zimmer und zeigte ihm, daß sie wütend und er mal wieder zu weit gegangen war, und dann fing er an, sich mit ihr zu streiten. Frank erinnerte sich, daß er jedesmal betete, daß seine Mutter den Mut aufbringen würde, sich gegen seinen Vater aufzulehnen, wenn er verprügelt wurde. »Ich zählte die Peitschenhiebe. Manchmal dauerte es bis zu achtzehn Hieben, was wirklich verdammt viel ist, bis Mom endlich ihren Arsch hochkriegte und was unternahm. Manchmal hatte es den Anschein, als ginge es im Grunde nur um die Aggressionen zwischen den beiden, und wir Kinder waren die Prügelknaben.«

Schließlich fand Frank eine Möglichkeit, die Strafen besser zu ertragen. Schon als kleiner Junge merkte er, daß sein Vater um so grausamer zuschlug, je ängstlicher oder nervöser sein Opfer war. »Wenn man geschrien oder geheult hat«, sagte Frank, »dann war es noch schlimmer als sonst. Ich habe mich also verstellt und alles ertragen, ohne einen Mucks von mir zu geben. Ich ließ ihn einfach machen. Deshalb bekam ich letzten Endes weniger ab als Gary, denn Gary sprang von einem Bein aufs andere, schrie und brüllte. Dann geriet Dad erst recht in Rage. Er verlor völlig die Kontrolle und hörte gar nicht mehr auf. Er drosch auf Gary ein, und der kreischte wie am Spieß und flehte ihn an aufzuhören, doch genau das verleitete Dad, nur noch brutaler zuzuschlagen.«

Ich glaube, was Frank meinte, ist, daß er sich emotional völlig verschloß, obwohl der Preis, den seine Psyche dafür bezahlt hat, enorm hoch gewesen sein muß. Gary dagegen konnte sich nicht verschließen: Die Wut und die Verzweiflung über die Ungerechtigkeit der grausamen Strafen setzten sich so fest, daß er sie sein ganzes Leben lang nicht mehr los wurde. Es war, als müßte er mit jeder Autoritätsperson das Drama mit seinem Vater aufs neue durchleben. Jahre später, als man Gary ins Gefängnis steckte, versuchte er alles mögliche, um die Aufseher herauszufordern. Viele dieser Männer waren brutale Schlägertypen; sie hielten Gary fest und prügelten und traten so lange auf ihn ein, bis sein Mund so geschwollen war, daß er kein Wort mehr herausbrachte, und seine Beine so wund, daß er sich nicht auf ihnen halten konnte. Trotzdem schaffte er es, immer wieder aufzustehen, sie anzuspucken und sie mit den übelsten Ausdrücken zu beschimpfen, die ihm einfielen, obwohl er genau wußte, daß sie ihn dafür wieder zusammenschlagen würden. Er hörte nie auf zu kämpfen, dabei war ihm völlig klar, daß er nie gewinnen konnte.

Viele Jahre nach diesen Kindertagen, als mein Bruder Frank einmal Gary im Staatsgefängnis von Oregon besuchte, sagte dieser: »Der einzige Grund, warum ich die Autoritäten so hasse, ist, daß sie mich an Dad erinnern. Seien wir doch ehrlich: Die sinnlosen Prügel, die der Alte mir verpaßt hat, haben nicht gerade dazu beigetragen, mir Scherereien zu ersparen, oder?«

Die Probleme, die Gary in Salt Lake City hatte, waren ziemlich unspektakulär. »Er tat nur das, was viele Kinder in seinem Alter tun«, erzählte Frank. »Streiche, die ein paar Stunden für Aufregung sorgten und dann vergessen wurden. Er sei eben jung, sagte man.« Wahrscheinlich hätte Gary im sittenstrengen Salt Lake City wesentlich mehr Ärger bekommen, obwohl er dort nicht so leicht auf die schiefe Bahn geraten wäre. In Portland dagegen handelte man sich schnell Scherereien ein.

Anfang der fünfziger Jahre war Portland seit einem Jahrhundert die bedeutendste Stadt Oregons, obwohl sie noch in vielerlei Hinsicht darum kämpfte, ein eigenes Format zu finden. Sie besaß weder das historische Bewußtsein noch den Ehrgeiz anderer Städte an der Westküste wie Seattle, San Francisco oder Los Angeles. Portland war eher eine Stadt, die sich ausdrücklich gegen jede Art von Aufsehen sperrte. Der konservative Geist war ein Erbe ihrer Pionierzeit, als die ersten Siedler aus Neuengland hier mitten im rauhen Nordwesten eine Stätte der Kultur und des Wohlstandes aufbauen wollten. Spießertum und Selbstgefälligkeit hielten für mehrere Generationen Einzug in Portland und machten die Stadt zu einer Art Insel, die sich selbst von der Außenwelt abschnitt. Folglich war Portland nach dem Zweiten Weltkrieg auf die großen Einwandererströme mitsamt den sich daraus ergebenden sozialen und kulturellen Veränderungen wenig vorbereitet. Als wir dorthin zogen, sah Portland zum größten Teil aus wie eine Vorkriegsstadt, die nicht wollte, daß man ihre biedere Ruhe störte.

Trotzdem waren Veränderungen nicht gänzlich zu vermeiden. Die Aufbruchstimmung der Nachkriegszeit und die vielen neuen Bürger in der Stadt hatten vorübergehend Risse im überkommenen Selbstverständnis erzeugt. Tagsüber war die Innenstadt zwar das konventionelle Kauf- und Geschäftszentrum, aber nachts veränderte die City ihren Charakter. Am Broadway gab es eine Reihe von gutbesuchten Bars und Restaurants, von denen viele durchgehend geöffnet hatten. Hier war ein interessantes Nachtleben zu beobachten: eine Mixtur aus Portlands reichen Bürgern und Möchtegernbohemiens, dazu eine bunte Auswahl von kriminellen Typen.

Ein paar Häuserblocks vom Broadway entfernt, Richtung Willamettefluß, gab es weitere Nachtlokale, die nur Eingeweihten bekannt waren, auch Kinos, die vierundzwanzig Stunden geöffnet hatten und zu allem möglichen dienten, bloß nicht dazu, Filme zu zeigen. Dort boten Zuhälter ihre Nutten an, konnten sich Männer für ein paar Dollar einen runterholen oder blasen lassen, wurden Marihuana und für besonders Waghalsige auch härterer Stoff angeboten. Es gab Spielklubs und Bordelle, zu denen auch Teenager Zutritt hatten. Ich wünschte, ich hätte dieses Portland erleben können. Anscheinend war es damals eine richtige Lasterhöhle im Gegensatz zu der farblosen, schäbigen Metropole, die es in späteren Jahren werden sollte.

Die Polizei wußte über diese Spelunken Bescheid und tolerierte sie, solange auch etwas für sie dabei heraussprang. Gleichzeitig sorgte sie dafür, daß das organisierte Verbrechen dort nie richtig Einzug hielt, wahrscheinlich, um keine lästige Konkurrenz dulden zu müssen. Doch schließlich veränderte eine politisch motivierte Zeitungskampagne gegen die Unmoral das nächtliche Gesicht der Stadt grundlegend. Die Nachtbars wurden geschlossen, die Bordelle in den äußesten Nordwesten der Stadt verbannt und die Kinos in billige Absteigen für Alkoholiker und Stadtstreicher umgewandelt. Die Mordrate der Stadt jedoch schnellte in die Höhe. Portland wurde wie viele mittelgroße Städte des Westens zu einem Ort, wo man verbissen daran glaubte, daß das Dunkel der Nacht nichts Aufregenderes einhüllte als wohlgeordnetes, anständiges amerikanisches Familienleben.

Die frühen fünfziger Jahre waren natürlich eine Zeit, in der die Jugendkriminalität überall stark zunahm. Damals wuchsen Unzufriedenheit und Gewaltbereitschaft unter den Jugendlichen. Mitte der fünfziger Jahre fand im Rock'n'Roll diese Rebellion ihren Ausdruck. Sie sollte die amerikanische Kultur tiefgreifend beeinflussen, was bis heute weder abgeschlossen noch verarbeitet ist.

Meine Brüder wuchsen inmitten dieser Zeit des Umbruchs auf. Insbesondere Gary und Gaylen hatten sich der Rebellion verschrieben. Für sie war sie mehr als ein bloßer Spaß oder etwas zum Konsumieren: Sie brachten die Rebellion nach Hause. Sie schmierten sich Pomade ins Haar und hörten Platten von Elvis Presley und Fats Domino. Sie trugen abgewetzte Motorradjacken und schwere Stiefel. Sie rauchten Zigaretten, tranken Alkohol und Hustensaft, schwänzten die Schule oder brachen sie vorzeitig ab. Die Nächte verbrachten sie mit Mädchen in engen Pullovern, rasten in frisierten Autos die Landstraßen entlang oder nahmen an blödsinnigen Kleinstadtschlägereien.

Für Gary sollte nichts von alledem ein glückliches Ende nehmen. Sein Ideal des Bösen wurde in dieser Phase geprägt, und von seinem Ethos ließ er sich fortan leiten.

Wie bereits gesagt: Es ist verlockend, den Wendepunkt zu suchen, an dem das Unglück seinen Lauf nahm, jenen Augenblick, in dem der Untergang meiner Familie, vor allem aber der von Gary, entschieden wurde. Meine Mutter hielt bis zuletzt an der Meinung fest, daß Garys Schicksal besiegelt war, als wir nach Salt Lake City zogen. Auch mein Bruder Frank teilt die Ansicht, daß sich in dieser kurzen Zeit etwas Entscheidendes veränderte. Ich dagegen glaube, daß die väterlichen Züchtigungen weit mehr damit zu tun haben. Doch werde auch ich den Verdacht nicht los, die einfache und erschreckendere Wahrheit könnte lauten, daß Garys Schicksal in dem Augenblick besiegelt war, als meine Eltern ihn zeugten.

Gary hatte seine eigene Meinung darüber, wann alles anfing schiefzulaufen. Für ihn begann es mit einem seltsamen Vorfall im ersten Jahr, als wir am Johnson Creek wohnten. In seinen letzten Tagen wurde Gary über seine Anwälte von Larry Schiller gefragt: »Gibt es ein Ereignis in deinem Leben, das du als schicksalhaft betrachten würdest, etwas, das dein ganzes Leben hätte verändern können?« Gary erzählte, wie er als Zwölf- oder Dreizehnjähriger vom Religionsunterricht nach Hause ging und eine Abkürzung nahm. Dazu stieg er den kleinen Hügel hinauf, der etwa einen Häuserblock von unserem Haus entfernt lag. Als er auf der anderen Seite hinuntergehen wollte, gelangte er zu einem Hindernis aus Brombeerranken. Von oben hatte es nicht so schlimm ausgesehen, aber dann merkte er, daß das Gestrüpp ein dorniges Dickicht bildete, das sich stellenweise mehr als zehn Meter hoch über den ganzen Hang zog. Je tiefer Gary den Hügel hinabkam, um so dichter wurde das Gestrüpp, und nach einer Weile sah er ein, daß es kein Durchkommen gab.

Zuerst wollte er kehrtmachen und den Hügel wieder hinaufklettern, doch dann beschloß er weiterzugehen. Anderthalb Stunden später steckte er mitten im Gestrüpp fest. Er wollte schreien, aber es war ziemlich unwahrscheinlich, daß ihn jemand hörte. Er sagte sich, daß er es entweder schaffe, sich einen Weg heraus zu bahnen, oder daß er sterben müsse. Stunden später stand Gary am anderen Ende, blutend und mit zerrissenen Kleidern. »Schließlich kam ich mit drei Stunden Verspätung nach Hause«, erzählte er Larry. »Meine Mom meinte: ›Du bist spät dran‹, und ich sagte: ›Ja, ich habe 'ne Abkürzung genommen.‹«

Als Schiller später meiner Mutter diese Geschichte erzählte, antwortete sie: »Und *das* hat sein Leben verändert, weil er meinte, von nun an mit allem fertigwerden zu können, was er sich selbst einbrockte? Hat er das gemeint? Es war gefährlich, was er gemacht hat, und es war gefährlich, so zu denken.«

Gary sagte zu Schiller, daß er nach diesem Erlebnis gewußt habe, daß er nie wieder Angst bekommen würde. »Ich hatte ein ganz

anderes Gefühl danach; es war so, als hätte ich mich selbst über-
wunden.« Natürlich sagte mein Bruder unbewußt oder bewußt nur
die halbe Wahrheit. Was Gary mit Selbstüberwindung gemeint hat,
war möglicherweise die Fähigkeit, die eigene Furcht zu überwinden, aber ich glaube nicht, daß ihm das je gelungen ist.

In Wirklichkeit sprach Gary davon, daß er gelernt hatte, den Teil
in sich zu töten oder zu unterdrücken, der vor Schmerz und Angst
hätte schreien müssen. Als er sich selbst auf diese Art überwand,
begann er, sich zu zerstören und auch jedes andere Leben auszulöschen, wenn es für seine Selbstvernichtung notwendig war.

Nachdem sie die örtliche katholische Grundschule beendet hatten, wechselten meine Brüder zur Joseph-Lane-Schule in Portland
über, an der sie die unteren Jahre der High-School absolvierten.
Viele Klassenkameraden meiner Brüder wurden später Opfer von
Mördern oder selbst zu Mördern, kein Wunder bei dieser Schule
und dieser Gegend.

»Die Joseph-Lane-Schule war riesig«, erzählte Tom Lyden, einer
der Lehrer, die meine Brüder damals unterrichteten. Mittlerweile
ist Lyden pensioniert, aber 1952 war er ein frisch verheirateter
junger Mann, der sich um schwer erziehbare Jungen kümmerte.
»Wir hatten neunhundert Schüler«, berichtete er mir eines Morgens beim Frühstück in einem Café, nicht weit von der Schule
entfernt. »Die meisten stammten aus Arbeiterfamilien, die nach
Portland gekommen waren, um in der Schiffsindustrie ringsum
Beschäftigung zu finden. Deshalb galt ›Joseph Lane‹ als eine der
schwierigsten Schulen der Stadt. Der Unterricht war eine physi-
sche Anstrengung, für Schüler und Lehrer gleichermaßen. Wir
haben die Schüler sogar geschlagen, obwohl ich nicht sagen
würde, daß wir brutal waren. Zuerst habe ich Gary für einen
ruhigen Burschen gehalten. Er hatte eine sehr schöne Handschrift
und war künstlerisch begabt. Ich glaube, daß ihm das Lernen
leichtfiel. Aber es dauerte nicht lange, bis es Ärger gab, und dann
wurde er einer der schwierigsten Schüler, die ich je gehabt habe. Er

war hochbegabt, aber er weigerte sich, seine Fähigkeiten zu entwickeln. Ich stritt mich mit ihm mehr als mit allen anderen Schülern. Kaum drehte ich mich um, fing er an, den Unterricht zu stören und das Klassenzimmer auf den Kopf zu stellen.«

Nachdem Gary einmal zu weit gegangen war, muß Lyden ihn geschlagen oder ihm zumindest damit gedroht haben. »Gary und ich kriegten uns in die Wolle«, sagte Lyden. »Irgendwann ist ein Punkt erreicht, wo man einem Kind klarmachen muß, bis hierhin und nicht weiter.«

Am gleichen Abend gegen halb elf erhielt Lyden einen Anruf von meinem Vater. Er war stinkwütend. »Wenn Sie morgen in die Schule kommen, puste ich Ihnen den Kopf weg.«

»Seltsamerweise ging ich am nächsten Tag zur Schule, ohne mich einschüchtern zu lassen«, erzählte Lyden. »Wahrscheinlich war ich ziemlich naiv.« Frank Gilmore machte seine Drohung nicht wahr, aber er schickte dem Lehrer eine neue Warnung. »Rühren Sie meinen Sohn nie wieder an. Wenn er bestraft werden muß, werde ich mich selbst darum kümmern.«

Ich besitze ein Schulfoto von Gary, das Tom Lyden mir gab. Ich sehe mir das Bild an und empfinde Trauer und Wut zugleich. Ich kann beim besten Willen nicht verstehen, warum niemand diesem Kind genügend Wertschätzung entgegenbrachte, um ihm mehr zu bieten als Verachtung oder die Peitsche. Gary war ein kluges Kind, aber weder seine Zeit noch seine Umwelt konnten mit seiner Art von Intelligenz etwas anfangen. Er war mutig genug, um sich aufzulehnen und die Welt so zu behandeln, wie er selbst behandelt worden war, aber niemand wollte seine Rebellion tolerieren oder sich ihr beugen. Seine Umgebung sah darin nur ein Zeichen für Ungehorsam und mußte diesen Geist entweder zerstören oder sich an ihm rächen. Wenn ich mir das Foto anschaue, sehe ich einen verkrüppelten Jungen oder, besser gesagt, das Gesicht eines gebrochenen Engels, der die Augen abwendet von den bequemen Gewißheiten, denen die anderen folgen. Ein Engel, der darüber nachdenkt, ob er die Maske des Teufels annehmen soll.

An lauen Frühlingsabenden, als die Tage länger wurden, trieben sich Gary und seine Freunde nach der Schule in dem Wald hinter dem Johnson Creek herum. Sie nahmen Mädchen mit und tranken Bier und Whiskey. Gary besaß eine kleine Kamera, die er meinem Vater geklaut hatte, und wann immer er konnte, überredete er die jungen Mädchen, sich nackt von ihm fotografieren zu lassen. Später ließ er dann die Aufnahmen in der Schule herumgehen. »Das war was Besonderes damals. Nur die wenigsten kamen an so was ran. Gary lebte wie ein Zwanzigjähriger und war bei den Jungs sehr beliebt, weil er uns ein Jahrhundert voraus war«, erzählte Frank.

Im Inneren des Waldes gab es eine Eisenbahnbrücke, die über den kleinen Fluß führte. Manchmal, wenn Gary getrunken hatte, stieg er auf die Brücke und wartete auf den Zug. Er stand in der Mitte der Brücke, bis der Zug sie erreichte, und lief dann vor ihm her, um in letzter Minute, kurz vor dem Ende der Brücke, zur Seite zu springen. Mehrere Male wäre er dabei um ein Haar überfahren worden. Seine Mutproben sprachen sich auf der Joseph-Lane-Schule sehr schnell herum, und die Schüler kamen, um das Schauspiel mitanzusehen. Niemand traute sich, es ihm gleichzutun. Manche bewunderten Gary wegen seiner Furchtlosigkeit, aber andere gingen danach auf Distanz. Sie hatten wohl das Gefühl, daß man um einen Jungen, der keine Angst hatte, von einem Zug überfahren zu werden, lieber einen weiten Bogen macht.

Eines Tages ging auch Frank hin, um sich anzuschauen, wie sein Bruder mit der Lokomotive um die Wette lief. Als er sah, wie gefährlich das Ganze war, versuchte er, mit Gary zu reden. Doch Gary hörte nicht auf ihn und machte weiter. Schließlich ging Frank mit seinen Sorgen zu meiner Mutter. Bessie versuchte daraufhin, Gary klarzumachen, daß sich sein Fuß in den Eisenbahnschienen verfangen, daß er stolpern und unter die messerscharfen Räder des Zuges kommen könnte. Gary versprach meiner Mutter und meinem Bruder, mit seinen Spielchen aufzuhören. Aber ich wette, daß er so lange weitermachte, bis eine neue, ähnlich tollkühne Mutprobe seine Aufmerksamkeit erregte.

Wenn man sich damals als Teenager in Portland einen Namen als harter Bursche machen wollte, gab es nur eins: Man mußte Mitglied der Broadway Gang werden. Die Gang war eine Mischung aus Straßenbande und Autoklub. Die Broadway Boys hingen spätnachts auf Portlands Hauptstraße vor einem Restaurant namens Jolly Jones herum. Obwohl sie gelegentlich Autos stahlen, Drogen verkauften und Mädchen auf den Strich schickten, waren sie vielleicht berüchtigter als wirklich gefährlich.

Mein Bruder Gary wollte unbedingt Mitglied dieser Gang werden. Ob er damals tatsächlich jemand von ihnen gekannt hat, ist ungewiß. Doch allein der Wunsch, sich einer solchen Gang anzuschließen, macht deutlich, wie sehr er sich von seinen Altersgenossen abhob. Nach der Schule versammelten sich Gary und seine Freunde an einem Wasserloch am Fluß, um zu schwimmen und Bier zu trinken. Bei dieser Gelegenheit prahlte mein Bruder, er wisse, daß die Broadway Boys Waffen bräuchten. Wenn er ihnen eine Waffe besorgen könne, so behauptete er, dürfe er bei ihnen Mitglied werden.

Von nun an trug Gary nach der Schule regelmäßig Zeitungen aus, und zwar mit dem Ziel, Häuser ausfindig zu machen, aus denen er Waffen stehlen konnte. Er lernte, die Anwesen genau zu beobachten und sich die Zeiten einzuprägen, zu denen die Besitzer kamen und gingen. Gary mag damals zwölf oder dreizehn gewesen sein und fing an, in Häuser einzubrechen. Er suchte ein offenes Fenster oder eins, das leicht aufzustemmen war, und kletterte hinein. Er stand in der Stille und Dunkelheit eines fremden Hauses und genoß das Gefühl der Macht, in die Welt der anderen eingedrungen zu sein. Bald erkannte er, daß Einbrüche sich bestens dazu eigneten, die Geheimnisse der Leute auszuspionieren. Er betastete ihre Unterwäsche, probierte von ihrem Alkohol und ließ ein paar Pornohefte mitgehen. Zu seiner großen Enttäuschung fand er in diesen Häusern jedoch nie Handfeuerwaffen. Es war eine Zeit, in der die meisten Amerikaner sich noch nicht aus Angst vor der Außenwelt bewaffnet hatten.

Aus irgendeinem Grund war Gary davon überzeugt, daß in der Garage eines Hauses auf unserer Straße, gleich neben dem Gemüseladen an der Ecke, eine Truhe mit einer Waffensammlung versteckt sei. Eines Nachts überredete Gary einen Freund namens Dan, mit ihm in die Garage einzusteigen und die Truhe aufzubrechen. Sie fanden keine Waffen, aber die Familie, der die Garage gehörte, kam dahinter, wer bei ihnen eingebrochen war, und ging mit ihrem Verdacht zur Polizei. Die Nachbarn setzten zwar alle Hebel in Bewegung, da aber nichts gestohlen worden war und es keine Beweise gab, beließ es das Jugendamt bei einer Verwarnung: Er sei aufgefallen, erklärten die Sozialarbeiter; von nun an würden sie ein Auge auf ihn haben.

Gary wartete eines Nachts Ende Oktober 1954 im Depot von Portland auf die Straßenbahn. Es grenzte an Portlands Skidrow, das Slumviertel der Stadt. Die Straßenbahn fuhr nur alle Stunde, so daß er lange warten mußte und Zeit hatte, sich die Schaufenster in der Gegend anzusehen. Um die Ecke gab es ein Leihhaus, und das Schaufenster lag voller Gewehre vom Kaliber 22. Gary sah eine halbautomatische Winchester, die ihm gefiel, die er sich aber unmöglich leisten konnte. Es war nach Mitternacht, und weit und breit war niemand zu sehen. Er schlenderte weiter zu einem verlassenen Haus und wühlte im Schutt, bis er einen Ziegelstein fand. Dann kehrte er zu dem Leihhaus zurück und warf den Stein durch das Fenster. Keine einzige Alarmanlage ging los, niemand schien etwas bemerkt zu haben. Er stieg durch das Fenster, nahm die Winchester und packte ein paar Patronenschachteln in eine Papiertüte. Er hatte sich die Hand verletzt, als er eingestiegen war, aber das kümmerte ihn wenig.

Im Innern des Ladens fand Gary eine Zeitung. Er nahm die Waffe auseinander, wickelte beide Teile in Zeitungspapier und stopfte die Waffe in eine große Tüte. Sie sah aus wie eine ganz normale Einkaufstasche. Dann wartete er auf die Straßenbahn und fuhr mitsamt Gewehr und Patronen nach Hause. An der Haltestelle von Johnson Creek stieg er aus, ging in den Wald und versteckte die Waffe und die Munition an einem Platz, wo er auch andere Sachen aufbewahrte, die er bei seinen Beutezügen aus Wohnhäusern oder Geschäften geklaut hatte. Das Risiko, die Waffe mit nach Hause zu nehmen, war zu groß; immerhin hätte mein Vater sie finden können.

Am nächsten Tag erzählte Gary seinem Bruder Frank und ein paar Freunden – Dan, Charlie und Jim – von dem Gewehr, das er gestohlen hatte. Frank wollte mit der Sache nichts zu tun haben und das Ding nicht einmal ansehen. Die drei Freunde aber waren anderer Meinung. Eines Abends traf Gary sie am Wasserloch des Johnson Creek und zeigte ihnen das Gewehr. Die kleine Gruppe ging durch den Wald zu den Gleisen und dann diese entlang bis zur Straßenbahnhaltestelle Johnson Creek, die etwa hundert Meter von unserem Haus entfernt auf der anderen Straßenseite lag. Die Haltestelle besaß ein Wartehaus aus Holz. Von der Decke hing eine Lampe. Gary legte sich auf die Gleise, seine Freunde duckten sich hinter ihm. Er zielte durch ein Fenster auf die Innenbeleuchtung und drückte ab. Die Lampe explodierte, und eine Frau rannte in Panik aus dem Gebäude. Gary feuerte mehrere Male in ihre Richtung und lachte dabei.

In den kommenden Wochen trafen sich Gary und seine Freunde am Wasserloch des Johnson Creek und schossen auf Dosen und andere Zielscheiben. Er war ein guter Schütze, aber wurde es bald leid, seine Waffe immer verstecken zu müssen. Eines Nachmittags saß er mit seinen Kumpeln Charlie und Jim am Wasserloch und starrte auf das Gewehr. Er hatte die Nase voll von dem Ding und wollte es loswerden. Also fragte er seine Freunde: »Wenn ich jetzt das Gewehr in den Fluß werfen würde, hättet ihr den Mumm, danach zu tauchen?«

»Da kannst du Gift drauf nehmen«, sagte Charlie. »Sobald du es reinwirfst.«

Sie glaubten, er mache Witze. Gary packte das Gewehr am Lauf und warf es im hohen Bogen ins Wasser. Etwa zwei Meter vom Ufer entfernt, versank es neben einem scharfkantigen Felsen, der aus dem Wasser ragte. Seine Freunde standen bloß da und starrten auf die Stelle, wo die Waffe im Wasser verschwunden war. Sie konnten es nicht fassen, daß Gary das Gewehr, das er so liebte, wirklich weggeworfen hatte. »Na los«, sagte Gary, »es gehört euch, wenn ihr danach taucht.« Jim tauchte, schlug sich aber das Knie an dem kantigen Felsen auf. Die Wunde sah böse aus, und Frank mußte ihm aus dem Wasser helfen. Gary lachte sich schief, als wäre es das Komischste, das er je gesehen hatte. Niemand hat die Winchester jemals aus dem Wasser geborgen; sie liegt immer noch dort unten im Wasserloch des Johnson Creek.

Die Freundschaft mit Charlie und Jim sollte nicht mehr lange dauern. Ein paar Wochen später durfte Gary zu seinem vierzehnten Geburtstag eine Party bei uns zu Hause geben. Die einzigen Gäste, die er einlud, waren Charlie und Jim. Als Geschenk wollten ihn seine beiden Freunde ins Kino einladen. Doch als die drei auf dem Weg dorthin waren, eröffneten ihm Charlie und Jim, daß sie ihn bloß auf den Arm genommen hätten und ihn nicht ins Kino einladen, sondern das Geld für sich selbst ausgeben würden. Sie liefen davon und ließen ihn mitten auf der Straße stehen, direkt bei dem Gestrüpp, durch das er sich Monate zuvor einen Weg gebahnt hatte. Gary machte kehrt und ging nach Hause zurück. Als er durch die Küchentür trat, fragte meine Mutter, was passiert sei. Er antwortete: »Ich will nie wieder eine Scheißgeburtstagsparty, solange ich lebe.« Dann ging er nach oben in sein Zimmer.

Ein paar Tage später waren Gary, Charlie und Jim bei Jim zu Hause und tobten draußen im Garten in einem Wohnmobil herum, das sie als Spielplatz benutzten. Sie kämpften, um zu sehen, wer der Stärkste war. Gary hatte ein paar neue Tricks in der Schule gelernt und wollte sie ihnen zeigen. Er sagte zu Jim: »Nimm mich in den Schwitzkasten, und ich zeige euch, wie schnell ich da wieder raus bin.« Doch der Trick funktionierte nicht, und Jim ließ nicht los. »Okay, laß es gut sein«, sagte Gary, doch Jim drückte noch stärker zu. Er wollte es Gary zeigen. Da verlor dieser die Nerven. Er wand sich aus der Umklammerung, stürzte sich auf Jim, packte ihn am Hals und schlug seinen Kopf auf den Boden. Jim bekam keine Luft mehr, und Gary schlug ihm ins Gesicht. Bis jetzt hatte Charlie stumm danebengestanden, doch als er sah, daß es ernst wurde, lief er ins Haus und holte Hilfe. Jims Vater Buck, ein großer kräftiger Mann, kam heraus. Er stieß Gary zur Seite und packte ihn am Kragen, während er seine Faust ballte. Gary sah, daß der Mann ihn am liebsten schlagen würde, aber er tat es nicht. Statt dessen half er seinem Sohn auf die Beine, der würgend und blutend nach Luft schnappte. Gary hatte ihn ziemlich böse verdroschen. Jims Vater fragte seinen Sohn, ob er das Ganze im Hof zu Ende bringen wolle, aber Jim zog vor seinem Vater den Schwanz ein. Gary sagte kein Wort, war jedoch bereit, sich weiterzuprügeln. Es war nicht zu übersehen, wie enttäuscht Buck war, daß sein Sohn gekniffen hatte. Er drehte sich zu Gary um und sagte: »Mach, daß du wegkommt, und laß dich hier nie wieder sehen.«

Gary sagte nichts. Er stieg auf sein Fahrrad und verschwand. Der Vorfall an sich machte ihm keine Sorgen, aber er erinnerte sich daran, daß Jims Vater ihn auf eine Art angesehen hatte, wie ein Erwachsener ein Kind nicht hätte ansehen sollen. Und irgendwie gab es ihm das Gefühl, etwas erreicht zu haben.

Am folgenden Tag kam Jim nicht in die Schule. In der Pause ging Charlie zu Gary und schien mit ihm über die ganze Sache sprechen zu wollen, wußte aber nicht, wie er anfangen sollte. Er stand vor meinem Bruder, sah ihn an, drehte sich um und verschwand wieder. Dreiundzwanzig Jahre später erzählte Gary Larry Schiller von seiner Freundschaft mit Charlie und Jim: »Charlie war ein verdammt sensibler Junge, wahrscheinlich hatte er etwas gesehen, das er nicht wahrhaben wollte, etwas mehr als bloß ein Kampf, der ihm am Anfang auch Spaß gemacht hatte. Wir haben ja die ganze Zeit gekämpft. Aber das war der böseste Kampf, den ich als Kind erlebte, und ich weiß nicht, was geschehen wäre, wenn Charlie nicht Jims Vater geholt hätte. Am nächsten Tag sah Charlie mich an, als könnte er nicht begreifen, was er gesehen hatte.«

Garys Pech nahm kein Ende.

Im Frühjahr 1954 riß er von zu Hause aus und wurde in Burley, Idaho, von der Polizei aufgegriffen. Es ist eines der wenigen Ereignisse, an die sich mein Bruder Frank nicht erinnern kann, und ich habe keine Ahnung, warum Gary abgehauen war. Wahrscheinlich hatte man ihn wieder einmal zu hart bestraft. Vielleicht wäre es für ihn und für alle anderen besser gewesen, wenn man ihn nicht aufgegriffen hätte. Andererseits wäre er wahrscheinlich von allein wiedergekommen. Er trug das Verderben bereits im Blut, aussteigen konnte er nicht mehr.

Danach bestand Garys Leben nur noch aus einer langen ununterbrochenen Kette von Schwierigkeiten.

Im nächsten Sommer zur Ferienzeit kehrten Gary und einige seiner Freunde eines frühen Abends zur Schule zurück und warfen eine Reihe von Fensterscheiben ein. »Wir wollten kein einziges Fenster heil lassen«, sagte einer seiner Freunde Jahre später. Die Schule erstattete Anzeige. Obwohl es nicht den geringsten Zweifel gab, daß Gary in die Sache verwickelt war, heuerte mein Vater einen Privatdetektiv an, der beweisen sollte, daß Gary sich zur Tatzeit außerhalb der Stadt aufgehalten hatte. Er schreckte auch nicht davor zurück, einen Anwalt zu beauftragen, Gary vor dem Jugendgericht zu verteidigen. Das Gericht mißbilligte die Allüren meines Vaters, aber so wie vor vielen Jahren Fay ihren Sohn vor dem Gefängnis gerettet hatte, so bewahrte Frank seinen Sohn jetzt davor, wegen Vandalismus verurteilt zu werden.

Mein Bruder Frank meinte dazu. »Dad wollte um jeden Preis verhindern, daß Gary ins Gefängnis kam. Aber nur, damit das Ansehen der Familie keinen Schaden nahm, das war der einzige Grund. Damals war bereits allen klar, daß Gary auf die schiefe Bahn geraten war. Aber nichts passierte. Es war, als nähme die Familie es als gottgegeben hin.«

Irgendwann im ersten oder zweiten Jahr, nachdem die Familie in das neue Haus am Johnson Creek gezogen war, stand ein Besucher vor der Tür. Meine Mutter öffnete und erkannte den Mann wieder, den sie sechs Jahre zuvor im Restaurant in Sacramento gesehen hatte. Er war genauso schlank und gut angezogen wie damals. Beim näheren Hinsehen fiel Bessie auf, daß er hellblaue Augen hatte wie ihr Mann. »Ja«, dachte sie, während sie das Gesicht musterte, das ihr Angst einjagte und sie gleichzeitig anzog, »das könnte tatsächlich einer von Franks verlorenen Söhnen sein.«

»Ich wollte Frank besuchen«, sagte der Mann.

Bevor sie etwas sagen konnte, stand mein Vater neben ihr. »Schon gut, Betty«, sagte er. »Ich habe den Mann erwartet.«

Mein Vater führte den Besucher in sein Büro und schloß die Tür. Meine Mutter hatte gelernt, seine Geheimnistuerei zu akzeptieren; zumindest wußte sie, daß es keinen Zweck hatte zu protestieren. Wenn Frank über etwas nicht sprechen wollte, dann tat er es einfach nicht. Doch sie hatte zu lange mit der Last seiner Geheimnisse leben müssen, um ihre Neugier noch länger zu zügeln. Neben dem Büro meines Vaters führte eine Treppe zu den oberen Räumen. Dort konnte meine Mutter sitzen und den größten Teil der Konversation mithören, ohne entdeckt zu werden.

Mein Vater unterhielt sich etwa eine Stunde mit dem Mann. Nach dem, was Bessie verstand, hieß der Mann Clarence. Sie bekam zwar nicht alles mit, was geredet wurde, doch genug, um sich eine Vorstellung von dem zu machen, was mein Vater mit diesem Mann zu tun hatte und warum er so lange auf der Flucht gewesen war. »Ich werde nie wieder horchen«, dachte sie, als sie die Treppe später verließ.

Als der Besucher gegangen war, fand mein Vater Bessie in der Küche, wo sie auf ihre Tasse starrte. Er goß sich selbst einen Kaffee ein und setzte sich zu ihr. Er sah zehn Jahre jünger aus. »Das waren gute Nachrichten«, verkündete er. »Dieser Mann wollte mit mir über eine alte Forderung reden, die ich ihm schuldete, aber mittlerweile hat sich alles erledigt. Wir müssen nicht mehr umziehen, wenn wir es nicht wollen. Ich glaube, wir können hierbleiben und Portland zu unserer Heimat machen.«

Meine Mutter starrte noch immer auf die Tischplatte und erwiderte: »Frank, du wirst wahrscheinlich in die Luft gehen, aber ich habe Teile eures Gesprächs belauscht. Ich kann nur sagen, ich wünschte, ich hätte es nie gehört.«

Ausnahmsweise war Frank nicht wütend. Im Gegenteil, er machte den Eindruck, erleichtert zu sein. »Das ist alles schon lange her, Betty. Ich war damals noch jung und habe sehr viel getrunken. Ich war eben dumm, wahrscheinlich auch verzweifelt. Zuerst schien alles ein Kinderspiel zu sein, doch als ich mitkriegte, wie weit es ging, war ich schon auf der Flucht. Seit der Zeit bin ich immer nur weggelaufen, habe mich ständig versteckt und die Namen gewechselt. Ich mußte zu einigen den Kontakt aufrechterhalten und andere abschütteln. Und die ganze Zeit habe ich nach einer Möglichkeit gesucht, die Sache wieder auszubügeln.«

Er seufzte und nippte an seinem Kaffee. »Na ja, und nach diesem Besuch ist alles wieder in Ordnung. Wir brauchen uns nicht mehr darum zu sorgen. Und wir müssen auch nie wieder darüber reden.«

»Schon gut«, erwiderte meine Mutter. »Ich werde niemandem was erzählen. Aber wenn du das nächste Mal Gary verprügelst, weil er was angestellt hat, solltest du dich lieber fragen, woher der Junge das hat. Ich glaube, er ist genauso wie du, Frank.«

Meine Mutter hielt Wort. Was immer sie an jenem Tag über Frank erfahren hatte, sie hat es nie jemandem in allen Einzelheiten verraten. Einmal jedoch, ein paar Monate nach dem Tod meines Vaters, telefonierte sie in dieser Sache mit seinem Anwalt. Gary war zu Hause, als sie den Anruf erhielt. Es war einer seiner letzten Tage in Freiheit. Als er den gedämpften Ton meiner Mutter hörte, hatte er das Gefühl, es könnte von Vorteil sein, das Gespräch zu belauschen. Als Bessie oben telefonierte, nahm er unten den Zweithörer ab und erfuhr von denselben Geheimnissen, die meine Mutter nun schon Jahre kannte.

Als Bessie herunterkam, fand sie Gary im Dunkeln sitzen, seine Hand lag noch auf dem Hörer. »Hast du das Gespräch mitgehört?« fragte sie.

Gary nickte.

»Verdammt noch mal, Gary, warum mußt du immer deine Nase in Dinge stecken, die dich nichts angehen?«

Gary sagte zunächst nichts. Er war einigermaßen abgebrüht und hatte bereits einige Zeit im Knast verbracht. Drogen, Gewalt, Diebstahl und andere Verbrechen waren ihm nicht fremd. Trotzdem hatte das belauschte Gespräch ihn offensichtlich erschüttert.

»Mann«, sagte Gary traurig. »Ich wußte, daß Dad ein Arschloch sein konnte. Das war schlimm genug, aber ich hätte mich daran gewöhnen können. Ein Arschloch, das mich nicht liebte. Das hier hätte ich mir allerdings lieber erspart.«

»Tut mir leid, daß du das über deinen Vater hören mußtest«, antwortete meine Mutter. »Aber urteile nicht zu streng über ihn. Er hat versucht, uns all die Jahre davor zu beschützen. Im übrigen würdest du deinen Brüdern keinen Gefallen tun, wenn du es ihnen erzählst. Verdirb ihnen nicht die wenigen guten Erinnerungen, die sie an ihren Vater haben.«

Wie meine Mutter behielt auch Gary das Geheimnis für sich. Wie abscheulich die Verbrechen eines anderen auch waren, Gary hätte sie nie preisgegeben. Er hatte das Gebot des Schweigens gut gelernt, zu Hause ebenso wie im Gefängnis. Ich habe manchmal geglaubt, daß das, was Gary und meine Mutter über Frank Gilmore erfahren haben, beide verfolgte, ohne daß sie sich dagegen wehren konnten. In den letzten Jahren ihres Lebens machte meine Mutter immer wieder Anspielungen auf die schrecklichen Geheimnisse, die meinen Vater umgaben, als wären sie etwas, das immer noch ans Licht kommen und uns alle tief verletzen könnte. Auch Garys Kommentar über seinen Vater an seinem Todestag zeugte davon, wie sehr er darunter gelitten hatte, Frank Gilmores Sohn zu sein.

»Mein Vater war der erste Mensch, den ich töten wollte«, erzählte Gary Onkel Vern kurz vor seiner Hinrichtung. »Wenn ich ihn hätte umbringen können und damit durchgekommen wäre – ich hätte es getan.«

In die Enge getrieben

In der ersten Hälfte des Jahres 1955 versuchte Gary, so viele Erfahrungen wie nur möglich zu sammeln. Im Rückblick ergibt es sogar einen traurigen Sinn. Es sollten die letzten Monate sein, die er als Jugendlicher außerhalb des Knasts verbringen durfte. Genauer gesagt waren es für die nächsten zwanzig Jahre die letzten Monate in Freiheit.

Im Februar ging Gary von der Schule ab und trampte mit einem Freund nach Texas. Meine Eltern waren einverstanden. Garys wenige Monate an der Franklin High-School waren die reinste Katastrophe gewesen. Meine Mutter fand, daß es für Gary gut wäre, wenn er irgendwo Arbeit bekäme und seine überschüssigen Kräfte dort einsetzte. Dann würde er sicher zur Ruhe kommen. Mittlerweile hielt auch mein Vater es für eine gute Idee, daß Gary für einige Zeit von zu Hause verschwand.

Die Reise war von kurzer Dauer, doch sie wurde zu einer der Legenden, die Gary immer wieder über seine Jugend erzählte. Sein Plan war, McCamey zu besuchen, die Ölstadt, in der er geboren worden war. Später erzählte er, daß sein Freund und er von einem Mann mitgenommen worden seien, der sich sexuell an ihnen vergreifen wollte. Gary behauptete, er habe ihn zusammengeschlagen und im Straßengraben liegenlassen, dann seien sie mit dem Wagen weiter nach Odessa gefahren. Dort veranstalteten sie Pokerspiele im Hotelzimmer und verdienten genug, um sich mit jeder Menge Alkohol und Nutten zu versorgen. Doch dann hatten sie Heimweh bekommen und waren nach Portland zurückgetrampt beziehungsweise als blinde Passagiere auf Güterzügen mitgefahren.

Zu Hause schlossen sich Gary und ein paar andere zu einer Bande zusammen, die Autos stahl. Sie klauten einen Wagen, spritzten ihn um, fuhren ein paar Tage damit herum und ließen ihn dann irgendwo stehen, um den nächsten zu stehlen. Einmal klauten sie aus reinem Übermut dasselbe Auto zehn Nächte hintereinander und brachten es jedesmal vor Anbruch der Dämmerung zurück. Anfang Mai wurden sie bei diesem gefährlichen Freizeitvergnügen festgenommen und unter Anklage gestellt. Mein Vater beharrte eisern darauf, daß alles ein großer Irrtum und Gary ein ahnungsloser Komplize bei der ganzen Angelegenheit gewesen sei. Der Richter ließ Gnade vor Recht ergehen und schickte Gary mit einer Verwarnung nach Hause.

Zwei Wochen später stand Gary wieder wegen Autodiebstahls vor Gericht. Diesmal war es ein 48er Chevrolet. Wieder behauptete mein Vater, daß Gary keine Schuld treffe, doch diesmal war der Richter nicht so einsichtig. Er steckte Gary auf unbegrenzte Zeit in MacLaren's Reform School für Boys, eine Besserungsanstalt für Jungen in Woodburn, Oregon. Außerdem verdonnerte er meinen

Vater zur Zahlung von fünfunddreißig Dollar Unterhaltskosten pro Monat an das Heim. Mein Vater tobte und beleidigte den Richter. Daraufhin ließ dieser ihn aus dem Gerichtssaal entfernen.

Nach Verkündung des Urteils schrieb der Richter an den Direktor der Besserungsanstalt:

»Der Junge stand mehrmals wegen ähnlicher Vergehen vor Gericht. Mr. und Mrs. Gilmore haben nicht auf den Rat des Gerichts gehört und sich hartnäckig geweigert, die Fakten, die das kriminelle Verhalten ihres Sohnes untermauern, zur Kenntnis zu nehmen. Vor allem das Verhalten von Mr. Gilmore ließ dem Gericht keine andere Wahl, als den Jungen in die Obhut einer Besserungsanstalt zu geben. Seine unbelehrbare Haltung wird aus dem Vermerk ›Fünfunddreißig Dollar Blutgeld an den Staat unter Zwang und Protest‹ deutlich, mit dem er den Scheck versehen hat. Fünfunddreißig Dollar im Monat sind zweifellos weniger als das, was Mr. Gilmore zu Hause für seinen Sohn aufbringen würde. Wir sind der Ansicht, daß Mr. Gilmore Glück hat, nicht mehr zahlen zu müssen. Sollte Mr. Gilmore der Zahlungsaufforderung nicht nachkommen, wird er vor dieses Gericht zitiert und sich wegen Mißachtung des Gerichts verantworten müssen.«

Mit anderen Worten: Gary wurde bestraft, um meinem Vater für dessen Fehler einen Denkzettel zu erteilen. Es ging also um die Sünden der Väter – und die der Richter.

Nach der Urteilsverkündung wurde Gary mit Handschellen gefesselt und zusammen mit einem anderen Jungen auf dem Rücksitz eines Streifenwagens gut sechzig Kilometer südlich nach Woodburn gebracht. MacLaren, die Besserungsanstalt, lag damals nicht weit vom Highway entfernt. Es war ein schönes, weitläufiges Grundstück mit Rasenflächen und Walnußbäumen, umgeben von einer zwei Meter fünfzig hohen Mauer. Der Streifenwagen fuhr durch die Einfahrt und dann an dem Hauptgebäude und den Schlafbaracken vorbei bis zu einem dahinter liegenden Empfangshäuschen, wo man sich anmeldete. Dort wurden Gary und der andere Junge einem dicken, kahlköpfigen Mann übergeben, der unter dem Namen Mr. Blue bekannt war. Neben Mr. Blue stand ein großer deutscher Schäferhund, der sofort aufsprang, Gary die Pfoten auf die Brust setzte und die Zähne fletschte. Gary versuchte, mit gefesselten Händen den Hund abzuwehren, doch Mr. Blue warnte ihn: »Faß das Tier ja nicht an, nicht mal, um dich zu verteidigen. Bei der kleinsten Bewegung reißt dich der Hund in Stücke.« Das Tier beschnüffelte die beiden Neuankömmlinge, tapste zurück und nahm neben seinem Herrchen Platz.

Anschließend wurden Gary und der andere Junge ins Nebenzimmer geführt, wo weitere Aufseher warteten. Die Jungen wurden aufgefordert, sich auszuziehen. Dann fuhren die Aufseher den beiden durchs Haar, um zu sehen, ob sie Läuse hatten. »Na schön«, sagte Mr. Blue. »Jetzt bückt euch und spreizt die Arschbacken.« Er ging um die Jungen herum, schlug mit einem Lineal leicht gegen ihre Hoden, hob dann das Lineal und tippte beiden damit gegen den Anus. »Sieht ganz danach aus, als hätten wir es hier mit zwei echten Scheißern zu tun«, sagte Mr. Blue an die Aufseher gewandt, und alle lachten.

Die beiden Jungen nahmen eine Dusche und bekamen ihre Uniformen: Boxershorts, Bluejeans und ein grünes Hemd aus grober Baumwolle. Danach nahmen sie nacheinander auf einem Stuhl Platz, wo ein Aufseher ihnen das Haar so kurz schor, daß sie aussahen wie zwei Soldaten von den Marines. Danach wurden sie in den sogenannten Aufenthaltsraum gebracht. Das war ein zwanzig mal zehn Meter großer Saal, in dem ungefähr fünfzig Jungen auf dem Boden und auf den wenigen Stühlen saßen. An einer Seite gab es eine Reihe von Toiletten, die durch keine Wand oder Tür vom übrigen Raum abgeteilt waren und nicht die geringste Privatsphäre boten. In diesem Saal verbrachten alle Neuankömmlinge ihre ersten Wochen in der Besserungsanstalt, bis die Sozialarbeiter entschieden hatten, wer in welche Baracke gesteckt wurde. Es gab ein paar Schach- und Kartenspiele, das war alles.

Am Ende des Tages wurden die Jungen nach oben in die Schlafsäle gebracht, und man wies den Neuankömmlingen ihre Plätze zu. An allen Wänden standen kleine Einzelbetten eng nebeneinander. In der Mitte des Raumes erhob sich eine Art Wachhäuschen, das mit Gittern und kugelsicherem Panzerglas versehen war. In regelmäßigen Abständen kam nachts ein Aufseher in den Raum und drehte eine Runde oder saß in dem Wachhäuschen und beobachtete die schlafenden Jungen. In dem Häuschen befand sich ein Telefon. Sobald der Aufseher den Hörer abnahm, hatte er die Polizeiwache an der Strippe.

Um Punkt neun Uhr abends hingen die Jungen ihre Uniformen auf die Bügel und schlüpften in ihre Schlafanzüge. »So, ihr bleibt im Bett«, erklärte Mr. Blue. »Wenn ihr auf die Toilette müßt, dann wartet, bis ein Aufseher vorbeikommt, und bittet ihn um Erlaubnis. Und sobald das Licht aus ist, will ich keinen Mucks mehr hören.«

Wenige Minuten später lag Gary im Dunkeln. Wahrscheinlich dachte er bereits darüber nach, wie er aus dem Loch flüchten könnte. Nach ein paar Sekunden hörte er seltsame Geräusche, etwas wie starkes Reiben, begleitet von heftigem Keuchen und gelegentlich einem unterdrückten Kichern. Als nächstes spürte er etwas Warmes und Klebriges im Gesicht. Dann folgte ein weiterer warmer Strahl, der ihm in die Augen und Nasenlöcher floß. Es war das Sperma der Jungen, die in den Betten ringsum lagen.

So wurde Gary in die »Spermakämpfe« von MacLaren eingeführt. Mehrmals in der Woche, sobald die Lichter ausgingen, streiften die Jungen Decken und Hosen runter. Dann masturbierten sie so heftig und schnell wie möglich. Es war wie ein Wettkampf. Wer als erster kam, hatte einen Vorteil: Er konnte das Sperma mit der Hand auffangen und seinem Nachbarn ins Gesicht klatschen. Gelegentlich konnte er ihn damit aus dem Rhythmus bringen. Am schlimmsten hatten es die Neuankömmlinge. Für sie war es eine Art Initiation. In der ersten Nacht mußte sich jeder Neue gefallen lassen, daß sein Gesicht völlig verklebt war. Wenn er versuchte, in Deckung zu gehen, hielten die anderen ihn fest, bis alle zu Ende masturbiert hatten und ihm ihren Samen ins Gesicht schmieren konnten. Es kam vor, daß sich bis zu zwanzig Jungen über dem Neuen entluden. Die Aufseher waren nie im Raum, wenn das passierte. Vielleicht wußten sie nicht einmal etwas davon. Jedenfalls hat niemand je versucht, das Ganze zu unterbinden, und es finden sich diesbezüglich auch keine Eintragungen in den Akten der Besserungsanstalt.

Kurz nach ein Uhr früh wurde Gary von einer Bewegung im Dunkeln geweckt. Er sah auf und entdeckte Mr. Blue im Gang. In einer Hand trug er einen kleinen Schemel, wie man sie beim Kühemelken benutzt. Er blieb vor Garys Bett stehen, und der schloß die Augen und tat, als schliefe er. Blue ging weiter und hielt am Bett eines anderen Jungen. Im gedämpften Licht des Raumes konnte Gary sehen, wie sich Blue neben den Jungen setzte und ihm etwas ins Ohr flüsterte. Gary drehte sich auf die Seite und schloß wieder die Augen.

Wie mir jemand erzählte, der zur gleichen Zeit in der Besserungsanstalt war wie Gary, waren diese nächtlichen Besuche nichts Außergewöhnliches: »In meiner ersten Nacht dort kam Mr. Blue mit seinem Schemel und setzte sich neben mich. Er griff nach meinem Schenkel und sagte: ›Wie geht es dir?‹ Ich schob seine Hand weg. Blue wurde sauer. Er packte mich wieder am Schenkel, und diesmal drückte er fester zu. ›Ich fasse dich an, wann es mir paßt.‹ Ich antwortete: ›O nein, das werden Sie nicht. Ich habe eine Familie, und die wird das gar nicht mögen.‹ Blue warf mir einen bösen Blick zu, dann drückte er noch einmal besonders fest zu und zog die Hand zurück.

›Na schön. Wenn du es so haben willst‹, sagte er. In dieser Nacht hat er mich zu Tode erschreckt. Und ganz sicher hätte er behauptet, daß er nur rauskriegen wollte, ob ich schwul bin, wenn er danach gefragt worden wäre. Dabei ist so was wohl kaum nötig. Ich kannte andere Jungen, die ähnliches mit ihm erlebten. Von allen Aufsehern und Erziehern, die ich in MacLaren kennenlernte, war Mr. Blue der schlimmste. Er war ein kaltes, sadistisches Schwein, das einem das Fürchten lehren konnte. Soweit ich weiß, arbeitet er heute noch in irgendeiner Besserungsanstalt in Oregon.«

So verlief Garys erste Nacht in Gefangenschaft, weit weg von unserer Familie.

Als Gary in die Besserungsanstalt eingewiesen wurde, war er ein intelligenter, talentierter Fünfzehnjähriger mit einem Hang zur Rebellion. Nach mehr als einem Jahr kam er dort wieder heraus und war entschlossen, ein Bösewicht zu werden. Das will nicht heißen, daß die Besserungsanstalt vorrangig für Garys Niedergang verantwortlich war.

Ich habe Garys Akte in MacLaren studiert. Obwohl die Direktion mir die Einsicht in das psychologische Gutachten meines Bruders verweigerte, fand ich die Unterlagen faszinierend, denn sie warfen ein Schlaglicht auf Garys Innenleben und auf seine Familie. Wenn eines aus diesen Akten ersichtlich wird, dann die Tatsache, daß Garys Probleme mit dem Verhalten meines Vaters untrennbar verknüpft waren, der sich vehement weigerte, Wahrheiten zu akzeptieren, die notwendig gewesen wären, um seinen Sohn zu retten.

Während der ganzen Zeit, in der Gary sich in der Besserungsanstalt befand, sperrte sich mein Vater gegen die Anstrengungen der Sozialarbeiter, zu Hause eine bessere Atmosphäre für Gary zu schaffen. Mein Vater war der festen Meinung, daß die Familie nicht für das Fehlverhalten seines Sohnes verantwortlich gemacht werden konnte. Gary war von anderen reingelegt und unschuldig bestraft worden. »Laßt Gary frei«, erklärte mein Vater den Sozialarbeitern, »und alle Probleme werden sich von selbst erledigen.« Ein Sozialarbeiter war so clever, die Vermutung anzustellen, daß Frank Gilmores unerschütterliche Verteidigung seines Sohnes nicht so sehr ein Zeichen für seine Liebe sei oder für seinen Wunsch, ihn zu beschützen, sondern nur die logische Folge seines Verdachts, daß die ganze Welt es auf ihn abgesehen habe und sich jetzt an seinem Sohn schadlos halte.

Doch sagen die Akten natürlich nicht die ganze Wahrheit. Ich habe mich auch mit Männern unterhalten oder deren Erinnerungen gelesen, die zur selben Zeit in der Besserungsanstalt gewesen waren wie Gary. Wenn man die beiden Perspektiven vergleicht – die Berichte der Beamten und die Erinnerungen der Insassen –, hat man zwei völlig verschiedene Versionen derselben Geschichte. Zum Teil wird deutlich, daß einige Erzieher wirklich versucht haben, meinen Bruder zu verstehen und sein Leben zu verändern. Er bedankte sich dafür mit einer Anzahl von Ausbruchsversuchen und Gewalttaten, die sie zwangen, ihn hart zu bestrafen. Aber aus den Geschichten, die ich gehört habe, wird auch deutlich, daß trotz bester Vorsätze das Leben in Besserungsanstalten Anfang der fünfziger Jahre die Insassen verrohen ließ. Die Jugendlichen wurden in kalte und von der Außenwelt isolierte Räume gesteckt, von ihren Aufsehern nach Gutdünken geschlagen, und sie wuchsen in einer Atmosphäre auf, die von Gewaltakten und sexuellen Mißhandlungen geprägt war. Bei manchen der Jugendlichen, die sich in solch einer Welt gefangen sahen, steigerten sich Angst und Bitterkeit so sehr, daß sie sich in Selbstzerstörung und Aggression entluden.

Die Besserungsanstalt bot ihren Insassen natürlich auch psychologische Betreuung und die Möglichkeit des Schulabschlusses oder, wenn sie das lieber wollten, eine Berufsausbildung an, vor allem im Bereich der Landwirtschaft. Doch Gary entschied sich für die ungeschriebene vierte Alternative: ständige Bestrafung. Nach wenigen Tagen in MacLaren hatte er schon den ersten Ärger. Die Bestrafung oblag Mr. Blue, und der bevorzugte Schläge mit Hilfe eines harten Pingpongschlägers mit Löchern, um den Luftwiderstand gering zu halten, die sogenannte Klatsche. Damit drosch er dann auf den nackten Hintern des Missetäters ein. Gary wurde öfter auf diese Weise betraft.

Das »Klatschen« aber war nur der Anfang. Es gab härtere Strafen in MacLaren, und Gary lernte sie kennen. Ein paar Wochen nach seiner Ankunft machte er mit einem Erzieher und mehreren anderen Jungen einen Campingausflug an die Küste von Oregon. Es war eine Art Test. Wenn die Jungen sich kooperativ zeigten, verläßlich waren und Verantwortung übernahmen, verbesserten sich ihre Chancen, vorzeitig entlassen zu werden. Bei der Rückkehr vom morgendlichen Angeln blieben Gary und zwei weitere Burschen ein bißchen zurück. Als sie sahen, daß der Erzieher außer Sichtweite war, machten sie kehrt und rannten los. Sie schlugen sich durchs Unterholz bis nach Seaside und trampten von dort nach Portland. In dieser Nacht schliefen Gary und seine beiden Freunde in einem verlassenen Bungalow direkt hinter unserem Haus am Johnson Creek. Am nächsten Morgen, nachdem mein Vater das Haus verlassen hatte, ging Gary rüber und erzählte meiner Mutter von seiner Flucht. Die Anstalt hatte bereits angerufen und ihr mitgeteilt, daß die Polizei ihn suche. Sie versuchte, ihn zu überreden, nach MacLaren zurückzukehren. Aber Gary weigerte sich: »Ich werde da drin verrückt«, sagte er und erzählte ihr von seinen Erlebnissen in der Besserungsanstalt. Meine Mutter gab Gary fünfzig Dollar und frische Kleidung. Sie bat ihn, vorsichtig zu sein und ihr von unterwegs zu schreiben. Aber sie rief weder bei der Polizei noch in der Anstalt an, um zu melden, daß ihr Sohn zu Hause gewesen war. Nie wieder würde sie einen Sohn den Behörden ausliefern, egal, was passierte.

Gary und seine beiden Freunde versteckten sich tagsüber in einem Kino und schliefen in verlassenen Autos. Am nächsten Morgen stahl Gary einen 47er Chevrolet und fuhr zum über dreihundert Kilometer entfernten Pendletown, Oregon, wo der Wagen schlappmachte. Anschließend klauten sie einen 55er Chevy und waren schon fast an der Grenze zu Idaho, als ein Streifenwagen sie stellte. Der Beamte, der sie festnahm, gab zu Protokoll, daß den drei Ausreißern die Verfolgungsjagd offensichtlich Spaß gemacht habe und sie stolz auf ihre Taten seien; vor allem Gary habe sich seiner Fähigkeiten als Autoknacker gerühmt.

Die Flucht wurde hart bestraft. »Keine Mühe war gescheut worden, um Gary die Möglichkeit zur Besserung zu geben«, schrieb sein Erzieher. »Der Junge ist dermaßen unstabil, daß ihm nicht das geringste Vertrauen entgegengebracht werden kann; er erkennt keinerlei Autorität an und will sich für seine Einlieferung rächen. Er wird ein ständiges Risiko in einer offenen Anstalt darstellen und sollte daher ins L.-E.-Darling-Programm überstellt werden.«

Das L.-E.-Darling-Gebäude, auch bekannt als LED, war MacLarens Version eines Hochsicherheitstrakts. Es lag ganz am Ende des Grundstücks und war von einem hohen Stacheldrahtzaun umgeben.

Ein Mann namens Duane, der etwa zur gleichen Zeit wie Gary in MacLaren war, erzählte: »Ich glaube, daß die Jungs im LED einen ähnlichen Tagesablauf hatten wie wir, bloß durften sie nicht raus und mußten ein viel strengeres Regiment ertragen. Mit streng meine ich zum Beispiel Gerüchte von einem Raum mit Halterungen für Handschellen an der Wand statt Einzelhaft wie bei uns. Ich habe es selbst nie erleben müssen, aber von anderen Typern, die im LED waren, weiß ich, daß sie an die Wand gefesselt und von Aufsehern geschlagen wurden. Aber statt ihnen mit einem Pingpongschläger den Hintern zu versohlen, peitschte man sie hier mit einem Gürtel aus. Und wenn man auf Wasser und Brot gesetzt wurde, war es tatsächlich nur Wasser und Brot, mit einer Tasse Milch zu Mittag. Das konnte bis zu drei Wochen so gehen. Ich habe das selbst ein paarmal erlebt, aber höchstens jeweils für die Dauer einer Woche, und Gott sei Dank keine bleibenden Schäden davongetragen.«

Den Rest des Jahres 1955 verbrachte Gary im LED. Kurz vor Weihnachten schrieb dessen Leiter: »Gary ist immer noch unser Junge in der Ecke. Offensichtlich traut er niemandem, weder Aufsehern noch Mitinsassen. Er will zwar zur Gruppe gehören, schafft es aber nicht. Wenn ich mit der Gruppe rede, zieht er sich in eine Ecke zurück und nimmt nicht an der Diskussion teil.« Der Leiter erwähnte auch, daß Gary offensichtlich an Alpträumen litt und häufig im Schlaf sprach.

Da Gary still und zurückhaltend war, empfanden die Aufseher

ihn nicht als besonders schwierig. »Einige Mitarbeiter meinten, Gary sei der netteste Junge, den sie je gehabt hätten, und er gehöre nicht ins LED«, schrieb ein Erzieher. »Es wurde unter anderem die Vermutung geäußert, daß Gary durch unglückliche Umstände schuldlos in etwas hineingeraten sein könnte und deswegen möglicherweise gar nicht oder nur minimal kriminell veranlagt sei.«

Am 1. Januar 1956 verlegte die Verwaltung Gary vom LED-Trakt in die Baracke 3, die als beste der Anstalt galt. Zwei Tage später ging Gary zum Leiter der Baracke und eröffnete ihm, daß er weglaufen werde, wenn er nicht in den LED-Trakt zurückkehren dürfe. Es gefiel ihm nicht, daß das Rauchen in den normalen Baracken verboten war, außerdem fand er das Leben außerhalb des LED zu laut und zu hektisch. Der Leiter ließ ihn über Nacht ins LED, glaubte jedoch am nächsten Tag, daß Gary geblufft hatte, und verlegte ihn zurück in die Baracke 3. Einen Tag später riß er aus, und innerhalb einer Woche war er wieder im LED.

Seine Neigung zu schweren Strafen sollte meinen Bruder durch seine ganze Gefängniskarriere hindurch begleiten. Er brach vorsätzlich alle Regeln, obwohl er wußte, daß er dafür hart bestraft wurde. So verbrachte Gary einen Großteil seiner Gefängniszeit in Isolation, Einzelhaft oder in einer anderen Form von verschärfter Haft. In MacLaren entwickelte er ein bestimmtes Muster: Ein paar Monate benahm er sich im LED vorbildlich, sobald er jedoch in den offenen Bereich der Besserungsanstalt verlegt wurde, riß er entweder aus oder stellte irgend etwas an, um wieder in den Sicherheitstrakt zu kommen.

Ich erinnere mich, daß ich einmal einen Brief gefunden habe, den Gary an meine Mutter geschickt hatte. Sie bewahrte ihn ganz hinten in ihrer Schublade auf. Der Brief war mehrere Jahre nach seinem Aufenthalt in der Besserungsanstalt geschrieben worden. Gary muß damals ungefähr zwanzig gewesen sein und verbüßte eine Haftstrafe im Gefängnis von Portland. Er schrieb aus dem Krankenhaus, kurz nach seinen ersten Selbstmordversuchen im

Gefängnis. Er hatte damals mehrfach hintereinander die Glühbirne in seiner Zelle zerbrochen und sich die Pulsadern mit den
Scherben aufgeschnitten. Sobald genügend Blut floß, trat er seinem Zellengenossen ins Gesicht. Der wachte auf und sah, daß
Gary blutete wie ein Schwein. Daraufhin schrie der arme Kerl nach
einem Wärter, um meinem Bruder das Leben zu retten. Meine
Mutter hatte Gary geschrieben und ihn gefragt, warum er ein so
gefährliches Spiel spiele.

Gary antwortete, daß etwas, das Jahre zuvor in der Besserungsanstalt passiert sei, ihn nie mehr losgelassen habe. Damals hatte er
sich angeblich mit einem vierzehnjährigen Jungen angefreundet,
der hübsch und sensibel war – eine riskante Kombination im
Knast. Der Junge war eingewiesen worden, weil seine Pflegeeltern
nicht mehr mit ihm fertig wurden und er keine anderen Verwandten hatte, die sich um ihn kümmern konnten. Er war eins von
diesen Kindern, so Gary, mit denen Aufseher und Insassen machten, was sie wollten, weil niemand sich für sie einsetzen würde.
Gary erzählte, einmal habe er zugesehen, wie zehn andere Jungen
ihn festhielten und nacheinander vergewaltigten. Als Gary an der
Reihe war, weigerte er sich, und das hatte ihm wohl das Vertrauen
des Jungen eingebracht.

Je länger die Mißhandlungen des Jungen anhielten, um so zerbrechlicher wurde er. Eines Tages war er krank. Die Aufseher
verlegten ihn mehrmals auf die Krankenstation, aber nichts schien
ihm zu helfen. Schließlich kamen sie zu dem Schluß, daß er simu-
liere und nur eine Möglichkeit zur Flucht suche. Zu dieser Zeit
schlief der Junge in Garys Zimmer, und dieser sah in ihm einen
Bruder, der so unschuldig war, daß er jemanden brauchte, der ihn
mochte und beschützte. In einer kalten Nacht rief der Junge den
Aufseher und bat, in die Krankenstation gebracht zu werden, doch
der Aufseher lehnte ab. Da kam der Junge zu Garys Bett und fragte:
»Darf ich heute nacht bei dir schlafen? Ich habe Angst und brauche jemanden, der mich festhält.« Gary lag fast die ganze Nacht mit
dem Jungen im Arm da, streichelte seine fiebrige Stirn und sprach

leise mit ihm. »Ich will einfach verschwinden«, sagte der Junge und versuchte, sich noch enger in Garys Arme zu kuscheln. »Ich will in das Nichts in meinem Inneren verschwinden, wo mir keiner mehr weh tun kann.« Schließlich schlief der Junge ein und Gary auch. Als er aufwachte, hielt er ihn immer noch umarmt, doch jetzt lag er in sich zusammengerollt, kalt und tot da. Gary schrieb, er sei einfach liegen geblieben, habe den Jungen festgehalten und sein Gesicht gestreichelt. »Dasselbe wird mir passieren, wenn mich nicht bald einer aus dem Knast holt«, schrieb Gary. »Aber ich bin zu gesund, um wie dieser Junge zu sterben, deshalb habe ich versucht, auf meine Weise Schluß zu machen. Es tut mir leid, Mom.«

Diese Geschichte ist, so glaube ich, eine dieser Lügen, die meine Familie über sich zu verbreiten lernte, um damit weitaus schrecklichere Wahrheiten auszudrücken. In der Besserungsanstalt von MacLaren gibt es keine Akte über einen derartigen Tod, und auch in Garys Akten ist von einem solchen Vorfall nicht die Rede. Ich bin nicht überzeugt, daß sich die Geschichte genauso abgespielt hat, wie er sie schilderte, aber in einem übertragenen Sinn ist sie wahrscheinlich wahr. Ich glaube, daß dieser Junge, der in das Nichts in seinem Inneren hineinkriechen wollte, Gary selbst war. Ich glaube, daß Gary seine letzte Nacht auf Erden beschrieb, bevor er brutal genug wurde, um den Rest seines Lebens überstehen zu können.

Dann schien sich plötzlich etwas zu verändern. Die Berichte wurden ständig besser, denn Gary zeigte sich empfänglicher für die Vorschläge seiner Erzieher. Im großen und ganzen gelangten die Verantwortlichen der Besserungsanstalt zu dem Schluß, daß Gary sich wesentlich verändert habe und es nun Zeit sei, seine neue Einstellung zu erproben, damit er lerne, mit der Gesellschaft und seiner Familie klarzukommen. Im Sommer entwarf einer der Erzieher mit Garys Hilfe einen Plan zu seiner vorzeitigen Entlassung auf Bewährung. Er sollte zur Familie zurückkehren und die Oberstufe in der Franklin High School besuchen. Außerdem verpflichtete er sich, einen Teilzeitjob zu suchen, jeden Kontakt zu Vorbestraften zu meiden und sich jeglicher krimineller Aktivität zu enthalten. Zusätzlich erklärte sich Gary bereit, einmal in der Woche einen Therapeuten der psychiatrischen Abteilung an der Universitätsklinik von Portland aufzusuchen. »Gary wirkte sehr motiviert, sich an den Plan zu halten«, schrieb der Erzieher. »Er hat den Wunsch bekundet, die Therapiekosten selbst zu tragen, weil er seinen Vater nicht unnötig belasten möchte. Ich habe das Gefühl, daß er seine Therapie weiterführen... und davon profitieren wird.«

So wurde Gary am 1. September 1956 vorzeitig aus der Besserungsanstalt MacLaren entlassen und kam zu uns nach Hause zurück.

Amoklauf

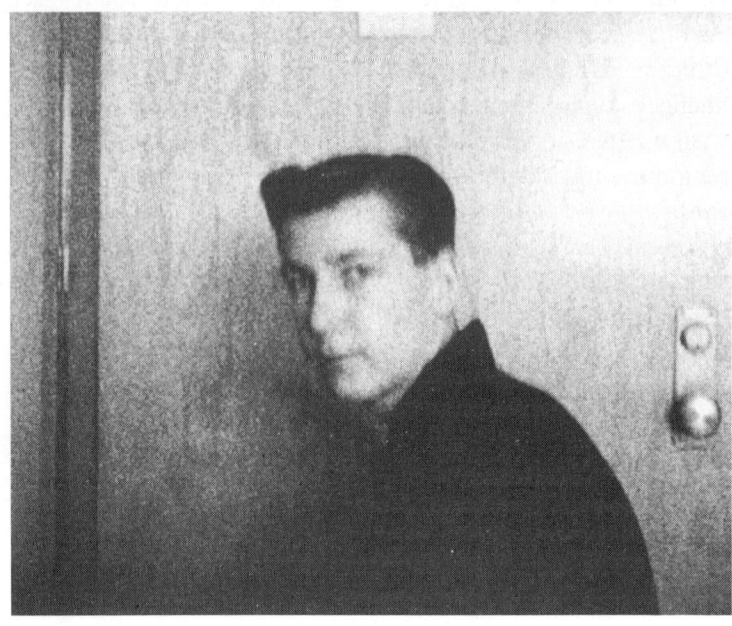

Während Garys Abwesenheit hatte die Familie eine ungewohnte Ruhepause genossen. Der Verlag meines Vaters boomte. Er hatte sein Programm ausgeweitet und gab nun auch ein Handbuch der Verkehrsvorschriften für die Staaten Oregon und Washington heraus. Mittlerweile verdiente er genügend Geld, um sich Geschäftsräume in Portland, Seattle und Tacoma leisten zu können. Auch war er häufig unterwegs, um die Mitarbeiter, die er als Anzeigenverkäufer angestellt hatte, einzuarbeiten und zu kontrollieren. Frank jun. war siebzehn und besuchte die Franklin High-School. Er zeigte großes Interesse für Zauberei und Magie, eine Leidenschaft, die durch die Familienlegende von unserem angeblichen Großvater Houdini inspiriert worden war. Gaylen war zehn, ging in eine katholische Schule und schien sich zu einem Wunderkind zu entwickeln. Er hatte bereits Shakespeare gelesen und konnte Poes düstere Verse auswendig aufsagen. Offensichtlich liebte er die Poesie mehr als alles andere, ausgenommen Mädchen, die er schon als Kind anbetete.

Nur meine Mutter zählte die Tage bis zu Garys Entlassung. Je häufiger sie beobachtet hatte, daß mein Vater ihn schlug, statt ihn wie seinen Sohn zu behandeln, oder daß die Schulbehörden ihn bestraften, um so mehr war sie zu der Erkenntnis gelangt, daß Gary ihr besonderer Sohn war, derjenige, den sie am meisten lieben mußte. Es lag nicht nur daran, daß er mittlerweile dieselbe Rolle spielte, die sie früher in ihrer eigenen Familie innegehabt hatte, nämlich die des schwarzen Schafs. Es steckte mehr dahinter. Wie mein Vater hatte auch Bessie Gilmore ihre Geheimnisse, über die sie argwöhnisch wachte.

Als Gary nach Hause kam, hatte der Friede ein Ende. Kaum war er ein paar Tage zurück, stritten sich Vater und Sohn wie eh und je. Jedesmal, wenn Gary eine Hausregel brach oder frech wurde, drohte mein Vater damit, ihn wieder in die Besserungsanstalt zu schicken. Ein- oder zweimal rief er sogar Garys Bewährungshelfer an, um seiner Drohung Nachdruck zu verleihen. »Es sieht so aus, als seien diese beiden Menschen, Gary und sein Vater, nicht fähig, eine gemeinsame Grundlage zu finden«, schrieb der Beamte nach einem Besuch. »Beide haben so wenig Vertrauen zueinander, daß eine gesunde Vater-Sohn-Beziehung praktisch ausgeschlossen ist. Beide, der Junge wie auch der Vater, wollen Freunde sein, aber beide scheinen zu glauben, daß Angriff die beste Verteidigung ist, so daß es keinen richtigen Austausch gibt. Trotzdem ist die Situation nicht aussichtslos, und wenn Gary regelmäßig den Therapeuten besucht, könnte es gelingen, zu einem Einverständnis zwischen den verfeindeten Parteien zu kommen.«

Leider weigerte sich mein Vater nach einer der vielen Auseinandersetzungen mit Gary, weiterhin für seine Therapie aufzukommen. Er sah nicht ein, wozu sie gut sein sollte. Garys Bewährungshelfer raufte sich die Haare. »Mr. Gilmore ist nicht einmal imstande, das Minimum einer konstruktiven emotionalen Beziehung zu seinem Sohn Gary aufzubauen«, schrieb er. »Jetzt kann man nur noch hoffen, daß Gary durch seine schulischen Beziehungen eine Reife erlangt, die ihn befähigt, nicht rückfällig zu werden, trotz der negativen Faktoren zu Hause. Mir ist jedoch klar, daß dies angesichts von Garys Aversion gegenüber akademischer Ausbildung reines Wunschdenken ist.«

Die erneuerte Feindschaft dehnte sich auf die ganze Familie aus. Eines Tages fand meine Mutter Gaylen heulend auf der Verandatreppe. Gary hatte sich wieder einmal mit meinem Vater gestritten und war aus der Hintertür gestürmt. Gaylen saß auf den Stufen und war ihm im Weg gewesen. Gary hatte ihn einfach hochgehoben und von der Veranda heruntergeworfen. Der Bruder, mit dem er noch vor einem Jahr gespielt hatte, war jetzt nur noch ein Objekt, an dem er seine Wut ablassen konnte. »Er hat sich verändert, Mutter«, beklagte sich Gaylen. »Er mag uns nicht mehr.«

»Ja«, antwortete meine Mutter und nahm Gaylen in die Arme. »Ich weiß, daß er sich verändert hat, aber manchmal ist es zu spät, um Menschen zu ändern. Manchmal muß man sie trotzdem lieben.«

Etwa um diese Zeit kam es vor allem beim Abendessen zu Hause ständig zu heftigem Streit. Das Abendessen war bei uns noch nie einfach gewesen, vor allem weil es die einzige Gelegenheit war, bei der sich die Familie vollzählig versammelte. Wenn man dem Abendessen fernblieb oder zu spät kam, verletzte man eine der heiligsten Regeln meines Vaters. Doch nach seiner Rückkehr aus der Besserungsanstalt saß Gary immer seltener mit uns am Tisch. Er trieb sich mit seinen Schulfreunden herum, kam abends spät nach Hause und wärmte sich dann die Essensreste auf. Solche

Provokationen führten zu schwerwiegenden Auseinandersetzungen zwischen Gary und meinem Vater und endeten damit, daß Vater ihn von den Mahlzeiten ausschloß, solange er sich nicht an die Hausordnung hielt.

Mein Bruder Frank erinnert sich heute noch lebhaft an die Streitereien bei Tisch. Die Küche war ein kleiner Raum im hinteren Bereich des Hauses, und dort aßen wir gemeinsam zu Abend. Meine Mutter saß an einem Ende des Tisches und Gaylen am anderen. Frank und Gary hatten ihre Plätze auf einer Seite und mein Vater und ich auf der anderen. »Wir saßen am gedeckten Tisch. Es gab haufenweise panierte Kalbschnitzel, Brat- oder Salzkartoffeln, alle möglichen Gemüse, Nachtisch und vieles mehr, manchmal sogar selbstgebackenes Brot. Wir haben gelebt wie Gott in Frankreich. Und trotzdem konnte man die Mahlzeiten nicht genießen. Wir saßen also da und wollten gerade anfangen, da sagte Mom: ›Wo Gary wohl wieder steckt?‹ Und das reichte, um Vater auf hundertachtzig zu bringen. Er sagte: ›Ist mir ganz egal, wo er steckt. Ich bin nur froh, daß er nicht hier ist.‹ Oder Gary kam rein, und Vater fuhr ihn an: ›Was zum Teufel willst du hier? Das ist kein Café, mach, daß du rauskommst.‹ Dann kam Mom Gary zu Hilfe und entgegnete: ›Ich bin hier die Köchin, und er ist willkommen. Hierbei habe auch ich ein Wort mitzureden.‹

Im Handumdrehen hatten sich Mom und Dad in den Haaren und schrien sich an, und wenn einer von uns versuchte zu schlichten, wurde es noch schlimmer. Es dauerte nicht lange, und Mom griff nach einer Schüssel, manchmal auch nur nach einem Teller oder dem Wasserkessel, und pfefferte sie zu Boden oder bewarf Dad damit. Dann verließ Dad wutentbrannt den Raum und beschimpfte sie als durchgedrehte Schlampe. Wir anderen saßen dann ratlos da, während sie schluchzte und das Essen am Boden lag. Es war schlimm. Dieses Theater wurde zur Gewohnheit, so daß ich die gemeinsamen Abendessen schließlich haßte. Ich brauchte nur daran zu denken, und schon drehte sich mir vor Aufregung der Magen um.«

Doch auch wenn Gary keinen Anlaß zum Streit gab, waren Auseinandersetzungen an der Tagesordnung. Frank seufzte und schwieg eine Weile, während er an die Zeit zurückdachte. »Dad hatte einfach zu viele Regeln. Er stellte zehntausend Regeln auf, obwohl er wußte, daß keiner sie alle einhalten konnte. So hatte er immer einen Vorwand, um einen zu bestrafen. Und nachdem Gary aus der Besserungsanstalt zurück war, hat er Dads Autorität liebend gern in Frage gestellt.«

Immer häufiger blieb Gary nun den Mahlzeiten fern. In vielerlei Hinsicht hatte er sich bereits von der Familie gelöst und glaubte, die Regeln seines Vaters um jeden Preis brechen zu müssen.

Gary führte sein eigenes Leben außerhalb der Familie. Wie der Bewährungshelfer befürchtet hatte, spielten seine Schulbekanntschaften dabei keine besondere Rolle. Garys Freunde waren Jungen, die er während seines Aufenthalts in der Besserungsanstalt kennengelernt hatte, oder ältere und erfahrene Bekannte seiner Freunde.

Vor allem Nachtschwärmer zogen Gary an. Damals gab es in der Innenstadt von Portland eine Bar, die überwiegend Homosexuelle besuchten. Da diese bei der Polizei nicht als gewalttätig oder kriminell veranlagt galten und die meisten Polizisten davor zurückscheuten, Schwule zu verhaften, konnten hier auch Teenager verkehren, vorausgesetzt sie hatten einen gefälschten Personalausweis dabei und machten keinen Ärger. Diese Bar wurde zu einer von Garys Stammkneipen. Obwohl er später immer wieder lautstark beteuerte, sich im Gefängnis nie an den üblichen homosexuellen Aktivitäten beteiligt zu haben, kenne ich Männer, die das Gegenteil schwören. Ich habe auch Leute gesprochen, die ihn in der Bar sahen, wo er in schummrigen Ecken mit jungen Männern knutschte oder älteren gestattete, die Hand auf seine engen Jeans zu legen. Ein Mann namens John hing in der Bar rum und interessierte sich für Gary und seine Freunde. John hatte nichts dagegen, wenn die Jungs mit ihren Freundinnen zu ihm nach Hause kamen und nächtelange Partys feierten. Als Gary und die anderen anfingen, regelmäßig zu stehlen und ein Versteck für ihr Diebesgut brauchten, stellte John auch für diesen Zweck gelegentlich seine Wohnung zur Verfügung. Im Gegenzug warfen die Burschen eine Münze, und wer verlor, mußte John und manchmal auch Freunden von ihm einen blasen.

Trotz seiner gelegentlichen Flirts mit Homosexuellen machte sich Gary dann einen Namen als Weiberheld. Den Mädchen gefielen seine coole Art und seine Klamotten. Manche schätzten auch die Leichtigkeit, mit der er nicht nur Alkohol, sondern auch Marihuana, Hustensaft oder Speedtabletten besorgen konnte. Auf alle Fälle wußten die Mädchen, die mit Gary loszogen, worauf sie sich einließen. Entweder machten sie mit, oder sie fanden sich mitten in der Nacht auf einer Landstraße außerhalb der Stadt wieder und mußten den langen, gefährlichen Weg nach Hause allein zurückfinden. Manchmal verabredeten sich Gary und einer seiner Freunde mit Mädchen, stahlen ein Auto, holten sie ab und fuhren mit ihnen aufs Land. Gary bumste die eine auf dem Vordersitz und sein Freund die andere auf dem Hintersitz. Dann kletterten die Mädchen über die Sitze und wiederholten das Ganze mit dem anderen. Gary stand bei seinen Freunden in dem Ruf, immer schnell zur Sache zu kommen. »Er wollte keine Zeit verschwenden«, erzählte einer seiner Kumpel. »Er sagte: ›Na, wie wär's, wenn du die Beine breit machst?‹ Und die meisten Mädchen hatten nichts dagegen, wenn er so redete. Genau deshalb waren sie ja gekommen.«

Seine nächtlichen Eskapaden wurden immer gefährlicher. Gary fing an, in Apotheken und anderen Geschäften einzubrechen, immer auf der Suche nach Drogen, Geld und natürlich Waffen. Er wartete, bis er tausend Dollar zusammenhatte, kaufte sich neue Klamotten, Schnaps und Drogen und gab Partys, die bis in die frühen Morgenstunden dauerten. Sie rauchten Gras, nahmen die Mädchen mit zu John oder auf eine Spritztour und tranken bis zum

Umfallen. Wenn Gary und seine Freunde keine Mädchen auftreiben konnten oder kein Geld hatten, brachen sie in eine Apotheke oder in ein Haus ein. In den Häusern ließen sie vor allem Uhren und Schmuck mitgehen. Im übrigen sahen sie sich gut an, wie andere Leute wohnten.

Wenn Gary zum Abendessen doch nach Hause ging, kam er an einem großen Supermarkt auf dem Woodstock Boulevard vorbei, etwa anderthalb Kilometer von unserem Haus entfernt. Meine Familie kaufte dort mit Vorliebe ein, und mein Vater galt als Stammkunde. Einige Jahre zuvor hatte man Gary bei einem Ladendiebstahl erwischt, und der Manager hatte ihn vor allen Leuten durch das Geschäft geschleift und meinen Vater angerufen. Mein Vater blieb dort weiterhin gern gesehen, doch Gary hatte seitdem Hausverbot. Wahrscheinlich wurmte ihn das immer noch. Gary war also eines Abends kurz vor Ladenschluß auf dem Weg nach Hause. Er zog einen Damenstrumpf über den Kopf, marschierte in das Büro des Managers, der ihn einst ertappt hatte, bedrohte ihn mit einem Revolver und sagte: »Wenn Sie nicht wollen, daß ich Ihnen das Ding in den Arsch schiebe und abdrücke, sollten Sie das Geld rausrücken, das Sie im Safe haben.«

Gary verließ den Supermarkt mit achtzehntausend Dollar. Das Geld hielt ihn für eine Weile über Wasser. Er wurde nie verhaftet, der Tat nicht einmal verdächtigt.

Eines Nachts war Gary mit einem Freund namens Clyde unterwegs. Sie warfen irgendwelche Pillen ein und gingen zu einem Little-Richard-Konzert. Sie feierten. Um Gary wieder auf den rechten Weg zu bringen, hatte mein Vater ihm ein gebrauchtes Oldsmobil gekauft. Es war Garys erste Ausfahrt mit dem Wagen. Das Oldsmobil sah toll aus, und Gary war sehr stolz. Gegen zwei Uhr früh fuhren sie Portlands Hauptstraße im Osten der Stadt entlang, wo es jede Menge Gebrauchtwagenhandlungen gab.

Plötzlich hatten sie kein Benzin mehr.

»Scheiße«, sagte Clyde. »Und was machen wir jetzt?«

Gary zuckte mit den Achseln. »Keine Ahnung.« Er sah aus dem Fenster und entdeckte ein Gelände voller Gebrauchtwagen. »Schätze, wir besorgen uns einen anderen«, antwortete er.

Minuten später rasten Gary und Clyde in einem 56er Chevrolet durch Portland. Gary saß am Steuer. Sie überfuhren eine rote Ampel, und im Handumdrehen heftete sich ein Streifenwagen an ihre Fersen.

Gary und Clyde sahen sich an. »Was machen wir jetzt, Gary?« fragte Clyde. »Scheißbullen«, antwortete Gary und drückte aufs Gaspedal.

Gary bog mit heulendem Motor in eine Ausfallstraße ein und brachte den Chevy auf Touren. Hinter ihnen waren jetzt drei Streifenwagen. Vor sich entdeckte Gary eine Straßensperre aus Lastwagen. Im letzten Augenblick riß er das Steuer herum und umfuhr sie, während hinter ihnen zwei Streifenwagen zusammenstießen.

»Mann«, rief Clyde, »wir sind ja richtige Gangster!«

Einige Minuten später hörte Gary den Motor stottern. Der Wagen hatte kein Benzin mehr. Er hielt auf einer Straße, die zu einer Farm führte, und beide sprangen heraus. Im Nu waren fünfzehn Polizisten um sie herum und gaben Warnschüsse ab. Noch ehe Clyde weglaufen oder sich verstecken konnte, wurde er festgenommen, aber Gary entwischte. Am nächsten Tag erzählte Clydes Schwester in dem Versuch, dessen Haut zu retten, der Polizei: »Sie finden Gary Gilmore bei einem Schwulen auf der und der Straße.« Sie gab ihnen Johns Anschrift.

Gary und Clyde verbrachten mehrere Tage im Bezirksgefängnis und wurden dann vor ein normales Gericht gestellt. Clyde hatte die Hosen voll, aber Gary schien gefaßt zu sein. Seine Zuversicht war wohlbegründet. Mein Vater beauftragte einen der besten politischen Anwälte Portlands, der es irgendwie schaffte, Gary mit einem Jahr Bewährung herauszuholen. Er konnte sogar den anderen Jungen vor einer Haftstrafe bewahren. Die guten Zeiten waren noch nicht vorbei.

Früher oder später mußte aber etwas schiefgehen.

Es passierte in einer heißen Sommernacht Mitte Juli 1957. Gary und Clyde waren unterwegs und auf der Suche nach der üblichen Mischung aus Vergnügen und Scherereien. Sie kamen von einer Party auf der Eastside, wo sie Marihuana geraucht hatten, und gingen die 52. Avenue entlang. Gegen halb zwei kamen sie an einem Bürogebäude vorbei. Gary sah sich um. Weit und breit war keine Menschenseele zu sehen. »Komm, laß uns mal hier einsteigen«, sagte Gary. Sie fanden ein angelehntes Fenster, stießen es auf und zwängten sich hinein. Gary durchstöberte die Schreibtischschubladen und fand eine 32er Automatik. Die Waffe war geladen und entsichert, doch das wußte Gary nicht.

Um die Ecke gab es einen großen Drugstore. Gary und Clyde beschlossen, ihn auszurauben. Sie gingen die Division Road entlang darauf zu, als Clyde zu Gary sagte: »Komm schon, Gary, du hast doch noch nie jemanden mit einer Waffe bedroht.«

»Habe ich wohl«, antwortete Gary. »Ich habe mal einen Supermarkt in der Nähe unseres Hauses überfallen.«

»Wirklich? Dann zeig mal, wie du das angestellt hast.«

»So«, sagte Gary. Er zielte mit der Waffe auf Clydes Bauch und drückte ab.

Clyde sah die blaue Flamme, die aus dem Lauf sprang, und spürte ein Brennen im Magen. »Mann, du hast mich getroffen«, rief Clyde und brach zusammen.

Gary sah Clyde einen Augenblick an und rannte dann die Straße hinunter.

Kurz darauf hörte Clyde zwei weitere Schüsse. »Mein Gott, was hat er jetzt gemacht – irgendwen anders umgebracht oder sich selbst«, dachte Clyde.

Clyde konnte sich mühsam aufrappeln und einem Taxi winken. Er erzählte dem Fahrer, daß man auf ihn geschossen habe und er ins Krankenhaus müsse. Als sie in der Notaufnahme waren, eröffnete Clyde dem Fahrer, daß er pleite sei.

»Scheißkerl«, antwortete der und fuhr davon.

Eine Stunde später war Clydes Mutter im Krankenhaus, und auch die Polizei kam. Clyde verriet nicht, wie das Ganze passieren konnte oder wer es gewesen war. Seine Mutter drehte sich zu den Polizisten um und sagte: »Warum nehmen Sie sich nicht diesen Gary Gilmore vor? Das sähe ihm ähnlich.«

Doch wie sehr seine Familie auch darauf bestand, Clyde wollte Gary nicht anzeigen. »Ich hätte es genauso gemacht«, gab er später zu. »Ich hätte gedacht, Mann, ich habe den Kerl umgebracht. Besser, ich verschwinde.«

Die Polizei tobte vor Wut, konnte die beiden aber zumindest wegen Einbruchs festhalten. Wieder kam Gary vor ein normales Gericht. Doch diesmal konnte selbst ein guter Anwalt nichts ausrichten. Man verdonnerte ihn zu einem Jahr Haft in Rocky Butte, dem Staatsgefängnis von Multnomah. Es war seine erste richtige Gefängnisstrafe. Er war sechzehn Jahre alt.

Wieder habe ich Geschichten erzählt, die nicht aus meiner Erinnerung stammen. Sie wurden mir entweder von der Familie mündlich überliefert, oder ich habe durch Zeugen, Interviews oder andere Dokumente davon erfahren. Ich habe nicht viele eigene Erinnerungen an Gary, jedenfalls nicht aus der Kindheit. Um ehrlich zu sein, ich kann mich nicht entsinnen, daß Gary oft zu Hause war, so wie meine Brüder oder Eltern. Für mich ist er eher ein Mensch, über den viel geredet wurde. Eine Art ferne Macht, deren Aktivitäten außerhalb der Familie einen enormen Einfluß auf unser Wohlbefinden hatte. Er war wie ein Sturm, der vor der Tür wütete.

Nur ganz wenige Ereignisse, die mit meiner Kindheit und Gary zu tun haben, sind mir noch deutlich im Gedächtnis. Eines Morgens zum Beispiel, wahrscheinlich in der Zeit zwischen MacLaren und seiner ersten Haftstrafe, forderte meine Mutter mich auf, Gary zu wecken, weil er sonst zu spät zur Schule kommen würde. Ich lief die Treppe hinauf und öffnete die Tür zu Garys Zimmer. Gary saß auf dem Bett. Rechts von ihm lag ein Mädchen mit schwarzem

Haar, nackt. Sie war über seinen Schoß gebeugt und bewegte rhythmisch den Kopf auf und ab. Zu seiner linken Seite kniete ein weiteres Mädchen mit langem braunen Haar. Die Spitze einer ihrer Brüste steckte in Garys Mund. Als er mich entdeckte, klopfte er der Schwarzhaarigen auf den Kopf. Sie hörte auf, ihm einen zu blasen, und streckte sich neben ihm aus. »Das ist mein kleiner Bruder Mike«, sagte Gary. Die Mädchen kicherten. Die Schwarzhaarige sagte: »Hi, Mike, hast du Lust mitzumachen?« und ließ ihre großen Brüste kreisen. Ich kann mich noch genau an die ovale Form ihrer dunkelbraunen Brustwarzen erinnern.

»Tu mir einen Gefallen, Partner«, sagte Gary. »Erzähl Dad und Mom nichts davon. Sag einfach, ich sei nicht da gewesen.«

Ich nickte, rannte nach unten und suchte meine Mutter. Ich erzählte ihr, daß Gary mit zwei Mädchen im Bett liege. Ich weiß nicht, warum ich das tat. Ich wollte immer, daß mein Bruder mich mochte. Im Rückblick denke ich, daß ich es einfach *irgendwem* sagen mußte, und sie war die erste, die mir über den Weg lief. Es ist das einzige Mal, soweit ich mich erinnere, daß meine Mutter richtig wütend auf Gary war. Sie ging in die Küche und sagte es meinem Vater. Ich weiß noch, wie er lachte. »Reg dich ab«, sagte er. »Er ist doch ein Mann.« Dann ging mein Vater nach oben, unterhielt sich freundlich mit den Mädchen, sorgte dafür, daß sie sich anzogen, und fuhr alle zusammen zur Schule.

Das andere Ereignis, an das ich mich noch sehr lebhaft erinnere, fand am Weihnachtsabend statt. Vielleicht war es am ersten Weihnachtsabend nach seinem Aufenthalt in der Besserungsanstalt. Ich saß in meinem Zimmer und spielte mit den vielen Geschenken, die mir dieser Tag beschert hatte. »Na Mike, wie läuft's?« fragte er und setzte sich auf mein Bett. »Ich dachte, ich guck' mal bei dir rein und genehmige mir ein Bier zur Feier des Tages.« Er hatte ein Sixpack dabei und sprach schon ein bißchen schleppend. »Hör zu, Partner«, sagte er, »ich muß mit dir reden.« Ich glaube, es war das erste Mal, daß er mich wie einen Kumpel behandelte. Und dann folgte ein Ausbruch an Vertrauen, den ich nie erwartet hätte und aufgrund meines Alters auch gar nicht so recht begreifen konnte. Er saß am Fußende des Bettes, trank sein Bier, starrte auf irgendeinen dunklen Punkt in der Ferne und erzählte mir schreckliche, grausame Geschichten über Freunde, die er in Untersuchungshaft, Besserungsanstalten und Gefängnissen kennengelernt hatte, wo er nun einen Großteil seiner Zeit verbrachte. Es waren Erlebnisse mit schweren Jungs, die ihm die gnadenlosen Gesetze seines neuen Lebens beigebracht hatten, und mit Waschlappen, die im harten Überlebenskampf keine Chance besaßen.

Und dann gab er mir einen seiner wenigen Ratschläge, an die ich mich erinnern kann. »Du mußt lernen, hart zu sein. Du mußt lernen einzustecken, ohne etwas zu fühlen, weder Schmerz noch Wut, gar nichts. Und du mußt lernen, dich nicht zu wehren, wenn sie dich zusammenschlagen, selbst wenn sie dich zu Boden werfen und auf dich eintreten. Du kannst dich nicht wehren, und du darfst dich nicht wehren. Bleib lieber am Boden, und laß sie treten. Laß sie einfach machen. Das ist die einzige Möglichkeit zu überleben. Denn wenn du nicht mitspielst, bringen sie dich um.«

Er stellte sein Bier ab, nahm meinen Kopf in beide Hände und sagte: »Vergiß das nicht, Mike. Versprich es mir. Versprich mir, daß du ein Mann sein wirst. Versprich mir, daß du dich zusammenschlagen lassen wirst.« So saßen wir uns an jenem Winterabend gegenüber und starrten uns an, und während Gary mir das Versprechen abnahm, mich nicht zu wehren, füllten sich seine blutunterlaufenen Augen mit Tränen. Es war das erste Mal, daß ich ihn weinen sah. Und deshalb habe ich ihm versprochen, daß ich mich nicht wehren würde, falls sie mich schlagen und treten sollten. Aber ich hatte Angst, als ich es sagte – Angst davor, zusammengeschlagen zu werden, und Angst, das Versprechen, das ich Gary gegeben hatte, zu brechen.

Damals glaubte ich, er würde mir beibringen, wie man im Gefängnis überlebte. Heute wird mir bewußt, daß er mir beibrachte, wie man in unserer Familie seine Haut rettete.

Ein Leben mit Vater

In den ersten Jahren nach meiner Geburt legte mein Vater seine eigenen Fotoalben an, und sie enthielten fast ausschließlich Aufnahmen von mir. Ich denke, daß sie die Realität meiner Kindheit richtig wiedergeben; sie dokumentieren, wie mein Vater für mich sorgte. Viele Jahre lang, bis zu seinem Tod, bildeten er und ich sogar eine eigene Familie.

Nirgends habe ich mich je wieder so geborgen und sicher gefühlt. Er schaukelte mich auf seinen Knien und sang mir vor. Er hielt mich auf dem Arm, kitzelte mich und nannte mich Tamarac. Ich habe keine Ahnung, woher der Name kam oder was er bedeutete, ich weiß nur, daß mich mein Vater so genannt hat, als ich klein war.

Wie gesagt, nirgends habe ich eine solche Geborgenheit erlebt. Und nirgends soviel Einsamkeit, Angst und Schuldgefühle.

Während meine übrigen Brüder die handgreiflichen Auseinandersetzungen zwischen meinen Eltern hautnah miterlebten, habe ich eine andere Art von Auseinandersetzungen im Gedächtnis. Ich habe kein einziges Mal erlebt, daß sich meine Eltern geschlagen hätten, oder falls doch, dann kann ich mich nicht daran erinnern. Ich bezweifle nicht, daß das in früheren Jahren vorkam, aber als ich geboren wurde, hatte mein Vater vielleicht gelernt, sich zusammenzunehmen, oder war bereits zu alt, um *alle* anderen ständig windelweich zu prügeln. Vielleicht genügte es ihm jetzt, sich an meinen Brüdern abzureagieren.

Sicher, meine Eltern stritten sich gerne und ausgiebig. Es waren fürchterlich laute, fast gewalttätige Zusammenstöße, aber es kippte nur selten um. Dafür warfen sich meine Eltern die schlimmsten Sachen an den Kopf. Mein Vater beschimpfte meine Mutter als Giftschlange und verrückte Schlampe. Meine Mutter dagegen zählte meinem Vater alle Frauen auf, die er geliebt, geheiratet und sitzengelassen hatte, oder nannte ihn Katzenlecker (ein abwertender Ausdruck der Mormonen für Katholiken). Verglichen mit dem, was mein Vater ihr an den Kopf warf, war das harmlos, aber er schien sich trotzdem darüber aufzuregen. Wenn sie sich über seine Religion lustig gemacht hatte, ließ er eine Haßtirade gegen die Mormonen und ihre Handlanger, die Daniten, los, die auf Geheiß von Joseph Smith Menschen ermordet hatten. Oder er wetterte gegen Brigham Young, der einmal mit siebenundzwanzig Frauen gleichzeitig verheiratet gewesen war. Am Schluß wandte er sich an mich oder meine Brüder und sagte: »Wenn ihr das nächste Mal unten in Salt Lake City seid, dann seht euch die pompöse Statue von Brigham Young auf dem Temple Square an. Schaut ganz genau hin, und ihr werdet sehen, daß er die Hand der Bank entgegenstreckt und der Kirche seinen Hintern zeigt.« Das war natürlich ein dummer Scherz, aber meine Mutter nahm ihn sich sehr zu Herzen. Wahrscheinlich hatte sie das Gefühl, daß mein Vater ihre gesamte Vergangenheit besudelte und auf einen blöden Witz reduzierte. Schmerzhafter allerdings war, daß sie bis zu einem gewissen Grad diese Vergangenheit selbst in Frage gestellt und aufgegeben hatte. Und das alles nur, um mit dem Mann zusammenzusein, der sich nun einen Spaß daraus machte, sie zu erniedrigen.

Auf die eine oder andere Art endeten diese Auseinandersetzungen stets mit einem Eklat. Mein Vater erklärte, er werde Bessie und die Kinder verlassen und ihnen keinen Unterhalt zahlen, dann werde sie schon sehen, zu was sie nütze sei. Oder er drohte, meine Mutter auf die Straße zu setzen, ohne Geld und ohne Aussicht auf Vergebung. Ich habe noch den überheblichen und brutalen Ton im Ohr, mit dem er sie zurechtwies, und ich erinnere mich, wie sich ihr Gesicht vor Wut und Schmerz verzerrte, während mein Vater seine Tiraden erbarmungslos fortsetzte. Schließlich kam er auf ihre angebliche Verrücktheit zu sprechen. Das war vielleicht der gemeinste Zug, den ich an ihm erlebt habe, grausamer noch, als meine Brüder zusammenzuschlagen. Außerdem war es eine todsichere Sache. Wenn Frank Gilmore Bessie des Wahnsinns bezichtigte, reagierte sie unweigerlich auf eine Art, die ihn zu bestätigen schien. Ihre Augen füllten sich mit Wut, und ihr Gesicht wurde zu einer seltsamen Maske, die wild und wie erstarrt zugleich wirkte, als berge sie alles Übel auf der Welt. Dann erwiderte sie: »Du hast recht, ich bin verrückt. Ich bin so verrückt, daß ich dich töten werde. Na los, was hast du sonst noch vorzubringen? Weißt du, was ich mache? Eines Nachts werde ich dir im Schlaf die Kehle durchschneiden. Und dann, wenn du wie ein Schwein verblutest und den letzten Atemzug deines verfluchten, grausamen Lebens tust, werde ich lachen!«

Ungeachtet dessen, ob meine Mutter ihre Drohungen ernst meinte oder nicht, klang ihr Tonfall ziemlich überzeugend. In solchen Augenblicken war sie für mich der Inbegriff des Schrekkens. Sie starrte meinen Vater mit tödlicher Entschlossenheit an. So können nur Menschen blicken, die von demjenigen, den sie am meisten lieben, verraten worden sind. Als ich den gefährlichen Blick meiner Mutter sah, lernte ich ihren Zorn zu fürchten, diese Reaktion einer verletzten Frau. Leider aber lernte ich auch, wie man diesen Zorn entfachen konnte.

Wenn meine Mutter dann schließlich tatsächlich so außer sich geriet, daß sie wie eine Furie aussah, war die Schlacht entschieden. Mein Vater hatte zwar nach Punkten gewonnen, doch nun schien er die möglichen Folgen zu fürchten. Er hörte auf zu schreien, zog sich in sein Arbeitszimmer zurück und ließ meine Mutter in ihrer Erniedrigung und Wut einfach stehen.

Diese entsetzlichen Szenen sind mir vor allem deswegen im Gedächtnis geblieben, weil es immer wieder um dasselbe Thema ging: um mich. Sie stritten sich darüber, wer von beiden sich wann und wo um mich kümmern und mich bei sich haben durfte.

Vielleicht hat mein Vater meiner Mutter nach dem Vorfall, von dem Frank mir erzählt hatte, nie wieder richtig getraut. Vielleicht hatte er das Gefühl, mich immer in seiner Nähe wissen zu müssen, damit mir nicht plötzlich etwas zustoßen würde. Möglicherweise war ihm aber auch bewußt, daß er immer älter wurde – damals war er fast siebzig –, und er brauchte das Gefühl, jemanden um sich zu haben. Ich vermute, daß es die letzte Chance für meinen Vater war, einem Menschen Liebe entgegenzubringen, und zwar einem Menschen, der ihn weder abweisen noch betrügen, noch seine Strenge allzusehr in Frage stellen würde. »Mein Mann hat Mike wirklich geliebt«, erzählte meine Mutter Larry Schiller Jahre später, »aufrichtig geliebt. Möglich, daß es der einzige Mensch war, für den er im Leben Gefühle entwickelt hat.«

Aus welchen Gründen auch immer, mein Vater wollte, daß ich ständig bei ihm war. Da er wegen seiner Verlagsgeschäfte sehr viel unterwegs sein mußte, verbrachten wir zum Beispiel den Sommer in Portland, dann ein paar Monate in Seattle oder Tacoma, und dann pendelten wir noch zwischen diesen Städten hin und her.

Nach meinem sechsten Lebensjahr bedeutete dies, daß ich auch zwischen mehreren Schulen pendelte. Manchmal mußte ich in einem Schuljahr dreimal die Schule wechseln. Mit Ausnahme der ersten Klasse verbrachte ich bis zum sechsten Schuljahr, als mein Vater starb, kein Jahr durchgehend an derselben Schule.

Weder die Lehrer in Portland noch meine Mutter fanden, daß die ewige Herumzieherei gut für mich sei, und so wurde sie zum ständigen Streitpunkt zwischen meinen Eltern. Mein Vater wünschte, daß ich ihn auf seinen Reisen begleitete, und meine Mutter bestand darauf, daß ich zu Hause blieb und dort die Schule besuchte. Doch der Streit ging darüber hinaus. Meine Mutter sah die besitzergreifende Liebe meines Vaters als den Versuch, meine Zuneigung auf sich allein zu konzentrieren und mich gegen die Familie aufzustacheln. »Er ist mein kleiner Junge«, sagte sie. »Er muß bei seiner Mutter bleiben, er muß bei seinen Brüdern sein. Du tust etwas Schreckliches: Du bringst ihn gegen mich und seine Brüder auf.«

Ich verabscheute diese Auseinandersetzungen. Ich weiß noch, wie ich zwischen meinen Eltern stand und mit ausgestreckten Armen zu verhindern versuchte, daß sie aufeinander losgingen. Ich flehte sie an, sich nicht zu streiten. Es war, als stünde ich im Zentrum zweier gewaltiger entgegengesetzter Kräfte, und wenn ich es schaffen würde, ihnen klarzumachen, daß ich sie beide liebte und brauchte, vielleicht könnte ich sie dann versöhnen. Vielleicht würden wir dann eine richtige Familie sein. Wenn die Situation wieder einmal völlig verfahren war, sagte meine Mutter schließlich: »Mike soll selbst entscheiden.« Mein Vater war einverstanden, aber nach dem Blick, den er mir zuwarf, war mir klar, daß ich keine Wahl hatte. »Na los«, sagte er. »Entscheide dich, mit wem von uns du leben willst. Bleibe bei deiner Mutter, wenn du willst. Dann fahre ich allein und komme vielleicht nie wieder. Wenn du mich nicht willst, will mich keiner.« Zudem hatte der Streit mittlerweile den Punkt erreicht, daß meine Mutter von ihm als Verrückte abgestempelt wurde und sich in ihrer Verzweiflung auch dementsprechend verhielt, so daß mich die Aussicht, bei ihr zu bleiben, in Panik versetzte.

Ich stand da und sah abwechselnd meine Mutter und meinen Vater an. In diesen Augenblicken entschied ich mich fast immer für meinen Vater.

Ich erinnere mich noch sehr gut und werde es wohl nie vergessen können, wie sehr eine solche Entscheidung meine Mutter jedesmal verletzte. Der zornige Ausdruck wich einem herzzerreißenden Blick, und ich fühlte mich so entsetzlich schuldig, als hätte ich sie selbst geschlagen. Einmal saß sie wie ein Häufchen Elend auf dem Sofa, das Gesicht in den Händen verborgen, und weinte. Sofort bereute ich meine Entscheidung und wollte sie trösten. Ich ging zu Mom und wollte sie umarmen. Sie stieß mich wütend weg und sagte: »Laß mich in Ruhe. Du liebst mich nicht.« Daraufhin suchte ich Schutz bei meinem Vater. Meine Mutter sagte: »O Mike, ich würde dir nie weh tun, ich liebe dich doch. Komm her.« Aber mittlerweile hatte ich viel zuviel Angst und blieb an der Seite meines Vaters. Ich klammerte mich an seine starken Beine und fürchtete mich vor ihr. Sie tat mir leid, aber ich wollte so weit wie möglich von ihr weg sein.

Das war die Art Liebe, die ich lernte: gezwungen zu sein, zwischen zwei Menschen zu wählen, ohne die ich nicht leben und die ich doch nie miteinander aussöhnen konnte. Ich lernte, daß lieben in mancher Hinsicht dasselbe ist wie töten. Ich wußte, daß ich meine Eltern verletzen mußte, wenn ich mich für den einen oder anderen entschied. Doch blieb mir gar nichts anderes übrig, als einen Elternteil zu töten, wenn ich die Wahrheit offenbarte, und meistens war es meine Mutter. Kein Wunder, daß ich mich damals vor ihr fürchtete.

Jahre später machte sich das nicht nur bei meiner eigenen Unfähigkeit, treu zu bleiben, bemerkbar, sondern auch in der Hoffnungslosigkeit meiner Beziehungen. Da ich wußte, wie schrecklich es war, jemandem die Liebe zu verweigern, hatte ich selbst Angst davor, abgewiesen zu werden. Ich wußte, daß verlassen zu werden soviel heißt, wie ausgestoßen, verurteilt oder als wertlos deklariert zu werden. Vor allem fürchtete ich, man könnte mir erklären, daß man mich satt habe, mich nicht brauche, nicht mit mir leben wolle. Ich hatte also Angst davor, Opfer derselben Art von Entscheidungen zu werden, die ich als kleines Kind immer wieder treffen mußte. Manchmal verweigerte ich Liebe oder baute eine Mauer um mich, andere Male ließ ich mich mit zu vielen Frauen auf einmal ein. Doch ebensooft hatte ich das Nachsehen, war ich der Verlassene.

Manchmal, wenn meine Mutter drohte, meinem Vater im Schlaf den Hals durchzuschneiden, nahm er sie ernst; vielleicht bloß, um hervorzuheben, wie verrückt sie tatsächlich war. Jedenfalls klappte er die Schlafcouch im Wohnzimmer auf, um dort sein Nachtlager zu errichten. Ich mußte bei ihm schlafen, entweder weil er mich unter seinem Schutz wissen wollte oder weil meine Anwesenheit seine eigene Sicherheit gewährleisten sollte. Bevor er das Licht löschte, holte er die Stühle aus der Küche und stellte sie in einer Reihe vor der Couch auf. Dann nahm er ein Seil, schlang es um die Rückenlehnen und verschnürte sie so zu einer Barrikade. Zusätzlich befestigte er ein paar schwere chinesische Glocken daran, die sonst auf seinem Schreibtisch lagen. Falls meine Mutter versuchte, über das Seil zu klettern, würden sie ihn warnen. Eine Art Alarmanlage, um einen Familienmord zu verhindern.

Dann legte sich mein Vater nieder. Er nahm die Seite, die an die Stühle grenzte, und ich die zur Wand hin. Er schlief bald ein, aber ich lag wach. Ich lag da, horchte auf die Schritte meiner Mutter und wartete, ob irgendwo die Klinge eines Messers aufblitzte.

Ich setzte mich im Bett auf und musterte angestrengt die Schatten. Ich erkannte die Umrisse der Stühle, die chinesischen Glocken. Doch in den dunklen Ecken des Zimmers, am Treppenabsatz und bei den Türen, die zu den anderen Räumen führten, meinte ich eine Bewegung auszumachen. Ich konnte mir vorstellen, was sich dort regte. Wut, Haß und Mordlust lagen auf der Lauer, der Wahnsinn meiner Mutter, der Schmerz meiner Brüder. Sie alle hockten in den dunklen Schatten und warteten nur darauf, sich mit Messern auf uns zu stürzen.

Neben mir schlief mein Vater. Ein Arm lag quer über meinem Kopfkissen, der Mund stand offen. Er hatte das Gebiß zum Schlafen rausgenommen, und man sah den rosafarbenen, verletzlichen Gaumen eines alten Mannes. Im trüben Licht wirkte mein schlafender Vater bereits wie ein Toter.

Ich legte mich wieder hin und horchte. Auf das Knarren der Dielen, auf das Klappern der Messer in der Schublade. Es gibt so viele Geräusche, die im Dunkel der Nacht so wenig Sinn ergeben. So viele, die all das bedeuten können, was man am meisten fürchtet. Ich kniff die Augen zu und zwang mich vergeblich zum Schlafen. Dann studierte ich die Muster auf den Tapeten oder den Spitzengardinen. Die Tapeten- oder Gardinenmuster sahen aus wie kleine Schattenrisse von Ungeheuern, Vignetten aus der Hölle.

Stundenlang lag ich in solchen Nächten wach und wartete darauf, daß meine Mutter ihre Drohung wahrmachte. Erst wenn der Himmel allmählich hell wurde und das Dunkel des Raumes in die gräßliche, trübe Dämmerung des Morgens überging, drehte ich mich schließlich auf die Seite, preßte die Füße gegen die Beine meines Vaters und schlief ein.

Als Kind wurde ich also zum ständigen Begleiter meines Vaters. Alle paar Wochen packten wir die Koffer und reisten über dreihundert Kilometer weit nach Seattle oder Tacoma. Die ganze Fahrt über sangen wir – dummes, lustiges Zeug: »Giddyup Napoleon, It Looks Like Rain« oder »Oh, Susannah« oder Songs aus dem Musical *Oklahoma!* Wir sangen sogar »This Land is My Land« und »Blue Suede Shoes«. Und manchmal versuchte sich mein Vater an einer Arie von Verdi oder Puccini. Wir hatten beide schreckliche Stimmen, aber ich glaube kaum, daß wir das wußten oder es uns etwas ausgemacht hätte. Wenn wir unterwegs Leute mitnahmen, hatten sie Mühe, den musikalischen Teil der Reise durchzustehen.

Am Zielort mietete mein Vater entweder eine Wohnung oder ein altes Haus, die zumeist in alten, verlassenen Stadtteilen lagen. In Seattle wohnten wir in Vierteln wie Queen Anne Hill oder Ravenna. Heute ist letzteres saniert worden und eine schicke Adresse. In den fünfziger Jahren jedoch war es eine ziemlich heruntergekommene Gegend. Meistens mieteten wir mehrere Zimmer oder eine Suite in alten Häusern, die sich in einem miserablen Zustand befanden. Manchmal waren wir die einzigen Mieter in solchen Gemäuern.

Ich nehme an, daß solche Gegenden meinen Vater an die Welt erinnerten, in der er aufgewachsen war, oder an die allmählich verschwindende Welt, in der er sich so lange versteckt hatte und sich immer noch geborgen fühlte. Doch ich kann nicht sagen, daß mein Vater sentimental gewesen wäre, im Gegenteil. Er war ein Mann, der immer die neueste Kamera oder die modernsten technischen Geräte haben mußte und begeistert war, als die Amerikaner anfingen, den Weltraum zu erforschen. Es gab allerdings ein bestimmtes Ambiente, wo er in seinem Element war, sich wohl fühlte und nichts ihn erschüttern konnte.

So lebte ich als kleiner Junge, mit einem alten Mann in den Überresten einer vergangenen Welt. Wir kauften in alten Läden ein, wir aßen in alten Spelunken und kleideten uns in ähnlich aussehende, alte Klamotten. Ich lief rum wie ein Kind in den vierziger Jahren, dabei hatten die sechziger Jahre schon fast begonnen.

Vierter Teil

Die Art, wie manche Leute sterben

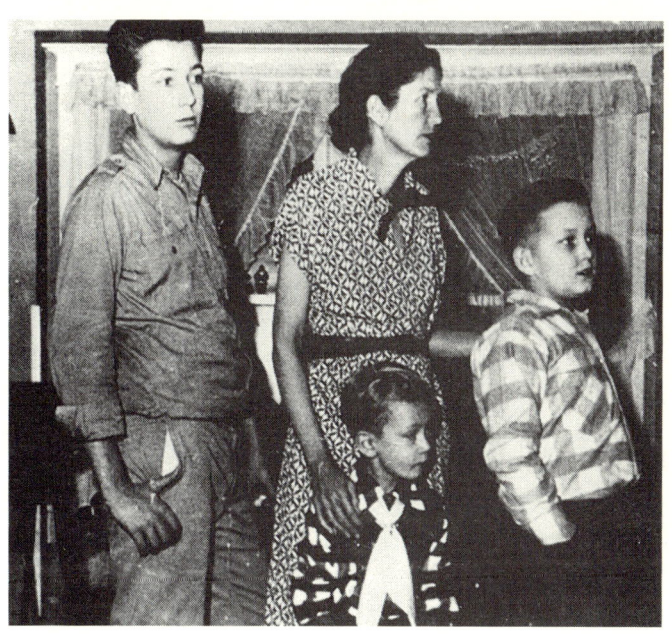

Die Gräber werden tiefer.
Die Toten sind jede Nacht mehr tot.

Unter den Ulmen und dem Regen der Blätter
werden die Gräber tiefer.

Die dunklen Schwingen des Winds
bedecken den Grund. Die Nacht ist kalt.

Die Blätter werden gegen die Steine gefegt.
Die Toten sind jede Nacht mehr tot.

Ein sternloses Dunkel umfängt sie.
Ihre Gesichter verblassen.

Wir können uns nicht klar genug
an sie erinnern. Nie wird uns das gelingen.

Mark Strand, The Dead

Jugendjahre am Johnson Creek

Bis jetzt habe ich sehr wenig über meine beiden anderen Brüder Frank jun. und Gaylen gesagt. Zum Teil geschah das deswegen, weil die Ehe meiner Eltern und die Schwierigkeiten mit Gary einen so großen Raum in unserem Familiendrama einnahmen. Doch wenn ich mich auf diese Geschichten, insbesondere auf die über Gary, konzentriere, suggeriere ich womöglich, daß allein sie unser Familiendrama ausmachen.

Tatsache ist, daß Frank und Gaylen physisch und emotional genauso schlimm mißhandelt wurden wie Gary. Dennoch zeigte keiner von beiden Anstalten, Garys krimineller Karriere nachzueifern. Einige Leute verleitete das zu der Aussage: »Seht her, diese Jungen hatten es auch schwer, dennoch wurden sie nicht zu Mödern. Daher muß Gary sein Unheil selbst verschuldet haben.« Sogar meine Mutter stellte sich diese Frage. »Ich habe Frank und Gary gemeinsam aufgezogen«, sagte sie 1977 Larry Schiller. »Ein Sohn griff zur Waffe. Der andere Sohn nicht. Warum?«

Man stirbt auf dieser Welt die verschiedensten Tode. Diese Erfahrung mußte auch mein Bruder Frank machen. Manche sterben, ohne andere mit sich zu nehmen. Das ist zweifellos weniger grausam, bedeutet aber noch lange nicht Erlösung.

Ich habe bereits erwähnt, daß Frank ein Zauberer war. Als Kind verbrachte ich viele Stunden damit, ihm zuzusehen, wie er Seidentücher oder Blumensträuße hervorzauberte und sie dann mit einer Handbewegung wieder verschwinden ließ. Ich bat ihn, mir zu zeigen, wie man diese Wunder zustande brachte, aber Frank war stolz auf seine Fertigkeiten und wollte seine Geheimnisse nicht einfach preisgeben. Er zeigte mir ein paar Tricks, aber als er versuchte, mir spezielle Kunststücke beizubringen, konnte ich es nicht mit ihm aufnehmen. Frank hatte einfach bemerkenswert flinke Hände und eine außerordentliche Geduld. Als er im Lauf der Jahre ein paarmal in örtlichen Schulen auftrat, setzte er mich bei einigen Tricks als Assistenten ein. Das waren die stolzesten Momente, die ich je mit einem meiner Brüder erlebt habe.

Ich habe eigentlich nie verstanden, warum Frank sein Können nicht professionell nutzte. Sicher ist es schwierig, Zauberei oder andere Darstellungskünste zu einer erfolgreichen Karriere auszubauen, aber Frank hätte vermutlich das Talent gehabt, ein solches Ziel zu verwirklichen. Jedenfalls ist er bis heute ein vollendeter Trickkünstler.

Frank erzählte, daß sein Interesse an der Zauberei aus der Zeit stammte, als er neun Jahre alt war und bei einem Schulfest in Portland einen Zauberer ein paar Tricks vorführen sah. Frank ging nach Hause und erzählte den Eltern, was er gesehen hatte. Ein oder zwei Wochen lang sprach er von nichts anderem. Als Frank sen. bemerkte, daß sich sein Sohn fürs Zaubern interessierte, erzählte er ihm, er selbst beherrsche den einen oder anderen Trick. Während seiner Zeit beim Zirkus und in den Jahren mit Fay habe er oft zugesehen und viele der gängigen Kunststücke erlernt, als er bei Barnum & Bailey als Clown arbeitete. Mein Vater erbot sich, Frank einigen hiesigen Zauberern vorzustellen und ihm Bücher über die Geheimnisse der Magie zu besorgen.

Frank lernte ein paar Kunststücke und führte sie dann meinem Vater vor. Ein Trick meines Bruders bestand darin, ein Ei in einer Pfanne aufzuschlagen und dabei ein Küken auftauchen zu lassen. Mein Vater zeigte ihm, wie er den Effekt verbessern konnte. »Es gab keinen Trick, mit dem ich Dad hätte hereinlegen können«, sagte Frank zu mir. »Nie sah er einen Zaubertrick im Fernsehen, ohne sagen zu können, wie er gemacht wird. Egal, ob jemand eine Frau zersägte, sie schweben oder verschwinden ließ, immer erklärte er mir, was dahintersteckte. Dad wußte alles. Er war mir meilenweit voraus.«

Als Frank etwa vierzehn war, bereitete er sich für eine Vorführung beim Verband der Zauberer von Portland vor. »Es war meine Antrittsvorführung«, sagte Frank, »und ich war furchtbar aufgeregt.« Frank hielt seine Proben im Kreis der Familie ab, aber einmal, als er bei einem bestimmten Trick ein bißchen patzte, griff mein Vater ein. Er beendete das Kunststück und zeigte ihm, wie ein versierter Zauberer es präsentieren würde. Es verblüffte Frank jun., wie gut Frank sen. war. »Er agierte vollkommen selbstsicher und elegant«, sagte mein Bruder. »Aber gleichzeitig beschämte er mich an diesem Tag. Er sagte: ›Frank, du hast sicher einen Hang zur Zauberei. Aber das Talent dazu hast du eigentlich nicht.‹ Das Zaubern ist tatsächlich meine Passion, und ich habe damals viel geübt. Monatelang habe ich geübt. Aber ich war nie so gut, wie ich sein wollte, gewiß nicht. Um ehrlich zu sein, ich war nie so gut wie Dad.«

Ich habe diesen Vorfall einmal mit einer Freundin besprochen –

einer Frau, deren Herz und Verstand mich viel gelehrt hatten –, und sie sagte: »Was für ein schmutziger, elender Trick: einen vierzehnjährigen Jungen derart einzuschüchtern, ihm die einzig positive Sache seines Lebens zu vermiesen!« Sie hatte natürlich recht. Die Kritik meines Vaters verletzte Franks Stolz so nachhaltig, daß die Laufbahn meines Bruders als Zauberer beendet war, noch bevor sie angefangen hatte. Er trat zwar vor dem Verband der Zauberer auf, und die Vorstellung lief gut, aber in seinem Herzen war Frank der Überzeugung, er könne es auf diesem Gebiet nie mit dem Talent seines Vaters aufnehmen. Meine Freundin sagte: »Wahrscheinlich hat dein Vater alle Fertigkeiten seiner Söhne als persönliche Einschränkung verstanden. Er hat dann sicher dafür gesorgt, daß sie nicht wagten, irgend etwas zu tun, was er konnte. Ich habe Mitleid mit dem kleinen Frank. Und dann nimmt er das einfach als Tatsache hin und sagt: ›Ich bin nicht so talentiert wie mein Vater.‹ Armer Junge. Er war doch noch ein Kind.«

Frank zeigte nie den gleichen Drang wie Gary, sich in Schwierigkeiten zu bringen, doch als die beiden jung waren, machten sie gern Unfug: Kinderstreiche, wie Fremde mit Wasserpistolen naß zu spritzen, Eier und Wasserbeutel auf vorbeifahrende Autos zu werfen oder sich mit den Nachbarkindern zu prügeln.

Kürzlich aßen Frank und ich in Portland zu Abend. Bei einer Schüssel chinesischer Nudelsuppe fragte ich Frank, ob er je versucht gewesen sei, kriminell zu werden wie Gary. Frank lachte so laut, daß er seine Suppe fast verschüttete.

»Beim Beginn und gleichzeitigen Ende meiner kriminellen Laufbahn«, antwortete er, »ging es um einen Schokoladenriegel. Als ich ein kleiner Junge war – genaugenommen vor und während der Zeit, als ich eine katholische Schule besuchte und Gary ganz sicher schon zu stehlen begonnen hatte –, ging ich in einen Lebensmittelladen und klaute diesen Schokoladenriegel. Ich schnappte ihn mir, steckte ihn in die Tasche und rannte davon. Das heißt, ich wollte davonrennen. Der Typ, der dort arbeitete, hatte mich beobachtet.

Er hielt mich auf, nahm mir die Schokolade weg und sagte: ›Woher kommst du?‹ Er wollte Namen und Adresse wissen. Ich hatte furchtbare Angst und sagte: ›Na ja, ich gehe in diese katholische Schule oben an der Straße.‹ Also rief er dort an, und eine der Nonnen kam vorbei und sagte: ›Ja, das ist Frank. Was hat er getan? Er hat einen Schokoriegel gestohlen? Nun, da müssen wir etwas tun. Sie können das nicht durchgehen lassen.‹ Und der Mann sagte: ›Ich werde das ganz bestimmt nicht durchgehen lassen.‹ Er befahl mir, die Abfalleimer auszuleeren, dann mußte ich mit dem Mop alle Gänge wischen. Er schickte mich hinaus und ließ mich den Gehsteig fegen. Mann, für ein kleines Kind war das eine Menge Arbeit. Ich brachte schließlich den Besen zurück und sagte: ›Ich glaube, ich habe alles erledigt, und es tut mir leid, was ich getan habe.‹ Und der Mann sagte: ›In Ordnung. Übrigens, hier ist deine Schokolade. Die hast du dir schließlich verdient.‹ Ich sagte: ›Danke‹, und nahm die Süßigkeit. Ich ging nach Hause, verspeiste den Schokoladenriegel und erzählte nichts. Als ich am nächsten Tag zur Schule kam, schickte mich die Schwester zur Beichte, um zu gestehen, was ich verbrochen hatte, und als ich zurückkam, mußte ich zwei- oder dreihundertmal ›Ich werde nie mehr stehlen‹ an die Tafel schreiben. Ich sagte mir: ›Jetzt *weiß* ich, daß ich die Schokolade verdient habe – schließlich habe ich so viel dafür getan.‹ Als ich am Abend nach Hause kam, hatte der Schulpfarrer bereits Dad angerufen und ihn informiert. Zur Krönung des Ganzen wurde ich dann für den Diebstahl des Schokoladenriegels noch mit dem Gürtel verprügelt. Du willst also wissen, warum ich kein Dieb wurde? *Das* ist der Grund. Damals hat mir die Sache ziemlichen Ärger eingebracht, aber wenn ich heute darüber nachdenke, frage ich mich: Was wäre gewesen, wenn ich mit dem Schokoladenriegel davongekommen wäre? Wahrscheinlich hätte ich weiterhin Schokoladenriegel gestohlen. Und wer weiß – vielleicht wäre am Ende für mich alles viel schlimmer gekommen.«

Wenn Frank durch Strafe abgeschreckt wurde, warum dann nicht auch Gary? Ich wollte wissen, was Frank darüber dachte.

Frank sagte: »In gewisser Weise hätte es mir gefallen, wenn Gary so etwas abbekommen hätte, nur um die Wirkung auf ihn zu sehen. Gleichzeitig *wurde* er ständig bestraft. All die Strafen haben ihn keineswegs abgeschreckt, sie schienen ihn eher zu noch schlimmeren Taten zu verleiten. Tatsächlich glaube ich, etwas in Gary wollte all diese Strafen. Etwas in mir hingegen eindeutig nicht. Ich weiß nicht, warum. Manchmal denke ich, Gary und Gaylen haben die verrückte Seite von Mom und Dad mitbekommen und du und ich nicht.«

Frank sah mich an, lächelte, zuckte mit den Achseln und aß seine Suppe weiter.

Während Gary weiterhin auf Schwierigkeiten aus war und in immer schlimmere Streitigkeiten mit meinem Vater geriet, versuchte Frank, nach Möglichkeit den häuslichen Frieden aufrechtzuerhalten. Aber das war nicht einfach.

»Einmal«, sagte Frank, »wollte Dad, daß ich den Keller saubermachte. Damals hatte ich irgendwelche Allergien und wollte nicht zum Putzen runtergehen; es war zu viel Staub dort unten. Ich wußte, ich würde überall Ausschlag bekommen, für einen Teenager eine Katastrophe. Aber ich wußte nicht, wie ich ihm das beibringen sollte. Ich sagte einfach irgend etwas in der Art wie: ›Könnte das diesmal nicht Gary machen?‹ Dad sagte: ›Nein, ich habe *dir* aufgetragen, es zu erledigen.‹ Als er am nächsten Tag nach Hause kam, hatte ich nichts getan. Ich versuchte nicht, seine Anweisungen zu umgehen. Aber er gehörte nicht zu den Menschen, denen man etwas zu erklären vermochte. Ich konnte nicht aufrichtig sein und sagen: ›Hör zu, Dad, ich mache mir Sorgen wegen meiner Allergien.‹ Er hätte sicher eine Möglichkeit gefunden, daß ich diese unangenehme Arbeit immer hätte tun müssen. Es war ungefährlicher, es für mich zu behalten und die Strafe hinzunehmen, die darin bestand, daß ich hinausgeworfen wurde. Er kam mit erhobenen Fäusten zu mir herauf. Er sagte mir, ich solle abhauen, und er machte keine Witze. Er sagte: ›Das ist mein Haus. Du bist unter meinem Dach. Du hast nicht getan, was ich dir aufgetragen habe. Hau ab!‹ Verdammt, ich wollte nicht mit ihm streiten, also ging ich. Drei oder vier Tage lang wohnte ich in einem billigen Hotel in der Innenstadt, und dann kam ich zurück. Es gab viele Gelegenheiten, bei denen er mich genauso haßte wie Gary. Und lange Zeit sprach ich kein Wort mit ihm. Wir saßen beim Abendessen, und ich sagte keinen Ton.«

Das Minenfeld der väterlichen Regeln wurde so tückisch, daß Frank allmählich keine Lust mehr hatte, es zu durchqueren. Gegen Ende der High-School-Zeit entschloß sich Frank, das Schreinerhandwerk zu erlernen. Er fand eine gute Lehranstalt am Ort, meldete sich an und übernahm eine Teilzeitarbeit, um die Kosten mitzutragen. Mein Vater erklärte sich bereit, die restlichen Schulgebühren zu übernehmen. Doch während der ersten Unterrichtswoche verletzte Frank bei vier verschiedenen Gelegenheiten die häuslichen Regeln, und jedesmal drohte mein Vater, ihn von der Schule abzumelden.

Mit der Aussicht auf ein Schuljahr unter solchen Bedingungen entschied mein Bruder, daß es die Mühe nicht wert sei. Frank ging zu meinem Vater und sagte, er werde die Schreinerausbildung abbrechen. Er wollte nicht, daß mein Vater diese Macht über seine Zukunft hatte. »Ich arbeite doch nicht die ganzen Monate«, sagte er, »nur damit Dad bis zum letzten Moment wartet und mir dann alles verdirbt. Dad sagte immer: ›Mein Wort ist mein Versprechen‹, aber das traf nur zu, wenn er dir versprach, dich zu bestrafen. Er machte dich ganz einfach fertig. Manchmal hatte ich das Gefühl, ich würde umgebracht.«

Mir ist zwar nicht wohl dabei, aber wenn ich Franks Geschichten höre, bin ich erleichtert, daß mein Vater starb, als ich noch jung war und bevor meine Wünsche ihm im Weg standen. Ich bin froh, daß ich nie mit ihm kämpfen mußte, nie den Weg wählen mußte, den meine Brüder einschlugen.

Wie Gary begann Frank, sich in ein Leben außerhalb der Familie zu stürzen. Es war ihm ein bißchen peinlich, mir davon zu erzählen.

»Ich hatte einen Freund«, berichtete mir Frank während eines unserer abendlichen Treffen. »Sein Name war Ron. Wir waren schon lange Kumpel und häufig gemeinsam unterwegs. Damals gab es in Portland ziemlich viel Prostitution. Ron und ich sparten unser Geld, um uns in dem Milieu zu vergnügen. Damals war es wesentlich ungefährlicher, und wir beide trieben es eine Zeitlang ziemlich schlimm. Aber dann wurde Ron durch seine Mutter zum Bibelstudium gebracht, genauer gesagt zum Bibelstudium bei den Zeugen Jehovas. Er erzählte mir die ganze Zeit davon, aber ich zeigte kein Interesse, denn ich hatte mir mehrere Jahre meines Lebens eingeredet, ich sei Atheist. Ich hegte große Zweifel, daß es überhaupt einen Gott gab. Als Ron sich nun auf diese religiöse Sache verlegte, wollte ich nichts davon hören, weil wir gerade mit diesen anderen Dingen beschäftigt waren. Zu jener Zeit war ich *daran* viel mehr interessiert als an Religion.

Eines Tages kam Ron zu mir und sagte: ›Ich habe erkannt, daß diese Religion die richtige ist, und ihr werde ich mein Leben widmen.‹ Und er fügte hinzu: ›Doch ich gebe mir noch einen Monat, um zu den Prostituierten zu gehen. Danach werde ich mein Leben in Ordnung bringen.‹ Also zogen Ron und ich los, und wir hatten unseren Spaß. Wir tranken und vergnügten uns. Und am Ende des Monats löste Ron sein Versprechen ein. Er wurde ein Zeuge Jehovas und machte Schluß mit seinem früheren Leben. Er besuchte mich weiterhin, weil wir gute Freunde blieben, und er wollte unbedingt, daß ich seiner Organisation beitrat. Ich tat es nicht. Aber er überredete Mom zu einem gemeinsamen sechsmonatigen Bibelstudium. Sie liebte es, über Religion zu streiten. Ich saß im Zimmer nebenan und lauschte nur, weil ich nichts damit zu tun haben wollte. Mom ließ sich natürlich von seinen Worten nicht überzeugen. Sie sagte: ›Dieser Junge wird jede Woche schlimmer.‹ Aber nach den sechs Wochen, in denen ich im anderen Zimmer gesessen und zugehört hatte, war ich überzeugt, daß Ron recht hatte. Und das sagte ich Mom. Ich erklärte: ›Das gefällt mir; das mache ich auch.‹ Mom wurde deswegen richtig wütend auf Ron. Sie ging zur Mormonenkirche und ließ den hiesigen Bischof zu uns kommen, um mit mir zu reden. Er erklärte mir, daß die Lehren der Zeugen Jehovas falsch seien. Er sagte, es sei besser für mich, Katholik zu bleiben, als ein Zeuge Jehovas zu werden, weil sowohl die Mormonen als auch die Katholiken glaubten, daß Christus für unsere Sünden gestorben sei, so daß ich nach meinem Tod in den Himmel kommen könne. Die Zeugen Jehovas jedoch würden das nicht glauben. Ich war höflich zu Mom und zum Bischof, aber ich sagte: ›Das ist mein Glaube.‹ Und ich blieb dabei. Ich begann, die Zeitschrift der Zeugen Jehovas zu abonnieren und zu ihren Versammlungen zu gehen. Ich war neunzehn Jahre alt, als ich mich dazu entschloß.«

Ganz besonders gefällt mir an Franks Geschichte, daß die beiden Jugendlichen zwar nachdenklich und gewissenhaft genug waren, um sich um ihr Seelenheil zu sorgen, aber auch genügend Witz und Abenteuerlust besaßen, um sicherzugehen, daß sie gehörig sündigten, bevor es zu spät war.

Noch besser gefällt mir, daß Frank wußte, daß es für alles Grenzen gab. Indem er eine Glaubensrichtung wählte, der weder meine Mutter noch mein Vater angehörten, machte Frank deutlich, daß er sein Leben nicht nach ihren Vorstellungen und Werten ausrichten wollte und daß er seinen eigenen Weg finden mußte. Es war seine Art auszudrücken, daß er der Familie nicht mehr verpflichtet war. Er hatte nun ein besseres Zuhause angepeilt, und er wartete auf den Tag, an dem er es verwirklichen konnte.

Gaylens Geschichte ist von ganz anderer Art, und beim Versuch, sie zu erzählen, stellen sich mir ganz besondere Probleme. Abgesehen von meinem Vater war Gaylen das einzige Mitglied meiner Familie, das nie über sein Leben interviewt wurde. Hinzu kommt, daß ich wenige Zeugen oder Quellen finden konnte, die willens oder in der Lage waren, über die unbekannten Bereiche oder Geheimnisse seines Lebens Auskunft zu geben. Daher habe ich nur wenige Zeugnisse, um seine Person zu rekonstruieren, außer meinen eigenen Erinnerungen und den Erinnerungen meines Bruders Frank und meiner Cousine Brenda. Das Quälende dabei ist weniger der Mangel an Interviews oder schriftlichen Quellen zum Leben meines Bruders, sondern vielmehr, daß ich das Gefühl habe, dergleichen zu brauchen, um diese Geschichte erzählen zu können. Ich bin mit Gaylen aufgewachsen; ich habe mit ihm gestritten, gelacht, ihn abgelehnt und ihn betrauert. Ich sollte ihn eigentlich kennen. Aber vor nicht allzu langer Zeit stellte ich fest, daß ich keinen meiner Brüder so gut kannte, wie ich sollte, und daß ich sie vielleicht nie genug kennen werde. Meine Brüder und ich waren einfach zu viele Male von einander getrennt. Wie Gary war Gaylen oft von zu Hause fort – entweder im Gefängnis oder an irgendeinem Ort fast am anderen Ende des Landes, oder er durchzechte die Nächte. Ich weiß kaum, was Gaylen und Gary während ihrer Abwesenheit von zu Hause erlebten. Sicher versuchten die beiden dann auch, ein eigenes Leben aufzubauen oder wieder Fuß zu fassen. Mit anderen Worten: Ganz auf sich allein gestellt, fern der Überwachung durch meine Familie, verfolgten sie ihre größten Sehnsüchte, begingen sie ihre schlimmsten Sünden und verspürten sie ihre schrecklichsten Ängste. Was immer das auch im einzelnen war. Jede Erinnerung daran ging jedoch mit meinen Brüdern unter. Vielleicht ist das besser so. Vielleicht sollte ich über diese Geheimnisse nicht mehr wissen.

Dennoch höre ich nicht auf, mir Fragen zu stellen. Ich sehe mir Gaylens Lebenslauf an, und ich weiß, daß vor mir ein weiteres Geheimnis liegt – eines, das mich besonders verstört. Wenn es wahr ist, daß uns die Art, wie ein Mensch stirbt, manchmal darüber Aufschluß gibt, wie er gelebt hat, dann weiß ich so viel: Gaylen lebte mit schrecklichen Wunden, die nicht heilbar waren, aber an ihnen ist er nicht gestorben. Was ihn umgebracht hat, waren diejenigen Dinge, die er unablässig sich selbst antun mußte.

Keinen Menschen auf der Welt habe ich mehr vermißt als Gaylen, weder meine Eltern noch Gary. Nicht einmal die Frau, von der ich dachte, sie könnte den Platz von ihnen allen einnehmen. Wenn ich die Wahl hätte, mit einem der verlorenen Menschen eine Stunde zu verbringen, dann wäre Gaylen dieser Mensch. Ich würde ihn bitten, dieses Rätsel zu lösen, zu sagen, was ihn dazu brachte, sich selbst zu vernichten.

Von all meinen Brüdern hatte ich wahrscheinlich zu Gaylen die Beziehung, in der am meisten Zündstoff lag. Ich weiß, daß wir als Kinder zusammen spielten. Das ist auf den Fotos meines Vaters zu sehen, und ich kann mich sogar verschwommen daran erinnern. Aber selbst in der besten Familie wäre unser brüderliches Verhältnis aufgrund des Altersunterschieds nicht einfach gewesen. Ich war damals sechs, und Gaylen zwölf. Er entdeckte bereits die aufregenden Leidenschaften und Sehnsüchte, die sich mit dem Heranwachsen einstellen, und ein Junge, der J. D. Salinger und Jack Kerouac liest und kurz davorsteht, mit Sex und Rock 'n' Roll Bekanntschaft zu machen, möchte nicht in der Welt von Walt Disney versauern. Wenn ich Gaylen bat, mich in die Stadt ins Kino mitzunehmen, um etwa einen Märchenfilm anzusehen, führte er mich statt dessen in Filme wie *Plötzlich letzten Sommer*, eine Geschichte von Tennessee Williams über eine grausame Familie. Wenn mir der Film zu weitschweifig wurde oder mich zu bedrükken begann, sagte er: »Sei ruhig und sitz still, sonst verpaßt du die Koboldszene, die gleich kommt.«

Soweit ich mich zurückerinnern kann, war Gaylen nicht nur jemand, der mich austrickste, sondern auch jemand, der zu den eher feindlichen Mächten in meiner Kindheit zählte. Ein Teil der Spannung zwischen uns ergab sich aus der Beziehung, die wir zu unserem Vater hatten. Jahrelang war Gaylen der Lieblingssohn meines Vaters gewesen. Er war ein gutaussehender, außerordentlich intelligenter und charmanter Junge – derjenige, zu dem mein Vater das engste Verhältnis hatte, bevor ich auf die Welt kam. Aber als Gaylen älter wurde, begann er sehr ausgeprägte eigene Vorstellungen und ein sehr aufbrausendes und bösartiges Temperament an den Tag zu legen. Mein Vater betrachtete diese Entwicklung als Zeichen von Eigensinn und Aufsässigkeit und fing an, Gaylen genauso zu schlagen wie Frank und Gary. Etwa um die gleiche Zeit, ungefähr mit dreizehn, begann Gaylen, etwas zuzunehmen. Er setzte kurzzeitig Speck an, bevor er für den Rest seines Lebens wieder gertenschlank wurde, und mein Vater mokierte sich über sein Dickwerden. Für ihn war Gaylens ungezügelter Appetit dafür verantwortlich. Wenn Gaylen beim Abendessen ein zweites Mal zulangte, machte mein Vater seine Witze darüber.

Der Riß, der sich zwischen Gaylen und meinem Vater auftat, wurde zum Bruch. Die Beziehung meines Vaters zu Gary war immer schlecht gewesen, aber Gaylen hatte einmal seine Liebe besessen. Als nun seine Position als Lieblingssohn von mir eingenommen wurde, erfuhr Gaylen Ablehnung und Spott, und er konnte seine Verletzung und Wut darüber nicht verbergen. Aus diesem Grund wurde ich manchmal zur Zielscheibe seines Zorns, etwa indem er mich eine Treppe in unserem Haus hinunterstieß oder mir den Arm auf den Rücken drehte.

Bei dem schlimmsten Vorfall, an den ich mich aus dieser Zeit erinnere, waren sowohl Gaylen als auch Gary beteiligt, und er ereignete sich an einem Weihnachtstag. Ich weiß nicht mehr, wie der Streit anfing. Plötzlich waren mein Vater und Gary in eine häßliche Auseinandersetzung verstrickt. Jeder forderte die Hartnäckigkeit des anderen heraus, und sie begannen, damit zu drohen, sich gegenseitig umzubringen. Meine Mutter flehte sie an aufzuhören, aber die Situation war zu angespannt, um zwischen sie zu treten. Schließlich griff Gaylen ein und bat meinen Vater, Gary in Ruhe zu lassen. Mein Vater, der bereits ein alter Mann, aber noch erstaunlich stark war, ballte die Faust und rammte sie Gaylen in den Magen. Ich habe diesen Moment purer Bösartigkeit nie vergessen. Gaylen sackte vor Schmerz und Schock zusammen, und Gary beugte sich zu ihm, um ihm beizustehen. Mein Vater packte mich und sagte, wir würden weggehen, wir würden Weihnachten in einem Hotel verbringen. Doch diesmal wollte ich ihm nicht folgen, und das sagte ich auch. »Wende *du* dich nicht auch gegen mich«, antwortete er, und der wütende Ausdruck in seinem Gesicht genügte mir, um mit ihm zu gehen. Ich hatte Angst, was er uns allen antun könnte, wenn ich dablieb.

Meine Mutter bat meinen Vater zu bleiben, sich bei Gaylen und Gary zu entschuldigen und damit das Weihnachtsfest zu retten, oder wenigstens mir zu erlauben, die Ferien mit meinen Brüdern zu verbringen. Mein Vater ließ sich nicht erweichen. Als er und ich im Auto saßen und aus der Einfahrt fuhren, sah ich zu meiner Mutter und meinen Brüdern zurück, die auf der Veranda standen und beobachteten, wie wir wegfuhren. Aus der Art, wie meine Brüder mich ansahen, konnte ich schließen, daß sie mir diesen Auftritt nie vergeben und mich nie mehr in ihren Kreis aufnehmen würden.

Als wir wegfuhren, kam ich mir vor wie ein Verräter.

Eines Nachmittags, ein paar Monate später, führte mich Gaylen auf die hintere Veranda und sagte, er habe ein Geschenk für mich. Er überreichte mir ein kleines Päckchen, das in weißes Seidenpapier eingeschlagen und mit einem roten Band verschnürt war. Ich war begeistert. Ich liebte Geschenke. Ich knüpfte das Band auf und zog die äußere Hülle ab. Im Innern lag ein kleiner, seltsam geformter Gegenstand etwa von der Größe jener Preise, die damals in Paketen mit Frühstücksflocken steckten. Dieser Gegenstand war ebenfalls noch einmal eingewickelt. Ich öffnete die innere Verpackung, und da war mein Geschenk: ein vertrockneter Klumpen Hundescheiße. Gaylen lachte, als er den erschrockenen Ausdruck auf meinem Gesicht sah. Ich aber saß noch lange auf der Veranda, sah mein Geschenk an und dachte, wie sehr mich meine Brüder hassen mußten.

Wenn mein Vater mit Gaylen stritt, beschuldigte er ihn immer, in Garys Fußstapfen zu treten. »Du wirst der gleiche elende, nichtsnutzige Gauner wie dein Bruder.«

Als Gaylen die Liebe meines Vaters entzogen wurde, versuchte er sich mit kriminellen Taten zu entschädigen. Doch während Gary praktisch jedem kriminellen Impuls in sich nachgab, blieb Gaylen in Ideen über eine kriminelle Laufbahn hängen. Trotzdem verwirklichte er ein paar dieser Gedanken in dem Maß, daß einige Freunde und Frauen beeindruckt waren, und es reichte aus, um mehrmals im Gefängnis zu landen. Aber er lebte dieses Muster nicht ständig in der bedrohlichen und extremen Weise aus, wie Gary es tat. Gary beging die Tat; Gaylen gefiel der Gedanke. Doch am Schluß wurden sie beide Opfer von Gewalttätigkeit.

Die Faszination, die Verbrecher auf Gaylen ausübten, war zum Teil nur die Pose eines gescheiten, aufrührerischen Jugendlichen, der sich bewußt mit Antihelden identifizierte, um sich damit von den oberflächlichen Werten der ihn umgebenden Kultur abzusetzen – eine sehr verbreitete Haltung unter bestimmten Jugendlichen in den fünfziger und sechziger Jahren. Besonders gern sprach Gaylen über das Thema des perfekten Verbrechens, ungefähr so wie ein anderer Junge über das Aufstellen einer neuen sportlichen Rekordmarke reden würde oder mancher vielleicht davon träumte, ein gutes Buch zu schreiben oder großartige Musik zu komponieren. Gaylen las weiterhin seine Gedichtbände, aber er fing auch an, Bücher über berühmte Kriminalfälle nach Hause zu bringen, etwa über die Entführung des Lindbergh-Babys im Jahre 1932. Gaylen war fasziniert von dem Fall, und er sprach oft darüber.

Das gleiche Interesse brachte Gaylen dem berüchtigten Fall Leopold und Loeb entgegen. Nathan Leopold und Richard Loeb waren zwei hervorragende Studenten der Universität von Chicago, die aus sehr reichen und angesehenen Familien stammten. Beide waren fasziniert von Friedrich Nietzsches Lehre vom Übermenschen, und beide waren in sehr jungen Jahren Opfer schrecklichen sexuellen Mißbrauchs geworden. 1924 überredeten Leopold und Loeb einen vierzehnjährigen Jungen nahmens Bobby Frank, in ihr Auto einzusteigen. Loeb erstach den Jungen auf dem Rücksitz mit einem Meißel. Danach aßen die beiden Collegestudenten zu

Abend, und später in der Nacht zogen sie dem toten Jungen die Kleider aus, gossen ihm Säure übers Gesicht, um eine Identifizierung zu vereiteln, und verscharrten ihn anschließend in einem Drainagerohr in der Nähe eines Chicagoer Sumpfes. Als nächstes wandten sie sich an die besorgten Eltern des toten Jungen und verlangten Lösegeld. Ihre Idee war, das perfekte Verbrechen zu begehen, aber schließlich hinterließen sie doch mehrere verräterische Spuren. Außerdem ging es ihnen darum, der Tat vollkommen gefühllos gegenüberzustehen; ein Kind sollte ohne ein Gefühl der Reue oder Schuld ermordet werden. Dieser letzte Aspekt des Leopold/Loeb-Falles faszinierte Gaylen am meisten. »Sie wollten hinsichtlich ihrer Tat nichts empfinden«, sagte er mir einmal. »Sie hielten sich für überlegene Menschen und glaubten aufgrund dieser Überlegenheit das Recht zu haben, schwächere Menschen aus Spaß oder aus Interesse am Töten umzubringen.«

Als ich jünger war und Gaylen mir von diesen abscheulichen Verbrechen erzählte, sagte ich mir, daß er nicht so schlecht sei, wie die Leute, über die er nachgrübele. Ich sagte mir, er studiere das Böse, also werde er selbst nichts Böses tun. Vielleicht hatte ich recht, denn die Straftaten, die Gaylen angelastet wurden, waren nie besonders gravierend; über geringfügige Diebereien und Scheckbetrug ging es nicht hinaus. Das war alles, abgesehen von der schlechten Angewohnheit, die Frauen seiner besten Freunde zu vögeln. Ich würde gerne glauben, daß Gaylen zu moralisch oder zu mitfühlend war, um jemals jemanden umzubringen oder andere grausame Taten zu begehen. Und da er sich offensichtlich nie solcher Verbrechen schuldig machte, würde ich gerne annehmen, der bessere Teil in ihm habe gesiegt.

Sicher zeichne ich hier kein besonders gewinnendes Bild von Gaylen. In Wirklichkeit aber war Gaylen charmant, witzig, unglaublich intelligent und talentiert, bestimmt das größte schriftstellerische Talent, das die Familie hervorbrachte. Aber Gaylen hatte auch hier eine böse und ziemlich rücksichtslose Seite, und soweit ich es beurteilen kann, entsprangen sowohl die guten als auch die schlechten Eigenschaften aus demselben wunden Punkt in seinem Herzen: Gaylen sehnte sich nach der Bedeutung und dem Zuspruch, die er einst als Kind genossen hatte, als mein Vater ihn mit Liebe und Wohlwollen behandelte. Als sich die Liebe zwischen den beiden in Haß verwandelte, geriet Gaylens Innenleben vollkommen durcheinander. Die Person, die er am meisten geliebt hatte, verletzte ihn nun regelmäßig auf schamlose und grausame Weise. Eine solche Veränderung kann einen Menschen nicht nur dazu bringen, die Person zu hassen, die er einst geliebt hat, sie könnte sogar ausreichen, daß man die Symbole und Werte der Liebe selbst zu hassen und zu verspotten lernt.

Jedenfalls war Gaylen nicht ausschließlich von Verbrechen und dunklen Absichten besessen. Wohl träumte er von Ungeheuern, aber er träumte genauso von einer Liebe, mit deren Hilfe er über sich hinauswachsen könnte. Ich weiß es, weil ich in den Gedichten, die er später schrieb, sowohl die Ungeheuer als auch die Hoffnung fand. Gaylens Poesie war wirklich eindrucksvoll. Sie sprach von Vernichtung als Willensakt wie auch als Schicksalsschlag, sie sprach von einem Außenseiterdasein, das bewußt auf Sühne angelegt war, und sie besaß leidenschaftlichen Rhythmus und verblüffende Wortbilder. Gaylen war stolz auf die etwa zweihundert Gedichte, die er geschrieben hatte, aber eines Nachts, als ihn nach einem heftigen Streit die Frau, die er liebte, verlassen hatte, öffnete er eine Flasche Pfefferminzschnaps und las bis in die frühen Morgenstunden seine Werke. Als er damit fertig war, goß er den Rest seines Schnapses über den Blätterstapel, zündete ihn an und schwor, nie mehr ein Gedicht zu schreiben, bis diese Frau ihn wieder liebte. Später, als Gaylen qualvoll starb, saß sie im Krankenhaus an seiner Seite. Als die Schwester später den Nachttisch meines Bruders leerte, fand sie ein Gedicht, an dem Gaylen gearbeitet hatte. Es handelt von den Schwierigkeiten einer unmöglichen Liebe, und es waren die letzten Worte, die er geschrieben hat. Die Anfangszeilen lauten: »Eine Geschichte kann nicht erzählt werden, bevor die Geschichte nicht abgeschlossen ist.«

Aber ich greife zu weit voraus. Gaylens Schwierigkeiten schienen im Alter von zwölf oder dreizehn anzufangen, als er begann, die Schule zu schwänzen und sich davonzuschleichen, um sich im Wald am Johnson Creek mit anderen streunenden Kindern herumzutreiben. Wie Gary trug er inzwischen eine Motorradjacke und versuchte so auszusehen wie James Dean oder Elvis Presley. (Später, als Gaylen sein Übergewicht verlor, sah er manchmal tatsächlich dem jungen Elvis sehr ähnlich.) Er begann auch zu rauchen und zu trinken. Noch mehr regte meinen Vater allerdings auf, als Gaylen zu stehlen begann. Wie das Trinken wurde das Stehlen zu einer von Gaylens Gewohnheiten. Wenn mein Vater Geld auf seinem Schreibtisch oder in seinen Hosentaschen vergaß, nahm Gaylen es weg und log dann, wenn man ihn danach fragte. Wenn er in einem Laden etwas sah – ein tolles Modellauto oder ein schickes Sporthemd –, suchte er nach einer Möglichkeit, den Gegenstand zu klauen, ohne dabei erwischt zu werden. Wenn das nicht möglich war, entwendete er etwas von zu Hause und verkaufte es in einem Leihhaus. Meine Mutter verlor auf diese Weise viele ihrer hübschen Uhren und besonders geliebte Stücke. Im Rückblick wird mir jetzt klar, daß Gaylen *immer* hungrig war. Er wollte alles, und er wollte es sofort, ohne dafür zu arbeiten. Er benahm sich wie jemand, der nicht viel Zeit hat. Dennoch war das Trinken das Schlimmste.

Einmal saß ich im Wohnzimmer und sah fern, als Gaylen durch die Vordertür kam. Seine Brust war nackt, und vom Kopf bis zur Taille war er mit Blutspritzern und blutigen Rinnsalen bedeckt. Er hatte sich einer Bande am Ort anschließen wollen und als Eingangsprüfung hatte der Bandenchef meinen Bruder ausgezogen, festgebunden und mehrmals mit einem Luftgewehr auf ihn geschossen – das ist zumindest die Geschichte, die meiner Erinnerung nach erzählt wurde. Gaylen saß in der Küche, während meine Mutter ihm das Blut abwusch und die Kugeln aus den Armen und der Brust holte. Sie weinte und sagte, sie würde die Polizei rufen, aber Gaylen nahm ihr das Versprechen ab, das nicht zu tun. Er sagte, er würde sich selbst darum kümmern. Er sah nicht verängstigt aus, sondern einfach kalt entschlossen. Einige Zeit später erfuhren wir, daß der Bandenchef, noch ein Teenager, in einer Gasse angegriffen und durch einen Schuß aus einem Luftgewehr am Auge schwer verletzt worden war. All das reimte sich ganz gut zusammen.

Aber das ist es nicht, woran ich mich bei der ganzen Geschichte hauptsächlich erinnere. Was mir vor allem im Gedächtnis blieb, ist folgendes: Als ich meinen Bruder durch die Tür kommen sah und das Blut in dünnen Rinnsalen über seinen nackten Körper lief, wußte ich, daß ich sowohl etwas Erschreckendes als auch Erregendes sah. In gewisser Weise wollte ich sein wie er – die Fähigkeit besitzen, mit solcher Haltung und Entschlossenheit dazustehen, während mir das Blut vom Leib tropft, zu bluten und in der Lage zu sein, so zu tun, als würde es kein bißchen weh tun.

Schließlich zeigte Gaylen genausoviel Widerstand wie Gary. »Du weißt ja«, sagte Frank, »Dad hatte immer tausend Regeln, und eine von ihnen besagte, daß man am Abend zu einer bestimmten Zeit zu Hause sein mußte, oder er verschloß die Tür, und man blieb draußen. Ich glaube, um zehn Uhr war Zapfenstreich. Gaylen jedoch kam bewußt gegen halb elf oder elf nach Hause, und natürlich war die Tür um diese Zeit versperrt. Er stand dann betrunken draußen, brüllte und hämmerte gegen die Tür und schrie nach Mom und Dad, die ihn hineinlassen sollten. Und tatsächlich öffnete Dad die Tür, doch gewöhnlich holte er gleichzeitig mit dem Fuß oder der Faust aus, und ein riesiges Theater fing an. Die Nachbarn sagten immer, man habe es die ganze Straße hinunter gehört.«

Während dieser Zeit saß Gary im Rocky-Butte-Gefängnis für den Einbruch, bei dem er die Pistole aus dem Bürohaus gestohlen hatte, ein Jahr ab. Er wurde im Mai 1958 entlassen und schaffte es irgendwie, seinen alten Job zurückzubekommen. Neue Missetaten verübte er auch: ein oder zwei Autodiebstähle, vermutlich weitere

Einbrüche. Doch eine Weile gelang es dank des Geldes meines Vaters, Gary vor einer schnellen Rückkehr ins Gefängnis zu bewahren.

Dann kam es zu jenem Vorfall mit dem minderjährigen Mädchen. Nennen wir sie Anita.

Ich hörte diese Geschichte aus verschiedenen Quellen. Auf den Interviewbändern, die Larry Schiller mir geliehen hat und die während Garys letzten achtundvierzig Stunden aufgenommen worden waren, fragte ihn einer seiner Anwälte: »Sind Sie sicher, daß Sie keine Kinder haben?« Gary antwortete: »Ich glaube nicht. Ich hatte ein Kind, aber der Junge ist gestorben... Das war vor langer Zeit in Portland... Er starb bei der Geburt.« Es versetzte mir einen Schock, als ich das hörte; die Geschichte war vollkommen neu für mich. Aber das Thema wurde in dem Interview nicht weiter verfolgt.

Ein paar Monate später war ich in Garys Polizei- und Prozeßakten aus Multnomah County vertieft, als ich auf eine Anklage wegen Beihilfe zur Verführung und Vergewaltigung einer Minderjährigen stieß. Soweit ich es den Unterlagen entnehmen konnte, hatten Gary und ein anderer junger Mann ein paar minderjährige Mädchen betrunken gemacht und verführt, aber ich war nicht sicher, ob es tatsächlich so passiert war. Später kam ich mit einem Mann in Kontakt, der diese Sache miterlebt hatte – ein Mann, den ich Richard nennen will –, und er erklärte sich bereit, sich mit mir zu treffen und mir die näheren Umstände dieses Vorfalls zu erzählen.

Richard, ein gutaussehender, graubärtiger Mann von ungefähr zweiundfünfzig Jahren, hatte im Gegensatz zu vielen anderen von Garys Freunden, die ich treffen sollte, nichts Hartes oder Erschöpftes an sich. Im Gegenteil, er erschien mir wie ein freundlicher, ordentlicher Familienvater. Wie sich herausstellte, erwies sich die Erfahrung mit Gary als Wendepunkt in seinem Leben.

Richard hatte Gary bei der Arbeit kennengelernt. »Dein Bruder strahlte eine gewisse Reserviertheit aus«, sagte Richard, als wir uns beim Kaffee unterhielten. »Er benahm sich auch scheu und ängst-

lich, als wäre einfach alles zu neu für ihn. Ich konnte das sehr gut
verstehen. Ich war damals ziemlich einsam und litt schon immer an
Hörschwierigkeiten. Das hatte es mir erschwert, neue Freunde zu
finden. Ich war deswegen sehr gehemmt. Jedenfalls entschloß ich
mich, mich mit deinem Bruder anzufreunden. Ich wollte ihm bei-
stehen, ihm zeigen, wo das Werkzeug stand und wie man damit
umging, und wir trafen uns hin und wieder auf einen Drink.

Ich hatte im Nordosten von Portland ein Apartment. Ich kannte
ein paar Mädchen, die drei oder vier Straßen von meinem Haus
entfernt wohnten. Sie kamen gewöhnlich am Wochenende rüber.
Manchmal blieb eine von ihnen bis spät in die Nacht.

An diesem Dienstag morgen hatten Gary und ich Schicht gearbeitet, und er warf sich bei mir in die Falle. In der Frühe klopften
die Mädchen an die Tür und weckten uns beide auf. Sie hatten ihre
jüngere Schwester mitgebracht. Sie war ungefähr vierzehn. Sie war
auf dem Weg zur Hauptschule, und die anderen beiden waren auf
dem Weg zur High-School, und sie mußten irgendwo drüben am
Broadway einen Bus nehmen. Die beiden älteren Mädchen meinten, sie kämen noch rechtzeitig zum Unterricht, aber das jüngere
Mädchen – Anita – wollte nicht gehen. Die beiden älteren ver-
schwanden also, und Anita, Gary und ich saßen zusammen, redeten und spielten Karten. Ich sagte ihr immer wieder, sie solle lieber
nach Hause gehen, weil wir gegen halb vier am Nachmittag wieder
zur Arbeit müßten. Nach einer Weile sagte Gary: ›Also, vielleicht
gehe ich heute nicht arbeiten.‹ Ich sagte: ›In Ordnung‹, aber ich
erinnere mich, daß ich dachte: ›Zum Teufel, das ist *nicht* in Ordnung.‹ Aber Gary ließ sich nichts sagen, also stieg ich in meinen
Wagen und fuhr zur Arbeit.

Als ich nach Hause kam, lag Anita besinnungslos betrunken auf
dem Bett. Sie hatte nichts an außer einem dünnen Slip, und von
Gary war nirgends etwas zu sehen. Ich ließ sie schlafen, weil es ein
Uhr nachts war und sie ziemlich erledigt zu sein schien. Sie war
jedenfalls nicht aufzuwecken. Ich setzte mich in einen Sessel und
döste ein wenig. In der Frühe weckte ich sie, sagte ihr, sie solle sich

anziehen und nach Hause gehen. Natürlich wußte ich, daß die Sache ein böses Nachspiel haben würde, daher wartete ich nur ab. Am darauffolgenden Morgen ertönte ein lautes Hämmern an der Vordertür. Es war die Polizei mit einem Haftbefehl für mich.

Sie warfen mich gegen die Wand und legten mir Handschellen an, dann zerrten sie mich in ihren Wagen und brachten mich in die Innenstadt ins Gefängnis. Mein Bruder las von meiner Verhaftung in der Zeitung und stellte die Kaution, und ich erzählte ihm, wie die Geschichte gelaufen war. Dann setzte ich mich mit den Mädchen in Verbindung, um herauszufinden, was passiert war. Ich erfuhr, daß die Mutter auf eine Anklage drängte. Sie sagte, ihre Tochter sei vergewaltigt oder sonst irgendwie schändlich mißbraucht worden. Ich glaube eher, daß Gary sie verführt hat, aber aufgrund ihres Alters kam das einer Vergewaltigung gleich. Und weil es in meiner Wohnung passiert war, war ich der Komplize. Schließlich bezeugten die Mädchen, daß ich nichts damit zu tun hatte, und natürlich mußte ich Garys Namen herausrücken, um meine eigene Haut zu retten.«

Ein paar Tage später verhaftete die Polizei Gary in unserem Haus am Johnson Creek. Sie brachten ihn ins Stadtgefängnis von Portland und begannen, ihn und Richard in zwei aneinandergrenzenden Räumen zu vernehmen, um ihre Aussagen zu vergleichen. Einmal ließen die Polizisten Gary ein paar Minuten allein, um eine seiner Aussagen Richard vorzulegen. Gary rückte einen Hocker an das offene Fenster, schwang sich hinauf und sprang sechs Meter auf den Boden hinunter und rannte davon. Die Polizei hat ihn nicht erwischt.

Schließlich nahm Gary Rache an Richard, weil er ihn verraten hatte. Richard kam eines Abends nach Hause und stellte fest, daß eine Gitarre und ein Radio gestohlen worden waren, desgleichen fehlte eine seltene Taschenuhr – Richards einzige Erinnerung an seinen verstorbenen Vater. Später erfuhr er, daß Gary die Sachen gestohlen hatte. Richard bekam die Gitarre zurück – so verzogen, daß sie nicht mehr zu reparieren war –, aber obwohl er alle Leihhäuser der Stadt absuchte, konnte er die Uhr nie mehr finden. Als er mich an diesem Wintermorgen besuchte, hoffte er, ich würde sie ihm zurückgeben. Unglücklicherweise war mir das nicht möglich.

»Ich glaube, ich bin Gary gegenüber zu naiv gewesen«, sagte Richard, bevor er sich verabschiedete. »Da ich nach Freunden suchte, war ich ein leichtes Opfer und ich glaubte, Gary würde Zuneigung genauso nötig wie ich brauchen. Aber Gary hat auf unsere Freundschaft nichts gegeben. Ich hätte nie das Heim und das Vertrauen eines Freundes so mißbraucht, wie er es getan hat.«

Gary machte sich auf den Weg nach Kalifornien. In San Diego wohnte er bei einer alten Freundin und änderte seinen Namen. Er nannte sich jetzt John Rohr. Sein Leben dort war nicht viel anders als in Portland. In einem einzigen Monat schaffte er es, fünfmal verhaftet zu werden – wegen Verstößen, die vom Fahren ohne Führerschein bis zum Diebstahl von Alkohol reichten. Gary ging nach Texas, wo er wegen Landstreicherei aufgegriffen wurde. Die Polizei in El Paso fand heraus, daß John Rohr in Wirklichkeit Gary Gilmore war, der in Oregon wegen Vergewaltigung gesucht wurde. Sie schoben ihn in seine Heimatstadt ab.

Gary wurde ursprünglich wegen Vergewaltigung angeklagt, aber eine Komplikation stellte sich ein: Das Mädchen war schwanger geworden. Nach der Aussage meiner Mutter Dritten gegenüber erbot sich mein Vater, die Krankenhauskosten und einige Jahre Unterhalt für das Kind zu übernehmen, falls die Anklage wegen Vergewaltigung fallengelassen würde. Anitas Familie und die Staatsanwaltschaft willigten unter der Voraussetzung ein, daß Gary niemals wieder versuchen würde, mit dem Mädchen Kontakt aufzunehmen. Auch sollte er niemals den Versuch machen, das Kind zu sehen. Mitte 1960 wurde das Mädchen von einem Jungen entbunden. Weder kenne ich seinen Namen, noch habe ich versucht, ihn herauszufinden. Meine Mutter erzählte mir später, sie habe die Familie einmal besucht und das Baby auf dem Schoß gehalten. Bald darauf verließen das Mädchen und seine Familie

Oregon, dennoch hielt meine Mutter regelmäßigen Kontakt mit ihm. Der kleine Junge war nicht gestorben, wie Gary angenommen hatte. »Ich glaube nicht, daß Gary die Frau geliebt hat«, sagte meine Mutter, »aber wahrscheinlich hätte er das Kind geliebt. Es war besser für ihn zu glauben, es sei tot, und gar nicht erst zu versuchen, es zu sehen.«

Am Schluß bekam Gary doch noch ein Jahr Gefängnis wegen Diebstahls aufgebrummt, weil er zu einem früheren Zeitpunkt ein Auto gestohlen hatte, und im September 1960 wurde er der Oregon State Correctional Institution in Salem überstellt, auch als OSCI bekannt, einem Mittelding zwischen Kreisgefängnis und Zuchthaus. Bei seiner Aufnahmebefragung sagte Gary über seinen Vater: »Ich kenne ihn eigentlich nicht besonders gut. Er behandelt mich so, wie ich behandelt werden will.« Und über seine Mutter: »Eine sehr gute Frau, sie redet mir nicht drein. Sie hält mich für alt genug, meine eigenen Entscheidungen zu treffen, und mischt sich nie ein. Sie respektiert mein Urteil.« Gleichzeitig behauptete er, er habe sich in dieser Angelegenheit weder seinen Eltern noch sonst jemandem anvertraut. »Es wäre mir peinlich gewesen.« Im begleitenden psychologischen Gutachten hält der Befrager fest: »Gilmore agiert nach dem Lust/Schmerz-Prinzip, und seine Persönlichkeitsstruktur bleibt dem infantilen Muster der Selbstbefriedigung verhaftet. Dem liegt eine destruktive innerfamiliäre Geschichte mit einer unfähigen Mutter und einem dominierenden Vater zugrunde, der Autoritäten mit offener Feindschaft begegnet... Unter dynamischen Gesichtspunkten gesehen, handelt es sich um einen Häftling, der unter der Anleitung eines Vaters aufwuchs, der selbst unfähig war, seine Rolle als Autorität zu akzeptieren. Gilmore hat sich zweifellos aufs engste mit diesen Zügen identifiziert, und es wird darauf hingewiesen, daß sein Strafregister beträchtlich ist... Gilmore kann als eine gestörte Persönlichkeit angesehen werden.« Der Gutachter machte auch einen Vermerk über Garys ausgeprägte künstlerische Fähigkeiten und die hohe Punktzahl bei Intelligenztests. Das Ganze ergab ein besorgniserregendes Persönlichkeitsbild: ein außerordentlich gescheiter Junge, dazu verdammt, dumme und selbstzerstörerische Taten zu begehen.

Anläßlich von Garys Einweisung schrieb der Direktor des OSCI nach Texas, um die Geburtsurkunde meines Bruders anzufordern. In dem Brief, den er daraufhin erhielt, hieß es, es existiere keine Geburtsurkunde von einem Gary Gilmore; am selben Tag sei in McCamey ein Faye Robert Coffman geboren, Sohn eines Walter Coffman und einer Bessie Brown. Der Direktor schrieb an meine Eltern und bat sie, die Angelegenheit zu klären, aber meine Eltern weigerten sich zu antworten. Mein Vater hat nie jemandem die Wahrheit für den Gebrauch des Namens Coffman oder die Umstände dieser Reise in den Süden erzählt, und meine Mutter verhielt sich so, als sei die ganze Sache überhaupt nicht passiert. Trotz wiederholter Bitten von seiten des OSCI gaben meine Eltern keine Erklärung dafür ab.

Der Direktor bat einen dort anwesenden Sozialarbeiter, Gary über die Sache zu befragen. Gary erklärte, er habe keine Ahnung, wovon er rede, und bat, in seine Zelle zurückgebracht zu werden. Während der folgenden Nächte hatte Gary starke Kopfschmerzen. Es war der Beginn seiner immer wiederkehrenden Migräneanfälle – ein Leiden, das auch Frank jun., Gaylen und mich heimsuchte. Im Lauf der Jahre wurden Garys Migräneanfälle so schlimm und behinderten ihn so sehr, daß die Gefängnisleitung ihn mehrmals in Kliniken schickte, um den Grund für die Kopfschmerzen herauszufinden. Niemand konnte je die Ursache klären, und niemand fand ein Heilmittel dafür.

Die Frage seines Geburtsnamens begann Gary zunehmend zu beunruhigen. Er suchte den Sozialarbeiter mehrmals auf, um über die Angelegenheit zu sprechen. Zuerst bestritt Gary, daß das Dokument korrekt sein könnte, bis er eine Kopie der Urkunde sah. Gary weigerte sich jedoch, die Frage mit seinen Eltern zu besprechen. Weder er noch mein Vater gaben zu, daß sie von den falschen Namen wußten, und es dauerte einige Jahre, bis Gary mit meiner Mutter über die Angelegenheit sprach.

So sah das Leben meiner Erinnerung nach am Johnson Creek aus. Meine Eltern lieferten sich unbarmherzige Streitereien, mein Vater schleppte mich auf seinen Geschäftsreisen mit, und meine Brüder kamen und gingen, lebten ein Leben fern von zu Hause, das ich mir nicht vorstellen und an dem ich nicht teilhaben konnte.

Das Haus auf dem Hügel

Ich fahre an dem Haus auf dem Hügel vorbei, in dem wir einst wohnten – das Haus, in das wir zogen, nachdem wir von Johnson Creek weggegangen waren. Zwei Personen sitzen mit mir im Auto: die eine, ein berühmter Journalist, die andere, Nicole, Garys letzte Freundin. Es ist Spätnachmittag, und ich sehe, daß sich mein ehemaliges Zuhause ziemlich stark verändert hat. Ein Anbau ist hinzugekommen; ein Turm ragt sieben oder acht Stockwerke hoch in den Himmel hinauf. An dessen Spitze befindet sich ein Türmchen im viktorianischen Stil. »Das Haus Usher«, denke ich.

Seit Jahren wollte ich mein altes Zuhause wieder besuchen. Ich suchte nach einer Möglichkeit, wieder hineinzugelangen, um noch einmal darin herumzuwandern. Ich habe das Gefühl, als hätte ich dort etwas verloren oder zurückgelassen, und wenn ich die Räume noch einmal erforschen könnte, würde ich finden, was ich vermisse. Ich bin auch überzeugt, es gibt Geheimnisse dort, die ich wissen muß, und die einzige Möglichkeit, sie zu erfahren, ist, das Haus wieder zu betreten, aus dem ich einst geflohen bin.

Ein Schild steht davor: ZIMMER ZU VERMIETEN – OBERE STOCKWERKE. Der Reporter willigt ein, sich als meinen Bruder auszugeben und Nicole als unsere Schwester. Wir sind eine Familie, die ein neues Heim sucht. Wir treten durch die Vordertür in einen Raum, der früher das Wohnzimmer war. Jetzt ist es eine Art Hauptbüro, obwohl es genauso ausgestattet ist wie das Foyer der Leichenhalle, wo die Trauerfeiern für meinen Vater, meine Mutter und meinen Bruder Gaylen stattgefunden hatten. In der Mitte des Raumes steht ein Schreibtisch, an dem eine nette ältere Frau sitzt. Ich denke: »So viel ist in diesem Raum geschehen; jetzt erkenne ich ihn kaum wieder.« Dennoch weiß ich, daß im Innern dieses Hauses noch etwas zurückgeblieben ist. Ich spüre es in der Luft, die mich umgibt. Es fühlt sich dumpf und bösartig an.

Die Frau arrangiert einen Besichtigungsrundgang für uns. Sie sagt, wir sollten nicht zu lange bleiben, weil nach Einbruch der Dunkelheit alle Angestellten gingen. Dann würden die Busse nicht mehr fahren, und wir hätten Schwierigkeiten, wieder in die Stadt zurückzukommen.

Wir steigen enge, gewundene Treppen hinauf und betreten viele Zimmer. Manche Zimmer haben rohe Dielenböden, und in der Mitte dieser Räume sind Falltüren, die ins Nichts hinunterführen. Andere Zimmer haben keine Fenster, sie ähneln kalten Büros.

In jedem Raum treffe ich Leute, die mir ihre Geschichte erzäh-

*len wollen. Die Geschichten gehen endlos weiter und weiter. Ich
weiß nicht mehr viel von diesen Geschichten, außer daß sie
zumeist so traurig sind wie die Leute, die sie erzählen.*

*Während ich mich dem obersten Geschoß des Hauses nähere,
stelle ich fest, daß die Räume leer sind. Ich bemerke, daß ich
meinen Freund, den Reporter, und Nicole aus den Augen verloren habe. Ich gehe die Treppen wieder hinunter, um sie zu
suchen. Ich sehe, daß es jetzt dunkel wird. Ich sehe auch, daß
sich das Gelände um das Haus verändert hat. Schienenstränge
umschließen jetzt das Gebäude, die sich in eine leere Ferne
erstrecken, in der gelegentlich nur ein Signallicht aufblinkt.*

*Ich gehe ins Haus zurück, auf der Suche nach jemandem, der
mich von hier wegbringen könnte, aber alle Räume sind entweder leer oder versperrt. Ich bemerke, daß ich allein hier zurückgeblieben bin und mein einziger Gefährte jenes Böse ist, das ich
zuvor beim Betreten des Hauses gespürt hatte. Ich bin allein im
Haus mit seinem Bösen, und ich muß hierbleiben.*

*In panischem Schrecken wache ich auf und bin sicher, daß
gerade jemand das Zimmer betreten hat, in dem ich schlafe.*

Anfang November 1960 zogen wir in ein neues Haus. Es befand
sich am Südrand von Milwaukie, und lag damit direkt hinter den
Schienen, die bei unserem alten Haus am Johnson Creek Boulevard vorbeiführten. Milwaukie zählte zu den größeren Städten von
Clackamas County, und war eine wesentlich ländlichere Gegend
als Multnomah County, die Umgebung von Portland. In Clackamas gab es nicht die Art von Zerstreuungen, die Multnomah bot:
Nachtklubs, Bordelle, Schwulenbars und rund um die Uhr geöff-
neten Kinos, die Portland für abenteuerlustige Nachtschwärmer so
anziehend machten. Dennoch haftete dem Ort etwas Düsteres an.
In Clackamas war es möglich, in völliger Isolation und Gleichgültigkeit zu leben. Multnomah verzeichnete vielleicht mehr Raub-
überfälle oder Drogendelikte, aber in der Umgebung von Milwaukie gab es eine unterschwellige Bösartigkeit.

Natürlich wußten wir davon nichts, als wir unser neues Haus bezogen. Mein Vater hatte inzwischen ein ordentliches Einkommen, und als die Familie wohlhabender wurde, nahm meine Mutter ihren alten Kampf für ein besseres Haus wieder auf. Bis zu einem gewissen Grad wollte sie wahrscheinlich nur die Art von hübschem Heim, das ihre Schwestern und deren Familien zu Hause in Utah schon lange besaßen. Aber sie wollte ihren Söhnen auch zu einem neuen Anfang verhelfen. Sie glaubte, wenn Gary aus dem OSCI entlassen und in die Welt von Johnson Creek zurückkehrte, würde er ganz einfach wieder den alten Gewohnheiten und schlechter Gesellschaft verfallen. Wenn er aber in eine bessere Wohngegend mit höherem Lebensstandard käme, genügte das vielleicht schon, um ihn zu ändern. Schließlich ließ mein Vater sich überzeugen, daß es an der Zeit war, seiner Familie einen höheren Rang auf der sozialen Leiter zu verschaffen. Soweit war die Idee nicht schlecht. Meine Eltern verstanden aber nicht, daß es weitaus wichtiger war, was sich im Innern eines Hauses abspielte, als in welcher Straße es lag. Vielleicht war es zu spät, um das zu begreifen.

Wie auch immer, wir bekamen ein neues Heim in der vornehmen Oatfield Road. Das Haus stand auf dem höchsten Punkt von Milwaukies hübschestem Hügel. Damals war es ein zweistöckiges graues Gebäude, das von der Straße zurückgesetzt hoch oben in einem eingezäunten Hof lag. Ein paar breite Stufen führten hinauf zu der großen, von quadratischen Säulen gestützten Veranda, auf der eine Schaukel hing. Links vom Haus befand sich ein großer Hof, und links von diesem Hof gab es eine lange Auffahrt, die um ein tropfenförmiges Gartenstück führte. Dahinter schloß sich ein weiterer großflächiger Hof mit einem Kirschbaum in der Mitte an.

Betrat man das Haus durch die Vordertür, kam man in ein Wohnzimmer mit einem backsteingemauerten Kamin an der Rückwand. Rechts davon befand sich eine doppelte Schiebetür, die ins Eßzimmer führte, und daneben war die Küche. Auf der Rückseite des Hauses lag ein verglaster Wintergarten. Im Obergeschoß gab es

vier Schlafzimmer, das große Badezimmer und eine weitere verglaste Veranda. Von den oberen Fenstern konnte man die Kirchtürme
und Dächer von Milwaukie sehen, dahinter die Skyline und bei
Nacht die Lichter des dreizehn Kilometer entfernten Portland. Es
war ein faszinierender Ausblick.

Ich liebte dieses Haus, aber ich begann es auch zu fürchten. Es ist
fraglos das wichtigste Haus meines Lebens. Es vergeht keine Woche, ohne daß ich nicht von ihm träume.

Ich weiß, wenn ich dorthin zurückkehren könnte, täte ich es. Als
ich vor ein paar Jahren in Portland wohnte, schrieb ich an die
Leute, die damals in unserem alten Haus lebten. Ich teilte ihnen
mit, daß ich an einem Buch über meine Familie arbeiten würde,
und fragte, ob ich einen kurzen Besuch machen dürfte. Ich habe
nie eine Antwort erhalten. Ich kann es ihnen nicht verdenken. Ich
bin nicht sicher, ob es mir gefallen würde, wenn jemand mit einer
so schlimmen Familienvergangenheit in mein Haus käme.

Meine Mutter betrachtete also diesen Umzug als einen Neubeginn
für die Familie. Das war das Heim, das sie sich immer gewünscht
hatte. Sie begann, den Hof mit kunstvoll zusammengestellten Blu-
menbeeten zu schmücken, während das Haus mit edlen, aus Eu-
ropa und Asien importierten Möbeln ausgestattet wurde. Ich
glaube, sie hoffte, ein neues, besseres Heim würde die Familie
rehabilitieren, es würde meine ungeratenen Brüder mit Stolz erfüllen und gleichzeitig den Glauben und die Unterstützung meines
Vaters für seine Söhne zurückgewinnen. Wir sollten die Familie
auf dem Hügel sein, nicht die bei den Bahngleisen.

Aber es geschah etwas, womit keiner von uns gerechnet hatte:
Der Tod holte uns ein.

Es gibt eine Episode, die ich immer als Vorboten für diese Entwicklung angesehen habe, obwohl ich nicht genau sagen kann,
warum ich das so empfinde.

Ich war gerade in die dritte Grundschulklasse gekommen. Mein
Vater fuhr mich gewöhnlich nach Milwaukie zur Schule und nahm

mich danach wieder mit nach Hause; er wollte nicht, daß ich mit den anderen Kindern den Schulbus benutzte. Eines Nachmittags Anfang Dezember hatte es im Willamettetal stark zu schneien begonnen. Am Ende des Unterrichts rieten uns die Lehrer, am nächsten Morgen den Wetterbericht zu hören, da sie davon ausgingen, daß aufgrund der Schneeverhältnisse kein Unterricht stattfinden würde. An diesem Nachmittag um Viertel nach vier wartete ich vor der Schule auf den grünen Kombi meines Vaters. Er hatte sich an diesem Tag verspätet, etwas, das noch nie vorgekommen war, und das flößte mir ein Gefühl des Unheils ein.

Als er schließlich auftauchte, lange nachdem alle Schulbusse abgefahren waren, lag ein besorgter Ausdruck auf seinem Gesicht. »Was immer du auch tust«, instruierte er mich, »sag nichts zu deiner Mutter, was sie aufregen könnte. Den ganzen Tag waren die Maler und Dekorateure im Haus, und alle Farben und Muster gefallen ihr nicht, am wenigsten die Bodenfliesen in der Küche. Sie will das ganze verdammte Haus neu machen lassen, und im Moment ist sie vollkommen durchgedreht.« Diese Bemerkung, auf die andere vielleicht mit Humor, Abscheu oder Ermattung reagiert hätten, ließ mich gefrieren und flößte mir echtes Entsetzen ein, zum Teil, weil das hieß, daß wir es wieder mit dem schrecklichen Irrsinn und dem unkalkulierbaren Verhalten meiner Mutter zu tun bekamen. Aber es steckte mehr darin als das. Als wir die schneebedeckte Oatfield Road hinauffuhren, fiel mir an der Art meines Vaters etwas auf, das etwas ganz Neues anzukündigen schien: eine Müdigkeit und Trauer, die ich zuvor nie an ihm bemerkt hatte, und das ängstigte mich sogar noch mehr als die überschäumende Wut, die ich von ihm kannte. Möglicherweise hatte mein Vater noch mehr Hoffnungen in die heilsame Wirkung dieses Hauses gesteckt als der Rest von uns. Vielleicht dachte er, daß unsere Familie mit dem Kauf des neuen Hauses nicht nur Ansehen, sondern auch dauerhaften Frieden mit meiner Mutter gewinnen würde. Aber das war eine Täuschung. Meine Mutter wollte jede Kleinigkeit im Haus perfekt haben, und wenn etwas nicht ihren Vorstellungen entsprach, ging sie auf meinen Vater los, der ihr einfach nachgab und dann das Zimmer verließ. Von diesem Zeitpunkt an erschien er mir zunehmend als müder, hilfloser Mann, als jemand, der sich bloß nach ein bißchen Ruhe sehnte und den all die Schwierigkeiten zusehends mehr auslaugten.

Zum anderen hieß die Bemerkung meines Vaters über meine Mutter natürlich, daß während der nächsten Tage zu Hause die Hölle los sein würde. Nachdem meine Mutter alles neu tapezieren und streichen ließ, war für die übrigen Familienmitglieder eigentlich gar kein Platz im Haus. Es gab einen engen Treppenaufgang zwischen der Küche im Parterre, dem Badezimmer und zwei der oberen Schlafzimmer, den wir benutzen konnten. Die Wände durften wir nicht berühren. Wenn wir das taten, gab es ein furchtbares Theater. Ergebnis war, daß sich während der nächsten Tage jeder, der im Haus wohnen wollte (was für uns alle zutraf, da es draußen Stein und Bein fror), im Eßzimmer aufhalten mußte, das bereits mit einem Fernseher, unausgepackten Kisten und Möbeln vollgestopft war. So drängten sich während der Zeit, in der die Familie nicht schlief, dort zwei Erwachsene und drei unruhige Jungen. Ich hatte mir bereits eine Ecke eingerichtet, wo ich sitzen und meine Lieblingsgeschichten lesen konnte: Geschichten von Jesus, Monstern, Odysseus und Kapitän Ahab.

An diesem Spätnachmittag, als mein Vater und ich durch die Hintertür in den Küchentrakt traten, sah ich meine Brüder Frank und Gaylen am Eßtisch sitzen, und sie machten eindeutig einen gereizten Eindruck. Meine Mutter saß auf einem Eisenstuhl in einer Ecke, die Arme über der Brust verschränkt, und studierte das Muster der frisch verlegten Bodenfliesen. Ein paar Tage zuvor, als sie diese Fliesen ausgesucht hatte, war es ihrer Meinung nach eines der hübschesten Muster gewesen, das sie je gesehen habe. Jetzt allerdings bezeichnete sie es als Ausgeburt einer Horrorvision, während sie grübelnd auf den Boden starrte. Ich sah sie dort sitzen, und sofort empfand ich großes Mitgefühl für sie. Ich erkannte nicht nur den üblichen Zorn, sondern ich glaube, ich erkannte auch die verborgenen Zwänge eines Denkens, das sich mit so tiefem Kummer und Ärger herumschlagen mußte, daß seine sehnlichsten Wünsche und seine schlimmsten Ängste ein und dasselbe waren. Ich erinnere mich, daß ich in diesem Augenblick einfach zu ihr hingehen, sie umarmen und trösten wollte. Am liebsten hätte ich ihr gesagt, daß ich sie verstand, daß sie haben sollte, was sie sich wünschte; sie sollte ein Fliesenmuster bekommen, das ihrem merkwürdigen Ordnungssinn wirklich entsprach.

Ich weiß noch, daß ich diesem Impuls nachgab. Ich ging zu meiner Mutter. Ich umarmte sie und küßte sie auf die Wange – Dinge, die uns allen verboten waren, die immer schon tabu gewesen waren. Als nächstes erinnere ich mich, daß ich quer durchs Zimmer gestoßen wurde. »Bleib mir vom Leib, du kleiner Mistkerl«, schrie sie. Sofort sprang mein Vater mit erhobener Faust auf, meine Brüder schoben sich zwischen ihn und meine Mutter und versuchten, die beiden zu beruhigen, und ich hielt mich an meinem Vater fest, streckte die Hände nach meiner Mutter aus und versuchte, alles wieder gutzumachen. Ich erinnere mich, daß mein Vater mich aus der Tür schleifte, und meine Mutter, der es leid tat, was sie getan hatte, streckte die Arme aus und rief: »Nein, Frank, bring ihn zurück! Verzeih mir. Du weißt, wie sehr ich ihn liebe!« Und ich erinnere mich, daß Gaylen sagte: »Jesus, ich haue hier ab, ich kann diesen Scheiß nicht mehr ertragen«, und dann folgte uns Frank jun. zum Wagen hinaus. Mein Vater, meine Brüder und ich fuhren zu einem chinesischen Restaurant, und es war schon dunkel, als wir zurückkamen. Während wir dort waren, hatte meine Mutter Schokoladenplätzchen für mich gebacken, die nun bereitstanden. Es waren meine Lieblingskekse, und sie war überhaupt die beste Köchin, die ich kannte. Inzwischen hatte sie außerdem entschieden, daß ihr das Muster der Bodenfliesen nicht so wichtig war, und daß sie gerne damit leben wollte – vorausgesetzt allerdings, die gesamten Tapeten im Parterre würden in einem anderen Farbton erneuert werden. »Ist gut«, sagte mein Vater. »Wie du willst.«

Meine Eltern taten mir in diesem Moment furchtbar leid – mein Vater deswegen, weil ich erkannte, daß er ein gebrochener, zerstörter, dem Untergang geweihter Mann war, und meine Mutter, weil ich wußte, daß sie nichts davon wirklich wollte und daß sie mit dieser Enttäuschung bis an ihr Ende leben müßte. Das Komische daran ist, daß es sich um ganz normale Fliesen handelte, die man immer noch in vielen Küchen und Badezimmern findet. Nie sehe ich sie, ohne mich an jenen Tag zu erinnern, ohne mich daran zu erinnern, was in dieser verwunschenen Villa bald geschehen sollte.

Eines Spätnachmittags im Winter war meine Mutter allein zu Hause und arbeitete in der Küche. Sie hörte ein merkwürdiges Geräusch aus dem angrenzenden Eßzimmer und sah um die Ecke, gerade noch rechtzeitig, um die Gestalt eines Mannes durch die Glastüren des Wintergartens verschwinden zu sehen. Sie glaubte, es sei Frank jun. oder Gaylen, der früh nach Hause gekommen war. Sie öffnete die Tür zu dem Zimmer, aber niemand befand sich dort.

Man hätte es als ein weiteres Beispiel der übersteigerten Fantasie meiner Mutter abtun können, wenn diese Vorfälle nicht weiterhin passiert wären. Eines Abends, ein oder zwei Wochen später, saß Gaylen im Wintergarten vor einem unserer vier Fernsehgeräte. Die Tür sprang auf, und ein weißgekleideter Mann mit grauem Haar starrte ihn einen Moment an und schritt dann rückwärts wieder hinaus. Gaylen ging zu meiner Mutter und fragte sie, wer der Fremde sei. »Welcher Fremde?« fragte sie.

Bevor wir in das Haus in der Oatfield Road einzogen, hatte es einem bekannten hiesigen Arzt gehört. Wie wir gehört hatten, war der Arzt in dem Haus auf einem Sofa im Wintergarten gestorben. War das nun der Stoff für eine typische Spukgeschichte? Starb dieser Arzt als unglücklicher, bedrückter Mensch? Soweit ich weiß, nicht. Was also band ihn an das Haus, in dem er gestorben war? Warum mußte er unbedingt an diesem Ort herumspuken?

Diese Fragen zählten kaum. Sobald meine Mutter von der Geschichte gehört hatte, war sie überzeugt, wir lebten wieder in einem fluchbeladenen Haus. Eine Zeitlang überlegte sie sich sogar, das Haus aufzugeben, aber mein Vater ließ sich nicht dazu bewegen. Dennoch geschahen weiterhin seltsame Dinge. Ich sage es noch einmal: Ich glaube nicht an Geister. Aber wie alle in meiner Familie hörte und spürte ich seltsame Dinge in diesem Haus, die ich mir nicht erklären konnte. Zwischen den Wänden von zwei der oberen Schlafzimmer war ein ungewöhnlich großer Zwischenraum auszumachen, und wir konnten uns nicht erklären, was der Grund dafür war oder was er enthalten mochte. Das Haus hatte einen Dachboden, aber es gab keinen Zugang dazu. Vielleicht hatte sich in dem Zwischenraum einmal eine enge Treppe befunden, aber vielleicht war sie versiegelt worden, nachdem das Böse des Hauses oberhalb der Treppe in die Falle gegangen war. Jedenfalls hörten wir alle in diesem Teil des Hauses unerklärliche Laute: das Geräusch von schweren Atemzügen oder schmerzlichen Seufzern sowie nächtliche Stimmen, die sich murmelnd unterhielten. Eine Zeitlang vertrat Gaylen tatsächlich die Theorie, eine andere Familie wohne vielleicht auf dem uns unzugänglichen Dachboden. Sie hätten das Gesicht meiner Mutter sehen sollen, als Gaylen diese Ansicht verkündete.

Nein, ich glaube nicht an Geister, aber eines weiß ich: Es gab Räume in diesem Haus – wie der Wintergarten etwa, der auf mich immer einen schrecklich bedrückenden und unbehaglichen Eindruck machte –, die es nicht gern hatten, wenn man sie betrat, und immer wenn ich durch den oberen Gang ging, tat ich das so schnell, wie ich konnte. Stets fühlte es sich so an, als verfolge mich etwas, wenn ich mich in diesem Teil des Hauses bewegte.

Mein Vater unternahm weiterhin seine Geschäftsreisen nach Seattle, und ich begleitete ihn dabei. Zu dieser Zeit gab es deswegen zwischen meinen Eltern keine Streitereien. Ich glaube, meine Mutter hatte sich allmählich damit abgefunden. Ihr neues Haus hielt sie auch zunehmend auf Trab. Unablässig war sie damit beschäftigt, die wichtigen Räume mit erlesenen Möbeln im viktorianischen Stil auszustatten: Tische mit Marmorplatten, samtbezogene Sessel, Beistelltische mit Intarsien aus vergoldeten Blättern. Sie verbrachte auch unzählige Stunden damit, den Hof zu begrünen. Sie pflanzte seltene japanische Bäume vor dem Haus und legte in dem Rasenstück bei der Auffahrt einen hübschen Blumengarten an. Ich glaube, all die Arbeit muß ihr Spaß gemacht haben, obwohl sie nie so ganz diesen Eindruck vermittelte. Eine winzige Unvollkommenheit oder ein Fehler an einem neuen Möbelstück genügte, um meine Mutter in Raserei oder Depression zu treiben, und wenn die Blumenbeete im Garten nicht so wurden, wie sie es geplant hatte, riß sie die störenden Pflanzen wieder heraus, schlug auf sie ein und marschierte dann stampfend ins Haus zurück. Sie knallte ein paar Türen zu und saß schließlich weinend an ihrem Küchentisch. Jeder war klug genug, meiner Mutter aus dem Weg zu gehen, wenn sie im Garten arbeitete.

In Seattle ließen sich mein Vater und ich in dem Viertel um die King Avenue nieder. Unten an der Ecke gab es ein Kaufhaus mit einem guten Schnellimbiß, daneben einen bestens sortierten Buchladen, der auch die neuesten Comics führte. Wir wohnten nur zwei bis drei Kilometer vom Stadtkern entfernt, und wie üblich konnte ich kommen und gehen, wann ich wollte. Das war während der Zeit, als in Seattle die Weltausstellung stattfand, und ich besuchte das Gelände mehrere Male. Eines Tages kam John Glenn zur Ausstellung, und ich durfte dem Astronauten die Hand schütteln. Ich eilte nach Hause, um es meinem Vater zu erzählen. Er war stolz auf mich. Beide hatten wir damals den ganzen Tag lang im Fernsehen verfolgt, wie Glenn seine aufregenden Erdumrundungen absolvierte.

In einem Apartmentgebäude neben uns wohnte ein älteres Ehepaar mit einem Sohn im Teenageralter. Aus irgendeinem Grund mochte mein Vater diese Familie recht gern, und während der Woche verbrachten wir einige Abende mit ihnen. Mein Vater hatte immer Geschenke für sie dabei, und manchmal saß er mit dem Mann zusammen – sein Name war Walt –, trank ein oder zwei

Biere und spielte Karten mit ihm. Der Name des Sohnes war Larry, und er zeigte ein gewisses Interesse für mich. Er behandelte mich so, wie ich von meinen Brüdern immer behandelt werden wollte. Immer wenn ein alter Klassiker im Fernsehen lief wie *Der Seewolf* oder *Der letzte Mohikaner* holte mich Larry hinüber, machte Popcorn für uns und versuchte mir dann, die tiefere Bedeutung der Filme zu erklären. Larry nahm mich auch ins Theater und in Museen mit und kaufte mir verschiedene Bücher. Er schenkte mir eine illustrierte Ausgabe von *Moby Dick* und brachte mir bei, daß es bei der Geschichte um mehr geht als um einen Wal.

Heute glaube ich, daß Walt einer der illegitimen Söhne meines Vaters war und Larry damit mein Neffe. Aber es dauerte Jahre, bis ich das begriff. In letzter Zeit habe ich versucht, diese Familie wiederzufinden, aber wie so viele Menschen, die wir einst geliebt oder gehaßt haben, sind sie im Nebel der Vergangenheit verschwunden.

Zu Hause in Milwaukie spitzte sich die Situation zu. Mein Bruder Gaylen verließ die High-School. Er hatte den Eindruck, daß die Lehrer ihm eigentlich nichts mehr beibringen konnten, und die Schulleitung war froh, ihn loszuwerden. Er ging zur US-Marine, aber dieses Abenteuer dauerte weniger als einen Monat. Nachdem er der Truppe fünfmal unerlaubt ferngeblieben und noch öfter betrunken erschienen war, wußten seine Vorgesetzten, daß Gaylen keine Aussichten auf eine militärische Karriere hatte, und schickten ihn nach einer ehrenhaften Entlassung nach Hause.

Im Herbst 1961 kam Gary dann aus dem OSCI zurück. Während seines Aufenthalts in diesem Gefängnis hatte er sich einige Schwierigkeiten eingehandelt. Er hatte sich stets gegen jede Autorität aufgelehnt, und die Aufseher stellten bei mehreren Gelegenheiten fest, daß sich Gary zu älteren Mithäftlingen besonders gemein verhielt und einige Male sogar ihr Leben bedrohte. Die Wut in Gary wurde so stark, daß er wiederholt den Straferlaß verspielte und seine Haftzeit schließlich verlängert wurde.

Der Gutachter, der bei der Entlassung die Beurteilung meines Bruders schrieb, stellte fest, daß sich Gary im Gefängnis wenig anpassungsfähig gezeigt habe. »Er wurde dreiundzwanzigmal wegen Disziplinarverstößen gemeldet, hauptsächlich wegen größerer Vergehen«, gab der Gutachter zu Protokoll. »Schlägereien, Arbeitsverweigerung, Ungehorsam und Respektlosigkeit waren die charakteristischen Reaktionen des Häftlings auf die Vollzugsbeamten und seine Haftsituation... Zu keiner Zeit zeigte Gilmore irgendein Interesse an beruflichen Zielen oder beruflicher Fortbildung... Der Häftling nahm an keinem der Ausbildungsprogramme teil, obwohl er aufgrund seiner geistigen Fähigkeiten zu intelligenterem Verhalten in der Lage gewesen wäre, als er es uns zeigte... Gilmore machte deutlich, daß er kein Interesse an Freizeitaktivitäten verspürte, und er sah keine Notwendigkeit, daran etwas zu ändern. Wie sein Führungszeugnis dokumentiert, war der Häftling nicht in der Lage, zum Aufsichtspersonal oder zu den Betreuern eine Beziehung herzustellen. Seine Außenkontakte waren schließlich auf Mutter und Vater beschränkt, die ihren Sohn immer nur entschuldigten, ihm verziehen und unablässig nachgaben. Gilmore hat keine Pläne für die Zeit nach seiner Entlassung, und aufgrund der Aussagen des Häftlings wird angenommen, daß er nicht vorhat, nach seiner Freilassung eine Arbeit aufzunehmen, sondern daß er einfach bei seinen Eltern leben will.«

Doch Gary kam als ein veränderter Mensch aus dem OSCI zurück. Was seine Erwartungen und Wünsche betraf, war er zwar ein Junge geblieben, aber in jeder anderen Hinsicht war er zu einem gefährlichen Mann geworden. »Er war damals brutal«, erinnerte sich mein Bruder Frank. »Er wurde auf dich wütend; er sagte, er könne dich töten, dich verletzen oder fertigmachen. Mit ihm war nicht vernünftig zu reden. Manchmal hatte ich den Eindruck, daß er nur nach einem Vorwand suchte, um jemandem weh zu tun.«

Das ist der Gary, wie ich ihn größtenteils in meiner Kindheit erlebt habe. Er war einundzwanzig, aber er kleidete sich wie ein Mann in reiferem Alter. Er trug einen schäbigen schwarzen Regenmantel und einen Schlapphut aus Leder. Er beobachtete die Leute in seiner Umgebung mit einem abschätzigen und argwöhnischen Grinsen, und benahm sich wie ein Mann, der wußte, daß alles um ihn herum zu einer Bedrohung werden konnte. Interessanterweise blühten nach seiner Rückkehr aus dem OSCI seine künstlerischen Talente ungeheuer auf. Wenn ich sage, Gary sei ein Künstler gewesen, meine ich damit nicht, daß er einfach nur gut zeichen konnte oder daß er Ambitionen hatte. Die Wahrheit ist, daß er mit bemerkenswerter Klarheit und großem Einfühlungsvermögen zeichnete und malte. Die besten seiner Arbeiten hatten die Einsamkeit ausstrahlende und beschwörerische Kraft eines Andrew Wyeth oder Edward Hopper. Seine Themen kreisten fast immer nur um Tod und Kindheit. Das verstörendste Bild, das er vielleicht je geschaffen hat, ein Bild, das später von vielen seiner Gefängniskumpel erwähnt wurde, war eine Studie von Kindern, die gerade eine Horrorszene im Kino erleben. Man sieht das entsetzliche Leinwandgeschehen nicht, das sie verfolgen, aber man nimmt wahr, was in ihren Gesichtern vorgeht. Alles dreht sich hier um Angst und Faszination, die aus der Erfahrung erwachsen, daß es auf der Welt Ungeheuer gibt, die einen zerreißen werden, und daß man sich nicht davor zu schützen vermag.

Doch seine künstlerische Begabung schien Gary nie viel zu bedeuten. Warum zog er das Leben eines Kriminellen dem eines Künstlers vor? Ich weiß es nicht, aber ich habe mich das sehr oft gefragt.

Eines Nachmittags, als nur Gary und ich im Haus waren, versuchte ich, ihn dazu zu bewegen, mir ein paar Grundbegriffe des Zeichnens beizubringen. An diesem Tag trank er Hustensaft, und die Art, wie er höflich, aber ungerührt lachte, signalisierte: »Auf keinen Fall!« Ich versuchte, Gary aus seiner Gleichgültigkeit zu holen; ich sagte ihm, ich hielte es für möglich, daß er ein angesehener und erfolgreicher Künstler werden könne, wenn er wolle. Er spülte seinen Hustensaft mit einem Schluck Bier hinunter, sah mich an und lächelte. »Du möchtest wissen, wie man ein Künstler wird?« sagte er. »Dann lerne, wie man eine Möse leckt. Das ist die einzige Kunst, die du je lernen mußt.«

Trotz all dieser schlechten Vorzeichen schafften wir es Ende 1961 irgendwie, ein schönes Weihnachtsfest zu verleben. Mein Vater hatte das Haus und den Garten von oben bis unten mit bunten Lichtern verziert, und meine Mutter schmückte den hübschesten Baum, den ich je sah. Blaue Kugeln und blaue Kerzen hatte sie dafür ausgewählt.

Meine Eltern kauften allen prachtvolle Geschenke – Gary und Gaylen bekamen Autos, glaube ich –, und zum erstenmal hatten wir ein friedliches Festessen. Mein Vater und Gary vertrugen sich an diesem Tag. Ich erinnere mich, daß Gary meinem Vater sagte: »Ich bin dankbar für alles, was du für mich getan hast. Es ist schön, nach Hause zu kommen.« Mein Vater antwortete: »Du weißt, daß ich dich liebe, mein Sohn. Ich wünsche dir alles Gute, und ich bin da, um dir zu helfen.« Der Tag endete damit, daß meine Mutter auf ihrem neuen Klavier spielte, das sie an eine Wand im Eßzimmer gerückt hatte. Die ganze Familie saß um sie herum, während sie ein Weihnachtslied nach dem anderen vortrug, und wir sangen alle mit, sechs schreckliche Stimmen, die die heiligste Nacht des Jahres mit ihrem Mißklang erfüllten. Es war das erste Mal, daß wir so feierten.

Es war auch das letzte Mal. Weder mein Vater noch Gary sollten noch einmal Weihnachten mit der Familie erleben.

Der Tod
eines Handlungsreisenden

Während unseres Aufenthalts in Seattle kam meine Mutter gewöhnlich zu Besuch, und sie blieb von nun an immer länger. In den
ersten beiden Monaten des Jahres 1962 hätte sie uns sonst auch
nicht zu Gesicht bekommen.

Denn während dieser Zeit begann mein Vater, sich ungewöhnlich müde und krank zu fühlen. Eines Tages entdeckte er eine
Geschwulst an seinem Hals, ungefähr von der Größe eines halben
Dollars. Ich begleitete ihn, als wir den Arzt aufsuchten. Der Arzt
erklärte meinem Vater, daß er keine sofortige Diagnose stellen
könne und daß mein Vater in ein Krankenhaus gehen müsse, wo

man die Geschwulst entfernen und untersuchen werde. Meine Mutter kam zu uns, um während dieser Zeit bei meinem Vater zu sein und für mich zu sorgen, solange er im Krankenhaus lag.

Am Tag nach der Operation fuhren meine Mutter und ich mit dem Bus zum Schwedischen Krankenhaus in Seattle. Es war ein bedeckter Frühlingstag am Puget Sund – einer jener Tage, an dem über der Stadt Meeresluft lag und einen fauligen Geruch verbreitete. Als wir in das Zimmer meines Vaters kamen, saß er in seinem Bett. Er trug ein blaßblaues Hemd und sah zerbrechlicher aus, als ich ihn je gesehen hatte, aber er schien sich über unseren Besuch zu freuen. Er sagte meiner Mutter, er glaube, die Operation sei erfolgreich verlaufen, und er fühle sich bereits besser. Er hoffe, in ein paar Tagen wieder herauszukommen. Der Arzt, ein großer, stämmiger Deutscher, trat ins Zimmer, um nach meinem Vater zu sehen, und fragte dann, ob meine Mutter einen Moment mit in sein Büro kommen könne.

Der Arzt führte meine Mutter über den Gang und erklärte ihr dann, daß mein Vater Dickdarmkrebs habe und keine Überlebenschance mehr bestehe. Der Arzt hielt es für besser, wenn meinem Vater diese Nachricht von meiner Mutter und nicht von einem der Ärzte überbracht wurde. Doch meine Mutter weigerte sich, es ihm zu sagen. Sie bestand auch darauf, daß der Arzt ihn nicht über seinen Zustand aufklärte. »Er könnte mit diesem Wissen nicht leben«, sagte sie.

In der Zwischenzeit war ich bei meinem Vater geblieben. Er versuchte, ein Gespräch aufrechtzuerhalten, aber ich merkte, daß er abgelenkt war. Immer wieder sah er zur Tür und wartete darauf, daß meine Mutter zurückkam.

Ein paar Minuten später stand meine Mutter wieder an seinem Bett. »Was hat der Arzt gesagt, Bessie?« fragte mein Vater.

»Ach, nicht viel, Frank. Er meinte nur, ich solle ein paar Tage hierbleiben, um dir beizustehen, wenn du herauskommst. Er befürchtet, du könntest dich vielleicht nach der Operation überanstrengen.«

Meinen Vater schienen diese Worte zu erleichtern, und wir unterhielten uns noch eine Weile. Er erzählte ein paar seiner abgedroschenen Witze, und wir lachten darüber. Dann sagte meine Mutter, es sei Zeit für sie und für mich, nach Hause zu gehen. »Du weißt, ich will abends nicht zu spät unterwegs sein«, sagte sie, beugte sich vor und küßte meinen Vater auf die Stirn. In diesem Moment erkannte ich an dem düsteren Ausdruck, der kurz über ihr Gesicht glitt, daß etwas bevorstand.

Sobald meine Mutter und ich in der Eingangshalle waren, sank sie auf einen Stuhl. Sie bedeckte das Gesicht mit den Händen und brach in Tränen aus.

»Was ist los?« fragte ich.

»Dein Vater wird sterben. Er hat Krebs, und die Ärzte können ihm nicht helfen. Er wird nur noch ein paar Monate bei uns sein.«

Ich versuche, mich so aufrichtig und lebhaft wie möglich an meine damaligen Gefühle zu erinnern. Ich weiß, daß ich ruhig geblieben bin. Ich empfand keine Angst, und ich weinte nicht. Allerdings tat mir meine Mutter furchtbar leid. Einige Augenblicke lang schien es so, als wäre sie selbst nicht in der Lage, mit diesem Wissen zu leben. Abgesehen davon, war mein erster Gedanke, daß ich jetzt einsamer sein würde, aber daß das in Ordnung sei. Ich hatte bereits gelernt, in einem gewissen Abstand zu der Welt um mich herum zu leben, und ich hatte mich bereits mit der Distanz zu meinen Brüdern abgefunden. Was aber den bevorstehenden Tod meines Vaters anbelangte, kann ich mich nicht erinnern, irgendwelche Schmerzen oder Ängste verspürt zu haben. Tatsächlich glaube ich, daß ich bis zu einem gewissen Grad froh für ihn war. Während der Jahre, in denen er und ich zusammengelebt hatten, habe ich oft gesehen, wie er allein dasaß, den Kopf über den Schreibtisch gebeugt, und mit den Fäusten auf die Tischplatte trommelte, während er immer und immer wieder sagte: »Ich wünschte, ich wäre tot.« In Wirklichkeit fürchtete er sich wohl vor dem Tod, aber ich glaube auch, daß das Leben eine ständige Prüfung für ihn war. Bald würde all dieses Schwere vorüber sein.

An diesem Abend ging ich hinüber und besuchte unsere Freunde. Meine Mutter hatte sie schon angerufen und ihnen die Neuigkeit mitgeteilt. Walt, der wahrscheinlich mein Halbbruder war, saß am Eßtisch mit einem Glas Whiskey in der Hand. An seinen geröteten Augen konnte ich sehen, daß er lange geweint hatte.

Am gleichen Abend rief meine Mutter zu Hause in Milwaukie an. Es war nur Gary da. Sie berichtete ihm die Neuigkeit. Sie erklärte ihm, mein Vater dürfe unter keinen Umständen erfahren, daß er sterben müsse. Sie glaubte, er habe das Recht, ohne Angst und Sorgen zu sterben. Mir erschien das nicht richtig; ich fand, mein Vater habe ein Recht zu wissen, daß er sterbe. Ich fand, niemand sollte in den Tod gehen, ohne die Chance zu haben, mit allem abzuschließen. Mein Bruder Frank war einer Meinung mit mir, aber es half nichts. Meine Mutter blieb fest: Mein Vater würde nicht erfahren, daß er sterben mußte.

Mein Bruder Frank war nicht zu Hause, als meine Mutter anrief, weil er unten an der Straße einen Job in einer Autowaschanlage angenommen hatte. Als er an diesem Abend heimkam, war das Haus dunkel. Er ging in sein Zimmer hinauf, legte sich aufs Bett und schaltete seinen kleinen Schwarzweißfernseher an. Ein paar Minuten später klopfte es an seine Tür. Es war Gary. »Er hatte Tränen in den Augen«, erzählte mir Frank später. »Er sagte: ›Es fällt mir schwer, das zu sagen, aber Dad hat Krebs, und er wird sterben.‹ Er war darüber wirklich verzweifelt. Er saß da und weinte lange.«

Ungefähr eine Woche nach seiner Entlassung aus dem Krankenhaus war mein Vater kräftig genug, um uns drei nach Milwaukie zurückzufahren. Zu Hause räumte meine Mutter das gemeinsame Schlafzimmer um, damit mein Vater leichten Zugang zu seiner Medizin und dem Fernseher hatte. Das Elternschlafzimmer befand sich neben dem Raum, den ich mit Gaylen im oberen Stockwerk teilte. Am Ende des oberen Gangs, im hinteren Teil des Hauses, war eine weitere verglaste Veranda, in der mein Vater sein Büro eingerichtet hatte. Neben diesem Raum lag das Badezimmer, und nur ein paar Schritte davon entfernt begann die Treppe. Am Fuß der Treppe befanden sich zwei Fenstertüren, die zum unteren Wintergarten hinausführten, wo angeblich der Arzt gestorben war.

Eines Nachts gegen drei Uhr lagen wir alle schlafend im Bett. Mein Vater wachte auf, weil er auf die Toilette wollte, und ging den Gang entlang. Der Lärm, der uns ein paar Minuten später aufweckte, war schrecklich. Mein Vater schrie in absolutem Terror den Namen meiner Mutter, danach ertönte ein furchtbares Krachen. Als nächstes hörte ich meine Mutter den Gang hinunterrennen und gegen alle Türen trommeln. »Steht auf, Jungs«, schrie sie. »Euer Vater ist die Treppe hinuntergefallen.« Wir eilten herbei und sahen hinunter. Mein Vater lag halb in der Tür zum Wintergarten ausgestreckt am Boden, als wäre er dorthin gekrochen oder geschleppt worden. Auf der Tapete an der Wand über ihm, wo er sich beim Fallen den Kopf angeschlagen hatte, klebte Blut. Gary und Frank jun. waren die ersten, die die Treppe hinunterrannten und bei ihm waren. Sie trugen ihn auf das grüne Ledersofa im Wohnzimmer. Meine Mutter wollte einen Arzt anrufen, aber mein Vater sagte, er habe genug von Ärzten.

»Was ist passiert, Frank?« fragte meine Mutter. »Bist du über das Geländer gefallen?«

»Nein«, antwortete mein Vater. Er sah benommen aus. »Ich habe gehört, wie mir jemand etwas zuflüsterte, und dann hatte ich das Gefühl, als würde mich etwas am Hals packen und die Treppe hinunterstoßen. Ich dachte, jemand sei bei uns im Haus.«

Meine Brüder suchten das Haus ab, aber sie fanden niemanden, und es gab keinerlei Anzeichen, daß jemand hereingekommen oder hinausgegangen war. Mein Vater wollte auf dem Sofa liegenbleiben und bat mich, ihm im Wohnzimmer Gesellschaft zu leisten. Den Rest der Nacht verbrachte ich in einem Schlafsack am Boden und lauschte den schweren Atemzügen meines Vaters.

Seit dieser Nacht wagte sich mein Vater nie mehr die Treppe hinauf. Er verlegte sein Büro ins Wohnzimmer und beschränkte seinen Bewegungsradius auf das Erdgeschoß.

Die Gewißheit, daß mein Vater sterben würde, hatte einige unvorhersehbare Auswirkungen auf unsere Familie. Meine Mutter war wirklich gramgebeugt und versuchte, ihm Zärtlichkeit und Fürsorge zu schenken, aber zuweilen forderten all die Jahre seiner Mißhandlungen und ihres Hasses ihren Tribut. Ich erinnere mich an einen Nachmittag, als mein Vater im Wohnzimmer schlief und meine Mutter in der angrenzenden Küche von den vielen Gelegenheiten erzählte, bei denen er sie verletzt und betrogen habe, und wie sie schließlich dazu gekommen sei, ihn zu hassen – und wie sie ihn nun noch mehr hasse, da er sie nun bald mit dieser Familie und ohne ausreichende Unterstützung allein lassen werde. So bitter und schmerzerfüllt hatte ich sie noch nie reden hören. Nachdem ich eine Weile zugehört hatte, wollte ich auf die Toilette gehen, und als ich an dem Zimmer vorbeikam, in dem mein Vater gewöhnlich schlief, schaute ich zu ihm hinüber. Er saß auf seinem Bett, hielt den Kopf in den Händen, und als er zu mir aufblickte, sah ich den Ausdruck von Höllenqualen in seinem Gesicht. Ich ging zu meiner Mutter zurück und sagte ihr, daß ich befürchte, er habe ihre Worte gehört. »Gut«, antwortete sie, »ich wollte, daß er es hört.«

Ich war verblüfft. Ich konnte mir nicht vorstellen, daß man jemanden so schlimm verletzen wollte. Ich hatte auch Angst, er könnte zuviel gehört haben. Auf diese Art sollte mein Vater nicht erfahren, daß er sterben mußte.

Ich war zu wütend, um mit meiner Mutter weiterzureden. Ich drehte mich um und ging hinaus. Ich blieb lange weg.

Später am Abend sah ich meine Eltern am Küchentisch sitzen, sie hielten sich an den Händen und sprachen leise miteinander. Mein Vater weinte, und meine Mutter streichelte ihm die Hand. Nie zuvor hatte ich gesehen, daß sich meine Eltern an den Händen hielten.

256

»Wie würdest du dich fühlen«, fragte er, »wenn es dir einfach nicht besser ginge, egal, wie sehr du dich auch bemühst? Was würdest du denken? Nie zuvor habe ich mich so angeschlagen gefühlt.«

»Ich weiß, Frank, ich weiß«, sagte sie und tätschelte seine Hand.

Eine Zeitlang herrschte zwischen meinem Vater und Gary ein verlegener Waffenstillstand, der aber früher oder später brechen würde. Mein Bruder nahm damals eine Menge Drogen: Aufputschpillen, Marihuana, Hustensaft, etwas Heroin und eine Menge Alkohol. Er kam und ging zu den unmöglichsten Zeiten, brachte Fremde mit, die draußen im Wagen warteten. Die Gesichter dieser Männer gefielen mir nie. Ich hatte das Gefühl, daß sie eine Gefahr darstellten, die direkt am Eingang unseres Hauses lauerte.

Eines Nachmittags bat Gary meinen Vater um etwas Geld. Mein Vater hatte schlechte Laune – der Krebs machte ihn wirklich widerlich –, und er sagte zu Gary: »Warum zum Teufel suchst du dir keinen Job und verdienst dein eigenes Geld wie andere erwachsene Männer? Warum kannst du dich nicht wenigstens mal für fünf Minuten aus Schwierigkeiten raushalten, du gottverdammter Mistkerl?«

Das genügte. Sofort waren mein Vater und Gary in eine ihrer schrecklichen, lautstarken Auseinandersetzungen verwickelt, und wie es inzwischen üblich geworden war, verzog sich der Rest von uns ins obere Stockwerk, um abzuwarten, bis der Sturm sich legte.

Doch diesmal wußte ich, daß es wahrscheinlich nicht glimpflich abgehen würde. Ich hörte einen bösartigen, beleidigenden Unterton in Garys Stimme, der mich erschreckte, und bei meinem Vater klang eine gewisse Hilflosigkeit mit. Ich glaube, auch Gary muß das gespürt haben, denn er stieß Drohungen aus, das Haus zu demolieren, falls er nicht bekomme, was er wolle. Ich wandte mich an meine Mutter, an Frank und Gaylen und bat sie, ob nicht einer hinuntergehen könne, um den Streit zu beenden. Sie sahen mich an und schüttelten still den Kopf. Sie hatten eine Menge solcher

Streitigkeiten miterlebt und wußten, daß es besser war, sich herauszuhalten. Also ging ich selbst in die Küche hinunter. Mein Vater saß am Küchentisch, er trug einen Bademantel, und sein Gesicht sah grau und erschöpft aus. Gary hatte seinen schwarzen Regenmantel und den Lederschlapphut auf und stand am anderen Ende des Raumes gegen die Küchentheke gelehnt.

»Ich *will* das gottverdammte Geld«, sagte er.

»Zum Teufel, und ich möchte, daß du mein Haus verläßt und nie wiederkommst«, antwortete mein Vater unter Aufbietung all seiner Kräfte.

Gary nahm ein Glas von der Theke und schleuderte es auf meinen Vater. Wenn mein Vater sich nicht schnell geduckt hätte, wäre es ihm an den Kopf geflogen. Statt dessen krachte es gegen die Wand, und die Scherben fielen auf ihn nieder. Mein Vater blickte auf, sah, daß ich alles beobachtet hatte, und sagte: »Geh raus!«

Ich rannte zu meiner Mutter und meinen Brüdern nach oben. »Ihr *müßt* etwas tun«, sagte ich, »Gary bringt ihn sonst um.«

Frank stand auf, ging hinunter und stellte sich zwischen Gary und meinen Vater. »Laß ihn in Ruhe, Gary«, sagte er. »Siehst du nicht, daß er zu schwach zum Streiten ist?« Gary schubste Frank, Frank schubste Gary zurück, und Gary schlug Frank ins Gesicht. Frank gab den Schlag zurück, und dann rauften die beiden; Möbel und Teller flogen durch den Raum. »Ich bin kein besonders guter Kämpfer«, sagte mir Frank später. »Ich bin nicht robust, aber Gary hatte praktisch keine Ahnung, wie man kämpft; er war stark, aber zugleich unbeholfen. Wenn er dich erwischte, konnte er dich verletzen. Aber ich achtete darauf, daß das nicht passierte, und ich habe gewonnen.«

Dann mischte sich meine Mutter in die Schlägerei ein. Sie kam mit einem Besen herein und begann, Frank damit auf den Kopf zu schlagen, während sie schrie: »Hör auf, jetzt reicht's. Ich habe deinetwegen die Polizei angerufen, Frank, ich möchte, daß du abhaust.« Frank und Gary hörten mit dem Raufen auf und sahen meine Mutter verblüfft an. »Laß Gary in Ruhe«, sagte sie noch einmal zu Frank. Frank sah zutiefst gekränkt aus, erhob sich vom Boden und ging, die Eingangstür hinter sich zuschlagend, aus dem Haus. Meine Mutter tupfte Gary das Blut vom Gesicht und gab ihm ein Bündel Zwanzigdollarscheine. »Und jetzt geh bitte, bevor die Polizei kommt«, sagte sie. »Ich kümmere mich um alles.«

Frank jun. kam nach Mitternacht zurück. Meine Mutter war schon zu Bett gegangen, aber mein Vater saß immer noch leidend am Küchentisch. Als er Frank sah, sagte er: »Ich möchte dir dafür danken, Sohn, was du heute getan hast.«

Frank war inzwischen ein bißchen betrunken und immer noch verletzt über die Art, wie seine Mutter ihn aus dem Haus geworfen hatte. »Mann«, sagte er, »ich hätte nicht gedacht, daß Mom mir je die Bullen auf den Hals hetzen würde. Ich wollte doch nur helfen.«

Mein Vater sagte: »Sie hat sie niemandem auf den Hals gehetzt. Sie hat das nur gesagt, damit die Schlägerei aufhörte. Sie konnte nicht gut sagen, sie hätte sie wegen Gary gerufen, weil niemand wußte, was er dann getan hätte. Das wäre ihm sehr nahe gegangen, weil sie die Person ist, der er seiner Meinung nach immer vertrauen kann. Vielleicht hätte er auf der Stelle einen von uns umgebracht. Deshalb sagte sie, sie rufe die Polizei deinetwegen, nur um die Ruhe wieder herzustellen.« Frank dachte darüber nach und fand, daß es einleuchtend klang. Niemand konnte Gary beruhigen. Sie mußten gleichzeitig ihn und sich selbst schützen. Schließlich kam er zu dem Schluß, es sei eine der klügsten Taten gewesen, die meine Mutter je vollbracht habe.

Mein Vater, meine Mutter und ich reisten Anfang Juni 1962 nach Seattle. Mein Vater hielt es für notwendig, sich wieder um sein Geschäft zu kümmern. Seine Krankheit hatte die Jahrbuchproduktion verzögert und gefährdete nun das Einkommen der Familie.

Zwei Wochen später tauchte Gary eines Morgens an der Tür auf. Er sagte, er sei gekommen, um meinem Vater bei der Arbeit zu helfen. Aufgrund seiner lallenden Stimme und der glasigen Augen war offensichtlich, daß Gary unter irgendwelchen Drogen stand.

Mein Vater hatte außerdem den letzten Streit nicht vergessen und war von Garys Angebot nicht begeistert. Mein Mutter wußte zwar, daß Gary nach einer letzten Möglichkeit für eine Aussöhnung suchte, aber da er voller Drogen war, hatte sie Angst, er würde sich hinsichtlich des hoffnungslosen Zustands meines Vaters verplappern. Sie nahm meinen Bruder beiseite, sagte ihm, sie halte es für besser, wenn er nach Portland zurückkehre, und gab ihm hundert Dollar.

Ich erinnere mich an den Ausdruck in Garys Gesicht, als er aus der Tür ging. Ich wußte, daß er meinen Vater ein letztes Mal umarmen und ihm einen Abschiedskuß geben wollte. Aber keiner der beiden Männer konnte die lebenslängliche Barriere, die das beschädigte Verhältnis zwischen ihnen aufgerichtet hatte, so einfach überwinden. Sie vermochten nicht aufeinander zuzugehen. Gary verließ die Wohnung mit einem Ausdruck des Verlusts in seinem Blick, den ich abgesehen von seinen letzten Lebenstagen, als er wußte, daß er sterben würde, ohne sich von der Frau, die er liebte, verabschieden zu können, nie mehr an ihm gesehen habe.

In dieser Nacht bekamen wir einen Anruf von Frank jun., der uns mitteilte, Gary sei in Vancouver im Bundesstaat Washington wegen Fahrens ohne Führerschein verhaftet worden. Hinzu kam, daß in seinem Wagen eine offene Flasche mit Alkohol gefunden wurde. Mein Vater ließ den Kopf auf seinen Schreibtisch fallen und weinte lange und heftig. »Warum«, fragte er schluchzend, »haben sie es ausgerechnet immer auf meinen Sohn abgesehen?«

Danach verfiel mein Vater rapide. Eines Abends ging er ins Bett und stand nie wieder auf. Er lag dort und hustete Schleim in einen Napf. Der Schleim hatte einen süßlich kranken Geruch, wie eine verwelkte Blume. Es erstaunte mich, daß der Tod am Ende so wohlriechend war.

Gegen Ende des Monats ließ meine Mutter Gaylen nach Seattle kommen, um bei meinem Vater zu bleiben und ihm bei der Arbeit zu helfen. Sie fuhr mit mir nach Milwaukie zurück. Ich weiß nicht mehr, was mein Vater zu mir sagte oder wie er aussah, als ich ihn zum letztenmal lebend sah. Ich wünschte, ich könnte es.

Ein paar Tage später rief uns Gaylen frühmorgens an. Der Zustand meines Vaters hatte sich während der Nacht drastisch verschlechtert, und Gaylen mußte ihn ins Krankenhaus zurückbringen. Er war die ganze Nacht bei ihm geblieben, aber sein Zustand war immer schlechter geworden, und gegen fünf Uhr früh war mein Vater ins Koma gefallen. Gaylen war gerade in das Apartment zurückgekommen, um etwas zu schlafen.

Etwa eine Stunde später läutete das Telefon wieder. »Gib mir Mom«, sagte Gaylen.

»Ist es wegen Vater?« fragte ich.

»Gib mir Mom.«

Meine Mutter nahm den Hörer. Als sie die Nachricht vernommen hatte, rief sie: »Frank, mein Gott, wo bist du? Wohin bist du gegangen?«

Die nächsten Tage verbrachten wir damit, Vorbereitungen für die Beerdigung zu treffen. Wir ließen die Leiche meines Vaters von Seattle überführen. Meine Mutter versuchte, Robert Ingram zu erreichen, um ihm Bescheid zu geben, aber sie fand seine neue Adresse nicht heraus. Wir hatten ihn verloren und würden ihn nie wiedersehen.

Am Tag vor der Beerdigung gingen wir zu meinem Vater in die Leichenhalle, wo er aufgebahrt war. Er lag in einem eleganten Bronzesarg von Blumenbouquets umgeben. Er trug einen schönen braunen Anzug, und sein Kopf war auf ein cremefarbenes Satinkissen gebettet. Seine Hände waren über der Brust gefaltet, seine Augen geschlossen. Am unteren Teil seines Gesichts begannen sich bereits Totenflecken zu zeigen. Meine Mutter brach zusammen und weinte, Gaylen sackte gegen eine Wand und sah aus, als hätte er Schmerzen. Mein Bruder Frank legte den Arm um mich und drückte mich an sich. »Alles in Ordnung?« fragte er. Ich nickte. Ich konnte den Blick nicht vom Gesicht meines toten

Vaters lösen. Er sah nicht mehr aus wie der Mann, den ich gekannt hatte. Nichts blieb scheinbar übrig. Wenn man stirbt, so dachte ich damals, läßt man den Körper zurück, und der erinnert sich nicht. Im Tod spiegelt das Gesicht nichts von der Liebe oder dem Zorn des Lebens wider. Ich fand das nicht gut.

Nach der Beerdigung sagte Gaylen: »Mann, so etwas mitzumachen zieht dich ziemlich runter. Ich brauche einen Drink.« Er verließ uns, und wir anderen gingen nach Hause.

Als mein Vater starb, war Gary im Rocky-Butte-Gefängnis. Später erzählte er uns, ein Wärter habe ihn geweckt und gesagt: »Dein verdammter Vater ist gerade gestorben. Das sollte dich glücklich machen.« Gary bekam einen Tobsuchtsanfall. Er zertrümmerte seine Zelle; er zerschlug eine Glühbirne und schnitt sich die Pulsadern auf.

Meine Mutter bat die Gefängnisverwaltung und einen Distriktrichter, Gary an der Beerdigung teilnehmen zu lassen. Sie erbot sich, für das begleitende Aufsichtspersonal das Doppelte zu zahlen – als Garantie dafür, daß er keinen Fluchtversuch machen würde. Aber die Verwaltung und der Richter lehnten ab. Gary wurde am Tag der Beerdigung seines Vaters ins »Loch«, das heißt in Einzelhaft, gesteckt.

Requiem

Mein Vater war tot. Er war oft unvernünftig und gewalttätig gewesen, vor allem meinen Brüdern gegenüber. Und obwohl es ihm gelungen war, eine Familie zu gründen und sie zu ernähren, hatte er gleichzeitig dazu beigetragen, den Menschen dieser Familie seelischen Schaden zuzufügen.

Mein Bruder Frank und ich haben uns in den letzten Jahren stundenlang über die Vielschichtigkeit dieses Mannes unterhalten. Wir vermuten beide, daß vieles, was an seinen Söhnen schrecklich und stark war, von ihm stammte. Wir nehmen außerdem an, daß wir in gewissen Bereichen stellvertretend für ihn ein Vermächtnis auslebten, das mit Angst und Verdammnis zu tun hat. Was uns während dieser Gespräche allerdings stocken ließ, war, daß wir nicht wissen, worin der Grund für all dieses Negative lag. Wir kennen die Geheimnisse nicht, die er verbarg und mit sich nahm. Ohne dieses Wissen ist es so, als wäre uns der Zugang zu einem Teil unserer selbst versperrt. Und es ist kein unbeträchtlicher Teil. Wie ich schon gesagt habe, handelt es sich vielleicht um den tiefsten, den wichtigsten Teil: jene Seite an uns, die immer Liebe in Zerstörung verwandelt hat.

»Ich hatte nie eine Ahnung von Dads tiefsten Geheimnissen«, sagte mir Frank eines Abends. »Immer wenn ich ihn über diese Dinge fragen wollte, sagte er nur: ›Es ist besser, du steckst deine Nase nicht in die Angelegenheiten anderer Leute.‹

Aber selbst ohne diese Geheimnisse hätte Dad das gleiche Leben geführt, glaube ich. Sich treiben zu lassen war wahrscheinlich wichtig für ihn. In vieler Hinsicht war er ein im Grunde einsamer Mann, aber zuweilen genoß er es auch, einsam zu sein. Tatsächlich war er eine gespaltene Persönlichkeit; er trug eine Doppelnatur. Auf der einen Seite war er der Familienmensch, denn er wollte nicht ohne Familie leben. Aber wenn er das ein paar Wochen genossen hatte, war der Reiz verflogen, und er nahm wieder sein unstetes Leben auf. Und wenn eine Weile herumgezogen war, hatte er wieder genug davon und wollte zu seiner Familie zurück. Auf diese Weise lebte er beide Seiten aus, die beiden Dinge, die er sich wünschte: eine Familie und Unabhängigkeit. Das war der Anlaß vieler Streitigkeiten zwischen ihm und Mom. Sie stritt mit ihm über seine Lebensführung, und er rächte sich, indem er zur Flasche griff und abhaute. All das wurde nicht beschönigt, und es wurde auch kein Geheimnis daraus gemacht. Er hatte genug von Mom und der Familie und mußte einfach fort. In gewisser Weise machte er es so bis an sein Lebensende. Und er hat eine Familie von Herumtreibern zurückgelassen.

Das Komische ist, je mehr ich über ihn nachdenke, um so mehr respektiere ich ihn. Gegen Ende seines Lebens hat er ein paar bemerkenswerte Wandlungen durchgemacht, als er etwa mit dem Trinken aufhörte und einen erfolgreichen Verlag aufbaute. Oder als er sich entschloß, dich, seinen letzten Sohn, zu lieben und zu beschützen. Was den Rest von uns anbelangt...«, Frank hielt inne und dachte an seine Vergangenheit zurück. Einen Augenblick lang sah ich einen Ausdruck jahrelanger Höllenqualen über sein Gesicht huschen.

»Nun«, fuhr er fort, »wir wollen es so sagen: Es war bitter, von Dad erzogen zu werden. Er konnte hart sein. Er konnte dir weh tun, wenn du nicht darauf vorbereitet warst. Er ließ dich im Stich und vergaß, wie es dir ging, bis er dich das nächste Mal sah oder dich brauchte. Es war kein Vergnügen. Ich erinnere mich, daß Kinder, mit denen wir aufwuchsen, sagten, wir würden ihnen leid tun. Ich habe das einige Male gehört. Ich möchte meine Kindheit nicht noch einmal erleben. Nicht um alles in der Welt. Einmal war genug.«

Mein Vater war natürlich nicht der einzige, der in unserer Familie über Gut und Böse entschied. Meine Mutter trug ihren Teil dazu bei, die Strukturen aufrechtzuerhalten.

Für sie war alles eine schreckliche Enttäuschung gewesen. Es muß eine große Kluft bestanden haben zwischen dem, was sich meine Mutter von der Verbindung mit meinem Vater erhoffte und was sie bekam. Ich glaube, sie fühlte sich von Frank Gilmore angezogen, weil er ihr irgendwie bezaubernd und verheißungsvoll erschien, besonders im Vergleich zu den mormonischen Bauerntölpeln, unter denen sie aufgewachsen war. Sie war jung, romantisch und unrealistisch genug, um anzunehmen, er würde sie in eine neue, aufregende und bessere Welt entführen.

Meine Mutter heiratete ihn also und teilte sein Vagabundenleben, sie zog mit einem Haufen Kinder und einem Mann durch die Lande, der sie in regelmäßigen Abständen immer wieder sitzenließ. Ich denke, man kann getrost sagen, daß sich ihre Träume nicht verwirklicht haben. Doch in gewisser Weise war ihre Reaktion darauf sowohl rührend als auch verwegen. Nie verlor sie ihre Wünsche aus dem Auge. Sie sehnte sich ständig nach einem großen Haus, in dem sie uns alle unterbringen konnte, und ihre Hartnäckigkeit und ihr Zorn bescherten uns schließlich dieses Haus, zu welchem Preis auch immer.

Natürlich versäumte meine Mutter, genauso wie mein Vater, viele Dinge zu tun, die sie vermutlich hätte tun sollen. Vor allem versäumte sie, meinen Vater zu verlassen. Sie blieb bei ihm trotz all der Schläge, des Verrats und der Grausamkeiten, die ihr und ihren Söhnen widerfuhren. Ich erinnere mich, daß Larry Schiller sie während einer ihrer Unterhaltungen fragte, warum sie sich von meinem Vater nicht getrennt habe. Die Antwort meiner Mutter war prosaisch und herzzerreißend zugleich: »Wo hätte ich hingehen sollen?« sagte sie. »Wer hätte mich haben wollen? Ich bin geblieben, weil ich nichts anderes tun konnte. Ich habe mich früh dazu entschlossen, das Gute wie auch das Böse mit jemandem zu teilen. Ändern kann man die Menschen nicht. Aber Frank hätte nicht immer zu mir zurückkommen müssen. Ich habe ihn einmal gefragt, warum er es tue, und er antwortete: ›Ach zum Teufel, ich bin zu alt, um jemand anders zu finden, und ich glaube, ich mag, wie du kochst.‹«

Daß meine Mutter meinen Vater nicht verlassen hat, war nichts Außergewöhnliches. Es ist ganz üblich, daß Leute an kaputten Beziehungen festhalten. Frauen bleiben bei Männern, die sie emotional und körperlich verletzen, und Männer bleiben bei Frauen, die sie beschimpfen oder aussperren.

Ich hatte nie zuvor meine Mutter auf diese Weise über meinen Vater sprechen hören. Nie zuvor hatte ich solche Zärtlichkeit in ihrer Stimme vernommen.

Ich erinnere mich an den Gesichtsausdruck meines Vaters, als er in jener Nacht in der Küche die Hand meiner Mutter hielt. Ich erinnere mich, wie meine Mutter bei der Nachricht seines Todes über den Verlust und das Alleingelassenwerden aus tiefster Seele aufschrie. Ja, diese beiden Menschen liebten einander. Im Rückblick ist das jetzt deutlicher als jemals zu ihren Lebzeiten. Vielleicht verstehe ich es jetzt auch nur ein bißchen besser, nachdem ich selbst erfahren habe, welch bittersüßes Ding die Liebe sein kann. Doch aus meinem Blickwinkel ist die Liebe – gleichgültig wie tief und verzweifelt sie sein mag – nicht Grund genug, eine schlechte Beziehung aufrechtzuerhalten, insbesondere wenn dadurch andere Menschen geschädigt und deformiert werden. Aber es war nicht meine Sache, diese Entscheidung für meine Eltern zu treffen.

Es gab natürlich noch andere Gründe, warum meine Mutter blieb. Zum einen lebte sie in einer Welt, die Frauen nicht ermutigte, ihre Ehemänner zu verlassen oder ihren eigenen Weg zu finden. Es gab wenig Arbeitsmöglichkeiten und wenig öffentliche Unterstützung für eine Frau ohne Ausbildung mit mehreren Kindern. Sie saß in der Falle; ob sie es wußte oder nicht, war sie genauso gefangen wie viele Frauen vor und nach ihr.

Aber der wichtigste Grund, warum meine Mutter blieb, waren die Kinder. Das ist eines der ersten Argumente, das auch viele andere Leute gegen eine Scheidung vorbringen. Wenn ich jedoch mich und meine Brüder betrachte, muß ich mich fragen, ob eine Scheidung schlimmere Resultate hervorgebracht hätte als diese Ehe. Ich kenne die Einwände gegen eine Scheidung, aber ich fürchte, was eigentlich ausgesagt wird, ist: Bleibt der Familie zuliebe zusammen. Tut *alles* für die Unverletzlichkeit und Geschlossenheit der Familie. Das ist auch die Botschaft, die uns unser ganzes Leben hindurch immer wieder eingebleut wurde: Es gibt nichts Schlimmeres, als die Einheit der Familie zu spalten. Die Familie und ihre jeweiligen inneren Machtstrukturen müssen erhalten bleiben.

Ich hasse Familien. Ich sehe sie wohlgeordnet durch Einkaufszentren marschieren, ich höre Freunde über Familientreffen und Familienprobleme reden, ich besuche Familien zu Hause, und unweigerlich empfinde ich Groll gegen sie. Ich verüble ihnen, daß sie so etwas wie Glück gefunden haben und daß ich nie in meinem

Leben ähnliches erfuhr. Und ich verachte sie für die Art und Weise, wie die Familie immer noch dazu benutzt wird, Kinder einzuschüchtern oder zu unterdrücken, auch wenn diese Kinder schon längst erwachsen sind.

Aber vielleicht ufert mein Protest hier aus. In Wirklichkeit verurteile ich meine Eltern überhaupt nicht. Ich empfinde nicht den geringsten Haß oder die geringste Bitterkeit ihnen gegenüber, obwohl ich das vielleicht sollte. Ich liebe meine Eltern. Heute vermisse ich sie beide schrecklich. Aber eine gewisse Ironie haftet dem Nachdenken über meine Familie dennoch an: In einer besseren Welt würde ich diese Geschichte nicht erzählen, weil sie niemals geschehen wäre. In einer besseren Welt hätten sich meine Eltern nicht getroffen – oder zumindest hätten sie nicht geheiratet und keine Familie gegründet. In einer besseren Welt wäre ich nicht geboren worden.

Was für traurige und elende Menschen Frank Gilmore und Bessie Brown doch waren. Ich liebe sie, aber es ist schrecklich, daß sie überhaupt je Kinder hatten.

Raub und Gewalt

Solange er lebte, war mein Vater die Quelle für eine Menge Leid und Gewalt innerhalb der Familie, aber zugleich war er ein treusorgender und einfallsreicher Ernährer. Wir waren keineswegs reich oder privilegiert, aber wir lebten gut. Nach seinem Tod mußten wir nun einen Weg finden, uns selbst zu versorgen.

Die Verlagsprojekte meines Vaters – seine Jahrbücher zu Kreis- und Landesbauvorschriften – konnten weitergeführt werden. Sowohl meine Mutter als auch meine Brüder hatten von Zeit zu Zeit in dem Unternehmen mitgearbeitet. Sie alle wußten, wie man Anzeigen verkaufte, das Manuskript zusammenstellte und das Layout herstellte, und sie wußten, wie man Werbung machte. Sie hatten auch zwei oder drei Verkäufer, die treu zu meinem Vater standen und gewillt waren mitzuhelfen, das Geschäft in Schwung zu halten.

Aber von Anfang an lief es schlecht. Frank jun. hatte gehofft, bald von zu Hause auszuziehen, eine eigene Wohnung zu finden, vielleicht eine eigene Familie zu gründen. Jetzt glaubte er, diese Pläne ein oder zwei Jahre aufschieben zu müssen, um meiner Mutter beim Übergang zu einem selbständigen Leben zu helfen. Frank zog nach Seattle, um die Arbeit an der aktuellen Ausgabe des Jahrbuchs abzuschließen, und er nahm Gaylen mit. Aber sobald Frank die Zahlungen der Anzeigenkunden verbucht hatte, hob Gaylen sofort Bargeld von der Bank ab. Dann ging er bis spät in die Nacht aus, betrank sich, jagte Frauen hinterher und war schließlich zu verkatert, um sein Arbeitssoll zu erfüllen. Frank und Gaylen hatten deswegen einige Streitereien, und Frank sah, daß all der Einsatz umsonst war. Er schickte Gaylen nach Hause. Innerhalb weniger Wochen hatte er alle Zahlungen eingetrieben, überwies das Geld an meine Mutter, brachte das Buch rechtzeitig heraus und gab das Apartment in Seattle auf. Er hatte keine Lust, den Verlag weiterzuführen, aber er glaubte, er könne meiner Mutter dadurch helfen, daß er einen guten Partner fand, der das Unternehmen leitete. Doch als Frank nach Milwaukie zurückkam, erwartete ihn eine bittere Überraschung: Gaylen hatte den Familienwagen zu Schrott gefahren und war wegen Trunkenheit am Steuer festgenommen worden. Außerdem hatte er eine Reihe von Schecks bei der Familienbank eingelöst. All das Geld, das Frank in Seattle verdient hatte, war für Gaylens Bußgelder, Anwalts- und Autoreparaturkosten draufgegangen.

In der Zwischenzeit brachte ein Geschäftsmann in der Gegend von Portland eine Konkurrenzausgabe heraus, und einige frühere Kunden meines Vaters waren zu ihm übergewechselt. Er erbot sich, unseren Verlag und die Namensrechte aufzukaufen, aber meine Mutter lehnte ab und drohte, ihn zu verklagen. Ich weiß nicht genau, wie es geschah, aber innerhalb etwa eines Jahres nach dem Tod meines Vaters verlor meine Familie jegliche Kontrolle und alles Interesse an den Jahrbüchern.

Dennoch war die Familie nicht mittellos. Obwohl mein Vater keine Lebensversicherung hatte, hinterließ er eine beträchtliche Barschaft auf der Bank. Frank schätzte, daß es vielleicht dreißigtausend Dollar oder mehr waren – genug, um Anfang der sechziger Jahre eine Weile zu leben. Frank war der Ansicht, die Familie solle das große Haus auf dem Hügel aufgeben und in ein bescheideneres und preiswerteres Heim umziehen. Er meinte, Gary sei schließlich kaum mehr zu Hause, auf Gaylen könne man nicht zählen, und er selbst plane, in ein paar Jahren wegzuziehen. Es gebe keinen Grund, ein so großes und teures Haus zu behalten. Wenn meine Mutter es jetzt verkaufe, sagte er ihr, könne sie einen schönen Profit erzielen, das Geld in ein kleineres, aber trotzdem komfortables Haus stecken, und sie habe dann immer noch genug, um zu leben.

Franks Vorschlag war der Beginn eines beständigen Streits zwischen ihm und meiner Mutter, der bis zu ihrem Tod anhalten sollte. Auf diese Weise blieb Frank mit dem Schicksal meiner Mutter verknüpft, obwohl er nichts anderes wollte, als ihrer Welt zu entfliehen. Das erste Mal, als Frank nach Durchsicht der finanziellen Unterlagen vorschlug, in ein kleineres Haus umzuziehen, explodierte meine Mutter vor Wut. Sie wollte einfach kein kleineres Haus. »Du möchtest, daß ich mein Heim aufgebe und in einen Wohnwagen ziehe wie ein Landstreicher«, schrie sie, nahm einen Teller voller Essen und warf ihn auf den Boden. Zweifellos war der Gedanke, unser hübsches neues Zuhause aufzugeben, hart für sie, besonders nachdem sie so viele Jahre darauf gewartet hatte, es zu bekommen. Außerdem, so glaube ich, hegte sie die Vorstellung, das schöne Haus sei das einzige, das uns noch aneinander binden würde. Sie wollte es als sicheren Hafen für ihre Söhne erhalten, und weil es ein so großes, anspruchsvolles Gebäude war, würden wir alle gezwungen sein, hierzubleiben und für seinen Unterhalt zu sorgen. Das Haus könnte uns also retten, zumindest würde es uns alle unter einem Dach versammeln.

Meine Mutter widersetzte sich Franks Ratschlag auf eine Weise, wie sie sich meinem Vater nie hätte widersetzen können. Als der Streit zwischen den beiden den Siedepunkt erreicht hatte, gab sie schließlich nach: Sie wollte ein neues Haus für uns suchen. Nach ein paar Tagen hatte sie ein Objekt gefunden und ließ einen Vertrag aufsetzen. Sie wollte, daß wir es uns ansahen. Es stellte sich heraus, daß es sogar noch größer war und auf einem noch eleganteren, teureren Hügel stand. Sie hatte sich durchgesetzt. Frank gab nach. Wir blieben in dem Haus an der Oatfield Road.

Nachdem meine Mutter den Kampf gewonnen hatte, ging sie los und kaufte ein hübsches neues Klavier, neue Möbel, neue Haushaltsgeräte und einen neuen Farbfernseher. Frank schätzt, daß sie innerhalb von sechs Monaten nach dem Tod meines Vaters mindestens zehntausend Dollar durchgebracht hat. Aber nicht das war es, was die Familie schließlich ruinierte. Was uns ruinierte, waren die Schwierigkeiten, die sich um Gary und Gaylen zusammenbrauten.

In den Monaten nach dem Tod unseres Vaters begann Gaylens Leben zügelloser zu werden. Er trank nun regelmäßiger und verheimlichte es weniger, und während er bislang ein fröhlicher oder harmloser Trunkenbold gewesen war, saß er nun manchmal im Dunkeln und starrte uns auf eine Weise an, die mir Angst einjagte. Ich habe nie begriffen, warum meine Mutter meinen Brüdern erlaubte, Alkohol ins Haus zu bringen und zu trinken, während sie noch minderjährig waren. Ich glaube, es lag teilweise an ihrer Überzeugung, man könne niemanden zwingen, sein Verhalten zu ändern, man müsse vielmehr jedem erlauben, seine eigenen Fehler zu machen. Vielleicht war es auch nur Resignation vor dem Unvermeidlichen. Sie würden ohnehin trinken, nahm sie an, warum also nicht in freundlicher und sicherer Umgebung, wo sie nicht in Schwierigkeiten kämen oder verhaftet würden? Vielleicht war es auch blanke Furcht. Ich glaube, meine Mutter hatte trotz all der

Liebe und Unterstützung von seiten Garys und Gaylens Angst vor ihnen. Sie wußte, daß alles, was nach Befehl oder Kontrolle roch, bei ihnen häßliche Reaktionen hervorrufen konnte. Und selbst wenn ich meine Brüder nur so dasitzen und trinken sah, spürte ich zuweilen die Gefahr, daß es bei ihnen unversehens zu emotionalen Ausbrüchen, sogar zu Gewalttätigkeiten kommen könnte. Ich sah etwas Gefährliches und Böses in Garys und Gaylens roten, glasigen Augen. Und mochten sie auch noch soviel grinsen und kichern, wenn sie betrunken waren, ich glaubte, hinter diesem Lachen böse Gedanken zu erkennen – etwa den Plan, etwas zu stehlen, ohne das die Familie nicht leben konnte, einfach weil sie das Geld wollten, oder uns alle auszulöschen, bloß weil es ihnen so in den Sinn kam.

Aber diese dunklere Seite von Gaylen war noch nicht völlig zum Vorschein gekommen. Im Moment trank er nur wesentlich mehr, als ein siebzehnjähriger Schuljunge je trinken sollte, und er war dazu übergegangen, mit einer härteren Gruppe von Freunden auszugehen, die aus dem Armenviertel von Milwaukie stammten. Er war intelligenter als diese Jungen, aber das schien ihn nicht zu kümmern. Sie waren bereit, Dinge zu tun, an die sich die betuchten Jungen nicht heranwagten.

Gaylen begann auch auf die Frauen im Ort Eindruck zu machen. Er fuhr ein wundervolles blaues Jeepster-Cabrio, trug elegante Seidenhemden, und eine Zeitlang ließ er sich einen scharfgestutzten Spitzbart stehen. Er sah aus wie der junge Robert Mitchum – gefährlich und verletzlich zugleich.

Dieses Image wirkte wie ein Zauber. Ständig kreuzte er mit der einen oder anderen verführerischen jungen Frau auf. Am besten erinnere ich mich an Eve. Sie hatte lockiges, schwarzes schulterlanges Haar, und ihre um die Taille geknotete Bluse stand vorne ziemlich weit offen. Sie war süß und reizend, und sie war nett zu mir. Sie küßte mich immer auf die Wange, was in mir etwas berührte, das sich bislang noch nicht geregt hatte.

Gaylen und Eve fuhren in die Einfahrt, und Eve winkte mir zu.

Gaylen steuerte den Wagen unter die Überdachung, und danach küßten sich die beiden stundenlang und machten Petting. Von der Küche aus – dem ständigen Ausguck meiner Mutter – war nicht mehr zu sehen als das Heck des Jeepsters. Von meinem Aussichtsplatz im Obergeschoß jedoch war eine Menge mehr zu erkennen. Gaylen öffnete Eves Bluse und fummelte an ihren Brustwarzen herum, und er ließ seine Finger zu ihren engen, abgeschnittenen Hosen hinunterwandern, worauf sie sich auf bemerkenswerte Weise hin und her wand. Außer meinem kurzen Zusammentreffen mit dem minderjährigen Trio in Garys Zimmer, war dies das erste Mal, daß ich zu Hause mit Sex konfrontiert wurde. Während all der Zeit ließ meine Mutter den Wagen in der Garage nicht aus den Augen und kochte innerlich.

Sechs Monate nach dem Tod meines Vaters hatte Gary seine Strafe wegen Fahrens ohne Führerschein abgesessen und wurde aus dem Rocky-Butte-Gefängnis freigelassen. Er lebte wieder bei uns, und eine Weile zogen er und Gaylen zusammen herum. Es mag ganz natürlich erscheinen, daß sich die beiden zusammentaten – zwei sich ähnlich sehende Brüder, Partner im Verbrechen –, aber es gab Aspekte, worin sich die beiden grundsätzlich unterschieden. Gary hatte sich zu diesem Zeitpunkt auf eine Menge extremer Dinge eingelassen, und es gab immer einen Test, einen Code oder sonst irgend etwas, das man bestehen oder beachten mußte, um seinen Ansprüchen zu genügen. Gaylen hingegen war nur auf Abenteuer und Erfahrungen aus. Gefährliche Ideen gefielen ihm weitaus besser als gefährliche Handlungen. Mit Gary hatte er ein wenig von beidem. Gary brachte ihn dazu, Hustensaft zu trinken und mit ein paar wirklich schlimmen Schlägertypen herumzuziehen, mit denen sie zum Spaß Einbrüche verübten und an Sexpartys teilnahmen, die bis zum Morgen dauerten.

Eines Nachts lieferten sich Gary und Gaylen eine Schlägerei. Es ging um eine Frau. Offenbar hatte sich Gaylen an eine Freundin herangemacht, die Gary zu seinem Revier zählte. Gary griff Gaylen an, Gaylen besiegte ihn und nahm dann Reißaus. Gary saß da und hielt sich zwischen einigen Schlucken Whiskey und Hustensaft das Kinn. Dann öffnete er seinen Kofferraum, nahm einen Wagenheber heraus und sagte einem Freund, er gehe Gaylen suchen, denn er wolle ihn umbringen. Die Art, wie er das sagte, ließ bei dem Freund keine Zweifel aufkommen, daß er es ernst meinte. Frank bekam Wind davon, und er ließ Gary ausrichten: »Wenn du unseren Bruder tötest, dann bekommst du es mit mir zu tun.« Gary erhielt die Nachricht. Er legte den Wagenheber beiseite und ließ Frank ausrichten: »Sag Gaylen, er soll sich von mir fernhalten.«

Gaylen und Gary gingen danach jahrelang auf Distanz.

Dies waren Garys dunkle Zeiten. Er hatte sich mit Leuten angefreundet, die mit Prostitution und Drogenhandel zu tun hatten. Einige dieser Leute begingen schlimme Dinge auf schlimme Weise, und Gary half aus, wenn er konnte. Eines Tages aß ich mit einem Mann zu Mittag, der Gary und auch seine Freunde aus dieser Zeit ein wenig kannte. »Die Schwerverbrecher von Portland«, sagte er, »mögen lächerlich erscheinen, verglichen mit den raffinierteren Verbrechersyndikaten anderer Orte. Vielleicht kommen sie einem sogar wie ein Haufen hinterwäldlerischer Trottel vor, aber das macht sie nicht weniger gefährlich. Vielleicht macht sie das sogar noch gefährlicher, weil sie meinen, sie müßten um so mehr Härte beweisen. Ihr Bruder«, fuhr er fort, »war jemand, der als guter, verläßlicher Mann für die Rückendeckung bekannt war. Er war einer, den man als zweite Kraft mitnahm, wenn es bestimmte gefährliche Dinge zu erledigen galt und man jemanden brauchte, der sowohl die Sache unterstützen, als auch hinterher für Stillschweigen sorgen würde. Auf diese Weise arbeitete Gary für einige dieser Leute. Er war der Typ, der bei einem Einbruch Schmiere stand, oder der Typ, den man mit dem Fluchtwagen warten ließ. Er war jemand, den man benutzte, aber sonst nichts. Man bezog ihn mit ein, weil man davor Angst hatte, was er tun würde, wenn er herausfände, daß man ihn ausgeschlossen hatte. Es gab härtere

Jungs in dem Kreis als Gary, aber ich glaube, es gab keinen, der sich nicht ein bißchen vor ihm fürchtete. Sie wußten, er würde alles tun, um sich durchzusetzen, und er würde sich nie durch Drohungen oder Herausforderungen einschüchtern lassen.«

Garys Straftaten brachten ihn immer wieder ins Gefängnis, damals allerdings nie für einen längeren Zeitraum als einige Wochen. Die Aufseher fanden Garys Verhalten zunehmend sonderbar und beunruhigend. Als er einmal in Rocky Butte wegen Fahrerflucht einsaß, überstellte ihn das Gefängnis an das Dammasch Hospital, die damalige Landesnervenklinik. Gary hatte den Aufsehern gegenüber behauptet, er wisse, daß eine Verschwörung gegen ihn im Gang sei, und das Aufsichtspersonal nehme daran teil. Er warf einem Mithäftling, der in der Küche arbeitete, einen Teller heiße Suppe ins Gesicht. Gary schwor, es sei Gift darin. Dann zündete er die Matratze in seiner Zelle an. In der Klinik erzählte er dem behandelnden Arzt, auf dem Dach des Gefängnisses sei ein Radarschirm aufgestellt und auf seine Frequenz ausgerichtet worden. Er behauptete außerdem, er höre durch die Entlüftungsschlitze Stimmen, die spätnachts über ihn redeten. Dazu litt er wieder unter entsetzlichen Kopfschmerzen. Einer der Psychiater entschied, das Ganze sei nur eine List. Gary habe sich wahrscheinlich ausgerechnet, es sei einfacher, die Strafe in einer Klinik als in einer Zelle abzusitzen, vielleicht glaube er auch, die Klinik würde ihm bessere Fluchtmöglichkeiten bieten. Gary wurde wieder ins Gefängnis zurückgeschickt. Er schnitt sich die Pulsadern auf. Man brachte ihn in die Klinik zurück, und dort saß er den Hauptteil seiner Strafe ab.

Eines Nachmittags kam meine Mutter nach Hause und entdeckte, daß Gary in ihrem grünen Ledersessel saß und ein Dokument in der Hand schwenkte. Er funkelte sie wütend an, was er noch nie zuvor getan hatte. »Ich möchte dir etwas zeigen«, sagte er und reichte ihr das Schriftstück. Es war das Original seiner Geburtsurkunde – jene aus McCamey, Texas, unter dem Namen Faye Robert Coffman. »Vielleicht möchtest du mir das erklären.«

Meine Mutter hatte die Urkunde während all der Jahre in ihrem Schreibtisch versteckt. Offensichtlich hatte Gary das Schloß aufgebrochen, um das Dokument zu suchen. Sie war zuerst sprachlos, doch dann wurde sie fuchsteufelswild. »Was erlaubst du dir da eigentlich?« fragte sie.

Gary schüttelte den Kopf. »Zum Teufel, Mom, kein Wunder, daß mich der alte Mann nie mochte. Ich war nicht sein Sohn, stimmt's?«

»Wie kannst du es wagen, so etwas zu sagen! Natürlich warst du sein Sohn. Das war einfach ein Name, den wir benutzten, als wir in Texas unterwegs waren.«

»Erzähl mir nicht so einen verdammten Mist.«

»Und wage *du* nicht, so mit mir zu reden. Du bist derjenige, der sich entschuldigen sollte. Du hättest mich danach fragen können. Statt dessen bist du ohne Erlaubnis an meinen Schreibtisch gegangen.«

»Mit deiner Erlaubnis hätte ich es nie erfahren, oder?« sagte Gary. Er erhob sich und reichte meiner Mutter die Urkunde.

»Du kannst sie behalten«, antwortete sie und versuchte zu lächeln.

»*Nein, danke*«, sagte er, jedes Wort sehr deutlich betonend. So eisig hatte er nie zuvor mit ihr gesprochen.

»Gary, es gibt ein paar Dinge, die du nicht weißt. Aber es ist nicht so, wie du glaubst.«

Er antwortete nicht. Er ging aus dem Haus und warf die Tür hinter sich zu. Es war das letzte Mal, daß meine Mutter Gary als freien Mann sah.

Einer von Garys Freunden in dieser Zeit war ein junger Schwarzer namens Cleophis. Hin und wieder brachte ihn Gary mit nach Hause. Meistens saßen sie im Auto draußen in der Einfahrt, tranken Bier, redeten und lachten. Cleophis war ein freundlicher Typ. Er schien netter zu sein als die meisten von Garys Spießgesellen, aber wie Gary hatte er einen Hang zu harten Drogen.

Etwa zwei Tage nach der Auseinandersetzung mit meiner Mutter stand Gary mit Cleophis in Fred Meyers Drogerie. Sie gingen in die Pharmazieabteilung, wo sich Gary von dem Apotheker ein Rezept für einen codeinhaltigen Hustensaft geben ließ. Während der Angestellte die Liste mit den bekannten Drogenabhängigen prüfte, entdeckte Gary einen Mann, der an einer Kasse in der Nähe, einen Scheck einlöste. Gary wußte nicht, wieviel Geld der Mann hatte, aber er sah, daß er ein Bündel grüner Scheine in die Tasche steckte. »Wir kommen wegen des Rezepts gleich zurück«, sagte Gary dem Angestellten und bedeutete Cleophis, mitzukommen. Sie folgten dem Mann auf dem Parkplatz, stiegen in ihren Wagen und fuhren hinter ihm her. »Was haben wir denn vor, Gary?« fragte Cleophis.

»Wir werden diesen Mistkerl ausrauben«, sagte Gary. »Ich habe ein Bleirohr auf dem Rücksitz, das wir ihm drüberziehen können.«

»O Mann«, sagte Cleophis, »ich will bei so einem Scheiß nicht mitmachen.«

Gary warf Cleophis einen scharfen Blick zu – einen warnenden Blick. »Laß mich nicht hängen«, sagte er.

Der Mann fuhr in seine Hauseinfahrt, und Gary hielt hinter ihm. Er und Cleophis stiegen aus, und einer der beiden – mir ist nicht klar, wer – schwang drohend das Bleirohr. Gary packte den Mann, nahm ihm das Geld weg und warf ihn zu Boden, dann hauten er und Cleophis ab. Sie entkamen mit elf Dollar.

Als sie davonfuhren, notierte sich jemand ihre Nummer, den Wagentyp und die Richtung, in die sie fuhren.

Zu Hause in der Oatfield Road saß Frank allein im Wohnzimmer und sah fern, als er einen Wagen kommen hörte. Es waren Gary und Cleophis. Er dachte sich nichts dabei. Sie kamen und gingen ständig.

Ein paar Minuten später hörte er wesentlich mehr Lärm; eine ganze Legion schien die Einfahrt zu stürmen. Frank sah wieder hinaus, und diesmal entdeckte er, daß der Hof mit grell blinkenden Polizeiwagen vollstand. Zwanzig oder mehr Polizisten waren in

Stellung gegangen und hatten ihre Gewehre und Pistolen auf Gary und Cleophis gerichtet. Cleophis stand reglos mit hoch erhobenen Händen da, aber Gary fuchtelte herum, als wüßte er nicht, um was es hier ging.

Frank rannte zur Hintertür hinaus und warf sich zwischen die Polizisten und Gary. »Bitte schießen Sie nicht auf meinen Bruder«, sagte er.

»Wenn Sie selbst nicht erschossen werden wollen«, antwortete einer der Polizisten, »dann gehen Sie aus dem Weg!«

Nun brüllten alle Polizisten Frank an: »Gehen Sie aus dem Weg, zum Teufel!« Während sie das schrien, kamen weitere Polizisten den Hügel herauf und sperrten die Straße ab.

Irgend etwas an dem Wortwechsel zwischen Frank und den Polizisten brachte Gary aus seinem Drogennebel wieder auf den Boden zurück. Er hob die Hände, sah einen Polizisten an und sagte: »Schießen Sie nicht auf ihn. Er hat nichts damit zu tun.« Zu Frank sagte er: »Frank, geh aus dem Weg. Ich weiß, was hier los ist.«

Die Polizisten traten vor, legten Gary und Cleophis Handschellen an und brachten sie ins Kreisgefängnis in Oregon City.

Gary war diesmal in ernste Schwierigkeiten geraten, und wir alle wußten das. Eine Anklage wegen Raubüberfalls stand ihm bevor, außerdem hatte er bereits ein langes Vorstrafenregister. Obwohl keine seiner früheren Straftaten allzu schwerwiegend war, reichte deren Summe aus, um den Staatsanwalt davon zu überzeugen, daß Gary bereits ein Gewohnheitsverbrecher und eine Gefahr für die Gesellschaft war. Der Distriktstaatsanwalt wollte Anklage erheben und auf eine lange Haftstrafe plädieren.

In den Monaten nach der Festnahme, während die Vorbereitungen für die Verhandlung liefen, hatte Gary begonnen, Mithäftlinge anzugreifen, insbesondere ältere Männer. Daher forderte der Richter ein psychologisches Gutachten an. In der Klinik fuhr Gary fort, alle in seiner Umgebung zu bedrohen, und er schnitt sich wieder die Pulsadern auf. Einem Psychiater gegenüber behauptete er beharrlich, daß die Selbstmordversuche ernst gemeint seien. In seinem Bericht für den Richter schrieb der Arzt, Gary habe behauptet, er wolle verbluten, er wolle sterben, aber vor allem wolle er verbluten. Wenn ich jetzt diese Aussage vor mir sehe, erscheint alles so offenkundig: Dies war Garys erster Versuch der Blutsühne.

Es ist möglich, daß Gary seine geistigen Störungen simulierte, wie seine Aufseher und ein paar der Ärzte annahmen. Auf alle Fälle wurde er für verhandlungsfähig erklärt.

Garys Verhandlung fand Mitte März 1964 am Gericht von Oregon City statt und dauerte drei Tage. Cleophis, Garys Partner, trat als Belastungszeuge auf, obwohl der Fall auch ohne seine Aussage sonnenklar gewesen wäre.

Am letzten Tag der Verhandlung war ich allein zu Hause. Meine Mutter war beim Arzt, hatte aber eine Nummer hinterlassen für den Fall, daß ich erfuhr, daß die Urteilsverkündung bevorstand. Plötzlich klingelte das Telefon. Es war Gary. Zuerst dachte ich, man habe ihn freigesprochen. Wie hatte er mich sonst anrufen können?

»Wie geht's, Partner?« fragte er. »Hör zu«, fuhr er fort, »ich wollte dir und Mom sagen, daß ich zu fünfzehn Jahren verurteilt wurde.«

Ich war wie vom Donner gerührt. Ich wußte nicht, was ich sagen sollte. »Gary, was kann ich für dich tun?« stammelte ich schließlich. Ich glaube, es kam falsch heraus, als hätte ich gesagt: »Ich bin beschäftigt, was willst du denn nun schon wieder?«

»Ich... ich wollte eigentlich nichts«, antwortete Gary, seine Stimme klang gebrochen. »Ich wollte nur kurz mit dir sprechen. Ich wollte nur auf Wiedersehen sagen. Du weißt, ich werde für ein paar Jahre nicht rauskommen. Paß auf dich auf!«

Es war ein herzzerreißender Augenblick. Gary und ich hatten seit jener Weihnachtsnacht vor vielen Jahren, als er mir von seinem Leben in der Besserungsanstalt erzählte, keine ähnliche Nähe mehr erlebt. Ich hatte das Gefühl, etwas Wichtiges verpatzt und ihn in einem kritischen Moment enttäuscht zu haben. Jahrelang hat mich dieses Gefühl nicht losgelassen. Ich habe es sogar immer noch.

Als meine Mutter nach Hause kam, brachte ich ihr die Neuigkeit bei. Sie setzte sich auf ihren Küchenstuhl und weinte lange sehr heftig – sogar noch heftiger, als sie damals beim Tod meines Vaers geweint hatte.

Trennung

Im November 1963, während Gary auf seinen Prozeß wartete, wurde Präsident John F. Kennedy bei einem Besuch in Dallas, Texas, in den Kopf geschossen. Wie jede andere amerikanische Familie hat uns dieses Ereignis erschüttert. Das Verbrechen dieses Tages schien alles zu übertreffen, was wir bis dahin gehört hatten. Es war eine Gewalttat, die die Zukunft der Nation veränderte, aber auch einen Großteil ihrer Vergangenheit verdarb, und ich glaube, wir alle verstanden das, sogar damals. Wir redeten, weinten und trauerten tagelang über diesen Mord, aber keiner von uns sagte ein Wort über die Gewalt in unserem persönlichen Leben. Ich glaube, ich begriff nicht einmal, daß Gewalt in unseren Herzen war. Das Bemerkenswerte daran ist, daß in dem Moment, als diese Gewalt später in ihrer häßlichsten Form hervorbrach, sie zugleich zu einer historischen Episode in der amerikanischen Kriminalgeschichte wurde.

Weihnachten war diesmal in jeder Hinsicht ein trostloses Fest. Sowohl Gary wie Gaylen saßen im Gefängnis. Die Familie hatte kein Geld mehr. Die Nation trauerte immer noch. All die Winternächte waren schwarz. Zum erstenmal hatte meine Mutter keinen Weihnachtsbaum aufgestellt und nicht einmal irgendeinen Weihnachtsschmuck besorgt.

Damals entschied meine Mutter, es sei inzwischen an der Zeit für mich, Mormone zu werden. Sie lud einige der jüngeren Missionare zu regelmäßigen Besuchen ein, um mir die Grundlagen des Bekenntnisses der »Heiligen der Letzten Tage« zu vermitteln. Alle paar Tage saß ich mit diesen jungen Männern im Wohnzimmer, und sie erzählten mir die Geschichte über Joseph Smith' schwere Prüfung, über die Tortur, die er als junger Mann durchgestanden hatte, um die wahre Kirche zu finden, und über das Wunder, daß Gott sich selbst zeigte, um die Geheimnisse des Himmels diesem jungen Sohn eines Farmers zu offenbaren. Die Geschichte nahm mich gefangen, besonders der Teil über die Auffindung der goldenen Platten, die Entstehung des Buchs Mormon und den Aufstieg der Smith-Familie aus der Armut zum Ruhm und tragischer Größe. Etwas an dieser Geschichte kam mir bekannt vor: Meine Mutter hatte oft geheimnisvoll von einem Schatz gesprochen, den mein Vater einst besessen und dann verloren habe, und der vielleicht immer noch unentdeckt sei. Daher hatte ich das Gefühl, in gewisser Weise meinen Vater wiederzubekommen, wenn ich den Glauben der Mormonen annahm, obwohl ich wußte, daß er diese Leute gehaßt hatte. Außerdem spürte ich, daß es meiner Mutter viel bedeutete, wenn ich mich der Mormonenkirche anschloß. Es wäre eine Art Rechtfertigung ihrer Vergangenheit, vielleicht würde es in gewisser Weise sogar ihre eigene Abtrünnigkeit wettmachen. So wurde ich also als Mormone getauft und begann, mehrmals in der Woche den Gottesdienst zu besuchen. Fast meine ganze Jugend hindurch blieb ich ein aktives und treu ergebenes Kirchenmitglied.

Dann, kurze Zeit darauf – während der Zeit, als Gary auf seinen Prozeß wartete – geschah etwas, das mein Leben veränderte. Am 9. Februar 1964 (es war gleichzeitig mein dreizehnter Geburtstag und der Tag, an dem ich in die mormonische Kirche eintrat) hatten die Beatles ihren ersten Auftritt in der Ed Sullivan Show. Rock 'n' Roll war nichts Neues für mich. Meine Brüder liebten die Musik von Elvis Presley, Chuck Berry, Johnny Cash, Jerry Lee Lewis, Little Richard und Fats Domino, und sie spielten ihre Platten ständig bei uns zu Hause. Interessanterweise liebte mein Vater, der offensichtlich kein Anhänger jugendlicher Rebellion war, ebenfalls Rhythm and Blues und frühen Rock 'n' Roll. Es war eine der wenigen Freuden, die er seinen Söhnen nie verboten hatte. Im Rückblick verstehe ich jetzt, wie die Musik von Elvis Presley und den anderen dazu beigetragen hat, den Aufruhr meiner Brüder auszudrücken und ihm Sprache zu verleihen: Es war eine ungestüme Rebellion, ohne eine auf den ersten Blick sichtbare Ideologie. Es war eine wunderbare Sache, aber inzwischen war ich herangewachsen, der Geist dieser Musik hatte sich weitgehend verbraucht, und der Rock 'n' Roll hatte viel von seiner Fähigkeit verloren, jugendlichen Aufruhr auszulösen oder zu symbolisieren.

Mit den Beatles wurde das alles ganz anders. Als ich sie in jener Nacht in der Ed Sullivan Show sah, wie sie ihre Mähnen schüttelten und »I Saw Her Standing There« und »She Loves You« sangen, wußte ich natürlich nicht, daß ihre Musik mir eine Beziehung zur Welt und ein Tor zur Zukunft eröffnete, etwas, das meiner Familie versperrt blieb. Ich wußte damals nur, daß ich die Beatles mochte, und wie Millionen anderer Jugendlicher spürte ich, daß sie zu mir und meiner Zeit gehörten. Später mochte ich die Beatles sogar noch mehr, weil sie den Abschied aus der Welt meiner Brüder bedeuteten und weil meine Brüder sie nicht ausstehen konnten.

Wenn ich zurückblicke, stelle ich fest, wie sehr sich der mormonische Glaube und die Musik der Beatles eigentlich widersprachen. Den Beatles ging es um Sex und das Niederreißen von Grenzen; man könnte sogar sagen, daß sie für den Bruch mit dem Hergebrachten und für die Revolution plädierten. Die Mormonen waren für Freiheit und Erlösung durch Ordnung und Autorität; sie duldeten keinen außerehelichen Sex und keine fortschrittliche Kultur und Politik. Mit der Zeit wurden die Widersprüche zwischen beidem offenkundig, und ich mußte mich entscheiden. Aber in jenen Tagen hungerte ich nach allem, was mir eine Richtung weisen konnte und mir eine Möglichkeit gab, dem Fluch zu entgehen, den ich bereits als das Schicksal meiner Familie ansah. Die Rockmusik und die Mormonen – beide auf ihre Weise – halfen mir, diese Richtung zu finden. Tatsächlich glaube ich, daß das Zusammenspiel der beiden mir wahrscheinlich das Leben gerettet hat. In der Religion und in der Musik fand ich ein Gemeinschaftsgefühl, das ich zuvor nicht gekannt hatte. Ich bekam auch eine Ahnung von Sinnfindung und moralischen Zielen. Aber es dauerte noch ein paar Jahre, bis ich das Leben mit den »Sündern« einem Leben mit den »Heiligen« vorziehen sollte. Damals war ich froh, mich unter beide mischen zu können.

Während dieser Zeit war Gaylen oft im Gefängnis, meist wegen ziemlich geringfügiger Angelegenheiten wie Trunkenheit in der Öffentlichkeit oder Scheckbetrug. Geringfügig oder nicht, die örtliche Polizei begann, eine besondere Abneigung gegen ihn zu hegen. Daß er Garys Bruder war, also noch einer der schlimmen Sorte mit dem Namen Gilmore, war sicherlich kein Vorteil. Außerdem hatte er dieses unangenehme Temperament und diesen Stolz. Immer wenn ein Polizist ihn anhielt, riskierte Gaylen eine Lippe. Wenn ein Bulle ihn beleidigte oder schlug, wehrte sich Gaylen mit Worten und Fäusten. Gewöhnlich zog er dabei den kürzeren. Ich weiß es, weil ich mich an seine Verletzungen durch Schlägereien mit der Polizei erinnere.

Bald kam die Polizei zu allen Tages- und Nachtzeiten in unser Haus. Morgens um drei wurde gegen die Tür gehämmert, ich sah hinaus, und ein Polizeiauto parkte vor dem Haus. Immer suchten sie Gaylen wegen dieser oder jenen Sache. Oft war er da, wenn sie kamen und das Haus durchsuchten. Er besaß jedoch ein Spezialversteck hinter einer Mauer im Keller unter der Veranda, wo sie ihn nie fanden. Einige Male, als die Polizisten mit ihren schweren Stiefeln die Treppe zur Eingangstür hinauftrampelten, entkam Gaylen durch die Hintertür, glitt auf den Fahrersitz seines Wagens und fuhr dann hupend und den Bullen zuwinkend auf der Oatfield Road davon. Die Polizisten verfolgten ihn, schnappten ihn aber nur selten.

Natürlich wurde Gaylen früher oder später festgenommen, und meine Mutter mußte Kaution stellen, um ihn freizubekommen. Während dieser Jahre war das ein übliches Familienritual. Ich kannte das Gesicht jedes Polizisten und jeden für Kautionen verantwortlichen Beamten im ganzen Distrikt, und ich gewöhnte mich daran, meine Mutter bei ihren zahlreichen nächtlichen Besuchen auf der Polizeistation an der Main Street von Milwaukie zu begleiten, wo sie ihren in Schwierigkeiten geratenen und betrunkenen Sohn freikaufte.

Vermutlich war es unvermeidlich, daß der Ruf meiner Brüder auf mich abfärbte. Ich erinnere mich, daß ich in der Oberschule ins Büro des Direktors gerufen und gewarnt wurde, daß die Schule niemals ein Benehmen von mir dulden werde, wie meine Brüder es an den Tag legten. Mir wurde gesagt, ich solle mich in acht nehmen, da meine Brüder das Vertrauen und die Nachsicht der Behörden bereits jahrelang strapaziert hätten, und wenn ich werden würde wie sie, dann gebe es andere Schulen, in die ich geschickt werden könnte. Zu verschiedenen Zeiten und in verschiedenen Formen erhielt ich derartige Ermahnungen während meiner ganzen Schuljahre in Milwaukie. Einmal wartete ich im Zentrum der Stadt auf einen Bus, als ein Polizeiwagen neben mir hielt. »Du bist einer der Gilmore-Jungen, nicht wahr? Ich will bloß hoffen, daß du nicht so endest wie die beiden anderen. Mir reicht, was ich an Mistkerlen von eurer Familie gesehen habe.«. Ein anderes Mal ging ich die Hauptstraße der Stadt hinunter, als ein Wagen mit älteren Jugendlichen neben mir hielt, die ausstiegen und mich umringten. »Bist du Gaylen Gilmores Bruder?« fragte einer von ihnen. Sie zerrten mich in den Wagen, fuhren mich ein paar Straßen weiter auf ein verlassenes Gelände und schlugen mir abwechselnd ins Gesicht. Ich erinnerte mich an Garys Rat, den er mir damals vor Jahren an Weihnachten gegeben hatte: »Du kannst dich nicht wehren; du darfst dich deshalb nicht wehren« – also ließ ich mich verprügeln, bis sie genug hatten. Dann spuckten sie mich an, stiegen wieder ein und fuhren davon.

Auf dem ganzen Heimweg weinte ich und haßte die Welt, in der ich lebte. Ich haßte die kleine Stadt mit ihren häßlichen und bösen Menschen, und zum erstenmal haßte ich meine Brüder. Ich glaubte, ihretwegen hätte ich keine Zukunft, ich wäre dazu verdammt, ihrem Vorbild zu folgen, ob ich wollte oder nicht, und ich könnte mich niemals von der Scham, dem Schmerz und der Enttäuschung befreien. Eine maßlose Wut überkam mich: Ich wollte den Jungen, die mich verprügelt hatten, die Köpfe einschlagen. »Ich möchte sie umbringen«, sprach ich vor mich hin. »Ich möchte sie umbringen!« Und sobald mir klar wurde, was ich gesagt hatte und warum ich so fühlte, haßte ich meine Brüder um so mehr.

Schließlich begannen die Dinge, Gaylen über den Kopf zu wachsen. Die Affäre mit Eve endete damit, daß Eve schwanger wurde. Sie liebte Gaylen und wollte ihn heiraten, und ich glaube, er wollte es ebenso, aber weder ihr Vater noch meine Mutter ließen das zu. Eines Abends betrank sich Gaylen und besuchte Eve in dem Wohnwagenpark unten in Oak Grove, wo sie lebte. Gaylen bekam Streit mit ihrem Vater, einem unangenehmen Deutschen namens Adolf. Adolf hielt zum Schluß Gaylen mit dem Fuß am Boden fest und zielte mit einem Gewehr auf seinen Kopf, bis die Polizei kam und meinen Bruder fortschleppte.

Ein oder zwei Tage später hatten Gaylen und meine Mutter einen schrecklichen Streit wegen der Sache mit Eve. Sie saßen in der Küche und schrien sich an, und Frank, der dabei war, versuchte zu vermitteln. Die Dinge gerieten außer Kontrolle. »Ich möchte nicht, daß du dieses Mädchen wiedersiehst«, brüllte meine Mutter. Gaylen brüllte zurück: »Der Teufel soll dich holen. Du kannst mir nicht vorschreiben, was ich tun soll. Hör verdammt noch mal auf, mich herumzukommandieren.«

Meine Mutter stand schnell auf, griff in den Küchenschrank, packte ein langes Fleischmesser, und bevor jemand dazwischentreten konnte, hatte sie Gaylen mitsamt seinem Stuhl gegen die Wand geschoben und hielt die Messerspitze an seinen Hals. Ihre Augen blitzten, und langsam sagte sie mit bebender Stimme: »Du wirst diese verdammte Hurenschlampe nie mehr sehen. Verstehst du mich? Wenn du es tust, bringe ich dich um.«

Eine ganze Weile rührte sich keiner, niemand sagte etwas. Meine Mutter schrie Gaylen noch ein paarmal an, dann trat sie zurück und legte das Messer weg. Sie setzte sich und begann zu weinen. Gaylen erhob sich, Tränen standen in seinen Augen, und er ging zur Hintertür hinaus. Dabei trat er so heftig gegen die Fliegentür, daß sie in den Hinterhof knallte. Den Rest des Tages verbrachte er damit, sein Bowie-Messer in den Stamm des Kirschbaums zu schleudern, bis das Harz wie Blut aus den Einstichen tropfte. Der Kirschbaum hat danach nie mehr so geblüht wie zuvor.

Das war mehr oder weniger das letzte Mal, daß Gaylen Eve sah. Wie ich hörte, soll sie eine hübsche Tochter zur Welt gebracht haben, aber Gaylen hat das Kind nie zu Gesicht bekommen.

Nach diesem Vorfall wurden Gaylens außerhäusliche Aktivitäten seltsam und geheimnisvoll; das Ganze ähnelte dem Leben, das Gary ein paar Jahre zuvor geführt hatte.

Eines Abends saßen meine Mutter und ich in der Küche und unterhielten uns, als ein Wagen mit abgeschalteten Lichtern in die Einfahrt fuhr. Es war eine ältere Limousine, voll besetzt mit Männern. Irgend etwas beim Heranfahren des Wagens machte meiner Mutter angst. »Lösch das Licht!« befahl sie mir. Die Männer stiegen aus, eilten zur vorderen Veranda hinauf und begannen, gegen die Tür zu hämmern. Meine Mutter brachte mich nach oben, und wir schlossen uns im alten Büro meines Vaters ein. Von dort konnten wir die Männer draußen brüllen hören. »Mach diese verdammte Tür auf, Gaylen«, schrien sie. »Wir wissen, daß du da drin bist. Treib's nicht so weit, daß wir reinkommen müssen.« Meine Mutter rief die Polizei. Kurz darauf ertönte Sirenengeheul den Hügel herauf. Die Männer eilten zu ihrem Wagen zurück und fuhren weg.

Meine Mutter und ich blieben bei Nachbarn weiter oben in der Straße, bis Frank gegen ein Uhr morgens von der Arbeit nach Hause kam. Als wir das Haus betraten, stellten wir fest, daß eines der hinteren Fenster eingeschlagen war. In Gaylens Zimmer waren die Sachen durchwühlt worden. Jemand war im Haus gewesen.

Ein oder zwei Nächte später tauchte Gaylen auf und sah heruntergekommen aus. Meine Mutter erzählte ihm, was geschehen war. Gaylen hörte sich alles an, ohne ein Wort zu erwidern. Er saß eine Weile da, ging dann hinaus, stieg in seinen Wagen und fuhr weg. Danach sah ich ihn zwei Jahre nicht mehr. Als nächstes hörten wir, daß er in New York lebte. In irgendeinem Klub im Village trug er seine Gedichte vor und betrank sich bis zur Bewußtlosigkeit, wenn immer es möglich war.

Ende August 1965 wurde Frank jun. zur Armee eingezogen. Es war während der Zeit, als sich Amerikas Engagement in Vietnam verstärkte, und meine Mutter und ich machten uns Sorgen, mein Bruder würde zu Kampfeinsätzen fortgeschickt und müßte sein Leben für eine so unverständliche und unsinnige Sache lassen wie diesen Krieg. Frank jedoch hatte metaphysischere Bedenken. Der Glaube der Zeugen Jehovas besagt, daß es für eine Person, die in der Armee dient und auf dem Schlachtfeld stirbt, genauso sei, als wäre sie als Gewalttäter oder Sünder gestorben. In diesem Fall habe man das Recht verwirkt, jemals in das Königreich Gottes einzutreten. Frank versuchte, als Verweigerer aus Gewissensgründen anerkannt zu werden, aber die Einberufungsbehörde hatte ihn abgewiesen. Er konnte nur wählen, zur Armee oder ins Gefängnis zu gehen. Einstweilen folgte er der Einberufung, obwohl er sich nicht vorstellen konnte, in einer Kampfeinheit zu dienen.

Und so geschah es, daß er eines Morgens plötzlich fort war. Sein Weggang traf mich mehr als der von sonst irgend jemandem. Er war ein liebenswürdiger und guter Mensch. Ich wußte, daß die Armee versuchen würde, ihn zu ändern. Sie würden versuchen, ihn so gewalttätig zu machen wie seine Brüder.

Gary saß im Staatsgefängnis von Oregon, Gaylen lebte in New York, Frank war in Fort Ord in Kalifornien stationiert. Damit blieben nur meine Mutter und ich in dem großen Haus zurück, das wir uns nicht mehr leisten und auch nicht mehr ausfüllen konnten.

Es war eine einsame und elende Zeit. Wir hatte kein Geld mehr und zehrten von dem, was monatlich aus der Rentenversicherung meines Vaters hereinkam.

Damals begann mein Verhältnis zu meiner Mutter enger zu werden, denn es gab für mich keine Alternative; nur sie und ich waren übriggeblieben. Ich war auch bereit zu lernen, die Welt mit ihren Augen zu sehen. Doch was für eine qualvolle, peinigende Welt war das! Während dieser Zeit verstand ich, wie sehr meine Mutter – ähnlich wie mein Vater, Gary oder Gaylen – sich mit dem Leben und der Denkweise eines Außenseiters identifizierte. Und sie war wirklich ihr ganzes Leben lang eine Außenseiterin gewesen: zuerst als junges Mädchen, das die Regeln durchbrechen wollte, dann als junge Frau, die die Regeln tatsächlich brach, und schließlich als eine Frau, die stets aufs neue dafür bezahlen mußte, daß sie diese Regeln gebrochen hatte. Ich lernte, daß die Welt denjenigen nicht vergibt, die ihre Regeln mißachten, und daß man vernichtet wird, wenn man solches wagt. Meine Mutter war eine Ausgestoßene. Meine Brüder waren Ausgestoßene. Meine Mutter verkündete, auch ich würde dieses Schicksal erleiden. Ich müsse stark sein, sagte sie mir; ich müsse lernen, mit der Verdammnis und den Strafen der Welt zu leben. Ich dachte, daß sie wahrscheinlich recht habe, doch ich sagte ihr nicht, daß die schreckliche Welt, von der sie sprach, meiner Ansicht nach auch meine Familie mit einschloß. Ich träumte nicht nur davon, mir die Welt, sondern mir auch meine Familie vom Leib zu halten.

Und dann eines Tages wurde dieser Wunsch plötzlich wahr. Anfang Winter 1965 erkrankte meine Mutter ernstlich und mußte in eine Klinik eingeliefert werden, um sich die Gallenblase entfernen zu lassen. Ich besuchte sie jeden Tag, dann kehrte ich in das leere große Haus zurück. Ich begann gerade mit der High School und lebte ganz allein – zumindest einige Wochen lang. Seit den Jahren, die ich mit meinem Vater fern der Familie verbrachte, fühlte ich mich zum erstenmal wieder glücklich und sicher.

Natürlich blieb das nicht so. Nach ein paar Wochen kam meine Mutter aus dem Krankenhaus zurück. Aber es war nicht mehr so wie früher. Die Operation hatte sie verändert. Sie begann, ein eingeschränktes Leben zu führen. Die ersten Anzeichen dafür machten sich gleich bemerkbar, nachdem sie wieder zu Hause war. Sie weigerte sich, ihr Schlafzimmer im Obergeschoß zu benutzen. Sie behauptete, sie habe nicht mehr die Kraft, die Treppen hinaufzusteigen. Statt dessen verlegte sie ihren Schlafplatz nach unten auf das gleiche Sofa im Wohnzimmer, das mein Vater in seinen letzten Wochen benutzt hatte. Meine Mutter ging nie wieder nach oben. Auch ließ sie nur noch selten Fremde – nicht einmal mehr Freunde – zu Besuch ins Haus.

In den folgenden Monaten begannen das Haus und der Garten zu verkommen. Meine Mutter konnte sich nicht mehr um ihre Anpflanzungen kümmern, und für mich war das Anwesen zu groß, um all die Arbeit allein zu bewältigen. Der Rasen im Vorgarten wuchs allmählich kniehoch. Es sah schrecklich und abstoßend aus. Schließlich kamen ein paar Leute von der Mormonengemeinde und halfen regelmäßig, den Garten in Ordnung zu halten. Inzwischen betrachteten sie uns mehr oder weniger als Sozialfall.

Da meine Mutter nun unten lebte, hatte ich das gesamte Obergeschoß für mich allein. Einige Wochen lang schlief ich jede Nacht in einem anderen Zimmer. Dann begann ich die Stimmen zu hören.

Ich wachte gegen drei Uhr morgens auf und hörte Geräusche vor meiner Schlafzimmertür, ungefähr an der Stelle, wo sich der geheimnisvolle Zwischenraum im Gang befand. Ich lag da und hörte mehrere Stunden lang Stimmen – manchmal bis es draußen hell zu werden begann. Sie waren hörbar, aber undeutlich wie das Murmeln hinter einer geschlossenen Tür.

Eines Tages, nachdem ich wegen dieser Geräusche die ganze Nacht nicht geschlafen hatte, fragte ich meine Mutter: »Hörst du irgend etwas Komisches während der Nacht?«

»Fast jede Nacht«, antwortete sie. »Ich höre Stimmen. Manchmal hört es sich an, als kämen sie von oben, aus einem unserer Schlafzimmer. Manchmal kommen sie aus anderen Räumen oder irgendwoher aus der Luft. Sie sprechen leise, aber ich glaube, ich weiß, was sie sagen: Sie reden über unsere Zukunft und wie sie jeden von uns kaltmachen werden.«

Ich dachte mir: »Großartig, ich werde genauso verrückt wie alle anderen in dieser verdammten Familie.« Danach begann ich, mit einem Kissen über dem Kopf zu schlafen. Ich schloß die Stimmen der Geister aus.

Heimkehr

Franks Zeit in der Armee erwies sich von Anfang an als schwierig. Seine Vorgesetzten wußten, daß er Zeuge Jehovas war und den Wehrdienst ablehnte. Für eine solche Haltung hegten sie keine große Sympathie. Sie machten ihn vor den anderen Männern herunter und sagten, sie würden seinen Widerstand brechen.

Eine Weile versuchte Frank, Sanitäter zu werden. Aber das reichte seinen Vorgesetzten nicht. Sie wollten, daß Frank lernte, eine Waffe zu tragen, sie zu laden und abzufeuern. Sein Zugführer sagte ihm: »Sie müssen sich den militärischen Regeln fügen, oder Sie werden vors Kriegsgericht gestellt.«

Frank antwortete: »Ich kann mich den militärischen Regeln nicht fügen. Sie sind gegen meine religiösen Überzeugungen.«

Der Offizier befahl Frank seine Ausrüstung zusammenzupacken und die drei Kilometer zum Gefängnis des Forts hinüberzumarschieren. Dort sollte er bleiben, bis man ihn vors Kriegsgericht stellte. »Auf meinem Weg dorthin wurde ich nicht bewacht«, sagte Frank. »Ich meine, ich hätte leicht abhauen können. Die Busstation war in der Nähe. Ich hätte dort ein Ticket kaufen und verschwinden können. In zwei Tagen wäre ich in Kanada gewesen. Aber ich wußte, wenn ich das getan hätte, wäre ich die Sache bis an mein Lebensende nicht losgeworden. Also konnte ich sie auch gleich hinter mich bringen. Dennoch dachte ich auf dem ganzen Weg: ›Ich wünschte, sie würden mich als Sanitäter akzeptieren.‹ Ich wollte meine Pflicht tun und die Armee in Ehren verlassen. Einerseits wollte ich meinem Glauben nicht zuwiderhandeln, andererseits wollte ich nicht einfach abhauen und Fahnenflucht begehen.‹«

Frank war drei Monate im Militärgefängnis, bevor sein Prozeß begann. Die Anklage lautete: Mißachtung eines mündlichen Befehls des vorgesetzten Offiziers. Der Prozeß dauerte einen Tag. Der militärische Ankläger befand, mein Bruder sei so gefährlich wie der Feind. Er behauptete sogar, Frank sei schlimmer als ein Kommunist, denn er sei ein Feigling.

»Ich wußte es besser«, sagte Frank. »Ich war genausowenig ein Feigling wie einer von ihnen. Das sagte ich auch und daß ich gern als Sanitäter arbeiten würde. Aber ich wollte mich nicht aufstellen lassen und losziehen, um jemanden zu töten oder an der Front getötet zu werden. Ich hatte Angst, ich würde wahrscheinlich skrupellos werden, wenn ich jemanden tötete. Ehrlich gesagt, wahrscheinlich wäre ich auf dem Schlachtfeld zu einem Besessenen geworden. Ich dachte oft darüber nach. Und ich wußte im Innersten, wenn das geschah, wäre ich verloren gewesen. Ich wäre einer der Schlimmsten geworden. Und dann wäre ich mit mir nicht mehr ins reine gekommen. Ich wäre losgezogen und hätte mich töten lassen. Ich kam zu der Ansicht, daß ein Staatsgefängnis für mich besser war als so etwas.«

Das Militärgericht verurteilte Frank zu drei Jahren verschärfter Haft in Fort Leavenworth. »Wenn ich einen zivilen Anwalt gehabt hätte«, sagte er mir Jahre später, »hätte ich dreißig Tage und eine unehrenhafte Entlassung kriegen können. Ich habe das bei einer Menge weißer Typen erlebt, die schlaue Anwälte anheuerten. Aber Mom hatte kein Geld für mich. Sie hatte bereits alles für Gary und Gaylen ausgegeben. Damals habe ich viel gebetet. Ich dachte: ›Ich halte mich einfach an Gott und warte, was geschieht.‹

Gaylen hatte allmählich genug von New York.

Während der Zeit, als Frank in Fort Leavenworth war, tauchte Gaylen in Provo, Utah, auf. Wie Frank und Gary hatte er die Farm meiner Großeltern in guter Erinnerung und wollte seine Cousinen, Tanten und Onkel besuchen. Er besaß auch einen alten Freund namens Kerry, der mit seiner neuen Frau in Salt Lake City wohnte.

Während seines Besuchs wohnte Gaylen bei Brenda. Sie war kurz zuvor geschieden worden und daher froh, Gesellschaft zu haben, außerdem half Gaylen gern bei der Haus- und Gartenarbeit. Er war einnehmend, freundlich und intelligent, und sie mochte ihn genauso wie jedermann, wenn Gaylen beschloß, liebenswert zu sein. Ihr entging allerdings nicht, daß er hinter Frauen her war. Sie konnte ihn kaum irgendwohin mitnehmen, ohne daß Gaylen nicht ein Auge auf die hübschen Mädchen warf oder eine zu einem Rendezvous überredete. Die Mädchen in Provo fanden ihn attraktiv. »Er war einfach der bestaussehendste, eigenartigste junge Mann, den sie jemals kennengelernt hatten«, sagte Brenda. Aber Mormonenfrauen waren, was Küssen oder Petting anbelangt nicht allzu freizügig, und vorehelicher Sex kam für sie nicht in Frage, also wurden Gaylens Avancen immer wieder zurückgewiesen.

Gaylen fiel es schwer, ohne intime Kontakte zu einer Frau auszukommen. Eines Tages fuhr er nach Salt Lake City, um seinen

Freund Kerry zu besuchen. Kerry war nicht zu Hause, aber seine Frau war da. Gaylen versuchte, sich ihr zu nähern, und sie wies ihn nicht zurück. Er begann eine Affäre mit der Frau seines Freundes. Sie gingen ein paarmal pro Woche zusammen ins Bett und genossen es – bis Kerry eines Nachmittags früher von der Arbeit nach Hause kam und seinen guten Freund Gaylen dabei erwischte, wie er seine Frau von hinten bumste. Kerry war ein kräftiger Mann, und er beschloß, daß seine Freundschaft mit Gaylen beendet sei. Er hob Gaylen hoch, warf ihn aus dem Fenster und ging ihm dann hinterher. Er trat ihm einige Minuten lang in den Magen und ins Gesicht, bevor ihn seine Frau fortzog.

Gaylen verbrachte mehrere Wochen im Krankenhaus von Salt Lake City. Sein Kiefer war fünfmal gebrochen. Die Nahrung mußte er durch einen Strohhalm zu sich nehmen, und er konnte nicht richtig sprechen. Onkel Vern bezahlte schließlich die Krankenhausrechnung. Er besuchte Gaylen auch ein paarmal. »Du dämlicher Mistkerl«, sagte Vern. Gaylen konnte darauf nicht viel erwidern.

Vern kaufte Gaylen ein Busticket zurück nach Portland. Eines Spätnachmittags tauchte er vor unserer Tür auf, sein Mund war immer noch mit Drähten zusammengehalten, und er versuchte ein schüchternes Lächeln. Meine Mutter schüttelte bloß den Kopf und fragte, welche Suppe er gerne essen würde.

Die Schwierigkeiten in Salt Lake City brachten Gaylen eine Weile zur Ruhe. Er dachte darüber nach, eine Frau zu finden und sich niederzulassen. Er besuchte auch mit mir und meiner Mutter Mormonengottesdienste, und zu ihrem großen Erstaunen und ihrer Freude schloß er sich innerhalb einiger Wochen nach seiner Rückkehr ihrer Kirche an.

Meine Mutter war froh, ihn wiederzuhaben. Sie war nach ihrer Operation etwas zu Kräften gekommen und hatte in einem Restaurant namens Speed's auf der Main Street von Milwaukie einen Job als Aushilfskellnerin angenommen. Nun, da Gaylen heimgekehrt und offensichtlich vernünftig geworden war, erneuerten sich ihre Hoffnungen, daß unser großes Haus vielleicht doch das Bindeglied sein könnte, das uns alle zusammenhielt.

Ich habe Gaylen nie ruhiger erlebt als in dieser Zeit, und nie waren wir uns jemals so nahegekommen. Unsere Freundschaft hatte wenig damit zu tun, daß Gaylen jetzt Mormone war. Irgendwie glaubte ich nie so recht an seine Bekehrung; sie vermittelte eher den Eindruck einer verzweifelten Sehnsucht nach Liebe und Geborgenheit als einer echten religiösen Überzeugung. Außerdem war Gaylen, was Sex anbelangte, nicht gerade fromm. Wenn ich von der Schule nach Hause kam, überraschte ich ihn immer mal wieder mit einem Mädchen aus der Nachbarschaft oder sonst einer Frau. »Wage es nicht, Mom davon zu erzählen«, sagte er dann zu mir und natürlich habe ich das nie getan.

Ich war jetzt sechzehn und er zweiundzwanzig, und unsere Interessen ähnelten sich. Inzwischen hatten wir beide eine Menge der gleichen Bücher gelesen, die gleichen Filme gesehen und die gleiche Musik gehört. Wir unterhielten uns viel und debattierten miteinander. Wir wurden Kumpel während dieser Zeit, ein Zustand, den ich nie zuvor mit einem meiner Brüder erlebt hatte. Sicher half dabei, daß wir nicht mehr um die Liebe meines Vaters kämpfen mußten. Eine Zeitlang war Gaylen mein bester Freund.

Aber ein friedliches Leben war nicht Gaylens Sache. Er kam mit vielen jungen Leuten in der Kirche nicht zurecht. Die meisten jungen Männer seines Alters waren mit Missionstätigkeiten beschäftigt oder an der Brigham Young University eingeschrieben, und das waren die jungen Männer, die die jungen Mormonenfrauen sich wünschten. Außerdem hatte Gaylen zuviel von der Welt gesehen, kannte zu verschiedene Denk- und Lebensweisen, und den Mormonen war nicht immer wohl, wenn sie sich an seine Vergangenheit erinnerten. Oft wurde er zu Gesellschaften oder Partys nicht eingeladen.

Bald begann Gaylen, wieder zu trinken und sich mit seinen alten Freunden zu treffen. Bald beging er wieder Scheckbetrug, und bald kam die Polizei wieder zu uns nach Hause. Ich war überrascht, wie schnell und gründlich er sich erneut in Schwierigkeiten gebracht hatte. Innerhalb weniger Monate ergingen in Clackamas County Haftbefehle gegen ihn, und es gab Freunde, die wütend auf ihn waren, da er ihnen angeblich etwas gestohlen hatte. Wenn Gaylen trank, war er oft übellaunig, und er schien sein Leben noch mehr in Unordnung bringen zu wollen.

Eines Abends, als ihm das Bedrückende seiner Situation aufs Gemüt schlug, saß er in dem grünen Ledersessel in unserem Wohnzimmer und trank eine Flasche Wodka. Meine Mutter war auch im Zimmer und beobachtete ihn dabei. Ich ging nach oben, um meine Hausaufgaben zu machen. Als ich Geschrei hörte, stürzte ich nach unten. Gaylen und meine Mutter stritten sich über Geld. Er wollte zweihundert Dollar von ihr haben, damit er Oregon verlassen konnte, aber sie sagte ihm, das sei ihr nicht möglich – es sei alles, was sie besitze. Ich sagte zu Gaylen: »Warum läßt du sie nicht in Ruhe? Sie kann es sich nicht leisten, dir so viel Geld zu geben. Findest du nicht, daß sie dir schon genug gegeben hat?«

»Halt dich da raus, verdammt noch mal«, antwortete er. »Du bist nicht der große Mann, für den du dich hältst.« Er wandte sich meiner Mutter zu und sagte: »Ich will das Geld. Ich gehe hier nicht weg, bevor ich es nicht habe.« In seinem Tonfall lag eine deutliche Drohung.

Meine Mutter zitterte. Sie öffnete die Börse und gab ihm hundert Dollar. »Das ist alles, was ich dir geben kann, und ich weiß jetzt nicht einmal mehr, wie ich uns den nächsten Monat durchbringen soll. Du darfst mich nie mehr um etwas bitten«, sagte sie und begann dann zu weinen.

Gaylen stand auf, nahm das Geld und zog seine Jacke an.

»Wenn du so fortgehst und das Geld mitnimmst«, sagte ich, »bist du nicht mehr mein Bruder.«

Ohne ein Wort zu sagen, eilte er an mir vorbei und schlug beim Hinausgehen die Tür hinter sich zu. Später erfuhren wir, daß er direkt zu dem Restaurant gegangen war, in dem meine Mutter

arbeitete, um dort zusätzlich noch einen ungedeckten Scheck einzulösen. Sie ließ sich das Geld von ihrem Lohn abziehen, damit ihr
Arbeitgeber keine Anzeige machte.

Gaylen ging schließlich nach Chicago und lebte dort unter falschem Namen. Diesmal sahen wir ihn fünf Jahre nicht wieder.

In Fort Leavenworth sah Frank viel von den gräßlichen Dingen,
die sich in allen Gefängnissen abspielen: homosexuelle Vergewal-
tigungen und brutale Übergriffe der Aufseher. Er wußte, er war an
einem gefährlichen Ort, und daher bat er um eine Einzelzelle.

Doch viele Mithäftlinge brachte das gegen ihn auf. Sie hielten
ihn entweder für eingebildet oder für snobistisch, und einige Male
versuchten verschiedene Häftlinge, ihn von seinem hohen Roß
herunterzuholen. Es kam zu Schlägereien und zu einem Vorfall,
bei dem ein Mitgefangener versuchte, ein schweres Gewicht auf
seinen Kopf fallen zu lassen. Frank wußte, daß Männer im Gefängnis zu Tode gekommen waren. Er sah, wie ein Häftling von anderen angegriffen und mit einer Rasierklinge aufgeschlitzt wurde – so
schnell und so viele Male, daß der Mann ein blutiger Fleischklum-
pen war, als er zu Boden fiel.

Während dieser Zeit überzeugte ich meine Mutter, daß wir eine
Briefkampagne an den Senator von Oregon, Wayne Morse, starten
sollten. Der Senator galt als launisch, aber er war gleichzeitig ein
Mann mit Gewissen. Er gehörte zu den wenigen im Kongreß, die
früh gegen den Krieg in Vietnam ihre Stimme erhoben. Er versprach uns, sich um die Sache zu kümmern, und setzte sich mit
jemandem in Verbindung, der in dieser Gegend Einfluß hatte.

Am 1. März 1967, neunzehn Monate, nachdem mein Bruder
eingezogen worden war, traf ein Anstaltsleiter von Leavenworth
mit Frank zusammen und sagte ihm, man werde seine Strafe ver-
kürzen, und die Armee wolle ihn ehrenhaft entlassen – was dasselbe war, als hätte man zugegeben, er sei übel reingelegt worden.
Man drückte ihm ein bißchen Geld in die Hand und brachte ihn in
die Stadt. Dort nahm Frank den Bus zurück nach Portland.

Ein paar Tage später saß ich in der Küche und las, als die Vordertür aufging und Frank hereinkam. Weder meine Mutter noch ich wußten von seiner Freilassung. Es war eine große Freude, ihn wiederzusehen, doch er schien ein wesentlich unglücklicherer und scheuerer Mensch geworden zu sein.

Ich wollte sofort meine Mutter anrufen, um ihr zu sagen, daß Frank zurück sei. Doch Frank sagte: »Nein. Ich gehe später runter und besuche sie in ihrem Lokal. Ich will sie überraschen.«

Frank ging nach oben, um auszupacken. Ein paar Minuten später kam er herunter und legte mir die Hand auf die Schulter. »Mikal, ich möchte dich etwas fragen.« Tränen standen in seinen Augen. »Warst du oder sonst jemand in meinem Zimmer, oder habt ihr etwas weggenommen?« Ich sagte ihm, daß ich nur ein paarmal bei ihm ferngesehen oder in seinem Bett geschlafen habe. »Warum?« fragte ich.

»Es fehlt etwas«, antwortete er. »Ich hatte zweihundertneunzehn Dollar in meinem Zimmer versteckt. Es war mein ganzes Geld. Ich rechnete damit, wenn ich herauskommen würde. Weißt du nicht irgend etwas darüber?«

Ich schüttelte den Kopf. Ich hatte keine Ahnung, daß Frank Geld gespart hatte.

Frank biß sich auf die Lippe und dachte einen Moment nach, dann rief er nur: »Gaylen!« Mehr mußte er mir nicht erklären.

Er ging noch einmal für ein paar Minuten hinauf, und als er zurückkam, trug er seinen Mantel und hatte seinen Kleidersack in der Hand. »Hör zu«, sagte er, »ich möchte nicht, daß du Mom etwas davon erzählst, daß ich hiergewesen bin, und sag auch nichts von dem fehlenden Geld. Ich halte es für das beste, wenn ich fortgehe und nie mehr zurückkomme, und es ist auch am besten, wenn niemand weiß, wo ich bin. Das Geld war alles, was ich hatte, als ich im Gefängnis war. Es war alles, worauf ich zählen konnte. Heimzukommen und festzustellen, daß es weg ist ..., das bedeutet, daß ich hier kein Zuhause mehr habe. Ich gehöre nicht hierher.«

Ich versuchte, mit ihm zu reden, ihn zur Vernunft zu bringen, ihm zu sagen, daß Weglaufen nichts bringen würde. Schließlich versuchte ich es mit Bitten. Ich sagte, wenn er fortgehe und Mutter nie erfahren würde, was mit ihm geschehen sei, wäre das schrecklich für sie; es könnte sie sogar umbringen.

Frank schüttelte den Kopf. »Nein. Sie schert sich nicht um mich. Du bist der einzige, der sich um mich gekümmert hat. Ich möchte dir für die Briefe danken, die du mir geschrieben hast. Ich freue mich, daß aus dir etwas geworden ist. Paß auf dich auf.«

Und dann ging er hinaus.

Panik befiel mich. Ich glaube, es war einer der schlimmsten Momente in meinem Leben. Ich fand es furchtbar, daß Frank, nachdem er in der Armee all das durchzustehen hatte, nach Hause kam, um eine noch größere Enttäuschung zu erleben. Und ich fühlte mich schrecklich wegen meiner Mutter. Ich wußte nicht, wie ich mich verhalten sollte, ohne ihr etwas zu sagen. Auf die eine oder andere Art würde sie bald erfahren, daß Frank aus dem Gefängnis entlassen worden war, und sie würde sich fragen, was mit ihm passiert sei. Ich wußte, sie würde das Schlimmste befürchten.

In dieser Winternacht saß ich im Dunkeln und weinte stundenlang. Für mich war damals meine Familie die Hölle. Ich mußte mit Leuten leben, die den Menschen das Schlimmste antaten, die sie eigentlich am meisten lieben sollten.

Später, kurz bevor meine Mutter gewöhnlich von der Arbeit nach Hause kam, ging die Tür wieder auf, und Frank trat ein. Er sagte, er habe einen langen Spaziergang gemacht. Er sei an dem Restaurant vorbeigegangen, in dem meine Mutter arbeitete, und er habe gesehen, wie sie Teller abräumte und dabei ganz kaputt aussah, und er wisse nun, daß er sie nicht einfach verlassen könne. Er ging hinein und begrüßte sie. Sie sei über seine Rückkehr glücklich gewesen und habe geweint.

Frank hatte eine Tüte mit Lebensmitteln dabei. Er wollte das Abendessen kochen.

»Ich werde dir helfen«, sagte ich. »Es ist schön, daß du wieder zu Hause bist.«

Frank bekam einen Job als Wächter und half meiner Mutter, die Rechnungen und die Hypothekenzinsen zu bezahlen. Er bemühte sich auch, den Garten in Ordnung zu halten. Noch immer träumte er von einem eigenen Apartement und einer eigenen Familie, aber er fand sich damit ab, dies eine Weile aufzuschieben, bis die häuslichen Angelegenheiten meiner Mutter geregelt waren.

Eines Tages lernte Frank eine junge Chinesin in seiner Kirche kennen. Sie begannen miteinander auszugehen, und sie lud ihn zu ihren Eltern nach Hause ein. Er ging ein paarmal zum Abendessen hin. Er mochte die Frau sehr gern, wie ich feststellte. Er hatte ernste Absichten.

Frank wollte dann die Einladung der jungen Frau erwidern und sie seiner Familie vorstellen. An dem Tag, als er seine Freundin mit nach Hause brachte, war ich nicht da, nur meine Mutter. Frank öffnete die Vordertür und führte die Frau in unser Haus. Meine Mutter saß auf ihrem üblichen Platz in der Küche.

»Mom«, sagte Frank, »ich möchte dir jemanden vorstellen.«

Meine Mutter drehte sich um, sah die junge Chinesin in der Küche stehen, und ihr Gesicht lief rot an. »Schaff diese Hure aus meinem Haus!« schrie sie.

Frank stand da und starrte meine Mutter an. Er war sprachlos vor Erschütterung. Nach einem peinlichen Moment des Schweigens sagte er: »Aber Mom...«

»Du hast mich verstanden. Schaff sie raus, und bring sie nie wieder hierher!«

Als die beiden draußen waren, begann seine Freundin zu weinen. »Es tut mir leid«, sagte Frank. »Ich weiß nicht, was ich sagen soll. Manchmal ist sie ein bißchen verrückt. Sie hatte in letzter Zeit ziemliche Sorgen.«

Die Frau wischte sich die Tränen ab und sagte, es sei in Ordnung, sie würde das verstehen.

Später am Abend sagte Frank zu meiner Mutter: »Jetzt reicht's Ich habe versucht, dir zu helfen, aber dir kann man nicht helfen. Ich mag einfach nicht glauben, daß du so etwas tun könntest.«

»Tut mir leid«, sagte meine Mutter. »Sie ist wahrscheinlich eine sehr nette Person, doch ich weiß auch, zu welcher Art von Frau du dich hingezogen fühlst – Schlampen eben. Als ich sie dort stehen sah, dachte ich, sie sei wahrscheinlich eine, die du gerade auf der Straße aufgelesen hast.«

Frank erklärte meiner Mutter, daß er ausziehen werde. Sie flehte ihn an zu bleiben. »Ich bin verloren ohne dich. Ich kann ohne dich das Haus nicht halten.«

Frank sagte, er werde noch ein oder zwei Monate bleiben und sie finanziell unterstützen. Wie sich herausstellte, blieb er für immer.

Bis vor ein paar Jahren, als Frank mir davon erzählte, wußte ich von diesem Vorfall nichts. Ich fragte ihn, was aus seiner Freundschaft zu dieser Frau geworden sei. »Sie nahm es gelassen«, sagte er. »Sie war wirklich nett. Aber was Mom getan hatte, war so schrecklich, daß es sich nicht ungeschehen machen ließ. Schließlich ist unsere Beziehung daran zerbrochen. Ich glaube, Mom hat an diesem Tag genau das erreicht, was sie wollte. Ich glaube, sie hat mir meine Chance auf die Liebe einer Frau und eine eigene Familie verdorben. Näher als damals bin ich an beides nie mehr rangekommen.«

Rebellion

Ich war nun sechzehn und im zweiten Jahr auf der High-School. Obwohl ich Bücher liebte und die Religion mich immer noch bewegte, hatte ich, wie die meisten Jungen, die ich kannte, vor allem eine Sache im Kopf: Sex.

Aber eigentlich wußte ich überhaupt nichts darüber. Niemand in meiner Familie hatte mich beiseite genommen und mich aufgeklärt. Ich versuchte möglichst viel durch verstohlene Blicke in den *Playboy* zu lernen oder durch die Lektüre von Henry Millers Romanen und den pornographischen Klassikern eines John Cleland und Frank Harris. Ich versteckte diese Bücher und Magazine in meinem Schlafzimmerschrank und las nachts darin, wenn ich von Franz Kafka und Hermann Hesse genug hatte. Doch habe ich Miller und Harris aufmerksamer gelesen als Hesse oder sogar Melville. Es hatte den Anschein, als wäre Sex die aufregendste und erstrebenswerteste Sache auf der Welt. Ich war darauf bereits gespannter als auf alles andere.

Gleichzeitig wußte ich auch, daß es etwas Böses war. Meine Kirche verbot jegliche Form von vorehelichem oder nichtehelichem Sex. Sex sei eine heilige Gabe, um sich fortzupflanzen, wurde uns gesagt, und der Mißbrauch dieser Gabe sei eine so schwere Bürde, die nur von Mord übertroffen werde. Bei den Zusammenkünften der Priesterschaft warnten uns unsere Lehrer immer vor der Versuchung. Für Gott war es demnach verabscheuungswürdig, wenn ein Mann in irgendeiner Form, außer im ehelichen Akt, seinen Samen ergoß – und sogar dann sollte er nur zum Zweck der Vermehrung vergossen werden. Ein Akt wie oraler Sex war eine Greueltat. Das gleiche galt für Masturbation. Obwohl man durch diese Lehren nicht unbedingt vor einer Erektion bewahrt blieb, brachten sie einen doch zum Nachdenken, wenn man eine hatte. Durch Beten allerdings wurde man einen Steifen nicht los.

Also masturbierte ich wie wahrscheinlich jeder junge Mormone, den ich kannte, und fühlte mich deswegen schuldig. Immer beschloß ich, es nie wieder zu tun. Einmal gelang es mir sogar, den Entschluß eine Weile durchzuhalten – für zwei Wochen.

An den Wochenenden ging ich in die Teenager-Tanzklubs von Portland. Einer von ihnen, der Headless Horseman, befand sich in den Räumen einer früheren Gangsterspelunke, die Gary immer besucht hatte. Jetzt war das Lokal voller Teenager, alle nach der Mode der frühen sechziger Jahre gekleidet. Wir Jungen trugen weite Kordsamthosen und getupfte oder geblümte Hemden mit weißen Kragen und weißen Manschetten, dazu kniehohe Stiefel. Meine Mutter hatte nicht viel Geld, aber sie sorgte immer dafür, daß ich mir modische Klamotten kaufen konnte, Gott sei Dank.

In den Klubs baten wir Mädchen in kurzen Röcken und mit großen Ohrringen mit uns zur Musik der Live-Bands zu tanzen – einheimische Gruppen wie die Kingsmen (berühmt für »Louie, Louie«), die Wailers und einmal alle Jubeljahre Paul Revere und die Raiders. Manchmal überredeten wir die Mädchen, den Klub zu verlassen und uns auf die Treppe eines großen Parkhauses ein paar Straßen weiter zu begleiten. Wir knutschten stundenlang, und wir versuchten, unsere Hände über die Brüste oder zwischen die Beine der Mädchen gleiten zu lassen. Ich erinnere mich, daß ein Mädchen zu mir sagte: »Für einen Jungen deines Alters hast du wirklich flinke Hände.« Ich glaube, sie hatte recht.

Am nächsten Morgen war ich dann mit den anderen in der Kirche und sorgte mich um mein Seelenheil.

Das konnte nicht immer so weitergehen. Der Sommer des Jahres 1967, der in die Popgeschichte als der Sommer der Liebe einging, brachte die Wende. Hippieleben und Psychedelisches waren an der Tagesordnung. Die Beatles hatten sich mit dem Album *Sergeant Pepper's Lonely Hearts Club Band* zur Avantgarde entwickelt. Junge Leute ließen sich die Haare lang wachsen, kleideten sich verrückt, versuchten, sich von den Konventionen ihrer Eltern und der sie umgebenden Kultur zu befreien und ihre eigenen Regeln aufzustellen. Alles sollte zwar schon bald zusammenbrechen, und wir hatten durchaus auch einen harten Preis für diese Jugendrevolte zu zahlen, aber diesen einen Sommer lang, war es wunderbar, am Leben zu sein. Alles um uns herum – die Musik, die Politik, die Stimmung im Land – machte deutlich, daß wir in ein neues Zeitalter eintraten, daß junge Leute das Recht hatten, sich nach vollkommen neuen Begriffen zu definieren. Es lohnte sich, alles zu riskieren – zumindest dachten wir das damals.

Während dieses Sommers verbrachte ich die Nachmittage in einem Laden von Portland mit Namen Psychedelic Shop und im Lair Hill Park, beides Treffpunkte der Langhaarigen und Motorradfreaks. Am Abend ging ich mit meinen Freunden vom Psychedelic Shop um die Ecke in den Crystal Ballroom, eine alte Tanz-halle, in der während der Swing-Ära viele Big Bands auftraten. Die Haupttanzfläche im Crystal lag auf Stützpfeilern, und während dieses Sommers, als Gruppen wie Greatful Dead und Quicksilver Messenger Service dort spielten, tanzten und hüpften die Hippies so heftig herum, daß der ganze Raum erbebte und erzitterte wie das Deck eines schlingernden Schiffs.

Bei einer dieser Veranstaltungen lernte ich eine junge Blondine namens Pamela kennen. Wochenlang traf ich Pamela jeden Tag im Psychedelic Shop. Ich hielt Händchen und knutschte mit ihr. Nach Mitternacht, wenn unsere Eltern schliefen, führten wir manchmal lange fieberhafte Gespräche am Telefon, gestanden uns, wie sehr wir uns liebten, und überlegten, ob wir miteinander schlafen soll-ten. Schließlich entschieden wir, daß dafür nun der richtige Zeit-punkt gekommen war.

Eines Tages im August trafen wir uns im Psychedelic Shop. Peter, Paul & Mary hatten ein neues Album herausgebracht, *Album 1700*, und wir legten unser Geld zusammen und kauften es. Wir nahmen den Bus zu mir nach Hause in die Oatfield Road. Pamela und ich bauten uns schnell ein Lager auf dem Fußboden des alten Schlafzimmers meiner Mutter, und wir hörten die Platte auf mei-nem tragbaren Stereogerät. Es lief gerade »Leaving on a Jet Plane«, als Pamela sich hinlegte, die Beine öffnete und mir half, in sie einzudringen. Als ich kam, lief noch immer »Leaving on a Jet Plane«. Ich lag auf Pamela und sah in ihre weit offenen blauen Augen, erstaunt über das immense Vergnügen, immer noch in ihr zu sein, als ich unten die Vordertür zugehen hörte. Irgend jemand – meine Mutter oder Frank – kam früher von der Arbeit nach Hause. Pamela stand hastig auf, packte ihre Kleider und versteckte sich im Schrank meiner Mutter. Ich zog mich an und ging mit wild klop-fendem Herzen hinunter. Es war glücklicherweise nur Frank.

Ich sagte ihm nicht, daß sich oben ein nacktes Mädchen im Schrank versteckt hielt, obwohl ich glaube, ich hätte es tun kön-nen. Statt dessen gelang es mir mit einiger Mühe, Pamela heimlich aus dem Haus zu schaffen, ohne daß Frank etwas bemerkte, und traf sie dann später im Lair Hill Park.

Der Sex löste in mir einige Schuldgefühle aus – schließlich hatte ich gerade eine Sünde begangen, die gleich hinter Mord rangierte. Das war zwar keine geringe Schuld, aber andererseits schien sie nicht groß genug zu sein, um mich von einer Wiederholung abzuhalten. Eines Tages fand Pamelas Vater heraus, was seine Tochter und ich trieben, und überraschte uns, als wir Hand in Hand im Lair Hill Park spazierten. Er packte Pamela am Arm, zerrte sie weg und sagte zu mir, ich würde sie nie wiedersehen. Danach war jedesmal er am Telefon, wenn ich anrief, und er hängte immer sofort ein. Pamela rief mich nicht zurück, und ich sah sie tatsächlich nie wieder.

Eine Menge Leute, die ich kannte, begannen Marihuana zu rauchen und psychedelische Drogen zu nehmen. Über diese besondere Versuchung dachte ich länger und intensiver nach als über sexuelle Kontakte, aber auch nicht allzulange. Das erste Mal, als ich genügend Marihuana rauchte, um »high« zu werden, befand ich mich in Gesellschaft von zwei jungen Männern, die wie ich Mitglieder der mormonischen Priesterschaft waren. Wir blieben die ganze Nacht auf, redeten über Rock 'n' Roll, Mädchen und Gott.

Etwa einen Monat später war Weihnachten. Die beiden mormonischen Jungen und ich meinten, daß wir ein paar neue Platten brauchen würden, aber wir hatten kein Geld, um sie zu kaufen. Wir heckten einen raffinierten, narrensicheren Plan aus, wie wir diese Platten in einem großen Kaufhaus in Portland klauen könnten, ohne erwischt zu werden. Wir wurden sofort erwischt und in ein verborgenes Büro im Obergeschoß des Kaufhauses gebracht, wo uns eine Schar von Detektiven umringte. Sie brachten uns zur Polizeistation von Portland, wo zuvor Gary und Gaylen sooft festgehalten worden waren. Der Kriminalbeamte auf der Station vertrat die Ansicht, das Kaufhaus solle keine Anzeige erstatten.

»Ich möchte nicht, daß diese Jungen Weihnachten im Gefängnis verbringen«, sagte er. Der Chefdetektiv des Kaufhauses willigte ein, vorausgesetzt wir versprachen, nie mehr sein Geschäft zu betreten. Wir gelobten es. Als wir die Polizeistation verließen, nahm mich der Kriminalbeamte beiseite. »Du hast einen älteren Bruder namens Gary, nicht wahr?« sagte er. »Findest du nicht, daß es für deine Mutter schwer genug ist, einen Sohn im Gefängnis zu haben. Werde nicht so wie dein Bruder. Wenn du das tust, wirfst du bloß dein Leben weg.«

Ich dachte über die Warnung des Polizisten viel nach. Zuweilen befiel mich die Furcht, die Kriminalität sei eine Familienkrankheit: Würde ich eines Tages aufwachen und einen Raub begehen wollen? War es unvermeidlich, daß ich denselben Weg einschlug wie Gary und Gaylen? Würde ich am Ende Leute verletzen, ihr Leben zerstören und ihr Eigentum rauben? War ich dazu bestimmt, in einer Gefängniszelle zu enden und über das Leben draußen nachzudenken?

Tatsächlich waren meine kriminellen Talente nicht nur gering (und wenn man es genauer betrachtet, galt das auch für meine Brüder), ich hatte auch kein großes Verlangen danach. Vor allem hatte ich aus der Nähe beobachten können, was aus dem Leben meiner Brüder geworden war. Außerdem gingen mir die flehentlichen Bitten meiner Mutter nicht aus dem Kopf. Jahrelang hatte sie mir immer wieder gesagt, ich sei die letzte Hoffnung der Familie auf Erlösung. »Ich möchte einen anständigen Sohn, *einen* Sohn, den ich schließlich nicht im Gefängnis besuchen muß, *einen* Sohn, bei dem ich nicht zusehen muß, wie ihn der Knast fertigmacht«, sagte sie. Nach der Warnung des Polizisten hallten ihre Worte um so stärker in mir nach.

Das Ergebnis war, daß ich es jetzt für meine Aufgabe hielt, all das Gute in mir zum Vorschein zu bringen, das die Fehler und Untaten meiner Brüder wettmachen würde. Anscheinend durfte ich meine eigenen dunklen Seiten, meine eigene Gewalttätigkeit und meinen eigenen Haß nicht ausleben. Dieses Guthaben war von meinen Brüdern aufgebraucht worden. Die einzige Rolle, die mir in dem Drehbuch übrigblieb, war, ihre Verluste aufzuwiegen, um das Gleichgewicht wiederherzustellen.

Dennoch tat ich mein Bestes, schlecht zu sein – zumindest innerhalb gewisser Grenzen. Ich rauchte inzwischen regelmäßig Haschisch und hatte damit begonnen, an Wochenenden psychedelische Drogen zu nehmen. Ich schwänzte die meiste Zeit die Schule; die Entschuldigungen schrieb ich selbst, wobei ich die Unterschrift meiner Mutter fälschte, damit ich den Nachmittag für mich hatte und meine Freundinnen an verschiedenen Orten treffen könnte, um »high« zu werden oder mit ihnen zu schlafen. Ich sagte mir, ich müsse Sünde und Rebellion kennenlernen, da darin gewisse Wahrheiten verborgen liegen würden.

Mein Abgleiten blieb bei den Leuten meiner Kirche nicht unbemerkt. Eines Sonntags kam ein Mitglied der örtlichen Diözese, ein Mann, den ich sehr bewundert und einst als eine Art Vaterfigur angesehen hatte, zu unserem Haus in der Oatfield Road heraus und bat mich um eine kurze Unterredung. Er sagte mir, daß er und die örtliche Kirchenleitung sich über mein verändertes Aussehen – die Länge meiner Haare, meinen Kleidungsstil – Sorgen machten, außerdem seien sie über einige der politischen Ansichten, die ich geäußert habe, besorgt. Sie waren der Ansicht, daß all diese Veränderungen einen unerwünschten Einfluß auf andere junge Mormonen ausübten. Wenn ich nicht bereit wäre, diesem neuen rebellischen Geist abzuschwören, dann sollte ich vielleicht in Erwägung ziehen, die Kirche nicht mehr zu besuchen.

An diesem Tag stellte ich fest, daß eine Trennungslinie durch mein Leben gezogen wurde, und ich wußte, auf welcher Seite ich zu stehen hatte. Meine ganze Leidenschaft galt den neuen Interessen: Rock ’n’ Roll, Politik, Literatur und Sex. Sie hatten mir neuen Glauben und neuen Mut geschenkt. Wenn ich zurückblicke, so bin ich jetzt der Überzeugung, daß diese Interessen mir und vielen anderen meiner Generation gestatteten, eine formalisierte, weitgehend erlaubte Spielart von »Kriminalität« auszuleben. Wir sagten uns, wir könnten Drogen nehmen, den Autoritäten trotzen, die Gesetze mißachten oder sogar gewalttätige und zerstörerische revolutionäre Taten ins Auge fassen, *weil wir einen Grund dafür hätten.* Und bei der kühnsten Musik der Ära durften wir annehmen, an einer Form von Rebellion beteiligt zu sein, die wirklich zählte – oder zumindest mehr zählte, wie ich mir sagte, als die Art der Rebellion meiner Brüder. Und bei der düstersten Musik der Zeit – der Musik der Rolling Stones, der Doors oder der Gruppe Velvet Underground – konnte ich mit dunklen Bereichen in Berührung kommen, ohne mich ihnen hinzugeben, etwas, das Gary und Gaylen nicht gelungen war.

In dieser Zeit der Rebellion schwärmte ich für Jacco und Vanzetti oder Joe Hill, Männer, die ihr Leben für ihre Idee hingegeben hatten. Ich las Frantz Fanon, Upton Sinclair und Eldrige Cleaver, aber weiter ging meine Sympathie für die Unterdrückten nicht. Obwohl man das Gegenteil hätte vermuten sollen, bemühte ich mich denn auch fast nie, meinen Bruder Gary zu besuchen, der inzwischen seit fünf Jahren im Gefängnis saß. Das zuzugeben fällt mir nicht leicht. Es ist tatsächlich vermutlich die einzige Untat meines Lebens, über die ich das meiste Bedauern und die größte Schuld empfinde. Es entlastet mich nicht, daß damals in Oregon Gefangene keine Besucher unter achtzehn Jahren empfangen durften. Gary und ich schrieben uns im Lauf der Jahre einige Briefe, aber ich fühlte mich immer ein bißchen schlecht dabei, ihm mitzuteilen, was ich in der Schule, mit Freunden oder in der Freizeit machte, denn diese Dinge existierten für Gary nur in der Außenwelt, von der er ausgeschlossen war. Später, während meiner wenigen Besuche, bemühten wir uns beide, eine gemeinsame Basis zu finden. Aber ich war jung und lebte draußen; er wurde drinnen älter. Und die Distanz tat weh.

Ich hatte keine Vorstellung, wie sein Leben aussah. Außerdem weckten die wenigen Dinge, die ich erfuhr, kein größeres Interesse bei mir, mehr zu erfahren. Im Herbst 1968 war es zu einem schweren Aufruhr im Staatsgefängnis von Oregon gekommen, und Gary hatte daran teilgenommen. Ich hörte, er habe einen Planierhammer genommen, ihn einem alten Feind im Gefängnis an den Kopf geworfen und danach dem zu Boden gefallenen Mann noch ein paar Schläge damit versetzt. Der Mann blieb sein Leben lang ein geistiger Krüppel. Ich habe auch gehört, Gary habe einen Schwarzen mit mehreren Stichen verletzt, weil dieser Mann einen Freund von ihm beleidigt oder bedroht hatte.

Ich mußte an einem gewissen Punkt bemerkt haben, daß Gary in einer Welt des Schreckens lebte, aber ich gestand mir das nicht ein. Ich war während dieser Zeit für meinen Bruder einfach nicht da. Ich hätte es sein sollen, aber ich war es nicht. Ich war zu sehr damit beschäftigt, meine eigene Flucht zu planen.

Während meines letzten Jahres in der High-School freundete ich mich mit meiner Lehrerin für kreatives Schreiben an, einer Frau namens Grace McGinnis. Grace hatte sich meiner angenommen und war meine Fürsprecherin geworden. In dem dumpfen politischen Klima, das Ende der sechziger Jahre an der Schule von Milwaukie vorherrschte, war dies kein ausgesprochen risikoarmes Vorgehen. Milwaukie war eine konservative Stadt, und als die Jugendkultur radikaler, kühner und mehr vom Ausland beeinflußt wurde, reagierten die Gemeinde und die Schule mit Zorn und Angst. Die Schule verhängte eine Kleiderordnung. Sie diktierte, wie lang wir unser Haar tragen durften, und verbot kurze Röcke sowie extravagante Kleidung aller Art, und ich und eine Handvoll anderer Schüler trotzten diesen Anweisungen. Zur Strafe entschieden die Lehrer, daß wir nicht an schulischen Sportveranstaltungen, Theater- oder Musikgruppen teilnehmen durften. Ich war Mitglied einer Diskussionsgruppe, die über nationale und internationale Ereignisse im lokalen Fernsehsender debattierte, und einer der Schulrektoren war der Ansicht, ich solle die Gruppe verlassen, wenn ich mir nicht die Haare schneiden ließe. Ich würde der

Schule und unserer Stadt nur Schande machen, wenn ich in so unappetitlicher Aufmachung erschiene. Grace trat für mich bei der Schulleitung ein. Sie hielt eine leidenschaftliche Rede über deren Intoleranz und übte beißende Kritik an den Lehrern, die langhaarige Studenten Schwuchteln nannten und uns praktisch wie Feinde behandelten. Das Ergebnis von Grace' Einsatz war, daß ich weiterhin an der Debattiergruppe teilnehmen konnte.

Später erfuhr ich, daß sich Grace so sehr für mich interessierte, weil wir etwas gemeinsam hatten: Ihr Mädchenname lautete Gilmore. Ihr Vater war ein Mann, der auch Frank Gilmore hieß. Soweit ich weiß, waren wir nicht verwandt, aber wir machten eine Menge Scherze darüber, vielleicht doch denselben Vater zu haben.

Im Winter meines letzten Schuljahres wurden die finanziellen Verhältnisse meiner Mutter prekär. Sie hatte die Hypothekenraten weiterhin bezahlt, aber sie war nicht in der Lage, die Grundsteuer aufzubringen, und die Behörden drohten mit Zwangsmaßnahmen. Die Schuld belief sich auf etwa zwölfhundert Dollar, was in jenen Tagen als ein Vermögen erschien. Frank, der immer noch bei uns lebte, drängte erneut darauf, in ein kleineres Haus zu ziehen, aber meine Mutter war wiederum dagegen. Wir verkauften das Klavier und viele der guten Möbel, aber es reichte nicht. Ich wollte einen Job annehmen, um einen Beitrag zu leisten, aber meine Mutter lehnte das ab. Sie hielt es für wichtig, daß ich meine Zeit und Mühe auf meine Ausbildung verwandte; sie träumte davon, ich würde ein Stipendium fürs College erhalten, da sie es sich nicht leisten konnte, mich dorthin zu schicken. Keiner ihrer Söhne hatte die High-School abgeschlossen und war aufs College gegangen, ich sollte der erste sein.

Eines Tages nach der Schule besuchte ich Grace in ihrem Klassenzimmer, um über die Schwierigkeiten meiner Mutter zu sprechen. Grace war mitfühlend und klug, und ich wollte ihren Rat einholen. Sie fragte, ob sie zu uns nach Hause kommen und mit meiner Mutter reden könne, um die Situation besser einzuschätzen. Meine Mutter hatte nicht gern Besuch, aber ich überredete sie zu einem Treffen. Grace und meine Mutter unterhielten sich stundenlang und wurden gute Freundinnen. Grace begann, regelmäßig bei uns vorbeizuschauen und sie besuchte meine Mutter auch in dem Restaurant, in dem sie arbeitete.

Grace hatte außerdem starken Hang zum Übersinnlichen, vermutlich ausgeprägter, als ihn Fay jemals besaß. »Ich möchte dich nicht beunruhigen«, sagte sie eines Tages zu mir, »aber ich bekomme ein schlechtes Gefühl, wenn ich in eurem Haus bin. Es wäre möglich, daß es dort spukt, und ich weiß nicht, was deiner Mutter oder eurer Familie Gutes widerfahren soll, wenn ihr weiterhin dort lebt.« Ich freute mich über Grace' Anteilnahme, aber ich sagte ihr, sie erzähle mir nichts Neues. Ich wußte sogar noch mehr: Gleichgültig, wohin wir auch gingen und wo wir wohnten, wir wären überall verflucht gewesen.

Es dauerte nicht lange, und Grace fuhr meine Mutter zum Staatsgefängnis von Oregon, bei Salem, wo sie Gary an den Sonntagen besuchte. Bald begann Grace, meine Mutter auch in den Besuchsraum zu begleiten. Grace und mein Bruder stürzten sich in lange und lebhafte Unterhaltungen über Literatur und Kunst, und sie war über seinen Verstand und seinen beeindruckenden Wortschatz verblüfft. Sie mochte ihn sehr gern.

Ich wurde eingeladen, an diesen Ausflügen teilzunehmen, aber ich lehnte immer ab. Ich erklärte Grace, ich hätte im Alter von zwölf genügend Gefängnisse und Gerichtssäle von innen gesehen, daß es mir fürs ganze Leben reiche.

Schließlich beschloß meine Mutter, sich an die mormonische Kirche zu wenden, um finanzielle Hilfe zu erbitten. Sie sagte, wenn die Kirche ihr mit der Grundsteuer helfen würde, wolle sie ihr nach ihrem Tod das Haus vererben. Aber die Kirche zögerte, das Angebot anzunehmen. Schließlich hätte meine Mutter zwei Söhne, die sich wiederholt in Schwierigkeiten gebracht hätten, und ihr kein Beistand waren. Darüber hinaus hatte sie einen Sohn, der eingesperrt worden war, weil er sich weigerte, in der Armee zu dienen.

Eine derartige Verletzung der Konvention war für die Kirchenoberen der Mormonen unvorstellbar. Und dann gab es noch mich: Die Kirche hatte mich einst aufgenommen, sich um mich gekümmert, mir die Priesterschaft übertragen, und als Gegenleistung war ich ein Aufrührer geworden, der, soweit sie es überblickten, nun an gottlose Dinge glaubte und ganz und gar kein vorbildliches Leben führte.

Der ansässige Bischof lehnte es ab, meiner Mutter die Hilfe zu gewähren, um die sie bat. »Es war nicht klug von ihr, das Haus zu behalten«, erklärte er später Larry Schiller. »Es war zu groß, sie lebte nur in einem oder zwei Räumen, und sie konnte es nicht unterhalten. Sie hing aber an ihm, weil es sie an glücklichere Jahre erinnerte, aber das war unvernünftig. Vernünftiger wäre es gewesen, in eine kleine Wohnung zu ziehen. Aber diesen Vorschlag lehnte sie ab. Ich glaube, es war eine rein gefühlsmäßige Entscheidung. Sie mochte Leute nicht, die ihr sagten, was sie tun sollte, darüber hinaus hatte sie eine emotionale Bindung an dieses Haus.«

Der Bischof hatte mit seiner Entscheidung recht. Ich war bei einigen Treffen von ihm, meiner Mutter und Grace dabei. Meine Mutter wurde bei diesen Unterredungen so wütend, daß sie aufstand und den Raum verließ. Später sagte sie: »Wie kommen sie bloß darauf, anzunehmen, ich würde das Haus brauchen?«

Grace begleitete meine Mutter, als sie Gary besuchte und sagte ihm, daß die Kirche ihre Bitte abgelehnt habe und daß sie nun sicher das Haus verlieren werde. Grace erzählte später, dies sei der einzige Besuch gewesen, bei dem sie Gary je wütend erlebt habe. Er konnte den Gedanken nicht ertragen, daß die Kirche meine Mutter abgewiesen hatte und Mutter gezwungen war, ihr schönes Heim aufzugeben. Grace sagte, dies sei der Tag gewesen, an dem sie zum erstenmal einen mordlüsternen Ausdruck über sein Gesicht huschen sah.

In den letzten Wochen auf der High-School gewann ich ein Stipendium an der staatlichen Universität von Portland. Ein oder zwei

Wochen vor meinem Examen im Spätfrühling 1969 sah ich mich nach einer eigenen Wohnung im Zentrum von Portland um. Das schien mir vernünftig zu sein: Ich würde im Zentrum von Portland zur Universität gehen, daher sollte ich nahe beim Campus wohnen. Aber es gab einen anderen, wesentlicheren Grund, warum ich von zu Hause fortging: Ich wollte es; ich hatte es immer gewollt.

Als ich meine letzten Habseligkeiten aus dem Haus in der Oatfield Road holte, wußte ich, daß meine Mutter im Innersten schwer litt, aber sie lächelte tapfer und sagte ermutigende Dinge. Im Rückblick zerreißt es mir das Herz, wenn ich an diesen Abschied denke. Aber damals empfand ich nicht so.

Eine Woche später ging ich nach Hause zurück, um meine Mutter zu besuchen. Ich kam über die vordere Veranda herein und trat in ein leeres Wohnzimmer. Wo früher Möbel, ein Fernseher und Menschen gewesen waren, gähnte jetzt nur noch Leere. Ich ging durch das ganze Haus. Meine Mutter und mein Bruder waren fort. Nirgends fand ich eine Spur von ihnen oder von ihren Sachen. Ich ängstigte mich zu Tode in dem leeren alten Haus. Ich spürte eine eiskalte Zone, als ich den oberen Gang entlangmarschierte. Ich befürchtete, jeden Moment würde ein Paar schwarze Klauen aus dem Nichts auftauchen und mich in die Dunkelheit reißen. So schnell ich konnte, ging ich hinaus.

Ich rief Grace an. Von ihr erfuhr ich, daß meine Mutter ein paar Tage nach meinem Auszug das Haus verloren hatte und gezwungen war, es den Gläubigern zu überlassen. Sie hatte sich so lange wie möglich gewehrt, damit ich die Schule ohne Unterbrechung oder Beschämung über den Verlust meines Zuhauses beenden konnte.

»Ich wußte nicht, daß die Sache so bedrohlich war«, sagte ich zu Grace.

Sie erwiderte: »Deine Mutter wollte nicht, daß du davon erfährst. Sie wollte dich beschützen.«

Meine Mutter und mein Bruder hatten eine Anzahlung auf einen kleinen Wohnwagen geleistet und lebten jetzt in einem Wohnwagenpark unten am großen Highway im halb ländlichen Außenbezirk von Oak Grove. Sie hatten noch kein Telefon.

Ich ging sie besuchen. Der Wohnwagen war meergrün und weiß, hatte zwei kleine Schlafräume, ein Badezimmer und eine Wohnküche. Es gab keine Klimaanlage, und es war heiß und stickig im Innern. Mir war klar, daß meine Mutter sich niedergeschlagen fühlte. Wie sie mir und vielen anderen Leuten später sagte: »Der Tag, an dem ich hier einzog, war mein Tod.«

Ich lebte nun offiziell von meiner Familie getrennt. Mein Bruder Frank blieb bei meiner Mutter, bis zu dem Tag, an dem sie starb. Aber ich ging nie mehr zu ihnen zurück, und wir drei schliefen nie mehr unter dem gleichen Dach.

Lange Zeit dachte ich nicht mehr an die Vergangenheit. Ich versuchte es eine Weile im College, aber nach einer schlimmen Liebesgeschichte wurde ich aus der Bahn geworfen und faßte in meinem Studium nie mehr Fuß. Ich hatte weiterhin viele Freundinnen, ich engagierte mich weiterhin für radikale Politik, ich nahm weiterhin zahlreiche Drogen, ohne jemals ein Drogenproblem zu bekommen – zumindest eine Zeitlang nicht. Und als ich es satt hatte mitanzusehen, was die Drogen meiner Generation antaten, wurde ich Drogenberater – ein Beruf, in dem ich mehrere Jahre arbeitete.

Nur einmal während dieser Zeit besuchte ich meinen Bruder Gary. Es war nach der erwähnten Liebesaffäre. Das Mädchen und ich waren während der beiden letzten Jahre der High-School miteinander befreundet gewesen, und wir sprachen davon zu heiraten. Dann lernte sie eines Tages einen Mann kennen, den sie wirklich liebte, und innerhalb weniger Wochen war sie mit ihm verheiratet, denn sie war schwanger. Ich blieb am Boden zerstört zurück. Ich spürte, daß mir ein Traum – die Möglichkeit einer eigenen Familie – entrissen worden war. Ich begann, die Nacht zum Tag zu machen und zu trinken. Ich gab das College auf, verlor mein Stipendium und hatte kein Geld mehr. Ich war verzweifelt. Es war ein klassischer Fall von Liebeskummer, und ich suhlte mich in meinem Leid.

Eines Sonntags überredeten mich meine Mutter und Grace, sie nach Salem zu begleiten und Gary zu besuchen. Gary und ich waren anfangs nervös und sprachen nur zögernd miteinander. Wir hatten uns Jahre nicht mehr gesehen, und ich war inzwischen ein langhaariger junger Mann, der mit einer Menge kurzhaariger Männer in einem Raum saß, von denen mich einige nicht allzu freundlich musterten. Aber nachdem ich ein paar Minuten mit meinem Bruder geredet hatte, spürte ich, wie sehr ich ihn immer noch liebte und wie sehr ich ihn vermißte. Als er mich fragte, wie es mir ergangen sei, erzählte ich ihm alles – die ganze Geschichte der schlimmen Liebesaffäre und der anschließenden Verzweiflung. Ich dachte, er würde mich verstehen. Ich dachte, wenn irgend jemand mir Anteilnahme schenken würde, dann er.

Statt dessen saß er eine ganze Weile schweigend da und betrachtete mich. Schließlich setzte er sein typisches Lächeln auf und sagte: »Na, Partner, das klingt schlimm. Aber wann immer du deine Probleme gegen meine tauschen möchtest, gib mir Bescheid. Ich meine, verdammt noch mal, zumindest hat dir niemand deine Jugend gestohlen. Du bist immer noch frei.«

Damals dachte ich: »Er versteht mich nicht.« Jetzt weiß ich, daß er viel mehr verstand, als ich jemals begriffen hatte. Wieder einmal sagte mir Gary die Wahrheit über unser Leben.

Die wandelnden Toten

Eines Tages Anfang 1971 rief mich meine Mutter in Panik an. Sie hatte mir eine Horrorgeschichte zu erzählen.

Sie und Grace hatten am Tag zuvor Gary im Staatsgefängnis von Oregon besucht, doch Gary vollkommen verändert vorgefunden. Sein Gesicht und seine Hände waren angeschwollen gewesen – aufgedunsen wie das Fleisch eines Ertrunkenen –, und er ging mit schweren Schritten wie ein Frankenstein-Monster. Er konnte kaum sprechen; er lallte, und beim Sprechen rann ihm Speichel aus dem Mund. Wenn er trinken wollte, konnte er die Hände nicht ruhig halten, und der Kaffee schwappte über den Tassenrand. Er spürte nicht einmal das Brennen der heißen Flüssigkeit, als sie ihm herunterrann.

Meine Mutter umarmte ihn. »Was ist mit dir?« fragte sie.

»Sie haben mir Prolixin gegeben«, sagte Gary mit schwerer Zunge. »Der Psychiater und der Aufseher hier haben mich auf eine schwere Droge gesetzt, auf Prolixin. Sie benutzen es, um die Gefangenen ruhigzustellen, die sie nicht mögen. Sie bestrafen mich, weil ich wegen meiner Zähne auf sie wütend war.«

Gary versuchte, mehr zu erklären, aber die Worte aneinanderzureihen, bereitete ihm schreckliche Mühe. Schließlich saß er nur mit offenem Mund da, und in die Kaffeetasse, die er in seinen zitternden Händen hielt, rann Speichel. »Es tut mir leid«, sagte er nach einer Weile. »Ich kann nicht länger bleiben. Ich muß in meine Zelle zurück und mich hinlegen.«

Als er aus dem Besuchsraum taumelte, sahen ihm alle nach. Ein paar Mithäftlinge sagten ermunternde Worte, als er an ihnen vorbeikam: »Bleib ruhig. Du schaffst es schon.«

Nachdem Gary gegangen war, blieb meine Mutter sitzen und schluchzte laut, während Grace sie zu beruhigen versuchte.

Meine Mutter und Grace gingen den Aufseher suchen. Schließlich sprachen sie mit dem Hilfsaufseher. Meine Mutter wollte wissen, warum Gary dieses Medikament verabreicht wurde. Sie war nun außer sich vor Wut. Der Hilfsaufseher blieb ungerührt. Er erklärte ihr, Prolixin sei die beste Droge, die sie zur Verfügung hätten, um mit gewalttätigen Gefangenen fertig zu werden. Garys Verhalten, deutete er an, rechtfertige die Droge.

Meine Mutter verließ voller Zorn und Haß das Gefängnis und fühlte sich hilflos.

»Sie haben aus deinem Bruder einen Zombie gemacht«, sagte sie mir an jenem Tag weinend am Telefon. »Er war wie ein wandelnder Toter. Wir müssen etwas dagegen unternehmen.«

Die Gründe für Verabreichung von Prolixin hatten eine jahrelange Vorgeschichte. Alles ließ sich auf zwei Probleme zurückführen:

Gary verhielt sich im Gefängnis zuweilen nicht gerade fügsam, darüber hinaus brauchte er dringend ein künstliches Gebiß. Beide Probleme zusammengenommen ergaben einen schrecklichen Konflikt.

Kurz nach seiner Ankunft im Staatsgefängnis im Frühling 1964 untersuchte der dortige Zahnarzt seine Zähne und entschied, daß sie alle gezogen und durch eine Prothese ersetzt werden sollten. Der Zahnarzt fertigte die Prothese für Gary an, aber sie paßte nicht richtig. Sie scheuerte am Gaumen und rieb das Fleisch bis auf den Knochen wund. Sprechen und Essen waren nur unter Schmerzen möglich. Gary forderte ein neues Gebiß, aber als er es erhielt, hatte er damit das gleiche Problem, und er zerschlug es. Die Gefängnisleitung kam zu der Ansicht, er sei schwierig, und sie hatte nicht vor, seinen Forderungen nachzugeben. Gary glaubte, die Behörden verweigerten ihm ein brauchbares Gebiß, um ihn weiterhin zu bestrafen.

Der Kampf hielt jahrelang an. Tatsächlich dauerte es bis 1975, bis nach Garys Überstellung an das Bundesgefängnis von Marion, Illinois, wo er endlich eine bequeme Prothese erhielt, mit der er leben konnte. In der Zwischenzeit lehnte er sich immer wieder auf, und die Gebißfrage wurde zu einer Machtprobe zwischen ihm und der Gefängnisleitung von Oregon. Er schrieb zahlreiche Briefe an die zuständigen Behörden und an zwei aufeinanderfolgende Gouverneure, worin er sich über den Zustand beklagte. All diese Amtspersonen wandten sich an das Gefängnis, um eine Lösung des Falls zu erwirken. Gary verwickelte sich ständig in Schlägereien und Streitigkeiten mit den Aufsehern und anderen Gefangenen, die damit endeten, daß er geschlagen und in einer kahlen Einzelzelle isoliert wurde, manchmal mehrere Monate lang ohne Unterbrechung. Er zündete seine Matratze an, überschwemmte seine Zelle und wurde in die psychiatrische Abteilung gebracht. Er attackierte einen Zahnarzt und drohte anderen, sie umzubringen. Er ließ meine Mutter eine Anzeige in die größte Zeitung von Oregon setzen, worin die Öffentlichkeit dringend aufgefordert wurde, seinen Fall mit einer Briefkampagne zu unterstützen. Eine Zeitlang erhielt die Anstalt ständig eine Flut von Briefen aus dem ganzen Staat, in denen »Gerechtigkeit für Gary Gilmore« gefordert wurde.

1970 und 1971 erreichten die Schwierigkeiten ihren Höhepunkt. Ein paar Tage nach Weihnachten des Jahres 1970 wurde Gary in die psychiatrische Abteilung des Gefängnisses verlegt. Der dortige Psychiater, Dr. Wesley Weissert, notierte: »Gilmore zeigte im allgemeinen heftigen Widerstand, war aggressiv und unkooperativ, urinierte verschiedentlich auf den Boden, warf sein Essen gegen das Gitter, spuckte mehrfach das Personal an (inklusive den Unterzeichneten) und benahm sich einfach abscheulich.« Gary erklärte dem Arzt, sein Ärger stamme von den Problemen mit der zahnärztlichen Abteilung. Der Arzt äußerte die Vermutung, Garys Verhalten trage rein manipulativen Charakter. Gary wurde wütend und spuckte Weissert ein paarmal ins Gesicht. »Ein Versuch wurde unternommen, ihn davon zu überzeugen, daß wir ein derart schlechtes Benehmen, wie er es an den Tag legte, nicht dulden können. Wenn sein Verhalten die nächsten vierundzwanzig bis achtundvierzig Stunden so bleibt, wird ihm intramuskulär Prolixin gespritzt, um seine aggressiven verbalen und physischen Reaktionen einzudämmen.«

Gary beruhigte sich ein paar Wochen lang, aber bald begannen seine Wutausbrüche von neuem. Er drohte, Selbstmord zu begehen, aber Weissert hielt Gary nicht für depressiv genug, um sich umzubringen. In der ersten Februarwoche überredete Gary einige andere Häftlinge im Isolationstrakt, sich seinem Protest anzuschließen. Alle, einschließlich Gary, schnitten sich die Pulsadern auf. Zwei wären fast gestorben.

Ungefähr einen Monat später verschrieb Dr. Weissert Gary Prolixin.

Prolixin ist ein Medikament, das in bestimmten Fällen echter Psychose den Patienten helfen kann, ihre quälenden inneren Stimmen und sonstigen Halluzinationen zu lindern. Es ist zuweilen auch in

Gefängnissen und Zuchthäusern verwandt worden, um verstörte oder aggressive Häftlinge ruhigzustellen. Viele Ärzte glauben jedoch, daß dies nicht ratsam ist, da das Medikament manche Menschen auch hypernervös und extrem unruhig machen kann. Eine durchschnittlich empfehlenswerte Dosis Prolixin dürfte etwa zwei bis vier Kubikzentimeter pro Monat betragen. Laut Gary wurden ihm während eines Vierteljahrs pro Monat sechzehn Kubikzentimeter verabreicht, was, wenn das stimmen sollte, wahrhaft eine starke Dosis genannt werden könnte. Ich habe allerdings keine Unterlagen finden können, die diese Aussage Garys zu belegen oder widerlegen vermocht hätten.

Nach Berichten einiger Männer, die ebenfalls Erfahrungen mit der Droge machten, kann sie manchmal zu einem derart starken körperlichen Angstgefühl führen, daß man das Bedürfnis verspürt, sich so heftig wie möglich zu strecken oder zusammenzukrümmen – eine Nebenwirkung, die gemeinhin als Akathisie bezeichnet wird. Jemand hat mir erzählt, daß er sogar Patienten gesehen hat, die versucht haben, sich ganz weit nach hinten zu beugen, um sich das Rückgrat zu brechen, nur um endlich ihren unerträglichen Zustand völliger Überreizung zu beenden. In Garys Fall haben ihn die Aufseher – zumindest seiner Aussage nach, die jedoch von anderen Gefangenen bestätigt wurde – stundenlang angeschnallt auf der Bahre liegenlassen, nur um zu sehen, wie er litt. Gary blieb jedoch trotzig. Einmal, als ein Aufseher nahe genug an ihn herankam, spuckte ihn Gary mit voller Kraft an. Gary sagte später, der Aufseher habe begonnen, ihn zu würgen, und dann ein Kissen auf sein Gesicht gedrückt. »Ich war fast hinüber«, sagte Gary. Doch dann meinte ein anderer Aufseher, sie seien nun weit genug gegangen. Die Aufseher schlugen meinen festgeschnallten Bruder ein paarmal ins Gesicht, dann schoben sie ihn unter eine grelle Deckenleuchte und ließen ihn dort die ganze Nacht stehen. Mit Prolixin sei die Helligkeit des Lichts unerträglich und Schlaf unmöglich gewesen, behauptete mein Bruder.

Einer von Garys Knastfreunden aus diesen Tagen, ein Mann

namens Steve Bekins, sagte mir: »Gary war nach Prolixin nicht mehr derselbe. Er war voller Haß und kannte einfach keine Grenzen mehr. Er legte es nach Kräften darauf an, die Gefängnisleitung zu provozieren, sogar wenn er selbst dabei Schaden nahm. Einige Häftlinge gingen nach all dem auf größere Distanz zu ihm. Es war klar, daß er jetzt ein Mann war, der Mordabsichten hegte.«

Während der Zeit, als all dies passierte, bekam ich einen weiteren Anruf von meiner Mutter. »Dein Bruder Gaylen ist heimgekommen«, sagte sie mir. »Er hatte das Leben in Chicago satt und wollte uns wiedersehen. Er ist zurückgekommen, um sich der Anklage wegen Scheckbetrugs zu stellen, außerdem möchte er ein neues Leben anfangen.«

Ich freute mich über diese Nachricht. All die schlechten Erinnerungen an meine letzte Begegnung mit Gaylen waren lange vergessen. Wenn meine Mutter ihm vergeben konnte, sollte ich es auch tun. Außerdem vermißte ich seinen Witz und seine Intelligenz.

»Ich muß dich vor etwas warnen«, fuhr meine Mutter fort. »Gaylen hat sich verändert.«

»Was soll das heißen?«

»Also, zum einen ist er jetzt viel dünner. Irgend etwas ist in Chicago mit ihm passiert. Er ist krank geworden, etwas mit dem Magen. Ich weiß, daß er sich operieren lassen mußte, und davon ist er ein wenig geschwächt. Es gab auch eine Liebesgeschichte, die schlecht ausging. Er mußte sein Mädchen zurücklassen. Er ist ziemlich niedergeschlagen. Ich glaube, er braucht ein paar Freunde. Ich glaube, er braucht seine Familie.«

Mit Gaylen war in Chicago tatsächlich etwas geschehen, und als er später am Abend vor meiner Tür auftauchte, erkannte ich ihn zuerst nicht wieder. Er war so klapperdürr und hatte so eingefallene Augen, daß er wie ein wandelnder Leichnam aussah. Genauso beunruhigend war, daß er viel von seinem Scharfsinn verloren hatte. Seine Stimme klang undeutlich, und sein Verstand schien langsamer zu arbeiten. Ich hatte ihn früher oft betrunken erlebt, aber dies war nicht das Verhalten eines Betrunkenen. Heute ist mir klar, daß es die Wirkung der Schmerztabletten war beziehungsweise die Folge seines jahrelangen Alkohol- und Drogenmißbrauchs. Aber welche Medikamente Gaylen damals auch eingenommen haben mochte, sie halfen nicht viel. Während wir dasaßen und redeten, war deutlich, daß er die ganze Zeit unter akuten Schmerzen litt, und daß er sich in einem sehr schlechten Zustand befand.

Doch trotz seiner Schmerzen stattete Gaylen seinem Bruder sofort einen Besuch ab, als er hörte, was mit Gary im Gefängnis geschah. Er und Gary begegneten sich versöhnlich.

Wie meine Mutter war Gaylen empört und erschrocken über die Auswirkungen, die das Prolixin auf Gary hatte. Gaylen stürmte in das Büro des Pflegers und forderte die Beendigung der Behandlung. Ein Hilfspfleger versicherte ihm, die Angelegenheit werde überprüft.

Ein paar Tage nach Gaylens Besuch machte der Gefängnispsychiater folgende Eintragung über Gary: »Der Patient reagierte auf das Prolixin ziemlich heftig und wurde am 5. April 1971 in die psychiatrische Abteilung verlegt. Das Prolixin wurde abgesetzt, und seine Symptome besserten sich allmählich. Er ist im Mai 1971 für eine Anhörung vor dem Ausschuß für Straferlaß vorgesehen. Man hofft, daß bis dahin seine Symptome vollständig abgeklungen sind. Die Gabe von Prolixin wird mit diesem Datum gestoppt. Eine angemessene Medikamentierung wird wieder aufgenommen, sofern sein Zustand dies in Zukunft erforderlich machen sollte. Er zeigt keine ablehnende oder aggressive Haltung gegenüber der Verabreichung von Prolixin, und litte er nicht an den Nebenwirkungen, würde ich die andauernde Behandlung mit diesem Medikament empfehlen. Unglücklicherweise zeigte sich bei ihm eine mäßig schwere Gegenreaktion, die bei einigen wenigen Patienten auftritt. Meiner Ansicht nach hat die gute Wirkung des Prolixins die schlechten Nebenwirkungen aufgewogen.«

Es sollte Jahre dauern, bevor ich erfuhr, was mit Gaylen in Chicago passiert war. Es handelte sich wieder um eines jener verborgen gehaltenen Familiengeheimnisse, das sich mir erst durch die Lektüre von *Gnadenlos. Das Lied vom Henker* enthüllte. Aber Mailer hat nicht die ganze Geschichte erzählt, und zwar deshalb, weil die einzige Person, die die ganze Geschichte kannte, meine Mutter war, und sie gab sie nicht jedem preis. Trotz all meiner Anstrengungen war es auch mir nicht möglich, die Wahrheit bis in letzte Details herauszufinden.

Doch so viel weiß ich: Gaylen wurde in Chicago auf schreckliche, gemeine Weise niedergestochen. Ich habe verschiedene Versionen des Vorfalls gehört. Eine Version besagt, Gaylen sei betrunken gewesen und in einer Winternacht in einer Gasse ausgeraubt worden. Ein Mann hielt ihn fest, während ihm der andere Geld und Schmuck abnahm und ihm dann einen Eispickel in den Unterleib stieß, immer und immer wieder. Die andere Geschichte, die ich hörte, paßte ein bißchen besser zu dem, was ich von meinem Bruder wußte. Gaylen hatte sich unsterblich in eine verheiratete Frau verliebt. Er hätte seine Lektion aus dem Vorfall in Salt Lake City gelernt haben sollen, aber das war natürlich nicht der Fall. Eines Tages entdeckte der Ehemann dieser Frau die Affäre, spürte meinen Bruder auf, stach ihm in den Unterleib und ließ ihn bewußtlos liegen. Es bedurfte einiger Liter Blut und mehrerer Operationen, um Gaylens Leben zu retten – und die Ärzte sagten ihm, es sei unwahrscheinlich, daß sein Magen und Verdauungsapparat jemals wieder ohne Schmerzen funktionieren würden.

Aber beide Geschichten sind nicht viel mehr als grausige Gerüchte. Es ist mir nie gelungen, den Polizeibericht aus Chicago oder die Krankenhausakte aus Illinois zu finden. Wahrscheinlich ist, daß Gaylen unter anderem Namen in Chicago lebte, und niemand schien diesen Namen zu kennen.

Es war mir jedoch möglich, Gaylens Krankenakte aus Clackamas County zu bekommen. Gaylen ließ sich demnach von Frühling bis Sommer 1971 im Oregon City Hospital behandeln, jedes-

mal wegen derselben Sache: heftige Magenschmerzen. Und jedesmal konnte nicht viel für ihn getan werden. Dreiundzwanzig Jahre
später, als ich diese Krankenakten durchlas, stieß ich auf eine
medizinische Beschreibung der Tiefe, Schwere und Anzahl seiner
Wunden, und schließlich holte mich dieses Drama ein. Ich weinte
so heftig über seine schrecklichen Schmerzen und seinen qualvol-
len Tod, wie ich nie zuvor um ihn geweint hatte.

Doch meine Mutter wußte um die Schwere von Gaylens Verletzungen und wie sie ihm beigebracht worden waren die ganze Zeit
Bescheid. Es war einfach eine jener häßlichen Wahrheiten, vor
denen sie glaubte, mich bewahren zu müssen. Erst fast zehn Jahre
nach seinem Tod begriff ich, daß man Gaylen in Chicago gekillt
hatte, und daß er nur länger brauchte, um zu sterben als die meisten
anderen Mordopfer.

Gaylens Freundin Janet folgte ihm im Sommer von Chicago nach
Oregon. Sie hatte ihn ebenso vermißt wie er sie, und daher gab sie
die gewalttätige Welt, die sie kannte, für eine unbekannte kleine
Stadt im amerikanischen Westen auf. Janet und Gaylen zogen in
ein Motelapartment weiter unten am Boulevard, an dem meine
Mutter und Frank lebten. Janet war eine liebe, fürsorgliche Person
und eine der wenigen jungen Frauen, die meine Mutter ins Haus
ließ. Auch schien Janet Gaylen sehr zu lieben.

Es war eine stürmische Affäre. Die beiden tranken zuviel,
schrien sich dann an und bewarfen sich mit Gegenständen, bis
einer von beiden das Motel verließ, um allein weiterzutrinken.
Gaylen besorgte sich dann eine Flasche Alkohol und leerte sie bis
zum bitteren Ende. Im Gegensatz zu Bier und Rotwein, die er die
Jahre zuvor bevorzugt hatte, griff er nun zu Fusel wie Pfefferminzschnaps. Wenn ich einen Schluck von dem scheußlichen süßen
Zeug probierte, mußte ich mich fast übergeben. Gaylen jedoch
konnte es die ganze Nacht lang trinken.

Einige Male kam es vor, daß ich etwa gegen drei Uhr morgens ein
Hämmern an meiner Haustür hörte. Ich ging dann hinunter, und

Gaylen stand vor mir, er schwankte in der sommerlichen Nachtluft und weinte wie ein Kind. Er kam herein, wir setzten uns und redeten, und er trank seinen Schnaps, bis er besinnungslos auf meinem Sofa lag. Ich schob ihm ein Kissen unter den Kopf und deckte ihn zu, dann saß ich da und beobachtete seinen unruhigen Schlaf, bis ich einnickte. Am nächsten Morgen, wenn ich aufwachte, war er immer gegangen.

Gaylen stellte sich den Behörden, und das Gericht hob die Klage, die gegen ihn anhängig war, auf. Der Richter und die Staatsanwälte erkannten wahrscheinlich, daß er in seinem Zustand nicht ins Gefängnis gesteckt werden konnte. Abgesehen davon war ihm die Lust an kriminellen Taten vollkommen vergangen. Er hatte kein Interesse mehr, Schecks zu fälschen, zu stehlen oder vom perfekten Verbrechen zu träumen. Statt dessen wollte er Janet heiraten, eine eigene Familie gründen, ein neues Leben beginnen.

Eines Nachts gegen zwei Uhr rief Janet Grace an. Gaylen habe Schmerzen, sagte sie, und müsse sofort ins Krankenhaus gebracht werden. Er war nicht in der Lage, selbst zu fahren, und sie hatten kein Geld für ein Taxi. Daher bat sie Grace, ihnen zu helfen.

Grace fuhr Gaylen und Janet in ein Krankenhaus in Milwaukie, aber in der Notaufnahme wollte man für Gaylen nichts tun, weil er keine Versicherung oder keinen Wohlfahrtsausweis besaß. Grace brachte sie dann ins Oregon City Hospital. In diesem Krankenhaus, in dem er früher schon oft zur Untersuchung gewesen war, zeigte man sich ratlos. Als es schließlich nach fünf Uhr morgens war und noch kein Arzt ihn behandelt hatte, bat Gaylen Grace, ihn und Janet wieder nach Hause zu fahren. »Verdammt, was bringt das schon hier«, sagte er. Irgendwann während der Nacht, in einem Augenblick schlimmster Schmerzen, hatte Gaylen das Hemd hochgeschoben und seinen Magen gerieben. In diesem Moment sah Grace das große Loch im Unterleib meines Bruders. Gaylens Wunden waren nicht verheilt. Sie waren offen und sie bluteten.

Einen Tag nach diesem Vorfall erhielt Grace einen Brief von Gary. Er zahlte ihr einen Teil des Geldes zurück, den sie ihm für ein neues Gebiß geliehen hatte, aber der Brief war auch voller Gehässigkeit und Wut über seine Haftbedingungen. Grace spürte förmlich, wie die Gewalttätigkeit ihr entgegensprang. In diesem Moment kamen ihr all die negativen Geschehnisse der letzten Zeit zu Bewußtsein, und sie erkannte, daß sie zunehmend in unheilvolle Schicksale verwickelt wurde. Zudem besaß sie eine mediale Begabung: Grace warf einen Blick auf zukünftige Entwicklungslinien unserer Familie, und sie sah etwas Schweres und Todbringendes auf uns lasten. Sie war sich sogar sicher, daß es wahrscheinlich ein paar andere Leute mit ins Verderben ziehen würde. Also tat sie das einzige, was eine kluge Person tun konnte. Sie rief meine Mutter an und sagte: »Ich möchte dich nicht beleidigen, denn ich habe dich wirklich gern, aber ich kann nicht bei deiner Familie bleiben. Ich verfüge nur über begrenzte Zeit und Energie, und die sollte ich für meine eigene Familie verwenden.« Als mir meine Mutter davon berichtete, verstand ich es. Ich hatte mich sowieso gewundert, daß es Grace so lange mit uns ausgehalten hatte.

Am 8. Oktober 1971 wurden Gaylen und Janet in einer einfachen standesamtlichen Zeremonie in Vancouver im Bundesstaat Washington getraut. Meine Mutter, mein Bruder Frank und ich waren dabei, und danach gingen wir alle zum Essen in ein Restaurant. Meine Mutter freute sich, uns einladen zu können. Es war ihr erster Sohn, der heiratete.

Gaylen sah an diesem Tag glücklicher aus, als ich ihn je gesehen hatte. Ich wußte weder von der Nacht, in der Grace ihn durch die ganze Stadt gefahren hatte, um ärztliche Hilfe zu finden, noch wußte ich von seinen anderen Krankenhausaufenthalten. Erstmals seit seiner Rückkehr dachte ich, er habe doch noch eine Chance.

Einige Nächte später tauchte Janet vor meiner Tür auf. Sie war betrunken, und sie weinte. »Ich bin fertig mit diesem elenden Bastard«, sagte sie. »Er hat mich zum letztenmal angeschrien.

Sobald ich genügend Geld habe, fahre ich zu meinen Freunden nach Chicago. Kann ich bis dahin ein oder zwei Tage bei dir bleiben?«

Janets Bitte ängstigte mich zu Tode. Dann läutete das Telefon. Es war Gaylen. »Hast du Janet gesehen?« fragte er. »Ja«, antwortete ich. »Sie ist gerade hier. Ich glaube, ihr beide solltet miteinander reden.«

Kurz darauf tauchte Gaylen auf, und er und Janet fielen sich sofort in die Arme. Sie weinten und versprachen, besser miteinander umzugehen. Es dauerte nicht lange, und wir lachten und spielten Johnny-Cash-Platten. Als sie gingen, blieb Gaylen in der Tür stehen und drehte sich zu mir um. »Ich möchte dir danken, daß du uns heute nacht geholfen hast«, sagte er. »Ich möchte dir auch danken, daß du zu meiner Hochzeit gekommen bist. Es hat mir viel bedeutet.«

Ich war auf diesen Moment tiefster Aufrichtigkeit nicht vorbereitet und machte einen dummen Scherz: »Ach, ist schon gut. Zum Teufel, ich gehe sogar auf deine Beerdigung, wenn du willst.«

Das waren Worte, die man nicht zurücknehmen kann, wenn sie einmal gesagt sind, und die man sich nie vergibt. Dennoch lachten wir beide. Brüder können über alles lachen.

Gaylen beugte sich vor und küßte mich auf die Wange. »Wiedersehen«, sagte er, wandte sich um und ging die Treppe hinunter.

Ein paar Wochen später kam ein weiterer Anruf meiner Mutter. »Ich wollte dir sagen, daß Gaylen heute ins Krankenhaus gegangen ist. Es sieht so aus, als müsse er operiert werden.«

»Was fehlt ihm?« fragte ich.

»Es ist sein Magen. Er hatte in letzter Zeit wieder mehr Schwierigkeiten, und der Arzt war der Meinung, er soll sich im Krankenhaus behandeln lassen.«

»Was hat er denn? Ein Geschwür?«

»Eine Art Magendurchbruch. Mehr weiß ich auch nicht.«

Ich fragte nach dem Namen des Krankenhauses.

»Er ist im Oregon City Hospital, aber ich glaube, du solltest ein wenig warten, bevor du zu ihm gehst. Es könnte ein paar Tage dauern, bis er Besuche empfangen kann.«

Das hörte sich nicht gut an, doch meine Mutter bestand darauf, abzuwarten. Ich gebe es nicht gern zu, aber es war nicht schwer, mich davon abzuhalten, ihn gleich zu besuchen. Noch mehr als Gefängnisse haßte ich Krankenhäuser. Beide Orte machten mir angst und bedrückten mich.

Als nächstes hörte ich, daß die Operation ein paar Tage aufgeschoben wurde. Gaylen ging es besser, und der Arzt wollte nicht operieren, wenn es nicht notwendig war. Alles schien weniger dringlich zu sein, und mir genügte das als Entschuldigung, ihn nicht zu besuchen.

Nachdem er eine Woche im Krankenhaus verbracht hatte, rief meine Mutter wieder an, diesmal mitten in der Nacht. »Gaylen wurde heute am Spätnachmittag operiert«, sagte sie. »Er ist noch immer nicht bei Bewußtsein, aber der Arzt glaubt, daß er es schaffen wird.«

Ich bat sie, mich auf dem laufenden zu halten.

Während der nächsten paar Tage waren die Nachrichten positiv. Gaylen ging es täglich ein bißchen besser. In der Zwischenzeit fand ich immer wieder einen Grund, ihn nicht zu besuchen. Er würde bald herauskommen, sagte ich mir. Dann würde ich bei ihm vorbeischauen.

Frank verhielt sich viel verantwortungsvoller als ich. Er besuchte Gaylen während seines Krankenhausaufenthalts einige Male. Mehr als zwanzig Jahre später erzählte er mir von den Besuchen: »Eines Tages, als ich in Gaylens Krankenzimmer kam, steckten mehrere Schläuche, die ihn mit Nahrung und Medikamenten versorgten, und Katheter in ihm. Das nächste Mal, als ich ihn sah, hatte er die Magenschläuche herausgerissen, weil sie ihn störten. Ich weiß nicht, ob das zu seinem Tod führte. Ich weiß allerdings, daß er sehr nervös war. Er glaubte, daß die Leute ihn schlecht behandelten, und er schrie jeden an. Einmal, als ich bei ihm war, kam eine Schwester herein und knallte ihm einfach das Essen hin. Ich nehme an, daß er ihnen eine Menge Schwierigkeiten machte. Ich sprach die Schwestern daraufhin an. Ich weiß nicht, ob das klug war.

Auf jeden Fall dachte ich niemals daran, daß Gaylen sterben könnte. Als ich ihn zuletzt sah, saß er im Bett und redete. Er aß Götterspeise und begann, sich besser zu fühlen. Ich sagte zu ihm: ›Iß nur alles, was sie dir geben, ich komme morgen wieder vorbei.‹ Wir hatten den ganzen Nachmittag über Eval Kneivel, den Sensationsdarsteller, geredet, der kurz davor war, einen gefährlichen Stunt zu wagen. Gaylen antwortete: ›Ja, komm morgen wieder, wir unterhalten uns dann weiter über Eval.‹ Seine Stimmung war eigentlich ganz gut. Aber er sagte mir auch, daß er in letzter Zeit heftige Krämpfe in den Händen habe. Das machte mir Sorgen. Ich wußte, wenn man Krämpfe in den Händen bekam, konnte das eine ernste Sache sein. Aber ich dachte: ›Er ist ja im Krankenhaus. Sie wissen, was sie tun müssen.‹ Das war mein letzter Gedanke, als ich ihm die Hand drückte und dann ging.«

Um zwei Uhr morgens klopfte einer meiner Mitbewohner an meine Schlafzimmertür. Ich saß im Bett, las und hörte Radio. »Da ist eine Frau für dich am Telefon«, sagte er. »Sie meint, es sei wichtig.«

Ich war gewöhnt, daß mich Freunde und Freundinnen zu seltsamen Zeiten anriefen. Ich war oft bis in die frühen Morgenstunden wach.

Ich griff nach dem Hörer.

»Mikal, hier ist Janet. Gaylen ist tot.«

»Was? Bist du sicher?«

»Er starb gerade auf dem Operationstisch. Es war eine Notoperation.«

Ich war wie betäubt.

»Janet«, sagte ich schließlich, »bleib, wo du bist. Ich rufe mir ein Taxi und fahre raus und hole dich.«

»Nein«, sagte Janet, »ich möchte nicht länger hierbleiben. Einer von Gaylens Freunden, John, ist hier. Er fährt mich, und wir holen lieber dich ab. Wir müssen deiner Mutter Bescheid sagen.«

Ich zog meinen Mantel an und ging auf die vordere Veranda hinaus. Dort saß ich in der Dunkelheit, um auf Janet zu warten.

Gegen vier Uhr morgens brachte Gaylens Freund John mich und Janet zum Wohnwagen meiner Mutter in Oak Grove.

Ich klopfte an die Tür. Ein paar Augenblicke später ging das Licht an, und ich hörte, wie meine Mutter sich an der Verriegelung zu schaffen machte. »Wer ist da?« fragte sie.

»Ich bin es, Mikal. Mikal und Janet.«

Meine Mutter riß die Tür auf. »Es ist wegen Gaylen, oder?« sagte sie. »Er ist tot, nicht wahr?« Und dann umarmten sich meine Mutter und Janet und weinten um alles, was verloren und für immer tot sein würde.

Meine Mutter weckte Frank und erzählte ihm, was geschehen war. »Sag das nicht«, hörte ich Frank schreien. »Du lügst doch sicher.«

Als die Sonne aufging, saßen wir alle in dem kleinen Salon des Wohnwagens. Meine Mutter gab Frank und mir einen wichtigen Auftrag: Wir sollten ins Staatsgefängnis von Oregon fahren und Gary die Nachricht überbringen. Er sollte vom Tod des Bruders nicht durch grausame Aufseher erfahren wie damals vom Tod des Vaters.

Als Gary an diesem Morgen den Besuchsraum betrat, sah er für einen Dreißigjährigen ungewöhnlich alt und müde aus. Er wirkte auch ängstlich. Aufgrund der frühen Stunde wußte er, daß etwas nicht in Ordnung war.

»Wir haben schlechte Nachrichten für dich, Gary«, begann Frank.

»Es ist nicht Mom, nicht wahr?« fragte Gary, während sich seine Züge vor Schmerz anspannten.

Nein, es war nicht unsere Mutter, aber als wir ihm von Gaylens Tod erzählten, brach Gary weinend zusammen. Es war erst das zweite Mal, daß ich ihn weinen sah.

Gaylens Beerdigung fand ein paar Tage später statt, und zwar in derselben Leichenhalle wie einst die Trauerfeier für meinen Vater. Meine Mutter zahlte dem Gefängnis die Kosten für die Überstunden von zwei Wachen, so daß Gary zur Beerdigung seines Bruders kommen konnte. Die Aufseher saßen hinter uns auf der Bank. Unter ihren Anzugjacken trugen sie Pistolen.

Ich sprach ein paar Worte am Altar der Kapelle. Als ich mich wieder setzte, beobachtete mich Gary. Er beugte sich vor und küßte mich auf die Wange. Dann legte er den Arm um meine Mutter und hielt sie während der ganzen Zeremonie fest. Sie ließ den Kopf auf seine Schulter sinken und weinte leise.

Fünfter Teil

Blutgeschichte

Blut ist unsere einzige bleibende Geschichte,
und Blutgeschichte läßt sich nicht revidieren.

Harry Crews, Fathers, Sons, Blood

Es gibt wohl kein Verbrechen, des ich mich
selbst nicht schuldig fühlen könnte.

Goethe

Ich träumte, Liebe sei ein Vergehen.

O. V. Wright, Eight Men and Four Women

Wendepunkte

Nach Gaylens Tod schien mit Gary eine Veränderung vor sich zu gehen. Ohne die Gelegenheit zu einer letzten Versöhnung hatte er zwei Familienmitglieder verloren, und nun wollte er um jeden Preis in die Freiheit zurück. Wir begannen uns häufiger zu schreiben. In Garys Briefen drückte sich jetzt mehr Anteilnahme sowie mehr Interesse an meinen Aktivitäten und meinen Freunden aus. Er bemühte sich, sich wie ein Bruder zu verhalten.

Auch die Aufseher bemerkten die Veränderung in Gary. Einige Monate nach Gaylens Tod gestattete der Direktor Gary, unter Aufsicht seine Familie zu besuchen. Ein bewaffneter Wärter fuhr ihn vom Gefängnis in Salem zum Wohnwagen meiner Mutter in Oak Grove. Gary, meine Mutter, mein Bruder Frank und ich saßen den ganzen Nachmittag beieinander und redeten von früher und über unsere Hoffnungen für die Zukunft. Ich holte meine Gitarre, und Gary und ich spielten und sangen zusammen ein paar Lieder von Johnny Cash. Schwer zu sagen, wer von uns beiden falscher sang, doch das machte nichts. Dann diskutierten wir über Musik. Wir hatten viele gemeinsame Lieblingsmusiker: Duke Ellington, Hank Williams, Charlie Parker, Miles Davis, Little Richard, Chuck Berry. Es tat gut zu wissen, daß wir einige Gemeinsamkeiten hatten. Während wir uns unterhielten, saß der bewaffnete Wärter im Sessel daneben und behielt Gary unauffällig im Auge.

Später erfuhren wir von der Gefängnisleitung, daß man dort Garys Verhalten an diesem Tag als sehr ermutigend bewertet hatte. Sie dachten sich, er sei vielleicht inzwischen so freiheitshungrig, daß er sich nun beruhigen werde und ein vernünftiges Leben beginnen wolle. Seit kurzem arbeitete Gary in der Künstlerwerkstatt des Gefängnisses, und seine Arbeiten gefielen dem Direktor und ein paar Aufsehern so gut, daß sie einige davon erwarben. Der Direktor ermunterte Gary auch zur Teilnahme an Kunstwettbewerben, und nachdem Gary bei ein paar von diesen Veranstaltungen den ersten Preis gewonnen hatte, erteilte ihm die Vollzugsbehörde im Herbst 1972 die Genehmigung, ein College in Eugene zu besuchen und Kunst zu studieren. Im Grunde war das eine tolle Chance. Wenn Gary regelmäßig zum Unterricht ging, ordentliche Noten bekam, die Regeln des Colleges und des Freigängerheims einhielt, in dem er die Woche über wohnen sollte, und die Gegend von Eugene nie ohne Zustimmung seiner Betreuer verließ, dann war es durchaus möglich, daß er bei Semesterende vorzeitig aus der Haft entlassen und wahrscheinlich sogar einen Job bei einer Design- oder Werbefirma in der Gegend von Portland bekommen würde. Anders gesagt: Wenn Gary die Sache richtig anging, könnte er mit der Aussicht auf eine gute Karriere und ein neues Leben freikommen. Wir alle sahen darin einen Wendepunkt.

Gary hegte allerdings seine eigenen Hoffnungen.

Unter seinen Freunden im Gefängnis befand sich auch ein junger Mann namens Barry Black. Ein paar von Garys Mithäftlingen äußerten später die Vermutung, Barry sei Garys heimlicher Geliebter gewesen, doch Gary bestritt vehement, während seiner Gefängniszeit je homosexuelle Beziehungen gehabt zu haben. Trotzdem liebte Gary zweifellos diesen Barry Black auf irgendeine Art. Wenn Gary Hilfe brauchte, wandte er sich immer zuerst an seinen Freund Barry. Barry war es, der beispielsweise meinen Bruder tröstete, nachdem Frank und ich ihm die Nachricht von Gaylens Tod überbracht hatten. Anscheinend dachte Gary, die beiden könnten auch außerhalb der Gefängnismauern gute Freunde bleiben. Als Gary erfuhr, daß Barry zu einer Zahnbehandlung in die Universitätsklinik von Portland gebracht werden sollte, überredete er ihn, es so einzurichten, daß diese Fahrt mit dem Semesterbeginn am College zusammenfiel. Gary sagte seinem Freund, er wolle sich mit ihm in Portland treffen, in der Zahnklinik. Er hatte sich einen Plan ausgedacht.

An einem frühen Herbstmorgen wurde Gary von einem Gefängniswärter zu dem Freigängerheim in Eugene gefahren, wo er übernachten sollte. Der Wärter händigte Gary neue Kleider und das Taschengeld für die erste Semesterwoche aus. Er sagte, Gary habe ein paar Tage Zeit, um sich einzuschreiben, sich mit dem Campus vertraut zu machen und Bücher und Zeichenmaterial zu besorgen. Außerdem schärfte er Gary ein, am frühen Abend wieder im Heim zu sein. Er dürfe das Heim zu später Uhrzeit nur verlassen, um vorher genehmigte Abendseminare zu besuchen.

»Du bist jetzt auf dich gestellt, Gary«, sagte der Wärter. »Mach keinen Scheiß. Wir vertrauen auf dich.«

Gary sagte zu dem Wärter, er solle sich keine Sorgen machen, und schüttelte ihm die Hand.

Dann ging er über den Campus zu der Sporthalle, in der die Einschreibung stattfand. Er holte sich seine Unterlagen ab und begann damit, die Formulare auszufüllen. Er fühlte sich dann aber, wie er später sagte, von den verwirrenden Menschenschlangen um ihn herum eingeschüchtert. Die Studenten sahen alle so jung und selbstbewußt aus, so attraktiv, so nett gekleidet. Er wurde nervös und glaubte sich fehl am Platz. Er ging ein bißchen spazieren, bis er eine Bar fand, wo er sich ein paar Drinks genehmigte. Er dachte sich, am nächsten Tag könne er sich ja immer noch einschreiben, diesen Tag brauche er zum Entspannen. Dann machte er sich auf den Weg zur Autobahn und fuhr per Anhalter die hundertfünfzig Kilometer nach Oak Grove zu meiner Mutter. Ihm war klar, daß er damit die Regeln verletzte, doch er war sicher, bis zum frühen Abend wieder im Heim zu sein.

Gary blieb ein paar Stunden bei meiner Mutter, bis sie zur Arbeit mußte. Sie war überglücklich, ihn zu sehen. Am selben Tag etwa um die Mittagszeit stand er plötzlich auch bei mir vor der Tür. Ich machte damals einen zweiten Anlauf auf dem College und wollte gerade zur Vorlesung gehen. Doch als ich Gary sah, mußte ich mir einfach Zeit für ihn nehmen. Er kam herein, und wir unterhielten uns ein Weilchen. Ich fragte ihn, ob er schon mit dem Unterricht angefangen habe. Er erzählte mir, er sei auf dem Campus gewesen, und die vielen jungen Leute um ihn herum hätten ihn nervös gemacht. Er sagte, er habe bloß meine Mutter und mich und ein paar Freunde besuchen wollen. »Bevor es dunkel wird, gehe ich wieder«, sagte er. »Ich kriege bestimmt keinen Ärger, wenn ich mich erst morgen einschreibe.«

Doch am folgenden Nachmittag war Gary schon wieder da; er trug noch dieselben Sachen und hatte blutunterlaufene Augen. Offensichtlich war er nicht nach Eugene zurückgekehrt und würde deshalb nicht nur sein Stipendium verlieren, sondern vielleicht ein zusätzliches halbes Jahr absitzen müssen.

»Gary, verdammt, was machst du denn hier?«

Er überhörte die Frage. »Komm, wir gehen Mittagessen. Weißt du ein gutes Lokal?« Ich war stinksauer. Gary war im Begriff, etwas sehr Wichtiges zu vermasseln, außerdem ging er mir auf die

Nerven. Aber ich wußte nicht, wie weit ich ihn reizen durfte. Ich holte meine Jacke, und als ich zurückkam, war er am Telefon und wollte meine Adresse wissen.

»Wieso?«

»Ich rufe uns ein Taxi.« Ich erklärte ihm, daß es nicht weit von hier ein Restaurant gebe und wir doch zu Fuß gehen könnten. Er erwiderte, er wolle nicht auf der Straße gesehen werden. Mir gefiel sein Ton nicht. Schließlich landeten wir in einem Stripteaselokal, dem einzigen Ort, an dem Gary sich wohl fühlte. Er war wie in Trance, während er das Mädchen auf der Bühne anstarrte.

»Ich will jetzt wissen, was passiert ist«, sagte ich ziemlich unsanft. »Zum Unterricht gehst du ja anscheinend nicht.«

Er schwieg lange mit niedergeschlagenen Augen. Schließlich sagte er in breitestem Provinzdialekt: »Das ist nichts für mich – Schule! Mann, über Kunst können die mir doch nichts beibringen, was ich nicht schon längst weiß. Außerdem gibt's Wichtigeres.« Er beugte sich vor und sah mich durchdringend an. »Nächste Woche bringen sie einen Freund von mir aus dem Knast hier rauf in die Zahnklinik. Ein paar Wärter sind dabei, ich will ihn besuchen, und – äh – da brauche ich einen Revolver. Kannst du mir helfen?«

Ich war entsetzt. Ich fühlte mich in etwas hineingedrängt, das ich verabscheute. Ich hatte keine Ahnung, wie man eine Schußwaffe kaufte oder benutzte, und wollte auch nichts davon wissen. Anstatt das jedoch zu sagen, meinte ich warnend zu Gary, dabei könne er oder ein anderer doch womöglich erschossen werden, und dann müsse er noch länger ins Gefängnis.

»He«, unterbrach er mich, »keine Angst, daß du mit reingezogen wirst oder so. Ich verpfeif doch keinen.«

»Darum geht's gar nicht. Ich will bloß mit so was nichts zu tun haben. Egal, wie die Sache ausgeht, Gary, du machst dir doch dein Leben kaputt.«

Sein Blick verengte sich. »Das hat was mit Würde zu tun«, sagte er. Ich wandte mich kopfschüttelnd ab. Gary starrte mich lange ausdruckslos an und fingerte nervös mit einem Streichholzbriefchen herum. »Ich würd's für *meinen* Bruder tun«, sagte er und meinte dann, wir sollten gehen. Wieder bestand er darauf, ein Taxi zu nehmen, stieg aber nicht mit bei mir aus. Er lächelte und fuhr mir übers Haar, als ich mich verabschiedete. Ich wollte noch etwas sagen, doch er fiel mir ins Wort. »Schon gut«, meinte er. Aber in seinem Blick lag eine furchtbare Kränkung. Ich stieg aus dem Taxi und schämte mich. Ich hatte das Gefühl, ihn enttäuscht zu haben, aber ich verspürte auch Angst. Ich wußte genau, daß Gary fest entschlossen war, sich einen Revolver zu besorgen und seinen Freund zu befreien, selbst wenn er dabei eine Schießerei riskierte. Ich konnte mir nicht vorstellen, wie mein Bruder aus so einer Situation lebend herauskommen würde. Aber selbst wenn er es schaffte, wollte ich auf keinen Fall derjenige sein, der ihm die Waffe besorgt hatte. Ich würde mich für alles, was mit dieser Waffe geschah, schuldig fühlen.

Damit stellte mich Gary zum erstenmal vor eine schreckliche Wahl. Ich wußte, was er vorhatte. Er hatte mir sogar den Tag und die Uhrzeit genannt. Ich wußte, dabei würde es höchstwahrscheinlich Tote geben. Ich überlegte, ob ich meinen Bruder anzeigen sollte, auch stellte ich mir vor, wie mir zumute wäre, falls Gary an dem Tag erschossen würde. Ich beschloß, ihn trotzdem nicht anzuzeigen. Aber sobald ich das entschieden hatte, spürte ich, daß ich moralisch bereits in die Sache verwickelt war, falls er doch jemanden umbrachte. Er war gefährlich. Er sollte eigentlich nicht frei herumlaufen dürfen.

Ich haßte es, eingeweiht worden zu sein, und ich haßte es, mit meiner Entscheidung leben zu müssen. Ich haßte die Vorstellung, daß ich ihn mehr liebte als die Menschen, die er vielleicht töten würde.

In diesem knappen Monat, während er auf der Flucht war, sah ich Gary nur noch zweimal. Eines Abends, als meine neue Freundin gerade zu Besuch da war, kam er auf ein paar Stunden vorbei und bat mich, Johnny-Cash-Platten aufzulegen. Er war charmant und sogar nüchtern. Er neckte die junge Frau. »Bist du denn auch nett zu meinem Bruder? Das ist nämlich mein kleiner Bruder, weißt du, auf den muß ich aufpassen.«

Als wir allein waren, versuchte ich ihm sein Vorhaben auszureden. »Sagen wir so: Ich hab's mir anders überlegt«, sagte er. »Mach dir keine Sorgen. Je weniger du weißt, desto besser für dich.«

Als ich einige Tage später aus einem Seminar kam, wartete Gary draußen auf mich. Er hatte sich ein Auto geborgt und meinte, er würde mir gern ein paar Freunde vorstellen. Wir fuhren los, und Gary trank die ganze Fahrt über Bier, war aber gutgelaunt und gesprächig. Seine elegant gekleideten und höflichen Freunde wohnten in einer Villa hoch oben auf einem Hügel auf der Ostseite von Portland. Es stellte sich heraus, daß es die Besitzer von Portlands größten Pornoläden und Massagesalons waren. Sie saßen am Eßtisch, sahen sich großformatige Schwarzweißaufnahmen von Fellatioszenen an und überlegten, in welcher Reihenfolge sie die Fotos anordnen sollten. Gary und ich setzten uns solange in eine andere Ecke des Zimmers, und er zeigte mir seine Spezialsammlung von Zeichnungen und Gemälden. Es war eine umfangreiche Mappe mit prägnanten Studien von Ballettänzerinnen bis zu wundgeschlagenen Boxern, und gelegentlich fand sich auch die Darstellung eines gewaltsamen Todes. Das meiste waren jedoch Zeichnungen von Kindern, runde Gesichter mit dem Ausdruck reinster Unschuld. »Bitte«, sagte er, »bediene dich.« Für ihn waren Bilder etwas, das man malte und dann weiterverschenkte.

Dann wollte er mich herumführen und mit dem Luxus dieses Hauses prahlen, das ihm nicht gehörte. Während er mir das Schwimmbad zeigte, machte Gary plötzlich ohne Vorwarnung seine Jacke auf, zog eine Pistole hervor und hielt sie mir hin. »Meinst du, du könntest so was mal benutzen?« fragte er, den Kopf schräggelegt à la Gary Cooper.

Ich hatte den Eindruck, er wollte mich testen, was mir gar nicht behagte. Außerdem war es ein unangenehmes Gefühl, zum erstenmal eine Waffe in der Hand zu halten. Ich richtete den Lauf auf das

Wasserbecken und hielt den Finger weit weg vom Abzug. »Ich glaube schon, Gary, wenn ich müßte. Aber du redest hoffentlich auch nur von einer Situation, wo es ums Überleben geht, wo einem nichts anderes übrigbleibt.« Er nahm die Pistole wieder an sich und steckte sie in die Jackentasche. »Komm«, sagte er, »ich fahre dich nach Hause.«

Schweigend fuhren wir zu meiner Wohnung zurück. Ich spürte, daß er verärgert war, wußte aber nicht, worüber. Gary fing an, das Auto vor uns wild anzuhupen, weil es ihm zu langsam fuhr. Der Fahrer nahm das Gas weg. »Scheißkerl«, brummte Gary und wechselte plötzlich auf die linke Spur, wo uns ein Wagen entgegenkam. Als dessen Fahrer hupte und scharf bremste, riß Gary das Steuer in letzter Sekunde herum und schlitterte von der Straße herunter auf einen Gehweg.

Die Augen weit aufgerissen und mit offenem Mund starrten wir einander voller Entsetzen und Angst an. »Du hättest uns fast umgebracht!« schrie ich. Gary legte die Stirn aufs Steuer und atmete tief ein. »Manchmal«, sagte er, »muß man einfach bereit sein, mit dieser Möglichkeit zu rechnen.«

Ein paar Abende später erfuhr ich in den Nachrichten von Garys Festnahme wegen bewaffneten Raubüberfalls. Er war südöstlich von Portland in eine Tankstelle gegangen, »high« von Whiskey und Rauschgift, hatte dem Tankwart eine Pistole an den Kopf gehalten und gesagt: »Her mit dem Geld in der Kasse, sonst jag' ich dir 'ne Kugel in den Kopf!« Nur ein paar Häuser weiter wurde er gestellt und ließ sich widerstandslos festnehmen.

Ich fühlte mich erleichtert: Niemand war getötet worden. Ich war aber auch wütend und traurig. Wieder einmal hatte Gary seine Chance vertan. Ich wollte ihn im Gefängnis von Multnomah County besuchen, wo er vorläufig festgehalten wurde, aber diesmal gestatteten sie keine Besuche. Wenige Tage später rief mich meine Mutter an. Man hatte Gary in seiner Zelle auf einer blutgetränkten Matratze liegend gefunden. Er hatte sich den rechten Arm aufgeschnitten und sich außerdem eine Fleischwunde am Unterleib zugefügt. Er lag in der Intensivstation des gleichen Krankenhauses, aus dem er seinen Freund hatte befreien wollen.

»Verdammt«, dachte ich, »nimmt das denn nie ein Ende?«

Garys Verhandlung wegen versuchten Raubüberfalls fand am 12. Februar 1973 vor dem Kreisgericht von Multnomah County statt. Meine Mutter und ich waren dabei.

Gary betrat den Raum in Handschellen. Er bat, zum Gericht sprechen zu dürfen, und der Richter gestattete es ihm.

»Es stört Sie hoffentlich nicht, wenn ich mich an meine Notizen halte«, sagte Gary. »Ich bin kein besonders guter Redner.«

»Bitte sehr, Mr. Gilmore«, erwiderte der Richter.

Gary fuhr fort: »Sie haben ja den Anklagebericht gelesen, und wahrscheinlich steht Ihr Urteil schon fest, ich möchte aber trotzdem einen Antrag auf milde Beurteilung stellen. Ich habe schon so lange gesessen, und ich glaube, es ist nicht gut, wenn ich noch länger sitze. Was ich damit sagen will: Ich war die letzten neuneinhalb Jahre ohne Unterbrechung in Haft; seit ich vierzehn war, habe ich bloß etwa zweieinhalb Jahre in Freiheit verbracht. Ich habe immer Haftstrafen gekriegt und habe sie immer abgesessen. Nie ist eine Strafe ausgesetzt worden, bloß einmal auf Bewährung, und das war bei 'ner Jugendstrafe. Nie hat das Gericht Nachsicht geübt, und ich habe allmählich das Gefühl, daß die Justiz übermäßig hart mit mir umspringt. Ich habe bis jetzt nie um Milde gebeten. Ich habe ja sowieso noch eine Strafe abzusitzen...

Euer Ehren, man kann einen Menschen auch zu lange einsperren, genauso wie man einen gerade lange genug einsperren kann. Ich will damit sagen, daß es den richtigen Zeitpunkt gibt, um einen freizulassen oder die Strafe auszusetzen. Okay, wer kann schon sagen, wann das ist? Das weiß man eigentlich bloß selbst, und dann geht's noch darum, jemanden davon zu überzeugen. Es gab Zeiten, da hatte ich das Gefühl, wenn man mir jetzt die Strafe erlassen hätte, wäre ich nie wieder mit dem Gesetz in Konflikt gekommen, aber, wie ich schon sagte, ich habe nicht das Gefühl, daß ein Gericht jemals mir gegenüber nachgiebig gewesen wäre. Letzten September bin ich aus dem Gefängnis entlassen worden, um in Eugene aufs College zu gehen und Kunst zu studieren, und das hatte ich auch fest vor. Seit neun Jahren war ich im Knast, und von einem Tag auf den anderen war ich plötzlich frei – also, das war irgendwie ein Schock. Die Dinge hatten sich geändert, alles war ganz anders. Mann, ich war doch gar nicht darauf vorbereitet. Bevor ich mich im College einschreiben wollte, habe ich mich noch mal besoffen. Na ja, nicht direkt besoffen, ich hatte eben ein paar Drinks genommen. Ich weiß, das war ziemlich bescheuert von mir, aber ich wollte nicht mit einer Fahne im Freigängerheim aufkreuzen. Ich dachte, dann komme ich gleich wieder in den Knast, und ehrlich gesagt, irgendwie hatte ich auch Lust weiterzutrinken. Es schmeckte mir irgendwie.

Na, jedenfalls bin ich dann nach Portland abgehauen, aus Angst, daß ich sonst wieder in den Knast komme. Ich hatte ehrlich vor, das mit dem College hinzukriegen, wie ich schon sagte. Ich wollte Kunst studieren, deswegen war ich ja dort. Später wollte ich eigentlich wieder zurück, hab's dann aber doch nicht getan. Die Freiheit hat mir ganz gut geschmeckt, ich war ja so lange nicht draußen gewesen. Ziemlich schön, die Welt da draußen. Es hat nicht lange gedauert, bis ich pleite war, und dann habe ich mich ein paar Tage nach 'nem Job umgesehen, aber keinen gefunden. Ich hatte ja keine Berufserfahrung. Wenn man frei ist, kann man sich's leisten, ein paar Tage pleite zu sein, das ist nicht so schlimm, aber wenn man auf der Flucht ist, kann man sich so was überhaupt nicht leisten. Ich brauchte Geld; ich wollte weg, ganz weit weg, und einen anderen Namen annehmen. Ich wollte einen Job, und ich wollte einfach leben, und ich brauchte Geld, und da habe ich den Raubüberfall gemacht. Ich wollte bestimmt niemandem weh tun, das ist die Wahrheit.

Im Gefängnis bin ich ja lange ziemlich auf der Stelle getreten, den größten Teil meines Lebens habe ich vertan – mindestens die

Hälfte. Wahrscheinlich meine besten Jahre. Ich habe kurz die Freiheit geschnuppert. Ehrlich gesagt hatte ich fast vergessen, was einem da entgeht. Ich bin ja nicht dumm, obwohl ich einen Haufen Blödsinn gemacht hab, idiotisches Zeug. Aber ich will frei sein, und mir ist auch vollkommen klar, daß das auf Dauer bloß geht, wenn ich aufhöre, das Gesetz zu brechen. Das war mir nie so klar wie jetzt. Wenn Sie mir die Strafe auf Bewährung aussetzen, heißt das ja nicht, daß Sie mich gleich freilassen. Ich habe ja noch die andere Strafe abzusitzen. Andererseits können Sie mir noch ein paar Jahre aufbrummen, aber wie gesagt, ich war seit vierzehn ungefähr zwei Jahre in Freiheit. Es stimmt, ich habe Probleme, aber wenn Sie mich noch länger einlochen, werden die bloß noch schlimmer. Das ist alles, was ich zu sagen habe.«

Der Richter saß eine Zeitlang schweigend da, bevor er antwortete. Dann sagte er, Gary habe seine Geschichte und seinen Fall anschaulich dargelegt, und sein Anliegen habe ihn sehr bewegt. Aber der bewaffnete Raubüberfall, der Gary angelastet werde, sei ein sehr ernstes Vergehen, und er sei wegen des gleichen Vergehens ja schon einmal verurteilt worden. In Anbetracht der Schwere der Tat sehe der Richter keinen anderen Ausweg, als eine weitere Strafe zu verhängen. Insgesamt werde Gary für die Flucht und den Raubüberfall zu zusätzlich neun Jahren verurteilt. Allerdings sagte der Richter ihm zu, daß das Gericht, falls Gary sich in der nächsten Zeit gut führe, gegen eine eventuelle vorzeitige Haftentlassung keine Einwendungen habe.

»Euer Ehren«, sagte mein Bruder, »mein nächster Termin vor dem Gnadenausschuß ist in diesem Monat. Glauben Sie etwa, die Kommission läßt mich gleich auf Bewährung frei?«

Der Richter lächelte grimmig. Er merkte, daß ein ironischer Ton in der Bemerkung lag. »Das bezweifle ich, Mr. Gilmore, aber ich denke, wenn Sie in dem Gnadenausschuß säßen, würden Sie eine vorzeitige Haftentlassung auch nicht für sofort in Betracht ziehen nach allem, was passiert ist. Nun gut. Das Urteil ist verkündet.«

Nach der Verhandlung bat Gary, einen Augenblick mit meiner

Mutter und mir sprechen zu dürfen. Meine Mutter weinte so heftig, daß sie richtig zitterte. Gary beugte sich zu ihr und küßte sie auf die Wange. »Mach dir keine Sorgen, okay?« sagte er zu ihr. »Die können mir nichts Schlimmeres tun, als ich mir selbst schon getan habe.«

Er drehte sich zu mir um. Trotz Handschellen zauste er mir das Haar, und wir gaben uns die Hand. »Du hast es ganz richtig gemacht. Jetzt tu mir den Gefallen und nimm ein bißchen zu, okay? Du bist ja verdammt dünn.«

Das nächste Mal sah ich ihn sechs Tage vor seiner Hinrichtung.

Während der ganzen Zeit hatte keiner von uns geahnt, daß Gary von seinem besten Freund, Barry Black, verraten worden war. Barry hatte gewußt, daß Gary plante, ihm und seinen Bewachern mit einem Revolver in der Hand an der Zahnklinik aufzulauern, dann aber Angst bekommen, er könnte selbst dabei getötet werden oder wegen Fluchtversuchs eine zusätzliche Haftstrafe erhalten. Barry ging zum Gefängnisdirektor und machte einen Handel mit ihm. Er erzählte dem Direktor, was Gary vorhatte, und bei wem er in der Gegend von Portland wahrscheinlich wohnte. Als Gegenleistung garantierte der Direktor Barry allen Schutz und sicherte ihm zu, seine Aussage werde bei seiner nächsten Anhörung vor dem Gnadenausschuß berücksichtigt.

Als Gary ins Gefängnis zurückkehrte, machte er keinen Hehl aus seiner Enttäuschung und Wut. Barry wurde weit weg von Gary in einem anderen Gefängnistrakt untergebracht. Gary stellte sich draußen auf und schrie: »Barry Black ist ein Verräter!« – so laut und so lange, bis die Wärter ihn vom Hof in seine Zelle schafften. Barry kam zu seinem eigenen Schutz in den Isolationsblock. Da legte sich Gary mit einem anderen Häftling an, um auch in Isolationshaft zu kommen. Als der Direktor davon Wind bekam, ließ er Barry Black in ein anderes Gefängnis verlegen. Kaum einer bezweifelte, daß Gary bei der erstbesten Gelegenheit seinen ehemaligen Freund umbringen würde.

Die Jahre vergingen. Während dieser Zeit schrieb ich Gary ein paarmal, und er antwortete sogar, doch in seinen Briefen klangen Kälte und Bitterkeit durch. Ich dachte mir, daß er meine Ablehnung damals in der Stripteasebar wohl nie verwunden habe. Ich war aber auch wütend auf ihn. Garys Forderung war unfair gewesen, und wie ein Idiot hatte er die beste Chance für einen Neuanfang vertan. Doch es war mehr als nur Wut: Ich fürchtete mich vor meinem Bruder. Er kam mir vor wie eine wandelnde tödliche Macht.

Bald besuchte ich ihn nicht mehr, und wir drifteten in ein langes Schweigen. Beide waren wir zu stolz, uns in den Standpunkt des anderen richtig hineinzuversetzen.

Nach einiger Zeit ließ Gary mich von seiner Besucherliste streichen. Ich war nicht beleidigt und schämte mich auch nicht. Ich glaube, ich war erleichtert.

Ende 1973 brach Garys Kampf um seine Zähne erneut aus. Er wiederholte seine Forderung nach einem neuen Zahnersatz und griff immer wieder Aufseher tätlich an. Er verlangte auch von seinen Freunden im Knast immer mehr. Er bestand darauf, daß sie alle seine Proteste und Forderungen unterstützten und mitmachten, wenn er Krach schlug. Ihre Weigerung betrachtete er als Vertrauensbruch, und Gary war keiner, den man so einfach beleidigen durfte. Immer wieder gab es Schlägereien mit Zahnärzten oder Hammerattacken auf verfeindete Häftlinge. Unter den Aufsehern galt, wie einer berichtete, folgende Abmachung: Wenn Gary einem von ihnen berechtigten Anlaß dazu gab, sollte dieser ihn erschießen. »Wenn er auf mich losgegangen wäre«, sagte einer der Aufseher, »hätte ich ihn kaltgemacht. Aber Gilmore hatte ja keinen Mumm. Der hätte gewartet, bis man sich umdreht, und dann zugeschlagen.«

Gary wußte, daß die Wachen ihn genau im Auge behielten, und versuchte einige Mithäftlinge zu überreden, gemeinsam ein paar Aufseher umzulegen. Die anderen Gefangenen fanden die Idee zu extrem. Es war absolut unmöglich, einen Aufseher umzubringen und dabei ungeschoren davonzukommen. Das war reiner Selbstmord.

Im Herbst 1974 verliebte sich Gary in eine Frau namens Becky. Sie hatte ihn durch eine Bekannte kennengelernt, die einen Freund von Gary im Gefängnis besuchte. Becky begann Gary zu schreiben und ihn schließlich regelmäßig zu besuchen. Sie redete ihm zu, sich zusammenzunehmen und noch einmal von vorn anzufangen, vielleicht in Kanada. Sie sagte, sie werde alles tun, damit er freikomme, wenn er ihr verspreche, sein Leben zu ändern und nicht mehr so aggressiv zu sein. Gary willigte ein. Dann hielt er um Beckys Hand an. Becky sagte ja.

Vorher mußte sie sich aber noch operieren lassen. Es handelte sich um ein Geschwür, das sie schon lange geplagt hatte. Sie starb noch auf dem Operationstisch.

An dem Abend, als Gary die Todesnachricht bekam, ging er zum Gefängnispsychiater und bat ihn, ihm etwas zur Beruhigung zu verschreiben. Der Psychiater glaubte, daß Gary nicht wirklich depressiv war, und schickte ihn wieder in seine Zelle.

Im Lauf des nächsten Monats wurde Garys Verhalten immer unberechenbarer und aggressiver. Eines Tages beschaffte er sich eine Rasierklinge und verbarrikadierte sich in seiner Zelle. Er werde sich jetzt umbringen, verkündete er, und jeden in Stücke schneiden, der ihn davon abhalten wolle. Mehrere Aufseher und eine Dose Tränengas waren nötig, um ihn zu bändigen und ihm die Rasierklinge abzunehmen.

Daraufhin beschloß Dr. Weissert, Gary wieder auf Prolixin zu setzen. Weissert schrieb: »Ich habe den Eindruck, daß sich Gilmore momentan in einem paranoiden Zustand befindet, der es ihm unmöglich macht, im eigenen Interesse sinnvoll zu handeln. Er vermag seine bösartigen und aggressiven Regungen nicht zu beherrschen, so daß eine Kontrolle von außen geboten ist. Er stellt eine echte Gefahr für die Unversehrtheit seiner eigenen Person und

350

anderer dar, was in einer streng strukturierten, isolierten Umgebung eine echte Gefährdung darstellt. Meine Empfehlung lautet daher, ihm intramuskuläre Injektionen von Sedativa zu verabreichen, um seine Aggressionen unter Kontrolle zu bekommen, bis er wieder in der Lage ist, die notwendige Selbstbeherrschung zu üben... Im Zustand der paranoiden Psychose ist die Verabreichung von Medikamenten die geeignetste Therapieform, um ein Abklingen der Symptome zu gewährleisten, damit die Krankheit leichter zu behandeln ist. Ich erachte es für durchaus gerechtfertigt, dem Patienten Gilmore das Medikament gegen seinen Willen zu verabreichen, da er ein ernstzunehmendes Problem für sich selbst und die Anstalt darstellt.«

Als Gary von Dr. Weisserts Empfehlung erfuhr, sandte er dem Direktor von Hoyt Cupp einen Brief, in dem er ihn eindringlich um eine andere Form der Bestrafung bat. Er schrieb, vor nichts auf der Welt fürchte er sich so sehr wie vor Prolixin, und er glaube nicht, daß er eine weitere Behandlung mit dem Medikament durchstehen werde. Lieber wolle er für den Rest seines Lebens auf Zähne verzichten, als sich Prolixin geben zu lassen.

Als Kompromiß schlug Direktor Cupp Gary vor, sich in die Bundesvollzugsanstalt in Marion, Illinois, ein Hochsicherheitsgefängnis, verlegen zu lassen. Schließlich sei Gary, so Cupps Begründung, in der Haftanstalt von Oregon inzwischen für jeden zu einem Risikofaktor geworden, nicht zuletzt für sich selbst. Es kursierten bereits Gerüchte, viele Gefangene, die früher mit ihm befreundet gewesen waren oder ihn unterstützt hatten, seien von seinem Verhalten nun so abgestoßen oder so verängstigt, daß sie ihn umbringen wollten.

Gary akzeptierte Cupps Angebot. Am letzten Tag zog er seine Zustimmung jedoch wieder zurück und sagte zu Cupp, seiner Meinung nach sei die Verlegung gesetzeswidrig. Außerdem wolle er in der Nähe seiner Freunde und Verwandten in Oregon bleiben. Cupp teilte Gary mit, er werde nach Marion verlegt, ob es ihm passe oder nicht.

Am Abend des 21. Januar 1975 saß Gary in seiner Zelle und wartete auf die Wärter. Sie sollten ihn um Mitternacht holen und zum Flugzeug nach Illinois bringen.

»Mann, ich will hier nicht weg«, sagte Gary zu Roger, seinem Freund und Zellennachbarn. »Wenigstens nicht ohne ein bißchen Stunk. Wenn sie mich holen kommen, dann tu mir den Gefallen, und schlag ein bißchen Krach. Hau an dein Gitter. Alle sollen wissen, was hier passiert, und daß es nicht rechtens ist.«

Roger willigte ein. Egal, was die anderen Gefangenen von Gary hielten, er war schließlich auch Häftling, und Häftlinge mußten so gut wie möglich zusammenhalten.

Als die Wärter Gary abholen kamen, schlief Roger schon. Gary fragte, ob er seinen Freund wecken dürfe, um sich von ihm zu verabschieden. Sie hatten nichts dagegen.

Gary rief Roger beim Namen. Sein Freund wachte auf, sah Gary bei den Wachen stehen und fing an herumzubrüllen, doch Gary meinte, er solle sich beruhigen. »Schon gut. Ich gehe ja schon. Wollte bloß sehen, ob du noch mein Freund bist.«

Roger streckte Gary die Hand hin. »Also, paß gut auf dich auf.«

Gary ergriff seine Hand. »Okay. Also, dann bis bald. Jetzt schnappe ich mir erst mal ein paar Mormonen.«

Roger dachte ziemlich lange über Garys letzte Worte nach. Was hatte er damit wohl gemeint?

Etwa anderthalb Jahre später, sagte Roger, habe er keinen Zweifel mehr daran gehabt, wie Garys Worte zu verstehen waren. Inzwischen war Gary der berühmteste Mörder Amerikas.

Tödliche Berühmtheit

Wenige Tage nach seiner Ankunft in der Bundesvollzugsanstalt von Marion, Illinois, reichte Gary bei Direktor Cupp ein Gesuch auf Rückverlegung ins Staatsgefängnis von Oregon ein. »Ich will keinen Ärger mehr machen«, schrieb Gary dem Direktor. »Ich will mich zusammenreißen und mein versautes Leben wieder in Ordnung bringen. Bitte um Antwort.«

Cupp teilte Gary in seinem Antwortbrief mit, es sei nicht geplant, das gegenwärtige Arrangement zu verändern. Ob Gary je nach Oregon zurückkehren werde, hänge ganz davon ab, wie die Berichte aus Marion ausfielen.

Gary merkte, daß er in der Klemme steckte. Marion hatte den Ruf eines Gefängnisses, in dem man sich von den Inhaftierten keine Mätzchen gefallen ließ. Die Aufseher konnten ziemlich brutal sein, und ihre Methoden der Isolationshaft waren hart und unangenehm.

Ich kann nicht mit Sicherheit behaupten, daß Gary in Marion ein vorbildlicher Häftling war, da die zuständige Bundesbehörde mir die Akten nicht zugänglich machen wollte. Aus den Berichten in seiner Akte von Oregon ist allerdings ersichtlich, daß sich seine Führung radikal besserte. In zahlreichen Briefen von Psychiatern und Vollzugsbeamten der Haftanstalt in Marion heißt es, Gary sei kooperativ und freundlich. Ein Arzt schrieb: »Er hat keine seelische Krankheit in Form einer Psychose oder Organneurose, die spezielle Therapieformen oder Tests erforderlich machen würde. Vom psychiatrischen Standpunkt aus betrachtet, hat man in der Haftanstalt von Marion, Illinois, das Bestmögliche für ihn getan.« In Marion war man der Ansicht, Gary solle nun nach Oregon zurückverlegt werden. Außerdem waren da noch die rechtlichen Bedenken. Die Verlegung war höchstwahrscheinlich nicht gesetzlich gewesen, und wenn Gary sich juristischen Beistand verschaffte, müßte Oregon ihn wahrscheinlich wohl oder übel wieder aufnehmen.

Cupp blieb jedoch hart. In einer Aktennotiz an den stellvertretenden Verwaltungschef des Gefängnisses von Oregon hielt Cupp fest: »Ich beharre weiterhin auf meiner Ansicht bezüglich Gary Gilmores Rückverlegung nach Oregon. Wir haben diese Situation bereits früher mit ihm erlebt und gesehen, daß er später wieder in seine alten aggressiven Verhaltensmuster zurückfiel. In Anbetracht unserer gegenwärtig angespannten Lage würde ich diesen Mann erst in frühestens einem halben Jahr zurückverlegen lassen.«

Ob es Gary paßte oder nicht – er saß fest, tausend Meilen von zu Hause entfernt.

An einem Tag Anfang November 1975 saßen meine Mutter und Frank gerade in ihrem Wohnzimmer und überlegten, wie man Gary wieder nach Hause holen könnte, als meine Mutter plötzlich mitten im Satz stockte. Ihr Gesicht wurde schlagartig weiß, ihr Mund öffnete sich, als ob sie etwas sagen wollte, und sie begann Blut zu spucken. Es schoß so heftig hervor, daß es bis an die Wände des Wohnwagens spritzte. Sie fiel zu Boden. Frank beugte sich zu ihr und versuchte, ihren Kopf zu halten. »Mom!« rief er. »Mom! Was ist denn?« Sie konnte keine Antwort geben, weil immer noch Blut kam. Frank rannte ins Büro der Vermieterin hinüber, sagte ihr, was passiert war, und bat sie, einen Krankenwagen zu rufen. Als er zurückkam, versuchte meine Mutter schon mühsam, sich wieder auf den Stuhl zu setzen. »Ich will keinen Krankenwagen«, sagte sie. »Es wird gleich wieder. Ich habe bloß was Falsches gegessen. Ich mag keine Krankenhäuser. Die machen mir angst.« Dann brach sie ohnmächtig zusammen.

Als sie ein paar Stunden später aufwachte, lag sie in einem Krankenhausbett. Sie sah sich um. Alles kam ihr bekannt vor. Es war dasselbe Zimmer im selben Krankenhaus, in dem Gaylen seinen letzten Atemzug getan hatte. Meine Mutter schrie nach der Krankenschwester.

Schon seit Jahren hatte meine Mutter unter fortschreitender Arthritis gelitten. Um die Schmerzen zu lindern, hatte sie Aspirin genommen, aber das hatte nicht viel geholfen. Wenn ich sie besuchte, bemerkte ich jedesmal, wie ihre Hände immer mehr verkrüppelten. Ihre Finger begannen sich wie winzige Vogelkrallen ineinanderzuhaken, und auf ihren Füßen kam sie nur mühsam voran. Die Beschwerden behinderten meine Mutter zusehens bei der Arbeit, und uns allen war klar, daß sie ihren Job früher oder später aufgeben mußte.

Frank und ich versuchten mehrmals vergeblich, sie zu einem Arztbesuch zu überreden. Meine Mutter mochte keine Ärzte, sie traute ihnen nicht, genauer gesagt, meine Mutter gehörte nicht zu den Menschen, die man gegen ihren Willen zu etwas zwingen konnte. In dieser Hinsicht waren wir alle ihre Söhne.

Meine Mutter nahm also weiterhin Aspirin. Es war ihre einzige Waffe gegen den Schmerz. Allerdings wußten wir nicht, welche Unmengen sie davon schluckte – manchmal eine ganze Packung pro Tag. Das Mittel richtete furchtbare Schäden in ihrem Magen an, und es kam damals zu dem Anfall, weil nun die angegriffene Magenwand an einer Stelle durchbrach. Ohne Franks Hilfe wäre sie wahrscheinlich auf dem schmutzigen Fußboden in ihrem eigenen Blut gestorben.

Als sie im Krankenhaus lag, wurde sie wiederholt ohnmächtig, und die Ärzte sahen, daß nur eine Operation sie retten konnte. Sie brauchten dazu die Einwilligung eines Angehörigen. Frank zögerte, da die Operation eine Bluttransfusion nötig machen würde, was Franks Glauben als Zeuge Jehovas nicht zuließ. Ich rief den Hausarzt meiner Mutter an und teilte ihm mit, ich würde die Verantwortung für eine solche Entscheidung übernehmen. Wenn nötig, solle man sie operieren. Man müsse alles unternehmen, um ihr Leben zu retten.

Zwei Tage, nachdem meine Mutter eingeliefert worden war, wurde sie operiert. Ihr Magen war so zerfressen, daß man die Hälfte davon entfernen mußte. Sie würde von nun an immer Probleme mit dem Essen haben und Diät halten müssen, und wenn sie es nicht tat, riskierte sie, daß es erneut zu einem Magendurchbruch kam.

Als ich meine Mutter zum erstenmal in der Klinik besuchte, war sie noch nicht bei Bewußtsein. An ihr waren überall Schläuche befestigt, und sie sah aus wie tot. Ich glaubte, daß sie trotz der Operation sterben würde. Später, als sie wieder zu Hause war, hatte ich eine Zeitlang Schwierigkeiten, wie ich mich ihr gegenüber verhalten sollte. Ich hatte mich mit ihrem Tod abgefunden und bereits um sie getrauert. Es erschien mir dann irgendwie unwirklich, daß sie noch lebte. Ich war natürlich froh darüber, aber ich hatte auch Angst vor der Vorstellung, das alles eines Tages noch einmal durchmachen zu müssen.

Der körperliche Zusammenbruch meiner Mutter verlieh Garys Anliegen neue Dringlichkeit. Er schrieb mehrere Briefe an die Gefängnisverwaltung in Oregon, in denen er um seine Rückverlegung bat. Seine Mutter sei beinahe gestorben, erläuterte er, und er befürchte, falls er nicht bald nach Hause komme, sie nie mehr lebend zu sehen. Er wolle sein Leben in Ordnung bringen, schrieb er. Man solle ihm Haftverschonung gewähren, damit er sich um seine Mutter kümmern könne.

Das brachte die Behörden in eine schwierige Lage. Die juristische Begründung der Anstalt dafür, daß man Gary in Marion behielt, war recht dürftig, und nun gab es auch noch den moralischen Aspekt. Ganz gleich, was die Verantwortlichen von Gary hielten, die starke Liebe zu seiner Mutter stellten sie nicht in Frage. Trotzdem war Direktor Cupp weiterhin gegen Garys Rückverlegung. In einem Brief an seine Dienststelle in Oregon schrieb er: »Die Rückkehr von Gary Gilmore in die Haftanstalt von Oregon stellt zum gegenwärtigen Zeitpunkt meiner Ansicht nach ein beträchtliches Risiko dar, da sein Verhalten unberechenbar und aller Voraussicht nach höchstwahrscheinlich gefährlich ist. Ich möchte dieses Risiko lieber nicht eingehen. Soweit mir bekannt ist, soll Gary noch in diesem Monat vor dem Gnadenausschuß erscheinen. Sobald dessen Beurteilung vorliegt, können eventuelle weitere Schritte unternommen werden.« In ihrem Antwortschreiben teilte die zuständige Justizbehörde Cupp mit, diesmal habe er keine andere Wahl. Garys Führung in Marion sei zufriedenstellend, und der Gesundheitszustand seiner Mutter habe sich verschlechtert. Falls er nichts in Gefängnis von Oregon zurückverlegt werde, müsse man ihn wahrscheinlich auf Bewährung entlassen.

Inzwischen hatte Gary eine Korrespondenz mit meiner Cousine Brenda in Provo, Utah, angefangen, der Tochter von Ida, der Lieblingsschwester meiner Mutter, und unseres Lieblingsonkels Vernon. Von Kindheit an hatten Gary und Brenda sich von allen Cousins immer am liebsten gemocht, aber Brenda hatte sich, wie die meisten anderen auch, mit der Zeit von Gary entfremdet. Seit sie nun wieder in Briefkontakt standen, entdeckte sie an Gary eine ganz neue Seite: Er machte sich mehr Gedanken über seine Fehler und sehnte sich nach einem Familienleben, das ihm während der Jahre im Gefängnis versagt war. Er war zweifellos ein intelligenter Mensch und, wenn er wollte, anscheinend auch zu Mitgefühl fähig. Nachdem Gary nun Bereitschaft zeigte, sich in den von der Gesellschaft gesteckten Grenzen zu entwickeln, war es nach Brendas Meinung die Pflicht der Familie, ihn aufzunehmen und ihm bei seinem Neuanfang zu helfen. In einem lebhaften Briefwechsel zwischen Brenda, Gary und den Gefängnisverwaltungen wurde schließlich ein Bewährungsplan ausgearbeitet: Gary sollte in die Obhut seiner Familie in Utah entlassen werden, also zu meiner Cousine Brenda und ihrem Mann Johnny sowie zu Vern und Ida. Er sollte einen Job annehmen, keinen Ärger machen, nicht straffällig werden und regelmäßig einen Bewährungshelfer aufsuchen. Außerdem durfte er den Staat Utah nicht verlassen. Wenn er sich ein paar Monate an diese Vereinbarungen gehalten hätte, bekäme er die Erlaubnis, nach Oregon zu fahren und seine Mutter zu besuchen, und eventuell dürfte er wieder dorthin ziehen. Soweit es ihr Gesundheitszustand zuließe, würde es meiner Mutter jederzeit freistehen, ihren Sohn in Utah zu besuchen.

Am 9. April 1976 wurde Gary aus dem Gefängnis von Marion, Illinois, entlassen und flog nach Salt Lake City. Brenda und ihr Mann Johnny holten ihn vom Flughafen ab und brachten ihn in sein neues Heim in Provo.

Meine Mutter war von den Neuigkeiten ebenso überrascht wie ich. Ich hatte keine Ahnung von den Verhandlungen über Garys Freilassung gehabt. Als meine Mutter mir mitteilte, daß mein Bruder auf Bewährung zu Verwandten entlassen worden war, die er seit fast dreißig Jahren nicht gesehen hatte und die noch dazu in einer der frömmsten und strenggläubigsten Mormonengemeinden von Utah lebten, meinte ich noch: »Ich halte das aber für gar keine gute Idee.« Kaum hatte ich das gesagt, kam ich mir undankbar vor. Wollte ich etwa, daß Gary den Rest seines Lebens im Gefängnis verbrachte? Verdiente er denn nicht noch einmal eine Chance, als freier Mensch zu leben?

Es gibt Zeiten, da werden die Karten neu gemischt, Zeiten, die einen spüren lassen, daß nichts so bleibt, wie es war. Meine Familie – und viele andere – erlebten so eine Krise Ende Juli 1976.

Es war ein heißer Tag im Willamettetal in Oregon. Bei der Hitze hielt es meine Mutter in der Enge ihres Wohnwagens kaum aus. Ein paar Monate zuvor hatte sie ihren Job als Serviererin in dem Restaurant in Milwaukie aus Gesundheitsgründen aufgeben müssen. Jetzt lebte sie von ihrer Rente und dem bißchen Geld, das Frank als Hilfsarbeiter verdiente. Sie ging nur selten aus. Ihre Magenprobleme und ihr Arthritisleiden hatten zur Folge, daß sie sich völlig in die Einsamkeit zurückzog.

Trotzdem war ihre Stimmung damals nicht schlecht. Gary war frei und hatte sich in Provo in eine hübsche junge Frau verliebt. Erst vor ein paar Wochen hatte sie einen Brief von ihm bekommen. »Ich wußte gar nicht, daß man so glücklich sein kann«, hatte er geschrieben. Er hatte auch gefragt, ob sie ihn in Utah besuchen käme, wenn er ihr das Geld für die Fahrkarte schickte und für eine bequeme Reisemöglichkeit sorgte. Er wollte sie unbedingt sehen. An jenem heißen Nachmittag rückte meine Mutter ihren Sessel auf die kleine Veranda vor dem Wohnwagen und fächelte sich draußen Kühlung zu. Sie dachte über Garys Einladung nach und daß sie ihn gern sehen würde. Sie fühlte sich auch kräftig genug für die Reise. Es wäre zudem schön, Utah wiederzusehen.

Da klingelte das Telefon.

Mit langsamen Schritten humpelte meine Mutter an den Apparat. Das nahm gewöhnlich viel Zeit in Anspruch, und alle wußten, daß sie es oft klingeln lassen mußten.

Als sie abnahm, war Brenda dran und fragte, ob sie Frank sprechen könne. Das kam meiner Mutter seltsam vor. »Er ist nicht da, Brenda. Er ist in der Arbeit. Stimmt was nicht? Ist Gary was passiert? Ist er in Schwierigkeiten?«

»Alles in Ordnung, Tante Bessie. Ich warte wirklich lieber, bis ich mit Frank sprechen kann.«

»Brenda, sag mir, was passiert ist.«

Sie hörte, wie Brenda tief Luft holte. »Bessie, sie haben Gary wegen Mordes verhaftet. Er hat zwei Männer durch Kopfschüsse getötet und sich dann einen Daumen abgeschossen.«

Brenda konnte sehr direkt sein, wenn es sein mußte, aber das war direkter, als meine Mutter es erwartet hatte. »Das glaube ich dir nicht«, sagte sie zu Brenda. »Ich kenne doch meinen Gary, so etwas würde er nie tun.«

»Bessie, du kannst es mir ruhig glauben. Er hat zwei junge Mormonen getötet.«

Dann übergab Brenda Vern den Hörer. Er bestätigte meiner Mutter, was Brenda gesagt hatte, und informierte sie etwas ausführlicher über die Morde. »Du solltest dich, glaube ich, auf das Schlimmste gefaßt machen, Bessie«, sagte er. »Hier haben sie erst kürzlich wieder die Todesstrafe eingeführt. Die Leute sind sehr aufgebracht. Ich glaube, man wird Gary töten.«

Meine Mutter legte auf und versuchte Gary im Gefängnis von Utah anzurufen. Als sich ein Wachhabender meldete, erklärte sie ihm, wer sie sei. »Bringen Sie meinen Jungen nicht um«, sagte sie weinend. »Bitte, bringen Sie ihn nicht um. Was haben wir alles getan, um ihn rauszukriegen.« Der Beamte war sehr sanft mit ihr. Er versicherte ihr, niemand im Gefängnis habe die Absicht, Gary etwas zuleide zu tun. Dann ging er, um Gary zu sagen, daß seine Mutter am Telefon sei und ihn sprechen wolle. »Sagen Sie ihr, ich bin nicht da«, sagte Gary.

»Sehr witzig, Gilmore. Sprechen Sie mit ihr oder nicht?«

»Nein. Ich weiß nicht, was ich ihr sagen soll.«

»Ich hatte in der Woche Bäume beschnitten und Zäune gestrichen«, erzählte mir Frank später. »Schwere Arbeit, aber es war die Art von Beschäftigung, bei der ich glücklich war.

Auf dem Nachhauseweg kaufte ich noch ein bißchen ein, um für mich und Mom was zu kochen. Als ich mit der Riesentüte reinkam, sagte Mom: ›Jetzt leg erst mal die Sachen hin. Ich muß dir was sagen.‹ Ich stellte die Tüte ab und drehte mich um, da fing sie an zu weinen. Erst dachte ich, einer von den Brüdern sei tot, und ich fragte sie danach. Sie sagte: ›Beiden ist nichts passiert, aber – Gary hat in Provo jemanden ermordet.‹

So hab ich es erfahren. Du weißt ja, wie sie immer geweint hat – man konnte kaum was verstehen. Schließlich hat sie sich dann soweit beruhigt, daß sie mir erzählen konnte, was passiert war, daß er verhaftet wurde, weil er zwei Menschen umgebracht hat, einen in einer Tankstelle und einen in einem Motel. Beide Male war es bewaffneter Raubüberfall und offensichtlich völlig kaltblütig durchgezogen. Ich weiß noch, ich saß einfach nur da. Es dauerte ein paar Stunden, bis ich überhaupt aufstehen und mich bewegen konnte. Ich saß einfach da und war total deprimiert. Schließlich habe ich Mom was zu essen gemacht, dann habe ich Gary einen Brief geschrieben. Als erstes hab ich in riesigen Buchstaben hinge-schrieben: WAS IST PASSIERT, GARY? Darunter noch irgend-was, und das habe ich ihm geschickt. Ich weiß noch, daß er mir als Antwort nicht schrieb, was passiert war. In seinem Brief stand bloß: ›Ich bin im Gefängnis.‹ Mehr nicht.«

Ich selbst erfuhr es als letzter. Meine Mutter hatte nicht angerufen, um es mir zu sagen. Sie konnte sich nicht dazu durchringen.

Wie Frank hatte auch ich davor das Gefühl gehabt, eine gute Zeit zu erleben. Ich hatte meinen Job in der Drogenklinik aufgegeben, denn ich sah für mich dort keine Perspektive. Der Anblick von Menschen, die sich für den falschen Weg entschieden und manch-mal daran starben, deprimierte mich zutiefst. Dann hatte ich endlich Mut gefaßt, das zu tun, was ich mir schon seit Jahren wünschte: Ich begann Musikkritiken zu schreiben. Ich arbeitete bereits für Lokalzeitungen und fing jetzt an, Artikel an einige überregionale Blätter zu schicken. Ich war voller Hoffnung.

Um meine Rechnungen bezahlen zu können, arbeitete ich zusätzlich noch in einem Plattengeschäft im Zentrum von Portland. Ich kannte mich gut mit Musik aus und mochte die meisten Kunden, doch der Job hatte auch seine schwierigen Seiten. Ab und zu erwischten wir Ladendiebe und waren deswegen manchmal mit Gewalt konfrontiert. Erst ein paar Wochen zuvor mußte ich eine ganze Horde von Ladendieben zur Rede stellen, die sich Mäntel und Handtaschen mit Kassetten vollgestopft hatten. Als ich die Leute an der Tür aufhielt, zogen sie plötzlich ihre Messer. Zum Glück hatte ein Kollege bereits die Polizei verständigt, die in dem Moment eintraf, als die Waffen zum Vorschein kamen.

An einem Freitagabend neun Tage nach Garys Festnahme kam ich nach Hause, erschöpft von der Hitze und der Arbeit. Weil ich den Laden am nächsten Morgen pünktlich um zehn aufschließen mußte, schlug ich die Einladung, mit ein paar Freunden noch einen trinken zu gehen, aus.

Im Fernsehen lief Peckinpahs Film *Sie kannten kein Gesetz*, und während ich es mir dazu auf der Couch bequem machte, griff ich nach der Abendausgabe der Lokalzeitung. Fast hätte ich die Meldung auf der zweiten Seite übersehen, deren Schlagzeile lautete: MANN AUS OREGON FÜR MORDE IN UTAH VORLÄUFIG FESTGENOMMEN. Dort war zu lesen: »Gary Mark Gilmore, 35, wurde des Mordes an zwei jungen Angestellten angeklagt. Bei zwei Raubüberfällen auf eine Tankstelle und ein Motel...« Benommen las ich weiter, daß Gary verhaftet worden war, weil er Max Jensen und Ben Bushnell an zwei aufeinanderfolgenden Abenden im Juli getötet hatte. Beide Männer waren Mormonen, etwa so alt wie ich, und beide hinterließen Ehefrauen und kleine Kinder.

Ich war wie betäubt. Ich legte die Zeitung hin, ging in die Küche und übergab mich ins Spülbecken. Meine Freundin Andrea lief aufgeregt hinter mir her. »Was ist los?« fragte sie. Ich sagte es ihr.

Den Rest des Abends saß ich auf dem Sofa und las den knappen Bericht immer wieder. Ich fühlte Scham, Reue, Schuld – und Wut.

Am nächsten Tag besuchte ich meine Mutter in Oak Grove, etwa zehn Kilometer von meinem Haus in Portland entfernt. Ich hatte keine andere Möglichkeit herauszubekommen, ob sie die Nachricht gelesen hatte, außer anzurufen und sie direkt zu fragen, was mir zu gefühllos erschien. Ich machte mir Sorgen um ihre Gesundheit. Sie war jetzt dreiundsechzig Jahre alt und hatte sich von der Operation vor ein paar Monaten nie recht erholt. Es stellte sich heraus, daß sie seit über einer Woche über die Morde Bescheid wußte, es aber nicht fertigbrachte, es mir zu sagen. Wir saßen in der bedrückenden Enge ihrer düsteren Behausung, sahen einander über den Graben unserer gemeinsamen, zerstörten Vergangenheit hinweg an, und ich begann allmählich zu begreifen, daß sie schon immer viel dichter am Abgrund gelebt hatte als ich. Unter Tränen fragte sie: »Kannst du dir vorstellen, wie es ist, Mutter eines geliebten Sohnes zu sein, der zwei anderen Müttern ihre Söhne wegnimmt? Wenn ich dagewesen wäre, hätte er die beiden Jungen nie getötet. Ich weiß, ich hätte ihn davon abhalten können, ich hätte ihn beruhigt«, sagte sie und vergrub ihr Gesicht in ihren Händen.

Zwischen seiner Entlassung und jenen verhängnisvollen Juliabenden hatte Gary für kurze Zeit im Schuhgeschäft seines Onkels Vernon gearbeitet und Nicole Barrett, eine hübsche junge Frau mit zwei Kindern, kennengelernt und sich in sie verliebt. Doch es fiel ihm schwer, ein paar alten, schlechten Gewohnheiten abzuschwören. Fast unmittelbar nach seiner Entlassung fing er an zu trinken und regelmäßig Fiorinal zu nehmen, ein Mittel gegen Muskelkrämpfe und Kopfschmerzen, das bei längerer Einnahme zu schweren Stimmungsschwankungen und sexuellen Störungen führen kann. Gary litt anscheinend unter beiden Nebenwirkungen. Außerdem reagierte er immer gewalttätiger. Manchmal wurde er Nicole gegenüber tätlich, wenn es sexuell nicht klappte oder wenn er glaubte, sie flirtete mit einem anderen. Dann wieder legte er sich mit den Männern in seiner Umgebung an, attackierte sie hinterrücks und drohte, ihnen mit einem Wagenheber, den er geschickt wie einen Taktstock schwang, den Kopf einzuschlagen.

Innerhalb von kürzester Zeit hatte Gary seinen Job verloren, die Geduld seiner Verwandten in Utah erschöpft und sich so gut wie mit jedem zerstritten, der mit ihm zu tun bekam. Er trank immer mehr. Er nahm immer mehr Drogen. Er gewöhnte sich an, in einen Laden zu gehen, sich zu nehmen, was er haben wollte, und beim Hinausgehen die Kassierer so anzustarren, daß sie sich nicht trauten, ihn aufzuhalten. Auch fing er an, Schußwaffen mit nach Hause zu bringen, sich auf die Veranda hinterm Haus zu setzen und auf Bäume, Zäune und in den Sonnenuntergang zu schießen. »Schieß auf die Sonne«, sagte er zu Nicole. »Schau mal, ob du sie sinken lassen kannst.«

Irgendwann trieb er es zu weit, und Nicole beschloß, sich nie wieder von einem Mann schlagen zu lassen. Sie packte ihre Sachen, nahm ihre Kinder und zog aus. Gary versuchte, sie zur Rückkehr zu bewegen, doch vergeblich. Das ging eine ganze Weile hin und her, bis Nicole weiter wegzog. Daraufhin sagte Gary zu einem Freund, vielleicht werde er Nicole umbringen.

An einem drückend heißen Abend Ende Juli fuhr Gary zu Nicoles Mutter und überredete April, die jüngere Schwester seiner Exfreundin, mit ihm spazierenzufahren. Er wolle herumfahren, ein bißchen reden, Bier trinken und ihre Schwester suchen, sagte er zu April. Sie fuhren stundenlang in der Gegend umher, hörten Radio und unterhielten sich beiläufig, bis Gary in der nahe gelegenen Kleinstadt Orem an einer Ecke nicht weit von einer Tankstelle entfernt anhielt. Zu April sagte er, sie solle im Wagen auf ihn warten. Er betrat die Tankstelle, wo der sechsundzwanzigjährige Tankwart Max Jensen allein arbeitete. Es standen keine anderen Autos da. Es war eine dieser stillen, leeren Nächte im frommen Utah. Gary zog eine 22er Automatik aus der Jackentasche und befahl Jensen, das Bargeld herauszugeben. Dann nahm er Jensen auch den Wechselgeldbehälter ab, führte den jungen Angestellten hinter das Gebäude und zwang ihn, sich in der Toilette auf den Fußboden zu legen. Er befahl Jensen, die Hände unter den Bauch zu schieben und das Gesicht auf den Boden zu drücken. Jensen tat

364

alles und versuchte dann, Gary zuzulächeln. Gary hielt ihm die Waffe an den Schädel. »Das ist für mich«, sagte Gary und drückte ab. Und dann: »Das ist für Nicole«, und drückte noch einmal ab.

Dann ging er wieder zum Wagen und stieg ein. April hatte das Radio voll aufgedreht und nichts gehört. Doch sie wußte, daß etwas nicht stimmte. Sie hatte panische Angst.

Sie kurvten eine Weile herum, dann fuhr Gary mit ihr in ein Autokino, wo *Einer flog übers Kuckucksnest* lief. Aber der Film regte April zu sehr auf, denn sie selbst hatte einige Zeit in einer Nervenklinik verbracht – als Folge einer schlimmen Erfahrung mit LSD, die mit einer mehrfachen Vergewaltigung endete. Sie drängte Gary deshalb zum Gehen, bevor der Film zu Ende war. Dann schauten sie kurz bei seiner Cousine Brenda vorbei, aber der Besuch ging ziemlich schief. Brenda spürte, daß etwas nicht stimmte. Schließlich landeten sie in einem Holiday Inn. Nachdem sie ein bißchen Haschisch geraucht hatten, versuchte Gary, April auszuziehen. Sie war aber zu durchgedreht und wollte sich nicht mit ihm einlassen.

Am nächsten Abend betrat Gary die Rezeption eines Motels nicht weit vom Haus seines Onkels in Provo entfernt. Er befahl dem Mann hinter der Theke, sich auf den Boden zu legen, und schoß ihn in den Hinterkopf. Das Opfer hieß Ben Bushnell und war ebenfalls wie der Tankwart, ein junger Mormone. Gary ging mit der Motelkasse unterm Arm hinaus und wollte die Pistole draußen unter einen Busch schieben. Dabei ging sie los und schoß ihm ein Loch in den Daumen.

Gary wußte, daß es Zeit war, sich aus dem Staub zu machen. Doch zuerst wollte er sich um seinen Daumen kümmern. Er fuhr zu einem Freund namens Craig und rief Brenda an. Ein Zeuge hatte Gary aber beim Verlassen des zweiten Tatorts beobachtet, und die Polizei setzte sich schon mit Brenda in Verbindung.

Brenda hatte die Polizei an einem Apparat und am anderen Gary. Sie versuchte, ihn so lange hinzuhalten, bis eine Straßensperre errichtet war. Nach einer Weile merkte Gary, daß Brenda ihm nicht helfen würde, stieg in seinen Wagen und fuhr in Richtung Flughafen. Nach ein paar Kilometern, direkt vor dem Haus seiner Freundin Nicole, wurde er von Polizeiautos und einer Einsatztruppe umstellt. Man verhaftete ihn wegen des Mordes an Bushnell, und wenige Tage darauf gestand er auch den Mord an Max Jensen.

Ein paar Monate später fand Garys Verhandlung statt, doch es war von Anfang an ein klarer Fall. Im übrigen half es der Sache nicht, daß Gary seinen Anwälten verbot, Nicole als Zeugin der Verteidigung aussagen zu lassen. Inzwischen hatten Nicole und Gary sich wieder versöhnt. Nach seiner Verhaftung verspürte sie großes Mitleid mit ihm, und nun besuchte sie ihn jeden Tag mehrere Stunden im Gefängnis. Gary tat sich darüber hinaus auch keinen Gefallen damit, daß er den Geschworenen drohende Blicke zuwarf oder aggressive Aussagen machte. Weder das Urteil noch die Strafe waren überraschend: Gary wurde für schuldig befunden und zum Tode verurteilt. Er teilte dem Richter mit, er wolle lieber erschossen werden, statt durch den Strang zu sterben.

Meine Mutter rief mich am 7. Oktober, dem Abend von Garys erster Verurteilung an, um mir zu sagen, daß gegen ihn die Todesstrafe verhängt worden sei. Ich ertappte mich dabei, daß ich die tröstlichen Worte meiner Freunde wiederholte: »Mutter«, sagte ich, »seit zehn Jahren ist in diesem Land niemand mehr hingerichtet worden, da werden sie doch mit Gary nicht anfangen!«

Ich legte auf, ging hinaus und hockte mich vor meinem Haus auf die Mauer. Dort blieb ich lange sitzen und starrte auf den nahe gelegenen Fluß, bis meine Freundin herauskam und den Arm um mich legte. »Ich weiß, es ist furchtbar«, sagte sie. »Aber du weißt doch, daß sie ihn nicht töten. In Amerika bringen sie heute doch niemanden mehr um.«

»Nein«, sagte ich nach einer Weile, »du verstehst das nicht. Er wird sterben. Sie werden ihn hinrichten. Dazu ist er geboren.«

In den Wochen nach den Morden und nach Garys Todesurteil verspürte ich Kummer, Wut und eine tiefe, schmerzliche Scham. Ich konnte es nicht fassen, daß Gary seiner Familie diese entsetzliche Schande hinterlassen hatte, und ich konnte ihm nicht verzeihen, was er den Familien von Max Jensen und Ben Bushnell angetan hatte. Ich betete, die furchtbare Geschichte möge irgendwie zu Ende gehen – und Gary den Rest seines Lebens einfach in einem Gefängnis von Utah eingesperrt bleiben.

Und dann versuchte ich eben, weiterzuleben. Meinen engsten Freunden hatte ich erzählt, was mit Gary geschehen war. Ich fand, sie mußten die Chance bekommen, entscheiden zu können, ob sie weiterhin mit dem Bruder eines Mörders befreundet sein wollten. Ich hatte es aber keinem der Herausgeber und Journalisten gesagt, mit denen ich zusammenarbeitete. Ich dachte immer noch, ich könnte diese schreckliche Wahrheit irgendwo so tief begraben, daß sie sich nicht über mein übriges Leben ergoß und die Träume zerstörte, die ich trotz allem noch hegte.

Im Herbst 1976 erfuhr ich, daß das Musikmagazin *Rolling Stone* einen meiner Artikel veröffentlichen wollte. Ich freute mich sehr. Seit ich die Zeitschrift las, hatte ich davon geträumt, irgendwann einmal für sie zu schreiben. Anfang November fuhr ich wegen eines Auftrags und um die Herausgeber der Zeitschrift kennenzulernen nach San Francisco. Wir verstanden uns recht gut, und mein Chefredakteur Ben Fong-Torres deutete an, daß er mich gern intensiver einspannen würde. Ich konnte es kaum erwarten, wieder zu Hause zu sein und es meiner Freundin zu erzählen.

Als ich in Portland aus dem Flugzeug stieg, hörte ich, wie mein Name ausgerufen wurde. »Mr. Mikal Gilmore, melden Sie sich bitte an einem der roten Kundentelefone. Es liegt ein dringender Anruf für Sie vor.«

Ich hob ab. Es war Andrea. »Entschuldige, daß ich mich verspätet habe. Ich war den ganzen Nachmittag bei deiner Mutter. Sie hatte einen Unfall; sie ist hingefallen. Am besten kommst du auch gleich her.«

Andrea vereinbarte mit unserem Freund Michael, daß er mich am Flughafen abholte. Ich merkte an der Art, wie Michael sich auf der Fahrt verhielt, daß er mehr wußte, als er sagen wollte. Er war ernst und schweigsam.

Als wir bei meiner Mutter ankamen, erfuhr ich, was es mit der spannungsgeladenen Atmosphäre auf sich hatte. Meine Mutter zeigte mir die Titelseite der Tageszeitung mit der Schlagzeile: VER-URTEILTER MÖRDER BITTET UTAH UM HINRICHTUNG. Ich las weiter. Während ich in San Francisco gewesen war, hatte Gary auf alle Rechte auf Einspruch und Wiederaufnahme des Verfahrens verzichtet und bat um den Vollzug seiner Hinrichtung. Richter J. Robert Bullock hatte eingewilligt und als Datum Montag, den 15. November, festgesetzt.

Ich war schockiert und wütend. Ich dachte zuerst, Gary spiele sich bloß auf. Doch wenn es überhaupt einen Bundesstaat gab, der seiner Forderung nur zu gern Folge leisten würde, dann war es sicher Utah mit seiner Leidenschaft für Blutsühne. Wenig später stellte sich heraus, daß Garys Verteidiger gegen seinen Willen um einen Vollstreckungsaufschub ersucht hatten, dem der Oberste Gerichtshof von Utah stattgab.

An dem Abend saß ich zu Hause, trank Wein und versuchte mir vorzustellen, was da eigentlich vor sich ging. Ich erinnere mich an den Gedanken, daß *nichts* mehr so sein würde wie früher. Nicht für mich, nicht für meine Familie, vielleicht nicht einmal für die ganze Nation.

Am nächsten Tag wollte ich Gary zur Rede stellen. Ich rief im Draper-Gefängnis an. Zu meiner Verwunderung war Gary zwei Minuten später am Apparat.

Am Anfang war unser Gespräch höflich, aber reserviert. Dann wurde Gary ungeduldig. »Hast du irgendwas?«

»Gary, meinst du das ernst?«

»Na, was glaubst du?«

»Ich weiß nicht.«

»Genau. Du weißt nicht. Du hast mich nie richtig gekannt.«

Ich wußte nicht, was ich darauf sagen sollte. »Schau mal«, fuhr er mit etwas sanfterer Stimme fort, »ich will ja nicht gemein zu dir sein, aber die Sache passiert doch so oder so; das kannst du durch gar nichts aufhalten, und du mußt mich auch nicht unbedingt dafür mögen. Es ist leichter für mich, wenn du mich nicht magst. Wir reden anscheinend bloß miteinander, wenn es um Tod geht. Und diesmal ist es mein eigener.«

Ich hatte nicht damit gerechnet, daß Gary in die Offensive ging. Ich kam mir hilflos vor. »Und was ist mit Mutter?« fragte ich.

»Na ja, ich will sie noch mal sehen, bevor es passiert«, sagte Gary. »Ich will euch alle sehen. Das macht es mir vielleicht leichter. Aber ich mein's ernst, ich will nicht, daß du oder sonst jemand sich da einmischt. Das ist meine ganz persönliche Angelegenheit. Ich habe zwei Menschen umgebracht, ich bin dafür zum Tode verurteilt worden, und ich nehme die Strafe an. Ich will nicht den Rest meines Lebens vor Gericht oder im Gefängnis verbringen. Ich habe meine Freiheit verloren. Die habe ich schon lange verloren. Jetzt brauchen sie bloß noch die Arbeit fertig zu machen, die sie vor zwanzig Jahren angefangen haben.«

Ich wollte gerade etwas erwidern, hielt aber dann inne. »Was ist?« fragte Gary.

»Es ist schlimm, so was von jemandem zu hören, den man liebhat –«

»He, das muß ich mir nicht anhören«, unterbrach mich Gary. »Ich laß mir von nichts mehr weh tun, und ich will auch nicht, daß du denkst, ich wäre so ein sensibler Künstler, bloß weil ich gemalt und gedichtet habe. Ich habe getötet – kaltblütig getötet.« Ein Wärter teilte Gary mit, seine Gesprächszeit sei um.

Am nächsten Tag erfuhr ich in den Fernsehnachrichten von Garys erfolgreichem Auftritt vor dem Obersten Gerichtshof von Utah und sah Filmausschnitte, in denen mein argwöhnisch um sich blickender Bruder in Handschellen aus dem Gerichtssaal geführt wurde. In dem Moment hatte ich gleichzeitig Mitleid mit

Gary und fürchtete mich vor ihm, und ich haßte ihn für das, was er über sich und unsere Familie brachte. Ich konnte seine Dreistigkeit nicht begreifen, diese scheinbar leidenschaftslose Haltung, mit der er auf einen staatlich sanktionierten Selbstmord aus war, eine Tat, die mir nicht weniger vorsätzlich erschien als Mord.

Außerdem schwindelte mir, wenn ich sah, wie die schmerzlichsten und intimsten Details meiner Familiengeschichte zu Nachrichten für die Allgemeinheit wurden. Über Nacht war die Vergangenheit, der ich hatte entkommen wollen, plötzlich allgegenwärtig. In jener Woche wurde Garys Fall fast jeden Tag landesweit in den Nachrichten gebracht. Ich sah ihn in jeder amerikanischen Zeitung als Schlagzeile, und jetzt starrte er mir auch noch von der Titelseite von *Newsweek* entgegen. In der Zeitschrift stieß ich auf Fotos aus unseren Familienalben. Es gab eine Aufnahme von einem längst vergangenen Weihnachtsfest, die meinen Vater, Gary, Gaylen und mich nebeneinander zeigte. Keiner auf dem Bild sah besonders glücklich aus. Mein Gott – ob es dasselbe Weihnachten war, an dem Gary zu mir ins Zimmer gekommen war und seine Philosophie der Selbsterniedrigung ausgebreitet hatte?

In der Woche, als die *Newsweek*-Geschichte erschien, bekam ich zu Hause einen Anruf. »Spreche ich mit Mikal Gilmore?« fragte die Stimme am anderen Ende der Leitung. »Ich bin von der *Los Angeles Times* und würde gern mit Ihnen über Ihren Bruder Gary Gilmore sprechen.« Ich sagte, er habe den falschen Gilmore und legte auf. Nachmittags ließ ich mir eine andere Nummer geben. Mir war klar, daß ich dem allem nicht entrinnen konnte, doch ich hatte auch nicht vor, daran aktiv teilzunehmen. Das Schwindelgefühl, das einen befällt, wenn das eigene Leben auf diese Weise ans Licht gezerrt wird, ist unvorstellbar.

Mir widerstrebte die Art, wie die ganze Angelegenheit dargestellt wurde: als etwas Unvermeidliches, als ein grauenvolles Schicksal, das weder verweigert noch verändert werden konnte. Mir war schleierhaft, wie ein modernes amerikanisches Gericht Verfahrensweisen beiseite schieben konnte, um sich von einem Angeber herausfordern zu lassen, seine selbstmörderischen Gelüste zu stillen. Es schien mir, als seien alle dem Reiz des Neuen, der Aufregung, der tödlichen Pseudowirkung des Ereignisses verfallen.

Ich hatte genug. Ohne Rücksicht auf die Wünsche meines Bruders wollte ich die Justizbehörden in Utah konsultieren, um zu erfahren, was meine Familie tun könnte, um einen Vollstreckungsaufschub zu erreichen.

Am nächsten Tag ordnete der scheidende Gouverneur von Utah, Calvin Rampton, einen Vollstreckungsaufschub an und leitete die Angelegenheit an den Gnadenausschuß des Staates weiter, wodurch er sich von Gary die Bezeichnung »moralischer Feigling« einhandelte. Am gleichen Abend bekam ich einen Anruf von Anthony Amsterdam von der juristischen Fakultät der Universität Stanford, einem langjährigen, kampferprobten Gegner der Todesstrafe und Anwalt am Obersten Gerichtshof der Vereinigten Staaten. Er erklärte mir, welche Wege der Familie offenstanden: Ein Angehöriger konnte einen Rechtsbeistand beauftragen, beim Obersten Gerichtshof der Vereinigten Staaten einen Vollstreckungsaufschub zu erwirken, dessen Dauer von der Bereitschaft des Gerichts, den Fall im Zuge einer Revision zu überprüfen, und vom Ergebnis dieser Revision abhängen würde. Realistisch gesehen hieß das, daß Gary vielleicht noch einen Prozeß über sich ergehen lassen müßte.

Ich gab diese Information an meine Mutter weiter, die ebenfalls mit Amsterdam sprach. Wir einigten uns darauf, daß es wahrscheinlich am besten wäre, ihn als Rechtsbeistand zu engagieren, je nachdem, wie der Gnadenausschuß entscheiden würde.

Am Dienstag morgen, dem 16. November, einen Tag nach Garys festgesetztem Hinrichtungstermin, rief Amsterdam mich an, um mir mitzuteilen, daß sowohl Gary als auch Nicole einen Selbstmordversuch mit einer Überdosis an Beruhigungsmitteln gemacht hätten. Das war für mich der erste deutliche Hinweis, daß jeder Versuch, Garys Leben zu retten, sich im Endeffekt als zwecklos erweisen würde. Wir können Menschen zum Tode verurteilen, dachte ich, aber nicht zum Leben. Gary hatte allerdings eine lange Geschichte von Selbstmordversuchen hinter sich und einmal behauptet, nur wenige davon seien ernst gemeint gewesen. Doch das lag Jahre zurück. Damals verletzte er sich mit Rasierklingen und zerbrochenen Glühbirnen. Soviel ich wußte, hatte er nie versucht, sich mit Medikamenten das Leben zu nehmen.

Ich führte noch ein Telefongespräch mit Gary, und zwar zwischen seiner Entlassung aus dem Krankenhaus und der Verhandlung vor dem Gnadenausschuß. Er war aus Protest, weil ihm das Krankenhaus jeglichen Kontakt mit Nicole untersagt hatte, in Hungerstreik getreten und schlecht gelaunt. Ich versuchte ihm zu erklären, welchen Tribut die Sache der Familie abverlange, zu welchem Affentheater das Ganze geworden sei und daß es absolut nicht seinem Anspruch auf Würde entspreche. »Bin ich dir etwa was schuldig?« fuhr er mich an. »Ich betrachte dich ja überhaupt nicht mehr als meinen Bruder.«

Da verlor ich die Geduld. »Jetzt reicht's mir aber, wie du mit allen umspringst«, sagte ich. »Du trampelst selbstherrlich auf anderen Menschen herum und hast bloß Beleidigungen und Beschimpfungen übrig für die, die nicht wollen, daß du stirbst.« Gary legte einfach auf.

Am 30. November beschloß der Gnadenausschuß, die Hinrichtung in die Wege zu leiten. In der Vorahnung dieser Entscheidung war ich nach San Francisco geflogen, um Anthony Amsterdam eine Prozeßvollmacht zu überbringen, damit er im Auftrag meiner Mutter die nötigen Schritte unternehmen konnte.

Die Ereignisse überschlugen sich. Am 3. Dezember gewährte der Oberste Gerichtshof einen Vollstreckungsaufschub. Aber unsere Anrufe im Gefängnis wurden abgewiesen, und Gary ließ in einem offenen Brief verlauten, er fordere meine Mutter auf, »sich auszuklinken«. Während dieser Zeit versuchten weder Gary noch seine Rechtsvertreter, mit Angehörigen außerhalb von Utah Kontakt aufzunehmen. Der einzige derartige Kontakt kam zustande, als der

Autor und Publizist Larry Schiller, der Gary die Publikations- und Filmrechte seiner Story abgekauft hatte, die Schwester meiner Mutter, Ida, und ihren Mann Vernon bat, meiner Mutter einen Besuch abzustatten, angeblich um wiedergutzumachen, daß ihre Ratschläge und Wünsche in verletzender Weise übergangen worden waren.

Doch was immer es zu diskutieren gegeben hatte, wurde plötzlich nebensächlich, als Vern und Ida sahen, in welchem Gesundheitszustand sich meine Mutter befand und wie sie in ihrem Wohnwagen hauste. Vern ging los und kaufte Lebensmittel für sie ein, während Ida ein bißchen saubermachte. Damals war das Verhältnis zwischen meiner Mutter und ihnen ziemlich gespannt, denn meine Mutter argwöhnte, die Angehörigen in Utah hätten ihr ihren Sohn weggenommen und mißbrauchten seine traurige Berühmtheit nun zu ihrem eigenen Vorteil. Doch es gab auch Zuneigung zwischen ihnen. Man war ja miteinander verwandt. Vern hielt meine Mutter tröstend in seinen starken Armen, als sie Garys Taten und sein Schicksal beweinte, und Vern und Ida weinten mit.

Bevor sie wieder gingen, zog Vern tausend Dollar aus der Manteltasche und legte sie auf den Tisch. Er sagte zu meiner Mutter, Gary wolle ihr das Geld geben, wenn sie eine Verzichtserklärung unterschreibe. Außerdem wünsche er, daß sie ihren Einspruch gegen die Hinrichtung zurückziehe – oder zumindest alle weiteren juristischen Schritte unterlasse. Meine Mutter sah das Geld an und sagte: »Na ja, ich könnte es wirklich gut brauchen«, und brach erneut in Tränen aus. Am Ende weigerte sie sich zu unterschreiben, und Vernon mußte das Geld wieder mitnehmen. Keinem der Beteiligten war ganz wohl bei der Sache.

Am Morgen des 13. Dezember hob der Oberste Gerichtshof den Vollstreckungsaufschub mit der Erklärung auf, Gary habe »im vollen Besitz seiner geistigen Kräfte auf seine Rechte verzichtet«. Resignation breitete sich bei uns aus.

Endlich bekam meine Mutter Gary an den Apparat. »Gary«,

sagte sie, »weißt du noch, wie du als Kind mal in Seattle von einem Hausboot ins Wasser gefallen bist? Ich bin reingesprungen und habe dich rausgeholt, weil ich dich liebhatte. Ich hatte dich damals nicht weniger lieb als heute, und da habe ich mir gedacht, ich stürze mich wieder ins Wasser und rette dich. Nur darum geht es doch.«

»Ich war nicht wütend auf dich«, erwiderte Gary. »Ich konnte es mir ja denken; immerhin bist du meine Mutter. Ich wußte, daß du versuchen würdest, es aufzuhalten, weil ich wußte, daß du mich liebst. Ich wußte auch, daß du's für Mikal tust.« Gary bat meine Mutter, ihren Einspruch zurückzuziehen, was sie auch tat.

Einen Tag später setzte Richter Bullock den neuen Hinrichtungstermin auf den 17. Januar fest, und Gary wurde in eine Sicherheitszelle verlegt; jegliches Besuchsrecht, auch von Familienangehörigen, wurde verweigert.

Als Weihnachten kam, sagte ich mir und allen, die danach fragten, daß mir inzwischen egal sei, was passieren werde. Über die Feiertage betrank ich mich und nahm ein paarmal auch Rauschgift. Andrea fuhr nach Hause zu ihrer Familie, und während ihrer Abwesenheit verbrachte ich jede Nacht mit einer anderen Frau. Ich nahm Tabletten, weil ich sonst nicht schlafen konnte. Ich lief rastlos in meinem Haus umher, schmetterte Gegenstände zu Boden und vernichtete alte Erinnerungsstücke. Eines Nachts träumte ich, daß Gary an einen Pfahl gefesselt und wiederholt mit einem Bajonett attackiert wurde, während ich hinter einem Zaun stand und nicht zu ihm konnte. Am nächsten Morgen erfuhr ich von einem weiteren, beinahe tödlichen Selbstmordversuch.

Plötzlich wollte ich Gary unbedingt sehen, noch einmal Kontakt zu ihm aufnehmen, um mich, so gut es unter den Umständen ging, mit ihm zu versöhnen. Und gleichzeitig war mir klar, daß ich mich noch nicht mit der Vorstellung von seiner Hinrichtung abgefunden hatte. Ganz egal, was geschehen war, er durfte nicht sterben.

Abschiedsworte

In der ersten Januarwoche vereinbarte Anthony Amsterdam über Garys Anwälte Robert Moody und Ronald Stanger mit der Gefängnisleitung einen Besuchstermin für mich und meinen Bruder Frank. Meine Mutter konnte wegen ihrer angeschlagenen Gesundheit nicht reisen. Richard Giauque, ein in Salt Lake City ansässiger Rechtsanwalt, der Amsterdam und die Familie in Utah vertrat, sollte uns vom Flughafen abholen. Uns hatte man gesagt, es handele sich um einen »einmaligen Besuch ohne Körperkontakt«.

Am Dienstag, dem 11. Januar, flogen Frank und ich mit der Frühmaschine nach Salt Lake City. Zuerst unterhielten wir uns ein bißchen, aber nach einer Weile verfiel mein Bruder in grüblerisches Schweigen. Ich merkte, daß ihn das, was uns in den nächsten Stunden bevorstand, sehr bedrückte.

Franks Schweigen gab mir Gelegenheit, über einige Dinge nachzudenken, die ich bisher vermieden hatte. Ich befand mich auf dem Weg nach Utah, um einem Menschen gegenüberzutreten, einem Blutsverwandten, den ich im Grunde nie richtig gekannt hatte und gegenüber dem ich nun Verbitterung empfand. Ich konnte mir zwar einreden, daß wir sehr verschieden waren, und das hatte ich all die Jahre auch getan. In gewisser Hinsicht stimmte es sogar: Gary war ein Mörder und ich nicht. Aber in Wahrheit waren wir an jenem Tag beide egoistische Monster, wild entschlossen, die eigenen Interessen rücksichtslos durchzusetzen, selbst wenn es für den anderen fatale Folgen haben würde.

Ich war bereit, Garys Hinrichtung mit allen erdenklichen Mitteln aufzuhalten. Ich redete mir ein, ich täte es aus edler Gesinnung, denn ich glaubte nicht an die Todesstrafe, und Garys Exekution würde deren Wiedereinführung beschleunigen. Doch hatte ich noch andere, weniger selbstlose Gründe. Ich wollte Gary nicht so sterben sehen, weil ich mir durch seinen Tod nicht mein eigenes Leben oder das meiner übrigen Familienmitglieder ruinieren lassen wollte. Ich wollte nicht mit dem Stigma leben müssen, Bruder eines Mannes zu sein, durch den in Amerika die Todesstrafe wieder Einzug hielt. Ich sagte mir, daß ich ein Recht auf Zukunftshoffnungen hätte, die sich aber wohl nie erfüllen würden, solange ich mit solcher Scham und Schande durch Blutsbande verbunden war. Ich wußte, daß viele mich an Garys Taten messen würden, und ich wollte nicht mitverurteilt werden. Ich hatte noch mein ganzes Leben vor mir.

Ich wollte deshalb meinen Willen durchsetzen, auch gegen meinen Bruder. Ich mußte einen Aufschub erreichen und die Hinrichtung dadurch womöglich um Jahre verzögern. Ich wußte, daß ich Gary damit um den von ihm provozierten Knalleffekt bringen würde. Schlimmer noch, ich verdammte ihn damit wahrscheinlich zu einer viel schlimmeren Strafe: zum Warten auf den langsamen Tod in der Hölle eines Gefängnisses. Doch wenn ich Gary nicht leiden ließ, würden wir anderen alle leiden müssen.

Obwohl ich hoffte, mit diesem Besuch meinem Bruder das Leben zu retten, kam ich mir an jenem Morgen deshalb absolut nicht wie ein guter Mensch vor. Nein, ich war kein guter Mensch, ich würde nie wieder einer sein. Der unausweichliche Sog meiner Blutsverwandtschaft hatte mir diese Chance versagt.

Als wir in Salt Lake City eintrafen, holte uns Richard Giauque im Rolls-Royce vom Flughafen ab. Er habe sich in letzter Minute den Wagen seines Partners borgen müssen, erklärte er entschuldigend. Auf der Fahrt nach Draper informierte uns Giauque, daß es möglich sei, einen Vollstreckungsaufschub zu erwirken, bis die Verfassungsmäßigkeit der Todesstrafe in Utah festgestellt wäre.

Der Wagen mußte an einem zentralen Kontrollturm der Strafanstalt von Draper anhalten, von wo aus uns ein Wachmann die schmale Straße zum Hochsicherheitstrakt passieren ließ, einem kleinen Gebäude, das mit einem weiteren Turm und zwei Stacheldrahtzäunen gesichert war. Man sagte uns, wir dürften einen anderthalbstündigen ungestörten Besuch machen. Gary stand immer noch unter strengstem Sicherheitsarrest und durfte eigentlich außer von seinen Anwälten überhaupt keinen Besuch empfangen. Dieser Verwandtenbesuch war eine Ausnahme. Man führte uns in einen von außen einsehbaren, dreieckigen Raum ohne Bewachung und teilte uns mit, bei dem Besuch sei auch Körperkontakt gestattet.

Dann kam Gary durch die Schiebetüren hereingeschlendert. Er trug die weiße Gefängniskluft und rot-weiß-blaue Turnschuhe, drehte einen Kamm zwischen den Fingern und grinste übers ganze Gesicht. Ich hatte so lange nur den grimmigen, kalten Ausdruck auf Fotos und in Filmen gesehen, daß ich ganz vergessen hatte, wie charmant er sein konnte. »Du siehst fit aus wie eh und je«, sagte er zu Frank, und zu mir: »Und du bist immer noch so mager.«

Dann rückte er die Bänke vor das Fenster des Aufseherraumes: »Damit die armen Idioten mich auch schön im Auge haben.«

In den ersten paar Minuten redeten wir über Belangloses, um uns an die Umgebung zu gewöhnen, bevor das unvermeidliche Thema angeschnitten wurde. Als wir Gary sagten, Robert Excell White, der in Texas in der Todeszelle saß und ungefähr zur gleichen Zeit wie Gary seine Hinrichtung verlangt hatte, habe beschlossen, um sein Leben zu kämpfen, verzog Gary das Gesicht und zuckte nur die Achseln: »Okay, er hat also 'nen Rückzieher gemacht. Aber mit mir hat das nichts zu tun. Wißt ihr, eine Zeitlang hatte ich richtige Schuldgefühle wegen der Sache mit der Todesstrafe, das war auch mit der Grund, warum ich mich umbringen wollte. Aber ich hab's satt, daß mir alle das Ding anhängen wollen. Ist mir doch egal, was mit den Vergewaltigern und Menschenschändern passiert. Von mir aus können sie die alle abknallen. Was mit mir passiert, betrifft die nicht; jeder Fall wird doch für sich entschieden.«

Ich schnitt das Thema Einspruch an, aber Gary ließ mich gar nicht erst ausreden. »Jetzt hör mal zu, ich will nicht, daß sich da jemand einmischt, irgendwelche humanitären Gruppen oder Anwälte wie dieser Amsterdam.« Er faßte mich am Kinn und sah mich scharf an. »Der hält sich da doch raus, oder? Na, hoffentlich.« Bevor ich etwas sagen konnte, ging die Schiebetür an der Besucherseite auf, und Onkel Vernon und Tante Ida kamen herein. Man hatte uns einen ungestörten Besuch zugesichert. Dies war wahrscheinlich unsere einzige Chance, Gary noch einmal zu sehen, und da saßen wir nun und hatten gerade mal eine Viertelstunde unseres Abschiedsbesuchs bei unserem Bruder hinter uns, als Onkel Vernon und Tante Ida hereinspaziert kamen wie zu einem Familientreffen – Onkel Vernon und Tante Ida, die das große Geld aus den Exklusivverträgen einstreichen würden, wenn sich Gary nächste Woche auf einen großen Holzstuhl setzte und sich von fünf Unbekannten mit Kugeln vollpumpen ließ! Ich war so wütend über ihr fröhliches, anbiederndes Grinsen, daß ich sie am liebsten gepackt und geschüttelt hätte.

Der Rest unseres Besuchs war eine Tortur. Die meiste Zeit redeten bloß noch Gary und Vernon. Sie sprachen über Leute, denen Gary Geld vererben wollte, und machten ab und zu einen makabren Witz. Vernon hatte eine Tasche mit grünen T-Shirts mit der Aufschrift GILMORE – TODESWUNSCH und einem aufgedruckten Foto von Gary dabei. Offensichtlich hatte einer der beiden die Hemden anfertigen lassen. Sie besprachen, ob Gary eines davon bei der Hinrichtung tragen sollte, das dann an den Meistbietenden versteigert werden könnte. Mir kam die Galle hoch. Nach anderthalb Stunden war der Besuch vorbei.

Beim Abschied bot Gary mir ein T-Shirt an. »Was soll ich denn damit, Gary?«

»Na ja«, sagte er gedehnt und lächelte, »ist ein bißchen groß für dich, aber ich glaube, da wächst du schon noch rein.« Ich nahm das Hemd an.

»Kann ich was für dich tun, solange du hier bist?« fragte Vernon. Ich bat ihn, ein Treffen mit Garys Anwälten Stanger und Moody sowie mit Larry Schiller für mich zu arrangieren.

Zurück in Salt Lake City beschloß ich, ein paar Tage zu bleiben und Gary noch einmal allein zu sprechen. Ich suchte Giauque in seiner Anwaltspraxis auf und erzählte ihm von meiner Unschlüssigkeit: einerseits sei ich strikt gegen die Todesstrafe, unabhängig von dem Verbrechen und dem Willen des Verurteilten, andererseits wolle ich aber auch auf keinen Fall etwas unternehmen, ohne Gary vorher rechtzeitig Bescheid zu sagen. Ich sagte, ich sei nicht bereit, Garys Leben zu retten, wenn ihm das am Ende nur den Anstoß zu einem letzten Selbstmordversuch gebe.

Ich fragte Giauque, ob er mir ein paar Journalisten nennen könne, die vor Ort über die Angelegenheit berichteten. Ich dachte mir, ein Reporter mit guten Verbindungen wäre vielleicht in der Lage, mir zu sagen, was hinter den Kulissen dieses komplizierten Dramas los war. Die meisten Namen, die er nannte – Journalisten wie Geraldo Rivera –, waren uninteressant. Doch dann erwähnte er Bill Moyers, Präsident Johnsons ehemaligen Presseberater, der außerdem als Schriftsteller und Journalist tätig war und vor dem ich höchsten Respekt hatte.

»Könnten Sie mich mit Moyers bekannt machen?« fragte ich.

Einige Stunden später saß ich mit Moyers in seinem Hotel beim Abendessen und ein paar sehr nötigen Drinks. Man merkte ihm deutlich an, daß er gewisse Skrupel hegte, über diese Geschichte zu berichten und daß er die Wiedereinführung der Todesstrafe in Amerika absolut nicht befürwortete. Er erklärte sich bereit, mir alles zu sagen, was er wußte, und gab mir die Zusicherung, nichts von meinen Angaben ohne meine vorherige Genehmigung in seinen Bericht einzubauen. Er riet mir zur Vorsicht, falls ich in den nächsten Tagen Ratschläge von Juristen, Geschäftsleuten oder Journalisten bekam. Ich sollte lieber versuchen, mit meinem eigenen Gewissen ins reine zu kommen und mit Gary im Gespräch eine Einigung zu erzielen. Nach all den Jahren bin ich heute noch davon überzeugt, daß Bill Moyers' freundliche Besorgnis wesentlich dazu beigetragen hat, daß ich damals nicht durchdrehte.

Am gleichen Abend um neun rief ich Vernon an und fragte, ob er das Treffen mit Moody und Stanger für mich vereinbart habe. Die Anwälte seien im Moment unabkömmlich, aber Schiller werde aus Los Angeles erwartet und habe sich bereit erklärt, mich um ein Uhr morgens im Salt Lake Hilton zu treffen. Ich war zwar etwas betrunken und ziemlich müde, wollte mir aber die Gelegenheit, Garys Hüter zu treffen, nicht entgehen lassen.

Ich hatte Schiller schon immer einmal kennenlernen wollen. Wegen seiner Interviews für Albert Goldmans berühmt-berüchtigte Lenny-Bruce-Biographie und die Art, wie er über Marilyn Monroe, Jack Ruby und die Sharon-Tate-Mörderin Susan Atkins berichtet hatte, ging ihm der Ruf voraus, Spezialist für Todesstorys zu sein. Ich hegte deshalb den Verdacht, er wolle diese Hinrichtung für seine eigenen Zwecke ausschlachten. Außerdem wußte ich, wenn ich in diesem Stadium mit Gary verhandeln wollte, käme ich um den Mann, dem Garys Story gehörte, nicht herum.

Wir unterhielten uns fast zwei Stunden miteinander. Jeder wollte vom anderen genau wissen, was ihn nach Utah geführt hatte und worin das Interesse an Gary bestand. Ich äußerte offen meine Bedenken gegenüber Garys Entscheidung und deren mögliche Konsequenzen, und Schiller reagierte verständnisvoll, gab mir aber nicht zu verstehen, ob er sie teilte. Schließlich stellte ich Schiller die unausweichliche Frage: War Gary für ihn als toter oder als lebendiger Mann mehr wert?

Er zögerte einen Augenblick und sagte dann: »Vor Jahren sollte ich während meiner Zeit als Nachrichtenfotograf einmal über ein Feuer berichten. Ein paar Feuerwehrleute holten gerade ein Opfer durch ein Fenster heraus, und ich mußte mich entscheiden, ob ich diese Szene fotografieren oder die Kamera weglegen und helfen sollte, einen Menschen in Sicherheit zu bringen. Ich beschloß, das Foto zu machen. Ich war der Meinung, als Journalist sei es meine Pflicht, das Ereignis festzuhalten. Um Ihre Frage zu beantworten: Meine Aufgabe ist es, Geschichte aufzuzeichnen, nicht, sie zu machen.«

Am Ende unseres Gesprächs war ich von Schillers Aufrichtigkeit sehr beeindruckt. Auch erkannte ich seine guten Absichten gegenüber den Bushnells und Jensens und glaubte ihm, als er mir versicherte, unsere Gespräche vertraulich zu behandeln. Er fuhr mich in mein Hotel zurück, und als ich aus seinem Mietwagen stieg, stellte er noch eine seltsame Frage.

»Wie heißen Sie eigentlich mit zweitem Vornamen?« wollte er wissen. Ich sagte es ihm. Er notierte sich den Namen und schrieb mir eine Telefonnummer auf einen Zettel. »Hier können Sie eine Nachricht für mich hinterlassen, falls Sie mich brauchen und mich hier im Hilton oder in Orem im Travelodge nicht erreichen. Aber geben Sie bitte Ihren zweiten Vornamen an, nicht den Familiennamen. Das ist die Nummer von Stangers Kanzlei. Sie brauchen ihm ja nicht zu verraten, wo Sie wohnen. Gary hat hier nicht gerade die besten Anwälte, andererseits habe ich sie ja auch nicht ausgesucht.«

Am darauffolgenden Nachmittag versuchte ich Frank in seinem Hotel zu erreichen, aber er war schon abgereist. Ich rief meine Mutter in Oregon an und fragte sie, ob Frank nach Hause gekommen sei, aber soviel sie wußte, hielt er sich noch in der Gegend von Salt Lake City auf. Diesmal würde ich Gary allein besuchen müssen.

Als ich meinen Namen in die Besucherliste des Gefängnisses eintrug, stellte ich fest, daß Moody und Stanger unmittelbar vor mir gekommen waren. Ich warf einen Blick zu der Telefonkabine hinüber und sah, daß sich die beiden gerade mit Gary unterhielten. Ich erklärte dem aufsichtführenden Wärter, ich wolle mit meinem Bruder allein sprechen. Er versprach, sein möglichstes zu tun, und führte mich in den gleichen dreieckigen Raum wie am Vortag. Ich setzte mich weit weg von der Telefonkabine in eine Ecke. Kurz darauf kam ein Aufseher herein und sagte zu Stanger, der oberste Wachoffizier wolle ihn einen Augenblick sprechen. Nachdem Stanger durch die Schiebegittertür verschwunden war, erkundigte sich Moody übers Telefon bei Gary, wie denn der Verwandtenbesuch verlaufen sei. Ich konnte die Antwort meines Bruders nicht verstehen. »Wissen Sie was, Gary«, fuhr Moody fort, »Schiller hat sich gestern nacht mit Ihrem Bruder im Hilton getroffen. Er meint, Mikal werde versuchen, die Exekution aufzuhalten.«

Ich traute meinen Ohren nicht. Ich setzte mich auf die Bank dicht neben der Telefonkabine. »Wußten Sie, daß Giauque Ihre Brüder gestern im Rolls-Royce herchauffiert hat?« Den nächsten Satz verstand ich nicht, nur so viel, daß darin das Hotel erwähnt wurde, in dem ich abgestiegen war.

Der Wärter kam wieder herein. »Mr. Moody, würden Sie kurz mitkommen?« Als er aufstand, um zu gehen, warf Moody mir einen kurzen Blick zu und sah dann gleich noch einmal genauer zu mir herüber. »Wer ist das?« hörte ich ihn draußen auf dem Korridor fragen. Ich mußte etwa eine halbe Stunde warten, bis Gary hereinkam. Er wirbelte eine Schottenmütze um den Finger und trug ein ärmelloses schwarzes Sweatshirt. Stanger und Moody standen hinter ihm. Gary machte uns bekannt. »Tut mir leid, daß wir uns unter diesen Umständen kennenlernen«, meinte Stanger, »aber rufen Sie uns doch an, wenn wir etwas für Sie tun können.« Ich nickte.

»Äh, schön, daß du noch mal kommst«, sagte Gary, als Moody und Stanger weg waren. Er setzte sich auf die Rückenlehne der Bank.

»Gary, ich will gleich Klartext reden. Ich habe gehört, was Stanger gesagt hat. Es ist wahr, ich habe mich gestern mit Schiller getroffen. Und ich glaube, ich werde einen Aufschub beantragen.«

Das Lächeln auf Garys Gesicht verflog; statt dessen sah ich den harten, grimmigen Blick, den ich von den Zeitungsfotos her kannte. »Stimmt es, daß Giauque euch gestern im Rolls-Royce hergefahren hat?« Schiller hatte mir am Abend zuvor dieselbe Frage gestellt. Der Rolls war offensichtlich zum Symbol einer machtvollen Einmischung von außen geworden, dabei war die Sache so banal. Ich erklärte es Gary. Er gab wütend zurück: »Amsterdam und Giauque sind zwei gottverdammte Arschficker, die dich bloß ausnützen wollen. Wieso mischen die sich da überhaupt ein? Weil sie gegen die Todesstrafe sind? Sind sie deswegen was Besonderes oder Heilige? Ich bin zum Tode verurteilt. Ist das vielleicht ein Witz? Ich will das nicht mit mir rumschleppen.«

Ich beschloß, einen Streit über Rechtsempfinden und Anwälte zu vermeiden. »Wenn du diesen Quatsch über Giauque und Amsterdam glaubst, na bitte«, erwiderte ich. »Aber mit uns hat das doch überhaupt nichts zu tun. Ich kann doch unabhängig von denen einen Aufschub erwirken oder erreichen, daß die Strafe umgewandelt wird.«

Gary schüttelte den Kopf. »Das geht nicht«, sagte er überzeugt. »Nicht mal, wenn ich wollte, könnte ich die Sache aufhalten.« Er hielt einen Augenblick inne. »Könntest du das wirklich?« Ich erwiderte, wahrscheinlich könne ich das. Gary stand auf und ging im Raum auf und ab.

»Die würden mich nie freilassen, Mann, ich war doch auch

schon viel zu lange im Knast. Mir bleibt doch gar nichts mehr übrig.« Er trat auf mich zu. »Ich habe zwei Menschen getötet. Ich will nicht den Rest meines Lebens im Knast zubringen. Wenn irgendein Arsch mich freikriegt, dann besorge ich mir eine Knarre und knalle ein paar von den verdammten Anwälten ab, die sich da eingemischt haben. Und zu dir sage ich dann: ›Siehst du, was du mit deinem Reingepfusche angerichtet hast? Bist du jetzt zufrieden?‹«

»Ihre Zeit ist um«, ließ sich eine Stimme aus der Aufseherecke vernehmen.

Gary versuchte, ein entspanntes Lächeln aufzusetzen. »Komm morgen wieder, dann reden wir noch mal drüber«, sagte er. Als ich in der Tür stand, rief er: »Wo warst du vor zehn Jahren, als ich dich gebraucht habe?« Auf der ganzen Rückfahrt nach Salt Lake City hallten diese Worte in meinem Kopf wider. Ich fühlte mich verunsichert und geknickt. Vor einer Stunde noch hatte ich geglaubt, es sei das einzig Richtige, für den Aufschub zu plädieren, sich für das Leben und gegen den Tod zu entscheiden. Aber ich konnte Gary die Entscheidung nicht abnehmen. Ich wollte verschwinden, mich in mein Innerstes verkriechen, in eine Leere, in der es keine Gewissensentscheidungen gab, und wo ich den Ausdruck in Garys Augen vergessen konnte.

Abends traf ich mich noch einmal mit Moyers zum Essen. Ich berichtete ihm von meinem Gespräch mit Gary. Nachdem er aufmerksam zugehört hatte, fragte mich Moyers, ob ich für ihn eine Möglichkeit sehen würde, Gary zu besuchen und mit ihm zu sprechen. Ich sagte ihm, daß Schiller den Exklusivvertrag mit meinem Bruder habe und kein anderer Journalist mit ihm sprechen könne. Moyers sagte, er sei bereit, mir sowie Gary und Schiller zuzusichern, daß er das Gespräch nicht zu journalistischen Zwecken nutzen werde. Er wolle es nicht aufzeichnen oder filmen und den Inhalt des Gesprächs auch nur mit ausdrücklicher Genehmigung der Beteiligten in seinem Bericht wiedergeben. Er habe sich eben gedacht, nachdem er und Gary beide in Texas geboren seien, gebe es vielleicht eine gemeinsame Gesprächsbasis. Außerdem könne er Gary ein paar philosophische Betrachtungen über seine Situation anbieten, die mein Bruder interessant, vielleicht sogar überzeugend finden werde. Ich vertraute Moyers und versprach ihm, mein möglichstes zu tun.

Abends machte ich einen ausgedehnten Spaziergang durch die kalten, schneebedeckten Straßen von Salt Lake City. In der Nähe des Mormonentempels stieß ich zufällig auf Frank. Zuerst sah er mich gar nicht. Die Hände in den Hosentaschen vergraben, lief er mit gesenktem Blick weiter. Ich rief ihn beim Namen.

Ich berichtete ihm von meinem Besuch bei Gary und von dem, was dort gesprochen worden war. Ich erzählte ihm, daß er Gary auch noch besuchen könne, entweder mit mir oder ohne mich. Die Beschränkung auf ein einmaliges Zusammentreffen habe man anscheinend vergessen.

»Nein«, sagte Frank, »ich kann nicht. Ich kann ihn nicht noch mal besuchen.« Und als daraufhin Tränen in seine Augen stiegen, drehte sich mein Bruder Frank um und verschwand in der kalten Nacht.

Fünfzehn Jahre später fuhren Frank und ich zusammen nach Salt Lake City, um alte Familienbeziehungen aufzufrischen und um besser zu verstehen, was damals geschehen war. Eines Nachmittags nahm Frank mich mit in den Liberty Park. Hierher waren Frank und Gary fast jeden Nachmittag zum Spielen gegangen, als wir noch klein waren und mit unseren Eltern in dem verhexten Haus wohnten. Hier hatten sie herumgetobt und den spießigen Mormonen dumme Streiche gespielt. Frank sagte, es seien wohl die glücklichsten Stunden gewesen, die sie je zusammen verbracht hätten. Das war kurz bevor Gary anfing, Sachen zu klauen und sie in der Garage zu verstecken – bevor ein schlechter Kerl aus ihm wurde.

An jenem Tag im Park erklärte mir Frank, warum er damals beschloß, Gary nicht mehr im Gefängnis zu besuchen. Nachdem er ihn gesehen habe, erzählte er, sei er in den Park gegangen, habe sich auf eine Bank gesetzt und lange über das, was geschehen war und was noch kommen würde, nachgedacht.

»Ich fand es furchtbar, was Gary getan hatte«, sagte Frank zu mir. »Aber ich finde es auch furchtbar, was man ihm angetan hat. Gary hatte einen Punkt erreicht, von dem es kein Zurück mehr gab. Er wollte bloß noch die Erlösung durch den Tod. Das ist ein Grund, warum ich ihn nicht mehr besucht habe. Ich wußte, er wollte den Tod wirklich, und das hat mich bedrückt. Diese Entscheidung schien er sogar richtig zu finden.

Bei unserem letzten Treffen war er plötzlich nicht mehr der niedergeschlagene Mann, den ich jahrelang in verschiedenen Gefängnissen besucht hatte. Er saß da, schnalzte mit den Fingern, lachte und machte Witze. Es war wie Weihnachten. Er hatte die perfekte Methode gefunden, das System zu besiegen, indem er es dazu zwang, ihn zu töten. Dann war er aus allem raus. Aus und vorbei. Ich bin sicher, er sah sich als Sieger. Die meisten von uns brächten das nicht fertig. Aber das war eben seine Vorstellung von Freiheit, und es war natürlich auch die einzige Freiheit, die ihm noch blieb. Darum habe ich mich rausgehalten. Ich wußte, daß du und Mom ihn retten wolltet, und das habe ich euch auch nie zum Vorwurf gemacht. Aber ich mußte mich da raushalten, sonst hätte ich mich schuldig gefühlt – wegen der Hölle, in der er sonst hätte leben müssen. Nur eines bedrückt mich an meiner Entscheidung: Gary hat wahrscheinlich gar nicht gewußt, daß ich ihn wirklich gemocht habe.«

Am nächsten Morgen, nachdem ich zufällig auf der Straße Frank begegnet war, rief ich Larry Schiller an. Ich erzählte ihm von Moodys Bemerkung, die ich mitgehört hatte, und drückte meine Enttäuschung darüber aus, daß etwas aus unserem angeblich vertraulichen Gespräch an andere weitergegeben worden war.

»Ich habe weder Moody noch Stanger von unserem Gespräch erzählt«, erwiderte er.

»Wem denn sonst?«

»Na ja, Ihrem Onkel Vernon habe ich einiges gesagt, aber nur, weil ich dachte, daß er Ihr wichtigster Anlaufpunkt hier sei und Sie mit ihm in Kontakt bleiben wollten. Vielleicht hat er Moody oder Stanger was weitererzählt, aber alles andere war Spekulation von den beiden.« Er entschuldigte sich, falls er mein Vertrauen miß-braucht habe, und gab mir zum Abschluß einen Rat: »Rufen Sie lieber nicht im Gefängnis an, bevor Sie rausfahren. Dort sickert so manches ziemlich schnell raus, und dann wissen eine Menge Leute – mich selbst eingeschlossen – auf die Minute genau, wann Sie den Hochsicherheitstrakt betreten.«

Als ich mich telefonisch erkundigte, erfuhr ich jedoch, daß Besuche im voraus genehmigt werden mußten. Ich vereinbarte einen Termin für den späten Nachmittag und setzte mich dann hin, um Gary einen langen Brief zu schreiben. Ich vergaß sonst leicht, was ich ihm sagen wollte, wenn ich ihm in seiner Wut gegenübersaß. Ich schrieb, egal, wie ich mich entscheiden würde, geschehe es aus Liebe. Es sei eine Sache ganz allein zwischen uns und habe nichts mit Gerichten oder der Presse zu tun. Ich sei der Meinung, daß Erlösung eher möglich sei, wenn man das Leben über den Tod stelle, und gestand auch, er habe mir mit seinen destruktiven An-wandlungen jahrelang Angst eingeflößt und mich verunsichert. Solange noch Zeit sei, wolle ich diese Schranke zwischen uns aufheben.

Es war der erste Nachmittag, an dem Gary offiziell Besuch emp-fangen durfte, was paradoxerweise hieß, daß ich mich mit ihm per Telefon unterhalten mußte. Nachdem er ihn kurz durchgesehen hatte, gab der Wärter Gary meinen Brief. Er las ihn in aller Ruhe, und als er fertig war, gelang ihm sogar ein Lächeln. »Gut formu-liert«, meinte er. »Kennst du dich bei Nietzsche aus? Er hat mal geschrieben, es komme eine Zeit, in der der Mensch über sich hinauswachsen müsse, um seiner Situation würdig entgegenzutre-ten. Das versuche ich gerade, Mikal ... Übrigens«, sagte er, plötz-lich das Thema wechselnd, »ich habe noch mal über das nachge-

dacht, was ich gestern zu dir gesagt habe, als ich gefragt habe: ›Wo
warst du denn?‹ Das war natürlich unfair von mir. Ich war ja kaum
da, als du klein warst. Ich hasse dich auch nicht, obwohl's in letzter
Zeit so ausgesehen hat. Du bist mein Bruder. Ich weiß, was das
heißt. Ich war oft sauer auf dich, aber gehaßt habe ich dich nie.«

Ich zwang mich, ihm die Frage zu stellen, die mich die letzten
Tage bewegt hatte: »Was würdest du machen, wenn ich versuche,
die Sache aufzuhalten?«

Er zuckte zusammen. »Ich will nicht, daß du das tust«, sagte er.

»Das ist keine Antwort auf meine Frage.«

»Bitte, tu's nicht.«

»Gary, was würdest du machen? Du hast bloß gesagt, du willst,
daß das Urteil vollstreckt wird. Was ist, wenn das Urteil umgewandelt wird?«

»Dann würde ich mich umbringen. Ich werde hier nämlich gar
nicht so streng bewacht, auch wenn sie dir was anderes sagen. Ich
hätte mich in den letzten zwei Wochen oft umbringen können,
aber das will ich gar nicht. Ich will, daß die ganze Sache auch was
Gutes hat, verstehst du? Wenn ich Selbstmord begehe, kann ich
nicht Organspender werden – für Leute, die mehr Recht auf Leben
haben als ich. Und mein ganzes Testament wäre anfechtbar...
Außerdem, wenn einer schon so dämlich ist, einen Mord zu begehen und sich erwischen zu lassen, dann soll er auch nicht jammern,
wenn er dafür bezahlen muß.«

Danach sprach Gary von der rauhen Wirklichkeit im Gefängnis,
von der Brutalität, die er dort beobachtet hatte oder an der er selbst
beteiligt gewesen war. Er habe unheimliche Angst vor einem Leben
im Gefängnis, sagte er. »Du kannst mein Urteil vielleicht umwan-
deln lassen, aber du mußt es ja nicht ausbaden oder dabeisein,
wenn ich mich umbringe.« Die Angst in seinem Blick flackerte
immer dann am heftigsten auf, wenn er über das Gefängnis sprach,
viel stärker, als wenn er über seinen bevorstehenden Tod redete:
»Ich glaube nicht, daß der Tod für mich was Neues ist oder mir
angst macht. Ich glaube, das kenne ich alles schon.«

Wir redeten stundenlang, das heißt, Gary redete. Ich hatte meinen Rückflug bereits verpaßt und vergessen, daß auf dem Parkplatz jemand auf mich wartete. Es war seit Jahren die erste echte Kommunikation zwischen uns, und keiner von beiden wollte das Gespräch unterbrechen. Gary bat mich, am nächsten Tag wiederzukommen, und ich fragte ihn, ob er bereit sei, sich mit Bill Moyers zu treffen, und zwar nur zu einem Gespräch, nicht für ein Interview. Gary sagte bereitwillig zu, vorausgesetzt, es würde nicht aufgezeichnet, denn er hatte ja eine Abmachung mit Schiller getroffen.

Schiller rief Moyers am gleichen Abend an, um ihm mitzuteilen, er solle sich jeglichen Kontakt mit Gary aus dem Kopf schlagen. Nicht ich, sondern Gary brachte das Thema am nächsten Tag, einem Freitag, zur Sprache. »Schiller will mich nicht mit deinem Freund sprechen lassen. Er will sich seine Exklusivrechte sichern. Der Scheißkerl führt sich manchmal auf, als würde ich ihm gehören, als könnte er mir alles vorschreiben. So was hat er schon mal gemacht, als ich meine Liebesbriefe an Nicole wieder zurückhaben wollte. Ich wollte den Mist nicht auch noch gedruckt sehen; bei den Zeichnungen war's mir eigentlich egal, aber die Briefe gingen doch keinen was an. Schiller hat sie gegen meinen Willen gelesen. Ich wollte ihn gleich feuern, hätte ich auch machen sollen, aber jetzt ist es zu spät, jemand anders zu finden. Allerdings könnte ich seine Anwesenheitserlaubnis für die Exekution rückgängig machen lassen.« Darauf erwiderte ich nichts. Ich wollte nicht auch noch in einen Zwist zwischen Gary und Schiller geraten.

Ich sagte Gary, ich müsse abends zurückfliegen, um den Rest des Wochenendes bei Mutter zu verbringen.

»Kannst du nicht noch einen Tag bleiben?« fragte er. »Ich will dich noch mal sehen, ich habe auch noch das Buch da, das Johnny Cash mir geschickt hat; ich möchte, daß du es Mutter gibst.«

Ich willigte ein, am nächsten Tag wiederzukommen, doch als ich ging, wollte er noch etwas sagen. »Du weißt ja, ich habe oft behauptet, es sei mir egal, was die Leute von mir halten, aber das stimmt nicht ganz. Ich mag's eben nicht, wenn sie sagen, ich sei schon nervös und so. Ich habe es keinem gesagt, aber ich weiß nicht, wie das am Montag wird. Vielleicht brauche ich Schiller doch, damit ich cool bleibe... Ich weiß, du nimmst mir das nicht ab, aber ich wollte wirklich nicht, daß da so ein Tamtam drum gemacht wird. Ich hätte nie gedacht, daß es Bücher gibt und Filme, höchstens vielleicht ein paar Zeitungsartikel.«

Wir drückten die Hände an die Scheibe zwischen uns und sagten uns Lebewohl.

Man muß sich einmal die unsäglichen Hürden vorstellen, die innerlich zu überwinden sind, wenn man mit einem Menschen über dessen eigenen Tod diskutiert. Zugegeben, Garys Entscheidung war logisch und folgerichtig, doch das änderte nichts an meinem Wunsch, ihn am Leben zu erhalten. Aber genausowenig kann man eine geliebte Person, die einen nicht mehr liebt, überreden, einen trotzdem zu lieben; man weiß schon, während man sie zu überzeugen versucht, daß man den Kampf verloren hat.

Wenn man mit jemandem streitet, der unbedingt sterben will, weiß man auf einmal, daß es, wenn man diesmal verliert, nie wieder Gelegenheit zu einem Streit geben wird und daß man diesen Menschen zum letztenmal sieht. Ich konnte nicht fassen, daß ich mich nun an diesem Punkt befand. Der Tod ist etwas, mit dem wir fast nie streiten können: Man kann mit der Krankheit nicht streiten, die einen lieben Menschen oder einen selbst hinwegrafft, auch nicht mit einem tödlichen Autounfall oder dem Mörder, der ohne Vorwarnung ein Leben auslöscht. Aber mit einem Menschen, der sterben *will*, ist es anders. Als ich mit Gary stritt, stritt ich gleichzeitig mit dem Tod selbst, aber ich verstand, daß ich nicht gewinnen konnte. Und ich fürchtete mich zugleich vor der Erkenntnis, daß Garys Selbstopferung sich am Ende vielleicht als das einzig Sinnvolle erwies.

Ich sprach noch am selben Tag mit Giauque und teilte ihm mit, daß ich mich gegen eine Intervention entschieden hatte. Ihm das zu sagen fiel mir fast so schwer, wie die Entscheidung selbst. Ich hätte einen Aufschub erbitten, die nötigen Papiere unterschreiben und mit dem Gefühl, die moralisch richtige Entscheidung getroffen zu haben, wieder nach Hause fahren können. Aber ich mußte die Konsequenzen dieser Entscheidung ja nicht tragen, sondern Gary.

In jener Woche führte ich mehrere wichtige Gespräche mit Bill Moyers, bei denen er einmal sagte, wenn wir die Wahl zwischen Leben und Tod hätten und uns gegen das Leben entschieden, dann entschieden wir uns gegen die Menschlichkeit. Auf einmal sah alles so klar aus. Ich rang mit mir und erkannte schließlich, daß ich nicht gegen Garys Willen über sein Leben entscheiden konnte. Er hatte sich bereits eine Art von Sühne zurechtgelegt. Er wollte den Tod als einen Akt der Erlösung, als seine endgültige Freilassung. Für Gary bestand die größte Paradoxie in der Tatsache, daß das Rechtssystem – das in seinen Augen immer darauf aus gewesen war, ihn unterzukriegen – ihn am Ende zu retten versuchte, als er gar keine Rettung mehr wollte. Um das System zu besiegen, mußte er alles verlieren – alles außer seiner persönlichen, unerschütterlichen Auffassung von Würde.

Dem konnte ich nichts entgegensetzen, ich konnte es auch nicht ändern und ihm seine Bürde abnehmen.

Am Samstag, dem 15. Januar, besuchte ich Gary zum letztenmal. Inzwischen hatten sich überall in Draper Kamerateams postiert und warteten auf das Finale.

Bei unseren anderen Treffen in jener Woche hatte Gary zur Begrüßung jedesmal ein paar launige Bemerkungen oder einen Witz gemacht, einmal sogar einen Handstand. An dem Tag jedoch wirkte er, obwohl er es abstritt, ziemlich nervös. »Ach nein, der Krach hier geht mir eben manchmal auf den Wecker, aber sonst bin ich ganz cool«, sagte er und hob gelassen den Arm. Doch die Muskeln an seinen Handgelenken und Armen waren angespannt und hart.

Dann zeigte mir Gary ein paar Briefe und Fotos, die ihm vor

allem Kinder und junge Mädchen geschickt hatten. Er sagte, die Post von Kindern würde er immer zuerst beantworten, und las mir den Brief eines angeblich achtjährigen Jungen vor: »Hoffentlich werden Sie eingelocht und leben ewig für das, was Sie getan haben. Sie haben kein Recht zu sterben. In aller Bosheit, (Name).«

»Mann, der hat mir ziemlich zugesetzt«, sagte er.

Ich fragte, ob er ihn beantwortet habe. »Ja, ich habe geschrieben: ›Du bist noch zu jung, um Bosheit in dir zu haben. Ich hatte sie, als ich jung war, und du siehst ja, was draus geworden ist.‹«

Er bat einen Aufseher, ihm das Buch zu bringen, das Johnny Cash geschickt hatte. Es war seine Autobiographie *Der Mann in Schwarz*; Gary wollte, daß es unsere Mutter bekam.

»Ich will dir unbedingt was schenken oder was vererben. Wie wär's mit ein bißchen Geld? Geld braucht doch jeder.« Ich lehnte ab und meinte, er solle es lieber den Bushnells und Jensens geben. »Was ich diesen Leuten angetan habe, kann man nicht mit Geld wiedergutmachen«, sagte er und schüttelte den Kopf.

Sein Blick glitt unruhig über die Briefe und Fotos, die vor ihm ausgebreitet lagen, und blieb schließlich an einem Bild hängen. Er lächelte, als er es hochhob. Es war ein Foto von Nicole. »Sie ist hübsch, was?« Ich stimmte ihm zu. »Ich sehe mir das Foto jeden Tag an. Das habe ich selbst aufgenommen; nach dem Foto habe ich auch die Zeichnung gemacht. Willst du's haben?«

Ich sagte, daß ich es sehr gern haben würde.

Schließlich lag mir noch eine Frage auf der Zunge. »Gary, erinnerst du dich noch an den Abend, als sie dich festgenommen haben und du gerade auf dem Weg zum Flughafen warst? Wohin wärst du geflogen, wenn du's geschafft hättest?«

»Äh, nach Portland.«

»Aber du konntest dir doch denken, daß sie dich dort zuerst gesucht hätten. Warum ausgerechnet dorthin?«

Einen Augenblick betrachtete Gary eingehend das Regalbrett vor sich. »Über den Abend will ich eigentlich nicht mehr sprechen«, sagte er. »Es hat doch keinen Sinn mehr, darüber zu reden.«

»Bitte, Gary, ich will's aber wissen: Was hättest du in Portland gemacht?«

»Mikal, hör auf.«

»Bitte. Ich muß es wissen. Was hättest du getan? Wärst du zu mir gekommen?«

Wieder nickte er.

»Und...?«

Er seufzte und sah mir direkt ins Gesicht, und ganz kurz flakkerte der alte Zorn in seinem Blick wieder auf. »Was hättest *du* denn gemacht, wenn ich zu dir gekommen wäre?« fragte er. »Wenn ich gesagt hätte: ›Ich habe Ärger und brauche Hilfe, ich suche einen Unterschlupf.‹ Hättest *du* mich aufgenommen? Hättest du mich versteckt?«

Ich konnte nicht antworten. Das Gespräch hatte eine für mich unbequeme und beschämende Wendung genommen. Gary saß still da und sah mich lange unverwandt an, dann sagte er ruhig: »Ich glaube, ich wollte dich umbringen. Ich glaube, so weit wäre es gekommen; vielleicht hätte es keine andere Wahl gegeben, nicht für dich und auch nicht für mich.« Sein Blick wurde weicher, und er lächelte mich zärtlich an, ein Lächeln voller Trauer über unsere zerstörte Vergangenheit. »Weißt du, warum?« fragte er.

Ich nickte nur. Natürlich wußte ich, warum: Ich war der Familie entkommen – das glaubte ich wenigstens –, aber Gary nicht.

In dem Moment stieg eine schreckliche Gewißheit in mir hoch. Ich begriff, daß Gary recht hatte; ich begriff, daß die Vergangenheit mir den Tod hätte bringen können. Ich spürte, daß ich dem nur knapp entronnen war. Und deshalb fühlte ich nun nicht bloß Angst, sondern auch Erleichterung: Jensens und Bushnells Tod und Garys bevorstehender Tod bedeuteten meine eigene Sicherheit. Doch kaum war mir dieser Gedanke gekommen, mischten sich Schuldgefühle und auch Reue in meine Erleichterung.

In diesem Augenblick fühlte ich mich seltsamerweise Gary näher als je zuvor. Nur eine einzige Sekunde lang begriff ich vollkommen, weshalb er sterben wollte.

In dem Moment kam Gefängnisdirektor Samuel Smith in Garys Kabine. Sie besprachen, ob Gary am Montag morgen eine Kapuze tragen sollte. Ich legte den Hörer hin. Minuten vergingen. Als ich den Hörer wieder aufnahm, sagte Smith gerade zu Gary, man habe Schiller nicht gestattet, ihn in den letzten Stunden vor der Hinrichtung noch zu sehen.

Ich klopfte an die Scheibe. Da ich bald gehen mußte, bat ich den Direktor, Gary ein letztes Mal die Hand schütteln zu dürfen. Smith lehnte zunächst ab, doch nachdem Gary erklärt hatte, es sei unser letztes Treffen, ließ er sich umstimmen – unter der Bedingung, daß ich eine Leibesvisitation über mich ergehen ließ. Ich willigte ein. Nachdem ich von zwei Aufsehern durchsucht worden war, führte man Gary herein. Ich mußte meinen Ärmel bis über den Ellbogen hochkrempeln, und man sagte uns, wir dürften uns außer zu einem Handschlag nicht berühren. Gary ergriff meine Hand, drückte sie fest und sagte: »Also, das wär's dann wohl.« Er beugte sich vor und küßte mich auf die Wange. »Bis zum Wiedersehen in der großen Finsternis.«

Ich wandte mich ab. Ich wußte, daß ich die Tränen nicht zurückhalten konnte, und das sollte er lieber nicht sehen. »Alles okay?« fragte er. Ich biß mir auf die Lippen und nickte. Einer der Wärter gab mir das Buch und das Foto von Nicole und begleitete mich an die Gittertür. Gary sah mir nach, als ich durchging. »Alles Liebe an Mom«, rief er. »Und nimm ein bißchen zu, du bist ja immer noch so dünn!«

Der Wärter führte mich durch die beiden Gittertore und klopfte mir zum Abschied auf den Rücken. »Kopf hoch, Junge«, sagte er.

Ich kehrte nach Hause zurück und überließ Gary seinem Schicksal. Am Vorabend von Garys Hinrichtung besuchte ich meine Mutter und Frank. Ich hatte kurz vorher im Gefängnis angerufen und vereinbart, daß wir noch ein letztes Telefongespräch miteinander führen konnten. Seine letzten Worte an meine Mutter lauteten: »Nicht weinen, Mom. Ich liebe dich. Ich will, daß das Leben für dich weitergeht.« Und ihre letzten Worte an ihn waren: »Gary, ich werde morgen ganz tapfer für dich sein, aber eins weiß ich jetzt schon, ich werde nie aufhören können zu weinen. Ich werde jeden Tag weinen, solange ich lebe.«

Sie übergab mir den Hörer. Gary erzählte, er habe gerade vorher mit seinem größten Idol gesprochen, mit Johnny Cash. Ich wollte wissen, was Cash gesagt hatte. »Ich habe abgehoben und gefragt: ›Ist dort der *echte* Johnny Cash?‹ Und er sagte: ›Ja, der ist es.‹ Und ich sagte: ›Okay, und hier ist der echte Gary Gilmore.‹«

Dann sagte Gary, er müsse jetzt Schluß machen. »Du fehlst mir, Gary«, sagte ich. »Wir sind alle stolz auf dich.«

»Stolz braucht ihr nicht zu sein«, sagte er. »Auf was soll man da stolz sein? Ich werde erschossen, für etwas, das nie hätte passieren dürfen.«

Das waren unsere Abschiedsworte.

Am Montag morgen, dem 17. Januar, trat Gary in der Lagerhalle einer Konservenfabrik hinter dem Staatsgefängnis von Utah seinem Exekutionskommando gegenüber. Ich war mit meiner Mutter, meinem Bruder und meiner Freundin zusammen, als es geschah. Nur ein paar Augenblicke zuvor hatten wir in der Morgenzeitung die Überschrift HINRICHTUNG AUFGESCHOBEN gelesen und den Fernseher eingeschaltet, um mehr zu erfahren. In den Frühnachrichten brachten sie jedoch im Rahmen einer Pressekonferenz die Nachricht, daß Gary tot war.

Es gab keine Möglichkeit, sich gegen dieses letzte Auf und Ab der Emotionen zu wehren. Erst zwingst du dich, mit der furchtbaren Gewißheit fertig zu werden, daß ein geliebter Mensch sterben muß. Du weißt sogar genau, wie, wann und wo das passieren wird. Du bist dir nicht nur darüber klar, daß du überhaupt nichts daran ändern kannst, sondern auch, daß du den Rest deines Lebens in einer Welt verbringen mußt, die diesen Tod gewollt hat. Tagtäglich wirst du Leuten begegnen, die sich über die Tötung eines deiner Angehörigen gefreut haben – eines Menschen, der emotional selbst schon längst zur Strecke gebracht worden war. Du wirst in dieser Welt leben und sie entweder hassen oder dich mit ihr versöhnen müssen, weil es für dich die einzig verfügbare Welt ist.

Und im nächsten Moment siehst du dann eine Schlagzeile, die eine mögliche Begnadigung andeutet. Vielleicht nimmt ja ein Gericht sich der Sache an und macht diesem Alptraum ein Ende. Vielleicht werden sie es nicht zulassen, daß die Todesstrafe in diesem Fall so rasch zur Anwendung kommt, und vielleicht reicht das aus, um all den Wahnsinn aufzuhalten. Vielleicht bedeutet es nicht nur einen Aufschub für Gary und seinen unbeugsamen Todeswillen, sondern auch eine Atempause für die übrigen Mitglieder seiner Familie. Vielleicht würden wir doch nicht in einer Welt leben müssen, die einen von uns ohne Zögern umgebracht hat.

Und kaum hast du dir selbst diese gewagte Hoffnung gestattet, da schaltest du den Fernseher ein und siehst Larry Schiller, der als einziger Journalist bei der Erschießung anwesend sein durfte. Er beschreibt dir, wie der Gefängnisdirektor Gary eine schwarze Kapuze über den Kopf stülpte und ihm ein kleines rundes Stoffstück als Zielmarkierung an die Brust heftete und wie fünf Männer dieses Ziel dann mit einer Kugelsalve vollpumpten. Er beschreibt dir, wie das Blut aus Garys zerfetztem Herzen über seinen Oberkörper und an den Beinen hinunterfloß, seine weißen Hosen dunkelrot färbte und auf den Boden der Lagerhalle tropfte. Er beschreibt dir, wie Garys Arm im Augenblick des Getroffenwerdens langsam hochging, daß seine Finger aussahen, als winkten sie, als gäben sie ein Zeichen des Abschieds, während er sein Leben aushauchte, als versuchte er, seinem schweren Schicksal einen letzten, freundlichen Gruß zu entbieten.

Das Grauenvolle war also bereits geschehen, und du weißt, daß du mit allen Einzelheiten dieses Grauens immer wirst leben müssen.

All das ging mir durch den Kopf, und als ich mich zu meiner Mutter umdrehte, sah ich, wie sich ihr Gesicht plötzlich verzerrte, und ich hörte sie aufschreien.

Nach der Hinrichtung meines Bruders kam es in ganz Utah zu öffentlichen Protesten gegen die von vielen (darunter einige Befürworter der Todesstrafe) als unnötig blutig kritisierte Form der Exekution. Weshalb solle man derartig grausame Praktiken beibehalten, argumentierten die Reformkräfte, wenn eine wachsende Zahl von Bundesstaaten für die vergleichsweise »humane« Methode optiere, den Verurteilten durch eine Giftspritze hinzurichten? Es gelang dem Gesetzgeber von Utah mit einem schlauen Trick, sowohl den herrschenden lokalen Sitten als auch den Forderungen der Reformer Rechnung zu tragen. Ab 1980 wollte man auf die Hinrichtung durch den Strang – neben dem Erschießen die andere brutale »Wildwestmethode« – verzichten, und statt dessen bot man nun in Utah als Alternative die Giftspritze an. Trotzdem behielt der Staat, angeblich aufgrund von massivem Druck einiger Hinterbänkler aus kirchlichen Kreisen, die Erschießung als Option bei, falls der Verurteilte wünscht, daß sein Blut vergossen wird, um Erlösung zu finden. Seither hat niemand mehr den Tod durch Erschießen gewählt, und es wird wahrscheinlich auch kaum ein Verurteilter mehr tun. Gary Gilmore war wohl der letzte Todeskandidat in Amerika, der durch ein Erschießungskommando hingerichtet wurde, und der letzte, der die mormonische Idee der Blutsühne mit Hilfe der Gerichte verwirklichte.

Jahre nach Garys Hinrichtung sollte ich erfahren, was seine letzten Worte waren. Sie raubten mir den Atem, als ich sie zum erstenmal hörte, und sie lassen mich bis heute nicht los. Gary Gilmores letzte Worte, bevor ihn die Kugeln niederstreckten, waren: »Es wird immer einen Vater geben.«

Sechster Teil

Tal der Tränen

Bring mich dahin
Wohin ich gehöre
Wo man Herzen bricht
Mit einem Kuß und einem Lied
Bis ans Ende meiner Tage
Will ich sorglos leben
Wo mich alle verstehen
Im Tal der Tränen

Zärtliche Worte wurden gesprochen
So süß und so leise
Doch ich hab' mich entschieden
Will der Liebe entsagen
Bis ans Ende meiner Tage
Will ich sorglos leben
Wo mich alle verstehen
Im Tal der Tränen

Fats Domino und Dave Bartholomew,
Valley of Tears

Das Ende einer Familie

Kurz nach Garys Hinrichtung schrieb ich für das Magazin *Rolling Stone* einen Artikel über das Ereignis. Ich dachte mir, alles würde vielleicht erträglicher werden, wenn ich darüber schriebe. Unser Familienleben war über Nacht in einer Art offengelegt worden, die wir uns nie hätten vorstellen können. Ein alptraumhaftes Vierteljahr lang waren unsere Vergangenheit, unsere Sünden und Verfehlungen zum allgemeinen Gesprächsthema geworden. Sich dem zu entziehen war unmöglich, und ich glaube, daß das Schreiben über Garys Tod mir damals half, den Verstand nicht zu verlieren. Doch das Unternehmen hatte seinen Preis. Ich offenbarte dadurch natürlich meine Identität. Nun wußten die Leute, daß ich Garys Bruder war, und ich mußte mich einer Menge Kommentare und Fragen stellen.

Irgendwann beschloß ich dann, daß es mit dem ständigen Druck meiner Familie und den ganzen Aufregungen genug sei, und ich floh aus Portland nach Los Angeles, wo ein Job bei *Rolling Stone* auf mich wartete. Frank wohnte weiterhin mit meiner Mutter in dem schäbigen Wohnwagen in Oak Grove, Oregon.

Das Leben in Los Angeles war zuerst nicht einfach. Ich trank jeden Abend fast einen halben Liter Whiskey und nahm regelmäßig Dalmane, ein Schlafmittel, das das Traumleben einschränkt oder es mir zumindest erschwerte, mich an meine Träume zu erinnern. Ich leistete mir auch andere Fehltritte: Zwar lebte ich noch mit Andrea zusammen, hatte aber auch Beziehungen zu anderen Frauen. Außerdem lief das Schreiben fast ein halbes Jahr lang ziemlich beschissen. Ich hatte keine Ahnung, was ich eigentlich sagen wollte und wie ich mich ausdrücken sollte; mir war gar nicht mehr klar, ob die Dinge es überhaupt wert waren, daß man darüber schrieb. Ich wußte nicht mehr genau, wie man Wörter zusammenfügte, damit sie einen Sinn ergaben. Die Herausgeber von *Rolling Stone* waren so nett, mich als Mitarbeiter zu behalten, und hatten Geduld mit mir. Sie verstanden wohl, daß ich traumatisiert war und wahrscheinlich einige Zeit brauchen würde, um mich zu erholen.

Anstatt zu schreiben, las ich Unmengen von knallharten Krimis – insbesondere die Romane von Ross Macdonald, in denen der Autor Mordfälle in komplizierte Familiengeschichten verpackt. Ich verbrachte auch viele Nächte in den düsteren Gefilden des Punk Rock. Mir gefiel die Art, wie diese Musik den Hörern die Realität einer unbarmherzigen Welt darzustellen versuchte. Einer der besten Songs damals stammte von der britischen Gruppe The Adverts. Er trug den Titel »Gary Gilmore's Eyes«. Wie es wohl wäre, hieß es in dem Song, die Welt durch Gary Gilmores tote Augen zu sehen?

Überall mußte ich mich gegen Garys traurige Berühmtheit behaupten. In den ersten Monaten in L. A. – und auch noch während der nächsten Jahre – fragten mich die Leute oft nach meinem Bruder. Ich traf Männer, die wissen wollten, wie Gary gewesen war – Männer, die seine vermeintliche Tollkühnheit, seine Härte bewunderten. Und ich begegnete Frauen, die mit mir schlafen wollten, weil ich ihm nahegewesen war. Solchen Leuten ging ich aus dem Weg; mit der Tatsache, Garys Bruder zu sein, konnte ich leben, aber ich weigerte mich, einer seiner Fans zu werden.

Ich begegnete auch Frauen, die mich nie wiedersehen wollten und meine Anrufe nicht erwiderten, sobald sie erfuhren, wer mein Bruder war. Und ich bekam Briefe von Unbekannten, die meinten, ich habe kein Recht auf meinen Job, nämlich für junge Menschen zu schreiben, weil ich mit einem Mörder verwandt sei. Ich bekam auch Briefe von Leuten, die der Ansicht waren, man hätte mich gleich zusammen mit meinem Bruder erschießen sollen.

Es verging kein Vierteljahr ohne irgendeine Erinnerung an das, was geschehen war. 1970 wurde Norman Mailers Buch *Gnadenlos. Das Lied vom Henker* veröffentlicht. Inzwischen hatten Andrea und ich uns getrennt, und ich lebte mit einer anderen Frau, an der ich sehr hing. Während sie das Buch las, konnte ich sehen, wie sie sich allmählich zu fragen begann, mit wem sie da eigentlich schlief und was damit in ihr Leben getreten war. Eines Abends, nachdem das Buch schon ein paar Monate auf dem Markt war, sahen wir uns im Fernsehen eine Show an. Eric Idle war Gastgeber und führte gerade ein paar Sketche vor, in denen er bekannte Persönlichkeiten durch den Kakao zog. Plötzlich band er sich eine Augenbinde um und verkündete lachend, wen er imitiere: »Gary Gilmore!« Ich starrte auf den Bildschirm. Dann ging ich hinaus, um mir ein Glas Whiskey einzuschenken. Später begannen meine Freundin und ich eine schwierige Unterredung. Sie sagte mir, daß sie mich verlassen werde, und innerhalb einer Woche war sie verschwunden. Fairerweise muß ich hinzufügen, daß sie mir später erklärte, es habe nichts mit Gary zu tun gehabt, sondern mit mir.

Das war sicher richtig, denn wir hatten schon länger gestritten und beide viele Fehler gemacht. Aber damals kam es mir so vor, als ob alles, was schiefging, damit verbunden war, welche Schande meine Familie über mich gebracht hatte. Fast täglich wurde ich damals gefragt: »Sie waren doch Gary Gilmores jüngerer Bruder, nicht wahr? Wie war das für Sie, daß er so sterben mußte?«

Ich war mir nie sicher, wie ich diese Frage beantworten sollte. Ich glaube, am liebsten hätte ich gesagt: »Ich weiß gar nicht mehr genau, wie es war.« Die Gefühle und auch die Erinnerungen an die Einzelheiten des Geschehens gehörten mir gar nicht mehr selbst.

Jahrelang versuchte ich, höflich oder gleichgültig auf solche Fragen zu reagieren. Ich ließ mir alle möglichen Kommentare von Leuten gefallen, deren Intelligenz und Anstand zu plumpen Bemerkungen und Witzen eigentlich nicht paßten, und zuckte dabei jedesmal innerlich zusammen. Ich dachte, niemand würde je vergessen oder mir verzeihen, daß ich der Bruder eines toten Killers war. Ich erfuhr auch, wie es ist, als Hinterbliebener einen Teil der Last und des Erbes der Strafe auf sich zu nehmen. Gary Gilmore konnten sie nicht mehr beleidigen oder verletzen, aber da ich sein Bruder war, nahmen sie mich als Zielscheibe. Es schien, als müßte jeder, der aus einer Familie stammt, die einen Mörder hervorgebracht hat, von dem gleichen Bösen geprägt sein. Es war, als läge schon in der bloßen Tatsache der Verwandtschaft eine Schuld.

Ich erkannte allmählich, daß Gary für viele Leute etwas anderes bedeutete als für mich – für manche vielleicht sogar mehr. Vielleicht war er ein Zeichen für Macht, Heldentum oder Abscheu oder ein rühmliches Beispiel oder sogar jemand, den man bemitleiden oder für die eigene Sache vereinnahmen konnte. Er war für sie durch mich jedenfalls anscheinend erreichbar, und ich wußte wohl, daß ihnen an mir eigentlich nichts lag. Ich war nicht berühmt, und ich war nicht der Verbrecher; ich war die Ersatzzielscheibe für ihre tadelnde Kritik oder ihre Faszination. Manchmal beides zugleich, da viele Menschen Verachtung für den Killer zur Schau tragen, den sie insgeheim bewundern oder beneiden.

Es gab damals Tage, an denen ich die ganze Welt hätte umbringen können. In den Momenten war ich wahrscheinlich in jeder Hinsicht genauso wie mein Bruder, außer in einer: Er war so kaputt, daß er abdrückte, ich tat es nicht.

Wieder einmal hatte ich die Alltagswelt meiner Familie hinter mir gelassen. Zwar besuchte ich meine Mutter ein paarmal im Jahr in Oak Grove, aber es war jedesmal bedrückend. Mittlerweile sprach sie über nichts anderes mehr als über die Vergangenheit, und ihr körperlicher Zustand war miserabel. Nach Garys Tod weigerte sie sich, ihren Wohnwagen zu verlassen, und mein Bruder Frank und ich konnten sie nicht dazu überreden, einen Arzt aufzusuchen. Sie lebte ganz zurückgezogen als Krüppel in einem düsteren, verrammelten, schmutzigen Loch. Wenn ich sie besuchte, fühlte ich mich eingeengt. Man konnte kaum atmen; überall lauerten böse Erinnerungen und düstere Vorahnungen.

Ich weiß, daß einige Leute versuchten, mit ihr Kontakt aufzunehmen. Ein paar Mitglieder der Mormonengemeinde kamen vorbei, um ihr Beileid auszusprechen und Hilfe anzubieten, doch sie wies sie ab. Sie saß in ihrem verriegelten Wohnwagen und schrie durch die geschlossene Tür die Besucher an. »Was habt *ihr* denn getan, um ihn zu retten?« brüllte sie. »Jetzt kommt bloß nicht daher und sagt, daß es euch leid tut und daß ihr wißt, wie mir zumute ist. Ihr wißt *nicht*, wie mir zumute ist.«

Dann wieder blieb sie still sitzen, wenn es klopfte, und rührte sich nicht und machte auch nicht auf. Das war schon früher so gewesen, als wir noch in der Oatfield Road wohnten. »Wenn man dem Unheil die Tür nicht aufmacht«, höre ich sie noch sagen, »dann kann es einem auch nichts anhaben.« Meine Mutter hatte nicht vor, außer ihren Söhnen überhaupt noch jemandem die Tür aufzumachen.

Sie hatte auch guten Grund für ihr Verschanzen. Es war nicht schwer herauszukriegen, wo sie wohnte, und manchmal spätabends, wenn die Bars dichtgemacht hatten, saß sie in der Küche im Dunkeln und hörte, wie draußen ein Auto vorfuhr. Dann hörte sie Stimmen, Geflüster, Lachen, Flüche, Drohungen. Manche Leute riefen gemeines Zeug, manche bewarfen den Wohnwagen mit Flaschen. Und sie saß reglos im Dunkeln, wohl wissend, daß die Welt da draußen erbarmungslos war.

Ich weiß, daß meine Mutter während ihrer letzten Lebensjahre sehr unter meiner Abwesenheit litt. Das erzählte mir Grace McGinnis, die inzwischen wieder regelmäßig mit meiner Mutter telefonierte. Ich weiß es auch, weil meine Mutter in einem der Tonbandinterviews, die Larry Schiller und Norman Mailer mir geliehen haben, zu Mailer sagte: »Mikal fehlt mir. Wenn er doch wieder hier in die Gegend ziehen würde. Er ruft auch kaum noch an, und wenn, dann wirkt er so reserviert, so verdammt höflich. Er behandelt mich, als hätte er Angst, mich anzufassen.«

Sie hatte recht. Ich rannte weg. Ich konnte ihr nicht helfen. Ich konnte auch nicht dastehen und mitansehen, wie sie starb. Ich wollte so weit weg von meiner Familie sein wie möglich.

Wenn sie jetzt noch da wäre, würde ich sie jeden Tag anrufen oder besuchen. Ich würde sie alles mögliche fragen. Ich würde ihr sagen, wie sehr ich sie liebe für das, was sie durchgemacht hat, und dafür, daß sie versucht hat, mich zu retten.

Aber sie ist nicht mehr da – mir bleiben nur die alten Fotos und ein paar Tonbänder mit ihrer Stimme.

Im Dezember 1980 wurde der ehemalige Bandleader der Beatles in New York City beim Betreten seines Apartments erschossen. Nachdem ich es in den Nachrichten gehört hatte, ging ich zu Jim Henke, einem Freund von mir, der auch mein Chefredakteur bei *Rolling Stone* war. Wir sahen uns die Fernsehberichte an und redeten bis spät nach Mitternacht. Es war schwer zu begreifen, daß John Lennon, der unser Leben so unendlich bereichert hatte, auf diese Weise zu Tode kommen mußte. Es war, als sei ein Teil unserer Vergangenheit durch die Bluttat verzerrt, ruiniert und zerstört worden.

Am Tag nach John Lennons Ermordung rief mich meine Mutter in Los Angeles an. »Ich wollte hören, wie es dir geht«, sagte sie. »Ich weiß, daß du diesen Mann sehr liebgehabt hast. Ich weiß, daß es dir weh tut.«

Sie war ein bemerkenswerter Mensch. Das war mir selbst dann klar, wenn ich so weit wie möglich von ihr entfernt sein wollte. Meine Mutter wußte, was es bedeutete, einen Verlust zu erleiden, und als ich damals mit ihr telefonierte, gelang mir, was ich sonst bei niemandem konnte: Ich weinte über John Lennons Ermordung und meine verlorene Jugend.

Am Ende unseres Gesprächs machte meine Mutter einen Vorschlag. Genaugenommen war es wohl eher eine Bitte. »Komm doch zu Weihnachten nach Hause!« meinte sie. »Ich habe dich schon so lange nicht mehr gesehen. Manchmal kommt es mir so vor, als wären wir gar keine richtige Familie mehr. Seit Gary tot ist, schaffen wir drei es nicht mal mehr, in einem Zimmer zusammenzusein. Allzuoft werde ich Weihnachten ja nicht mehr erleben und meine Söhne sehen. Kannst du dieses Jahr nicht nach Hause kommen?«

Ich fuhr nach Hause und verbrachte Weihnachten mit meiner Mutter und meinem Bruder. Es war in vieler Hinsicht ein guter Besuch, aber auch ein ziemlich deprimierender. Inzwischen ging es meiner Mutter gesundheitlich sehr schlecht; so hatte ich sie noch nie erlebt. In ihrem uralten Morgenrock hockte sie auf ihrem Stuhl in der Küche und blieb die ganze Zeit dort sitzen wie ein verängstigtes Tier, das sich einen sicheren Schlupfwinkel erwählt hat, aus dem es sich nicht mehr hervortraut.

Als Frank einmal einen langen Spaziergang machte, nutzte meine Mutter die Gelegenheit, mir entsetzliche Dinge unter anderem aus ihrer Kindheit zu erzählen, die ich nie vergessen werde. »Du hattest recht fortzugehen«, sagte sie mir damals. »Du fehlst mir sehr, aber du hattest ganz recht. Dieser Fluch, der uns alle nacheinander eingeholt hat, der wird mich über kurz oder lang auch erwischen. Aber du wohnst ja so weit weg, daß er dich vielleicht nicht findet. Du solltest als einziger für immer in Sicherheit sein. Ich will, daß dir nie etwas zustößt.«

Dann lachte sie. »Ach, aber was erzähle ich da, ich altes Klatschweib. Du denkst bestimmt, ich rede dummes Zeug.«

Gleich darauf betrachtete sie eingehend den schmutzigen Fußboden, als läge unter den schwärzlichen Schichten ein Geheimnis verborgen. »Ach Gott, Gary fehlt mir so«, sagte sie. »*Warum* wollte er unbedingt sterben? Warum hat er die beiden jungen Leute umgebracht und dann sterben wollen? Ich glaube, das werde ich nie verstehen.« Dann verbarg sie ihr Gesicht in den Händen und weinte laut.

Es war das letzte Mal, daß ich sie lebend sah.

Jahre später erfuhr ich von Frank, wie es mit ihr zu Ende ging. Er erzählte mir auch noch andere Dinge.

»Sie hat offensichtlich sehr gelitten«, sagte Frank, »aber das alles zusammen, der körperliche und emotionale Schmerz, hat sie manchmal ausrasten lassen. Dann saß sie da und sagte Sachen wie: ›Gibt's denn auf der Welt noch etwas anderes als Schmerz?‹ Das hat sie oft gesagt. Sie redete sich ein, man habe die Todesstrafe nur deshalb wiedereingeführt, um sich an Gary zu rächen – oder um sich an ihr zu rächen, indem man sich an Gary rächte. Manchmal drehte sie total durch und schrie: ›Gary ist der einzige, den sie umgebracht haben, der einzige, den sie je umbringen werden; die bringen doch keinen mehr um in diesem Land. Das haben diese gottverdammten Mormonen getan aus Haß gegen mich. Das sind die Leute, die deinem Bruder das Herz aus dem Leib geschossen haben.‹ Manchmal wurde es so schlimm, daß ich abgehauen bin.

Daß sie damals so schwierig war, lag zum Teil an ihrer Ernährung. Sie mußte ja mit dem Essen sehr aufpassen, aber das tat sie natürlich nicht. Mit der Zeit aß sie fast nur noch Schokolade, was ihrem Magen überhaupt nicht bekam. Eins der wenigen Dinge, die ihr noch schmeckten, war eine ganz bestimmte Brotsorte. Ich weiß noch, wie ich sie einmal im Laden nicht bekommen konnte. Da ist sie fast übergeschnappt. Sie hat mich beschuldigt, ich hätte das Brot absichtlich nicht mitgebracht. Wir haben so laut gestritten, daß es bestimmt die Nachbarn gehört haben.

Sie war einfach unmöglich. Sie nahm keine Vernunft an und ließ sich von niemandem was sagen. Manchmal ist mir der Kragen geplatzt, dann bin ich laut geworden.

Mom hatte sich in den Kopf gesetzt, daß ich mich, wenn ich erwachsen bin, nur noch um sie kümmern würde, daß ich nie auf die Idee käme, mein eigenes Leben zu führen. Ich konnte aber nicht immer bei ihr bleiben. Manchmal bin ich weggegangen, sogar eine ganze Woche lang. Meistens blieb ich aber bloß übers Wochenende fort. Das sah sie schon als Verrat an. Dabei habe ich die meiste Zeit bei ihr gewohnt, und das in meinem Alter – ich war ja fast vierzig. Welcher Sohn macht so was? Aber daß ich es nicht immer ausgehalten habe und manchmal ein paar Tage weg war, brachte sie in Rage. Und wenn ich dann wiederkam, sagte sie: ›Du bist genau wie dein Vater.‹

So ging das damals. Ich wurde einfach nicht mir ihr fertig. Ich hätte gar nicht erst versuchen sollen, ihr zu helfen, weil ich dafür nicht ausgebildet war. Aber was blieb mir denn übrig? Ich habe oft versucht, sie zu überreden, daß sie zum Arzt geht oder sich beraten läßt, aber die Reaktion war immer die gleiche. Sie drehte durch, schmiß mit Sachen um sich, weinte. Sie wollte unter keinen Umständen ihre vier Wände verlassen. Das klingt jetzt vielleicht gemein, aber ich glaube, sie wollte gar nicht gesund werden. Ich glaube, insgeheim habe ich immer gehofft, eines Tages würde Mom aufstehen, und alles wäre anders. Das war mein großer Fehler. Ich dachte immer, sie habe nur gerade eine schwierige Phase. Aber die Jahre vergingen, und mit der Zeit merkte ich, daß es gar nicht viel anders war als damals mit Gary. Bei ihm hatten wir auch immer gedacht: ›Na gut, wenn er nächstesmal rauskommt, wird alles anders. Er wird sich bessern.‹

Am Ende wollte Mom sich überhaupt nicht mehr helfen lassen, und da wurde es mir einfach zuviel. Oft sagte sie zu mir: ›Warum bin *ich* bloß so krank? Warum passiert *mir* das alles?‹ Dann hätte ich am liebsten gesagt: ›Du bist krank, weil du sterben willst.‹ Aber ich konnte dieses letzte Zipfelchen Hoffnung nicht loslassen, auch wenn ich mich manchmal furchtbar über sie geärgert habe, so herzlos konnte ich einfach nicht sein.«

Eines Tages wurde Frank klar, daß ein kritischer Punkt erreicht war. Bessie war länger krank gewesen. Sie hatte sich abwechselnd einen Tag hingelegt und war dann am nächsten Morgen wieder aufgestanden, um sich in die Küche zu schleppen. Dabei hatte sie gejammert, sie fühle sich dauernd so erschöpft, und auch kein Essen angerührt. Nach ein paar Tagen sagte Frank: »Mom, ich rufe jetzt einen Krankenwagen.« Darüber regte sie sich wahnsinnig auf.

»Ich habe wirklich lange Geduld mit ihr gehabt«, sagte Frank. »Wahrscheinlich zu lange. Es war schmerzlich, sie so leiden zu sehen. Als sie nach ein paar Tagen immer noch nichts essen wollte, war für mich klar: ›Jetzt reicht's.‹«

Frank rief einen Krankenwagen, und Bessie wurde ins Krankenhaus nach Milwaukie gebracht; die ganze Zeit schrie sie, ihr Sohn wolle sie umbringen. Im Krankenhaus sagten die Ärzte, ihr Sohn habe genau das Richtige getan, und sie hätte schon früher kommen sollen. Aber das ließ sie sich nicht bieten. Fast jedesmal, wenn die Schwestern ihr Essen brachten, nahm sie den Teller und schleuderte ihn an die Wand.

Frank besuchte sie mehrmals täglich. Er sah, wie sie allmählich wieder Farbe bekam und sich beruhigte. Zwei Tage später meinten die Ärzte, sie sei überm Berg.

»Ich war so froh«, sagte Frank, »daß ich den ganzen Weg vom Krankenhaus nach Hause zu Fuß gelaufen bin. Ich war gerade angekommen und kochte Abendessen, als plötzlich ein paar Leute wie wild an die Tür klopften und sagten: ›Sie haben deine Mutter an eine dieser Maschinen angeschlossen.‹ Sie fuhren mich hin, und ich sah, daß die Ärzte sie künstlich beatmeten. Kurz vorher hatte sie noch mit mir geredet und ganz gut ausgesehen. Ich regte mich ziemlich auf und wollte einen Arzt sprechen. Er sagte: ›Wir haben ihr etwas gegen ihre Infektion gegeben.‹ Sie hatte sich infiziert, weil sie sich so lange nicht saubergehalten hatte. Aber ihr Körper vertrug das Antibiotikum nicht.

Am 30. Juni 1980 ist sie gestorben, nachmittags. Ich erinnere mich, daß es ein warmer Tag war, und es herrschte eine Sonnenfinsternis. Sie hatte immer furchtbare Angst vor Sonnenfinsternis und gesagt, bei so was werde sie mal sterben. Und so war es dann ja auch.«

Ich wußte nicht, daß meine Mutter im Krankenhaus lag. Sie hatte meine Telefonnummer in Los Angeles nirgends notiert, wo Frank sie hätte finden können. Als mich die Nachricht schließlich erreichte, war sie bereits seit zwei Tagen tot. Ich hatte schon mehrere Todesfälle in der Familie erlebt, doch dies war das erste Mal, daß ich völlig zusammenbrach und nur noch heulte.

Ich fuhr hin und half meinem Bruder, sie zu bestatten. Er war vierzig Jahre alt, und ohne sie erschien er völlig hilflos.

Nach der Beerdigung übernachteten Frank und ich bei einem Freund. Ich mußte am nächsten Tag nach Los Angeles zurückfliegen und sagte zu Frank, er solle mich doch bald in Kalifornien besuchen und ein Weilchen bleiben. Vor dem Haus unseres Freundes verabschiedeten wir uns, und ich sah meinem Bruder nach, der sich umwandte und die Straße hinunterging, in der wir vor so vielen Jahren gewohnt hatten.

Sobald ich in L. A. angekommen war, schrieb ich Frank einen Brief, der nach ein paar Tagen mit dem Vermerk zurückkam: EMPFÄNGER UNBEKANNT VERZOGEN. Lange versuchte ich vergeblich, Frank ausfindig zu machen. Es war, als wäre er damals an dem Morgen, als wir auf der verhexten Oatfield Road voneinander Abschied nahmen, mit all den anderen Gespenstern im Nichts verschwunden.

Vergangenheitsbewältigung

Nachdem meine Mutter tot und Frank verschwunden war, hatte ich das Gefühl, ich besäße gar keine Familie mehr, eines der Lieblingsthemen aller Bluessänger. Seine Mutter zu verlieren, sagt der Blues, bedeutet, seinen Anker zu verlieren.

Aber ich kam mir nach dem Verlust meiner Familie absolut nicht verloren vor. Ich fühlte mich sogar erleichtert: Endlich war ich nicht mehr an das Desaster dieser Familie gefesselt, und wenn ich dramatische Erschütterungen erleben sollte, wären es zumindest meine eigenen. Ich brauchte nicht mehr tatenlos zuzusehen und mich vor der nächsten Familienkatastrophe zu fürchten.

Einige Monate nach dem Tod meiner Mutter lernte ich eine junge Frau kennen, deren Augen aussahen, als bräuchte sie sehr viel Liebe. Sie hieß Erin.

Erin kam wie ich aus einer Familie, in der es gewaltsame Todesfälle und andere Probleme gegeben hatte, und beide hofften wir, uns gegenseitig für das erlittene Ungemach entschädigen zu können. Wir verliebten uns und heirateten im August 1982 in Tucson, Arizona.

Ungefähr zur gleichen Zeit erfuhr ich, daß Larry Schiller gerade eine vierstündige Fernsehverfilmung von *Gnadenlos. Das Lied vom Henker* fertigstellte, die im November 1982 ausgestrahlt werden sollte. Schiller und ich waren lange Zeit nicht sehr gut aufeinander zu sprechen gewesen. Ich hatte Utah 1977 kurz vor Garys Hinrichtung verlassen, ohne noch einmal mit Schiller zusammenzukommen oder seine Anrufe zu erwidern. Ich war überzeugt gewesen, daß er mit seinem Engagement dazu beigetragen hatte, daß Garys Exekution zu einem Medienspektakel verkam, das meine Familie demütigte.

Nachdem ich nach L. A. gezogen war, rief Schiller mich eines Tages an und sagte, er habe Norman Mailer für die Idee gewinnen können, ein Buch über Garys Leben und Sterben zu schreiben, und bat mich um ein Interview für das Projekt. Ich lehnte ab. Ich hatte großen Respekt vor Mailer, aber ich zweifelte zu sehr an Schillers Glaubwürdigkeit, als daß ich mich an einem solchen Unternehmen hätte beteiligen wollen. Auch verspürte ich keine Lust, die tragische Geschichte meiner Familie immer wieder zu erzählen und aufleben zu lassen.

Als *Gnadenlos. Das Lied vom Henker* 1979 veröffentlicht wurde, stellte ich fest, daß Schiller – von dem der Großteil der Interviews für Mailers Buch stammte – mit weitaus mehr Sorgfalt an das Material herangegangen war, als ich gedacht hatte. Mailer versuchte nicht, Garys Story mit billigen Effekten nachzuerzählen oder zu einem Mythos hochzustilisieren, sondern interessierte sich anscheinend dafür, durch das Aufrollen einfacher Details die

Wahrheit zum Vorschein zu bringen. Er konzentrierte sich auf die Wechselwirkung zwischen den verschiedenen Personen und Ereignissen, die die Entwicklung mit schicksalhafter Macht vorantrieb. Trotzdem wurde ich das Gefühl nicht los, daß Schiller seine Rolle als Chronist dazu benutzte, davon abzulenken, daß er Garys Geschichte einst für sich ausgeschlachtet hatte.

Nachdem das Buch erschienen war, fragte mich Mailer einmal, wieso ich eine Mitarbeit damals abgelehnt habe, und ich antwortete: »Wegen Larry Schiller.« Mailer überlegte kurz und meinte dann: »Ich weiß, was Sie damit sagen wollen. Wissen Sie, Larry und ich hatten auch oft Schwierigkeiten miteinander. Aber ich muß sagen, irgendwie ist Larry durch diese Erfahrung reifer geworden.«

Nun hatte Schiller also einen Film darüber gedreht, und ich ahnte schon, daß es mir wohl nicht erspart blieb, mich auch in dieser Form mit unserer Familiengeschichte auseinanderzusetzen. Doch diesmal, so beschloß ich, würde ich mich nicht verstecken. Die Herausgeber von *Rolling Stone* waren einverstanden und beauftragten mich, anläßlich des Films selbst etwas über Garys Leben zu schreiben. Natürlich erfuhr auch Schiller von dem Auftrag und rief an, um mich zu einer Vorführung des Films einzuladen und mir seine Hilfe anzubieten. Ein überraschend freundliches (um nicht zu sagen cleveres) Angebot, wenn man bedenkt, wie oft ich es ihm abgeschlagen hatte, mich an Mailers Projekt zu beteiligen.

Einige Tage später sah ich mir den Film an und fand ihn in vieler Hinsicht schonungslos wahrheitsgetreu. Es war ein kaum ausgeschmückter, unsentimentaler und spannender Bericht über Garys Leben in Provo, der aufzeigte, wie sich sein Zorn allmählich aufgestaut und in zwei sinnlosen Morden entladen hatte. Und er zeigte Garys hartnäckiges Streben nach Selbstvernichtung, das in der Exekution gipfelte. Doch ich fand, daß dem Film auch einiges fehlte: Er traf Garys Persönlichkeit nicht wirklich. In der Art, wie der Schauspieler Tommy Lee Jones die Rolle anlegte, kam einfach nicht genug von dem echten Gary rüber – von seiner großen destruktiven Kraft oder seiner hohen Intelligenz. Das größte Problem des Films war meiner Ansicht nach, daß er kaum versuchte, die Beweggründe für Garys Todessehnsucht begreiflich zu machen; ohne das Verständnis dafür ergaben für mich die Details der übrigen Handlung keinen Sinn.

Etwa eine Woche, nachdem ich den Film gesehen hatte, saß ich an einem Sommerabend mit Schiller im Garten hinter seinem Haus und sagte ihm, was ich von dem Film hielt. »Okay«, erwiderte er, »Sie haben recht. Dieser Gary ist sicher nicht der Gary, den ich kennengelernt habe oder den Sie als Blutsverwandten kannten... Aber ich glaube, dieser Gary führt einen am Ende zur gleichen Erkenntnis wie der echte.«

Er sah mich einen Augenblick schweigend an und sagte dann: »Jetzt will ich Sie mal was fragen. Warum wollten Sie eigentlich bis heute nichts mit der Geschichte zu tun haben? Warum wollten Sie mir für Normans Buch kein Interview geben, als ich Sie darum bat?«

Ich antwortete ihm, daß ich bei allem, was Gary betraf, unbedingt meine eigene Stimme behalten wollte. Ich hatte keine Lust, ein Interview zu geben und später feststellen zu müssen, daß ich nicht mehr Herr über meine eigenen Worte war.

Schiller nickte. »Die eigene Stimme behalten – ich glaube, das hätte ich auch verstanden, wenn Sie es mir damals so erklärt hätten wie gerade eben. Wissen Sie, für mich waren Sie in dieser Geschichte, die ich nie ganz begriffen habe, ein entscheidendes Element.«

Ich sagte Schiller auch, daß es mir damals in Utah so vorgekommen sei, als wäre das Wichtigste an Gary die Inszenierung seines Todes, als wäre Gary für Schiller wertvoller...

Schiller führte den Gedanken zu Ende: »...tot als lebendig. Was übrigens nicht der Fall war.«

»Wirklich nicht?«

»Nein. Der tote Gary Gilmore war überhaupt nichts wert. Seine

Story wäre gesellschaftlich viel relevanter gewesen, wenn er einfach wieder in der Todeszelle verschwunden wäre.«

»Wie meinen Sie das?«

»Weil wir dann gesehen hätten, wie die Öffentlichkeit ein Ereignis aufwerten, aber auch, wie sie es abwerten kann. Ich wünschte, mein Film könnte so enden.«

»Aber haben Sie sich eigentlich nie gefragt, ob Ihr Engagement die Hinrichtung nicht erst möglich gemacht hat?«

»Ich glaube nicht, daß unser Verhalten Garys Tod mitverschuldet hat«, erwiderte Schiller, »aber ich glaube, es hat die *Bedeutung* des Ereignisses maßgeblich mitbestimmt. Wenn die Presse, und da schließe ich mich ein, bereits Wochen vor der Hinrichtung wieder abgezogen wäre, dann hätte Garys Tod nicht die Bedeutung gehabt. Sie glauben mir das jetzt vielleicht nicht, aber ich wollte nicht, daß Gary hingerichtet wird. Ich bin tief überzeugt vom Wert des Lebens, aber ich begriff auch, daß Gary das Recht hatte – das *unveräußerliche* Recht –, sein Schicksal selbst zu bestimmen. Ich war auch nicht unbedingt überzeugt, daß er anderen damit schadete, indem er sich für diesen Tod entschied.«

Es war spät geworden in dieser heißen Sommernacht. Ich sprach mit einem Mann, gegen den ich früher starke Abneigung empfunden hatte, und stellte fest, daß ich diesen tiefen Groll nun nicht mehr hegte.

Gegen Ende meiner Gespräche mit Schiller fragte ich ihn, wie ich mit Nicole Barrett-Baker Verbindung aufnehmen könne, Garys ehemaliger Freundin. Ich hatte Nicole nie persönlich kennengelernt oder mit ihr gesprochen. Als ich Gary in der Woche vor seiner Hinrichtung in Utah besuchte, lag sie nach dem gemeinsamen Selbstmordversuch noch im Krankenhaus. Ich versuchte damals, Kontakt mit ihr aufzunehmen – einerseits, weil Gary mich darum gebeten hatte, andererseits, weil ich in dieser schweren, verwirrenden Situation gern mein Herz ausschütten wollte. Doch man hatte sie im Krankenhaus streng abgeschirmt, und ich konnte ihr lediglich dadurch eine Nachricht zukommen lassen, daß ich bei einem Radiosender in Salt Lake City anrief und bat, auf Garys Wunsch einen Song für sie zu spielen. Es war »Valley of Tears« von Fats Domino.

In den folgenden Jahren verging kein Monat, in dem ich nicht überlegte, mich doch noch bei ihr zu melden – auch weil mir an den Umständen von Garys Tod noch so vieles rätselhaft erschien. Doch der einzige Zugang zu ihr lief über Larry Schiller, und den hatte ich mir ja selbst versperrt. Ich war wohl auch noch nicht reif dafür.

Doch jetzt hatte ich von Schiller ihre Adresse bekommen und schrieb ihr einen Brief, in dem ich ihr von mir erzählte und fragte, ob sie bereit wäre, sich zu einem Gespräch mit mir zu treffen. Ein paar Wochen später flog ich nach Oregon und besuchte sie in der Kleinstadt, in der sie inzwischen lebte. Die Nicole, die mich vom Flughafen abholte, erschien mir ebenso hübsch und liebenswert wie die, die im Film von Rosanna Arquette dargestellt wurde, wenn auch weitaus scheuer und spröder. Offensichtlich hatten die letzten Jahre auch einige wohlverdiente Veränderungen mit sich gebracht: Nicole war inzwischen glücklich verheiratet, gläubige Christin und Mutter eines neugeborenen Jungen. Wir begrüßten uns etwas unsicher und fuhren zum Abendessen in ein Restaurant.

An dem Abend unterhielten wir uns stundenlang, doch dauerte es eine ganze Weile, bis die Rede auf Gary kam. Nicole erzählte mir von ihrer Ehe und ihrem Glauben; ich erzählte ihr von meiner Ehe und meinem Faible für Rockmusik. Im Lauf der nächsten Tage hatten wir uns viel zu sagen und konnten mit der Zeit auch über Gary und das, was geschehen war, sprechen. Es bedurfte aber komischerweise einer gewissen Zeit, bis es uns gelang, unsere eigenen Erinnerungen von den Berichten dritter über das Ereignis zu trennen. Bei den vielen Interpretationen der Realität, stellten wir fest, gingen die Elemente unserer eigenen Geschichte oft zu leicht verloren.

Am letzten Abend machten wir eine lange Fahrt durch die Küstenwälder von Oregon. Wir sprachen über unsere Erinnerungen an die Zeit vor Garys Hinrichtung. Ich erzählte ihr von meinen letzten Besuchen bei Gary – und daß es uns trotz der Distanz und Schwierigkeiten gelungen war, in gegenseitigem, hart erkämpftem Respekt voneinander Abschied zu nehmen.

»Weißt du«, sagte Nicole, »daß ich mich nie richtig von Gary verabschiedet habe.« Sie schwieg eine Weile und starrte in die dunkle Nacht, während wir die Landstraße entlangbrausten. »Eines Nachts«, fuhr sie dann fort, »als ich noch in dem Haus in Malibu wohnte, das Larry nach der Hinrichtung für mich gemietet hatte, träumte ich von Gary: Er kam auf einem riesigen Motorrad angefahren, und obwohl er nicht viel sagte, wußte ich, daß ich mitkommen sollte. Ich stieg hinter ihm auf, und wir fuhren eine ziemlich lange Strecke. Schließlich kamen wir an eine Landzunge, die weit ins Meer hinausragte. Am äußersten Ende stand ein Gefängnis – aber nicht so eins mit Wachen und Gittertoren. Es sah mehr aus wie eine Art Durchgangsstation, wie ein Wartesaal.

Die Wände im Innern waren aus weißem Stein. Gary stieg ab und sagte: ›Lebwohl.‹ Ich fragte: ›Kann ich denn nicht mitkommen?‹ Und er sagte: ›Nein, versteh doch, du wirst mich nie wiedersehen.‹ Ich fing an zu weinen, wie ich in meinem realen Leben noch nie geweint hatte, und als ich mich umsah, bemerkte ich neben uns eine Frau, die ebenfalls weinte. Es war deine Mutter. Ich ging zu ihr und nahm sie in den Arm, und wir weinten zusammen.«

Eine Weile sagten wir beide nichts, dann fragte ich Nicole: »Denkst du eigentlich noch oft an ihn?«

Sie sah mich an, lächelte nur und wandte den Blick dann wieder aus dem Fenster. »Ach«, sagte sie, »abends, wenn die Sonne untergeht. Das erinnert mich manchmal an Gary.« Ich dachte über ihre Worte nach und wußte, was sie damit meinte: immer.

Draußen hoben sich die Hügelketten des Küstenstädtchens als schwarze Silhouetten vor dem Sternenhimmel ab. Mir wurde bewußt, daß die Begegnung mit Nicole eine starke und gute Erfahrung gewesen war. Sie brachte mir wieder zum Bewußtsein, daß die Wahrheit in unseren Herzen und Erinnerungen eigentlich nie festgeschrieben ist. Sie gab mir auch wieder das Gefühl von Familie, das ich schon lange nicht mehr gehabt hatte.

Kurz darauf setzte Nicole mich vor meinem Hotel ab. »Ich hasse Abschiede«, sagte sie mit einem schüchternen Lächeln.

»Ich bin auch nicht besonders gut im Abschiednehmen«, erwiderte ich.

Ich gab ihr einen Kuß und blickte ihr nach, wie sie den Wagen wendete und winkend davonfuhr. Sie kehrte in ihr Leben zurück und ich in meines. Mehr konnten wir nicht tun.

An dieser Stelle sollte die Geschichte vielleicht aufhören. Es ist vielleicht eine Art Abschluß – mit einer Andeutung von Erlösung. Zumindest kam es mir damals so vor, als ich am Schluß meines *Rolling Stone*-Artikels über Norman Mailers *Gnadenlos* mein Treffen mit Nicole beschrieb. Ich dachte mir: Hier ist eine Lektion für mich – für jeden von uns: Das Leben geht weiter. Wir müssen den Schmerz zulassen, uns mit der Vergangenheit auseinandersetzen und verzeihen, so gut wir können. Alles in allem eigentlich keine schlechte Erkenntnis.

Aber das Problem ist, wie ich ebenfalls erkennen sollte, daß das Leben *tatsächlich* weitergeht; das Leben hat keinen wirklichen Schlußpunkt – außer natürlich dem Tod. Der Tod sagt uns, daß eine Lebensgeschichte nun zu Ende ist – daß es an der Zeit ist, das zu Ende gegangene Leben auszuwerten, seinen Ablauf und seine Tragik zu beurteilen und seine Geschichte zu erzählen. Gary und all die anderen, die nun schon unter den Toten waren – meine Angehörigen und die Männer, die Gary ermordet hatte –, sie hatten als einzige ihre Rollen zu Ende gespielt, hatten für den bösen Fluch bezahlt oder waren ihm entgangen. Wir anderen lebten unser Leben noch, das über die letzten Seiten in einem Buch hinausgehen mußte: das Leben, in dem das Vermächtnis dieser Geschichte noch nicht zu Ende war.

Es ging nicht immer nur gut in meinem Leben, obwohl es in vieler Hinsicht so aussah. Meine Karriere als Musikjournalist war ziemlich erfolgreich. 1980 verließ ich *Rolling Stone* für ein paar Jahre, schrieb aber weiterhin Artikel für die Zeitschrift. Eine Zeitlang arbeitete ich beim *L. A. Weekly* in der Musikredaktion und war dann fünf Jahre klang Popmusik-Kritiker beim inzwischen eingegangenen *Los Angeles Herald Examiner*. In dieser Zeit schrieb ich meine besten Sachen – zum erstenmal seit Jahren hatte ich das Gefühl, einen kritischen Ton gefunden zu haben, mit dem ich mich identifizieren konnte. Ich bekam auch die Gelegenheit, einige der Leute kennenzulernen und zu interviewen, deren Musik mich schon immer am meisten beeindruckt hatte, darunter Bob Dylan, Miles Davis, Mick Jagger, Keith Richards, Johnny Rotten, Bruce Springsteen und meinen absoluten Lieblingsmusiker Lou Reed.

Aber wenn ich dann abends mit dem Schreiben fertig war, wurde ich zu Hause mit meinem Alltag konfrontiert. Meine Ehe war mehr oder weniger von Anfang an schiefgelaufen. Wir hatten wohl beide zu viele böse Geister mit in unser gemeinsames Haus gebracht. Unsere Verbindung war wahrscheinlich von dem Moment an zum Scheitern verurteilt, in dem ich begriff, daß ich meine Frau nicht so sehr geliebt als vielmehr versucht hatte, sie zu retten, wohl als Buße dafür, daß ich *versäumt* hatte, meinen Bruder zu retten. Das war nicht gerade die Basis für eine ausgeglichene Ehe. Wir trennten uns etwa zwei Jahre, nachdem Erin und ich geheiratet hatten, und wurden 1985 geschieden.

Danach folgte eigentlich eine stürmische Beziehung nach der anderen. Unterdessen wurde ich allmählich älter und suchte verzweifelt nach einem Menschen, mit dem ich eine Familie gründen konnte. Aber gleichzeitig war ich mir gar nicht sicher, ob ich *wirklich* ein Heim oder eine Familie wollte, und ich kam mir vor wie ein Versager, weil ich diese Dinge wollte und doch spürte, daß ich sie nie bekommen würde oder sie nur beschädigen könnte, wenn ich doch sie bekäme. In der Folge verfiel ich in eine tiefe Phase klinischer Depression. Wenn ich dasaß und schrieb, Musik hörte oder las, befiel mich plötzlich ein unheimliches Angstgefühl. Dann legte ich mich hin, verkroch mich oft stundenlang im Bett und wartete, bis die düstere Stimmung vorüber war und ich wieder frei atmen konnte. Ich ertappte mich dabei, daß ich die Hände zusammenpreßte und mich auf die Handinnenflächen konzentrierte. Ich dachte mir, wenn ich sie nur ganz fest zusammendrückte, käme aus ihrer Mitte Erleichterung oder eine Lösung des Problems.

Ich kannte mich mit Depressionen nicht gut genug aus, um zu wissen, daß die Krankheit sich verschlimmern und sogar tödlich verlaufen konnte. Also begab ich mich bei einem guten Arzt in Behandlung, und nach einiger Zeit ließen die Ängste und anderen Symptome nach. Das Leben begann wieder, Spaß zu machen, und ich hatte wieder ein Ziel. Obwohl der gesamte Anfall wohl nur ein paar Monate gedauert hatte, war es mir wie eine Ewigkeit vorgekommen. Depression ist eine Erfahrung, die sich nur schwer mitteilen läßt und wohl auch schwer zu verstehen ist, doch wer sie einmal gehabt hat, vergißt sie nicht mehr. Man sieht die Welt danach mit etwas mehr Mitgefühl und beobachtet sich selbst etwas aufmerksamer, um die dunklen Umrisse sofort zu erkennen, wenn die Krankheit sich wieder einschleichen will.

Damals übernahm ich den Auftrag, über eine bestimmte Musikgruppe ein Buch zu schreiben. Das hätte ich lieber nicht tun sollen – ich konnte mich damals nicht richtig in das Thema einfühlen –, doch fand ich, ich müßte mein Leben verändern und wüßte genug über Schreiben und Musik, daß sich die Begeisterung schon einstellen würde. Nach fast einem Jahr hatte ich noch immer nichts geschrieben, statt dessen kam mir die Idee für ein Buch über eine andere Gruppe, nämlich »The Grateful Dead«. Die Idee war gut – »The Dead« waren eine faszinierende Gruppe –, doch dann beging ich einen verhängnisvollen Fehler: Ich verliebte mich.

Die folgende Geschichte ist nicht besonders erfreulich. Es geht darin um den Verrat an Menschen, die mich liebten und mir vertrauten, und um peinliches Versagen. Während ich mich zu Recherchen für das »Grateful Dead«-Projekt in Portland aufhielt, lernte ich eine Frau kennen, die ich hier Roxanne nennen will. Eigentlich kannten wir uns schon seit Jahren, sie war die jüngere Schwester einer ehemaligen Freundin. Sie hatte damals gerade ihre Scheidung hinter sich, war Mutter eines vierjährigen Jungen und versuchte wie ich, wieder Boden unter den Füßen zu bekommen. Es war eine Affäre wie viele andere, und die Tatsache, daß wir sie zunächst geheimhielten, verlieh der Leidenschaft bei unseren Treffen und amourösen Zusammenkünften eine besondere Intensität – die Art von Leidenschaft, aus der beinahe zwangsläufig Liebe wird.

Mit der Überzeugung, endlich eine erste Chance zum Glück zu haben und vielleicht sogar irgendwann eine eigene Familie gründen zu können, zog ich für einige Zeit nach Portland, um an meinem Buch weiterzuarbeiten. Aber schon ein paar Tage nach meiner Ankunft in Portland merkte ich, daß es zwischen uns absolut nicht stimmte: Roxanne hatte einen anderen kennengelernt, den sie später heiratete und mit dem sie ein Kind bekam.

Es war eine ziemlich schlimme Zeit. Ich hockte in meiner Wohnung in Portland und heulte ununterbrochen. Fast jeden Abend betrank ich mich, bis ich davon einschlief. Ich konnte mich nicht mehr auf das Buch konzentrieren und gab es schließlich auf.

Ich war damals wahrscheinlich so nahe am Rand der Selbstzerstörung wie nie zuvor, oder zumindest so nahe, wie ich sein konnte. Und als ich begriff, daß ich nicht das Zeug dazu hatte, allem ein Ende zu setzen, ging es mir auch nicht besser. Es kam mir so vor, als gäbe es für mich keine Erleichterung, keine Rettung mehr; mit dieser Erkenntnis würde ich mich abfinden müssen, ob ich wollte oder nicht.

Und dann sah ich das Gespenst.

Es war etwa um drei Uhr morgens. Ich war betrunken eingeschlafen, aber es war ein unruhiger Schlaf. Ich wohnte damals in einer umgebauten Fabriketage nicht weit vom Stadtzentrum, wo das Licht der Straßenlampen die ganze Nacht hindurch von den Häuserwänden reflektiert wurde und einem das Gefühl von ständiger Bewegung im Raum gab. Ich öffnete die Augen und sah, wie sich etwas bewegte. Die Lampen, dachte ich, und machte die Augen wieder zu. Dann hörte ich eine Diele knarren. Ich öffnete die Augen von neuem, und sah am anderen Ende des Zimmers eine Frau. Sie glühte – um sie herum war ein goldgelber Schein –, und ich sah, daß sie groß und blond war und ein weißes Kleid trug. Sie ging am Fußende meines Bettes hin und her und sprach mit einschläfernder, angenehmer Stimme zu mir. Kurz darauf kam sie ans Bett und setzte sich rittlings auf mich. Dann packte sie mich an den Handgelenken und verdrehte meinen Oberkörper, bis es ihr gelungen war, meine Handgelenke und Arme in einer schmerzhaften Stellung an die Wand zu drücken. Anschließend beugte sie sich über mich, küßte mein Ohr und sagte: »Ich kenne dich. Du bist der Letzte. Ich hab ihnen alles genommen, und jetzt hole ich dich.«

Ich wachte auf, die Handgelenke so fest an die Wand gepreßt, daß sie schmerzten. Ich sah mich in der neonbeschienenen Dunkelheit um. Es war niemand da. Ich stand auf und ging durch die Wohnung. Ich war allein.

Hatte ich tatsächlich ein Gespenst gesehen? Wohl kaum, eher war es ein besonders heftiger Alptraum gewesen. Nein, ein echtes Gespenst war es nicht. Das wußte ich. Aber die Erinnerung daran ließ mich tagelang nicht los – wie *echt* es sich angefühlt hatte, wie eine Botschaft aus einer anderen Welt oder aus meinem Unterbewußtsein, die mich daran erinnern wollte, daß mein Verlust nur Teilstück einer Kette war, die mich über meinen eigenen Schmerz hinaus mit der Vergangenheit verknüpfte. In jener Nacht begann ich zu begreifen, daß ich meiner Familie in Wirklichkeit nie ganz entkommen war, sondern den Fluch schon von Anfang an tief in mir getragen hatte. Diese Erkenntnis reichte aus, und ich floh von der Erde, in der sie alle begraben lagen, zurück zu meinen Freunden nach Los Angeles.

Ich war kaum einige Monate in Los Angeles, als eine Freundin, die Sängerin Victoria Williams, mich eines Abends anrief und mir mitteilte, im Fernsehen käme jetzt gleich eine Sendung über meinen Bruder. Offenbar hatten die Leute vom Fernsehen Nicole Baker ausfindig gemacht und sie dazu überredet, sich erstmals *live* in einem Fernsehinterview über Gary, die Morde und die Hinrichtung zu äußern.

Ich schaltete den Fernseher ein und erwartete etwas absolut Geschmackloses, was es dann auch war – es war sogar (für mich zumindest) geradezu abstoßend. Aber die Bilder machten mich auch unerwartet betroffen: Man sah, wie Gary während der zahlreichen Verhandlungen in jenen letzten Monaten in den Gerichtssaal herein- und herausgeführt wurde, in Handschellen und in seiner weißen Gefängniskluft, wie er mit seinem argwöhnischen, prüfenden Blick die Kameras musterte, die ihn umschwirrten und bei jeder Gelegenheit, die sich ihnen bot, filmten. Ich erinnerte mich, wie ich diese Aufnahmen in der Verwirrung und Wut von 1976 gesehen und gefunden hatte, daß er genauso aussah, wie die Leute es sich damals dachten: kaltblütig, arrogant, brutal. Als ich diese Bilder nun nach so vielen Jahren wiedersah, fiel mir auch manches auf, was ich damals nicht so präzise erkannt hatte: Gary sah schlicht aus wie einer, der Angst hat, und er sah aus wie mein Bruder. Das heißt, wie jemand, den ich gleichzeitig liebte und haßte, wie jemand, der mein Leben so verändert hatte, daß es nie wieder in Ordnung kommen konnte. Vor allem aber sah ich in ihm einen Menschen, der mir in all den Jahren seit seinem Tod sehr gefehlt hatte – jemand, mit dem ich gern zusammengesessen und geredet hätte, auch wenn dieses Gespräch sehr weh getan hätte.

Im großen und ganzen war die Sendung eine impertinente Gemeinheit. Man legte es anscheinend darauf an, die Schuld an Garys Taten Nicole zuzuschieben: Weil sie Gary verlassen hatte und weil dieser mit dem Verlust nicht fertig wurde, hätte er Max Jensen und Ben Bushnell getötet. Und hinter dieser Schlußfolgerung lag eine weitere, noch heimtückischere Unterstellung: Nicole sei verpflichtet gewesen, bei Gary zu bleiben – seine Brutalität weiterhin über sich ergehen zu lassen, damit er sie niemals gegen unschuldige Menschen richtete.

Ich war wohl noch nie so nah dran gewesen, meinen Fernseher kaputtzuschlagen.

Ich schaltete den Fernseher und das Licht im Wohnzimmer aus; stundenlang blieb ich im Dunkeln sitzen und dachte nach. Erst vor ein paar Monaten hatte ich eines der schlimmsten Kapitel meines Lebens durchgemacht – den kurzen Umzug nach Portland und wieder zurück –, und jetzt, wo ich das alles mit einem gewissen Abstand betrachtete, wurde mir klar, daß vor allem meine Vergangenheit schuld daran war, daß es damals schiefgegangen war. Es war alles nur ein Nachhall jenes Desasters gewesen, das sich lange vor meiner Geburt schon in Gang gesetzt hatte. Wir waren beide Erben eines vernichtenden Fluchs, den wir nicht beeinflussen, vielleicht nicht einmal begreifen konnten. Natürlich ging jeder mit diesem Fluch anders um; Gary hatte die Zerstörung nach außen gerichtet, eigentlich gegen alles: gegen Unschuldige, gegen Nicole, gegen seine Familie, gegen mich, gegen die Gesellschaft und ihre Auffassung von Recht und Gesetz, und am Ende gegen sich selbst. Ich hatte die Zerrüttung nach innen gerichtet, weil ich sie nach außen nicht richten durfte – weil ich es mir selbst versagte. Und zum erstenmal im Leben begriff ich, daß er seine volle Wirkung noch nicht entfaltet hatte. Der Ruin meiner Familie hörte mit Gary nicht auf, weil er mit ihm auch nicht begonnen hatte.

An jenem Abend erkannte ich, daß ich in einer Familie aufgewachsen war, die keinen Fortbestand haben würde. Wir waren vier Söhne gewesen, und keiner von uns hatte eine eigene Familie gegründet. Und obwohl ich jahrelang behauptet hatte, ich wollte eine Familie, auch um wiedergutzumachen, was ich in meiner Kindheit an Zerstörung erlebt hatte, habe ich diese Familie doch nie bekommen. Ich hatte nie das Richtige unternommen, um diesen Traum wahr werden zu lassen, und mußte mich nun fragen, ob es mir damit je ernst gewesen war. Es war, als ob das Schicksal unserer Familie so furchtbar war, daß wir durch Kinder nur die Gefahr heraufbeschwört hätten, den Fluch fortzusetzen. Man konnte ihn nur töten, indem man sich selbst tötete, und in gewissem Sinn hatten Gary und Gaylen genau das getan.

Das ist keine einfache Erkenntnis – das Gefühl, in mir ist etwas, das auf dieser Welt nicht weiterexistieren sollte, das mein eigenes Leben nicht überdauern darf. Diese Erkenntnis, mich selbst und meine Zukunft in diesem Licht zu sehen, hat mein Leben verändert. Ich bin seither nicht mehr derselbe – und werde es wohl auch nie wieder sein.

Geheimnisse

Ich beschloß, nach Portland zurückzukehren – diesmal, um meinen Bruder zu suchen.

Frank war nun mein einziger naher Verwandter. Aber ich hatte keine Ahnung, wie es ihm ging und wie er lebte. Schon zu oft hatte ich Menschen verloren, die ich liebte oder an denen ich hing, weil ich vor ihnen weggelaufen war. Dieses Verhalten hatte ich nie ganz begriffen, aber ich wollte ihm nun auf den Grund gehen.

Frank fehlte mir sehr. Ich hatte im Lauf der Jahre immer wieder versucht, ihn ausfindig zu machen. Ab und zu behauptete jemand, er habe ihn irgendwo arbeiten oder in Portland auf der Straße gesehen, doch ich konnte ihn nirgends aufspüren. Es lag schon einige Jahre zurück, daß ich das letzte Mal von ihm gehört hatte. Ein Freund gab mir damals einen Tip, wo ich ihn finden könnte. Doch als ich seinen Arbeitgeber anrief, hatte Frank bereits gekündigt und war verschwunden.

Ich hatte keine Ahnung, was mich erwartete, aber ich wollte Frank unbedingt wiedersehen. Ich wollte mit ihm reden, ihn anfassen können, mich vergewissern, daß es ihm gutging, und ihm eine Hand entgegenstrecken, selbst wenn er mich danach für immer zurückstoßen würde.

Ich war bereits ein Vierteljahr in Portland, als ich Frank endlich fand. Ich hatte alles mögliche unternommen, um ihn aufzuspüren, aber trotz meiner jahrelangen Krimilektüre erwies ich mich als schlechte Spürnase. Ich studierte die amtlichen Todesanzeigen, suchte in Obdachlosenheimen und sah mir auf der Straße die Gesichter der Passanten, die meinem Bruder ähnelten, genau an. Eines Abends traf ich mich mit einem Freund, dem Journalisten und Gerichtsreporter Jim Redden, zum Abendessen, und er erbot sich, für mich ein wenig zu recherchieren. Als ich am nächsten Morgen aufstand, fand ich bereits auf meinem Anrufbeantworter eine Nachricht von Redden vor. Er hatte herausbekommen, wo Frank wohnte: Er lebte nur zehn Blocks von meinem Haus entfernt im nordwestlichen Teil von Portland.

Ich zog mich an und ging zu Fuß zu Franks Straße hinüber. Obwohl es nur wenige Meter waren, lagen Welten dazwischen. Das Viertel, in dem ich wohnte, gehörte zur Altstadt. Die Häuser im viktorianischen Stil waren hübsch renoviert, und es gab dort viele schicke Geschäfte, Cafés und Bars. Ging man jedoch in Richtung Norden, so kam man bald in eine Gegend, in der die alten Häuser verfielen und die an das Industriegebiet im Nordwesten Portlands grenzten. Es war ein Stadtteil, der seit den vierziger Jahren eigentlich völlig vernachlässigt wurde. Viele alte Leute hatten sich hier angesiedelt, auch ein paar Asoziale, die um die kleinen

Läden an der Ecke herumlungerten, wo die Fenster vergittert waren und hinter dem Tresen Wachhunde lauerten. Es gab auch ein paar Kneipen in der Gegend, die Mehrzahl davon düstere Arbeiterpinten.

Hier mittendrin war also Frank zu Hause. Er wohnte in einer heruntergekommenen Pension, in der sich unten eine laute Kneipe befand. Ich kannte solche Orte; sie erinnerten mich an die Treffpunkte meines Vaters mit seinen Anzeigenvertretern. In diese Spelunken drang kaum je ein Lichtstrahl oder frische Luft hinein. Statt dessen roch es nach den alten Männern, die hier ihre Zeit vertrödelten, fernsahen, tranken oder dumpf vor sich hin starrten. Ich wollte weglaufen. Die deprimierende Atmosphäre dieses Ortes hatte etwas unerwartet Primitives.

Ich stieg die Treppe hinauf und klopfte an die Tür, hinter der angeblich Frank wohnte. Niemand antwortete. Ich klopfte noch einmal, was den Hausmeister auf den Plan rief, der mir sagte, der Mieter sei zur Arbeit gegangen und komme erst im Lauf des Abends wieder.

Das Warten auf den Abend erwies sich als die größte Geduldsprobe meines Lebens. Ich mußte immer wieder an das Haus denken, in dem Frank wohnte, und versuchte mir vorzustellen, wie sein Alltag aussah. Auch wenn verschiedene Probleme auf mir lasteten, so besaß ich doch ein behagliches Heim und viele soziale Kontakte. Im Grunde hatte ich es im Leben wirklich gut getroffen – besser als die anderen Mitglieder meiner Familie.

Ich wunderte mich, wie unterschiedlich sich die Lebenswege zweier Brüder entwickeln können. Doch es war unfair, so zu denken. Frank war zu Hause geblieben, um meine Mutter zu betreuen. Als einziger von uns Brüdern hatte er sich vor keiner Verantwortung gedrückt. Ich dagegen war geflüchtet und hatte mich nur noch um mich selbst gekümmert. Ich war nie auf die Idee gekommen, mich mit meiner Mutter und ihren Problemen abzugeben. Als Dank für seine Fürsorge blieb Frank jetzt offenbar nur ein zerstörtes Leben, das er in Gesellschaft von Stadtstreichern und anderen Außenseitern verbrachte. Ich selbst hatte zwar nicht alle meine Pläne verwirklichen können, doch am Ende einiges zustande gebracht. Ich ging auf Reisen, bekam interessante Aufträge, hatte Geld auf der Bank und würde so schnell wohl kaum in einem möblierten Zimmer in einer Pension landen.

Doch es hatte keinen Sinn, sich selbst zu geißeln oder zu rechtfertigen. Ich würde mich auch heute nicht anders entscheiden. Ich *mußte* damals einfach vor meiner Familie davonlaufen, um nicht von ihren Ansprüchen aufgefressen zu werden. Beim Anblick von Franks Behausung wurde mit allerdings klar, wie sein Leben in den letzten zehn Jahren gewesen sein mußte, und mir war nicht wohl bei dem Gedanken an die Distanz zwischen uns. Genauso unwohl war mir bei der Aussicht, nun wieder in sein Leben zu treten.

Den ganzen Nachmittag fuhr ich in der Gegend herum und dachte über alles nach. Ich fragte mich, was wir uns nach so langer Zeit wohl zu sagen hätten.

Ungefähr um neun Uhr abends fuhr ich zu Franks Pension zurück. Oben auf der Treppe wäre ich beinahe mit einem Mann zusammengestoßen, der sich gerade eine Wollmütze über die Ohren zog. Ich warf ihm einen raschen, aufmerksamen Blick zu und sah etwas, das ich mir in den letzten Jahren oft ausgemalt hatte: das Gesicht meines Bruders. »Frank«, rief ich.

Er hob den Kopf. Ich merkte, daß er mich nicht erkannte.

»Frank, ich bin's, Mikal.« Er stand da und starrte mich an, sein Gesicht war ein einziges Fragezeichen, als könnte er gar nicht glauben, was ich da sagte. Wenn er mich gepackt und die Treppe hinuntergestoßen hätte, hätte ich mich wohl nicht gewehrt. Ich hätte es verstanden.

Statt dessen kam er auf mich zu und schloß mich ganz fest in die Arme. In diesem Augenblick war die schäbige Umgebung vergessen. In diesem Augenblick gab mir seine Umarmung das Gefühl, endlich heimgekehrt zu sein.

Eine halbe Stunde später saßen wir in meiner warmen Wohnung. Frank hatte mir sein Zimmer nicht zeigen wollen.

Beim Eintreten sah Frank sich staunend um und begutachtete das Durcheinander von Büchern und CDs, elektronischen Geräten und Computerzubehör. »Mann«, sagte er lächelnd, »du bist ja wie Mom. Du wirfst anscheinend auch nichts weg.«

Wir saßen auf meinem Sofa, tranken etwas und redeten. Frank sagte, er habe gehört, ich sei verheiratet, und er erkundigte sich nach meiner Frau. Ich erklärte ihm, daß die Ehe schon lange auseinandergegangen sei und einer dieser Fehler gewesen wäre, die man eben manchmal macht. »O Mann«, sagte Frank und rührte in seiner Kaffeetasse herum, »das tut mir wirklich leid. Und Kinder?« Als ich verneinte, verfiel er plötzlich in Schweigen.

Dann wollte ich wissen, wie es ihm ergangen war, seit wir uns das letzte Mal gesehen hatten. Er zuckte die Achseln und räusperte sich. »Ach, ich bin herumgezogen, war alle paar Monate woanders. Nach Moms Tod habe ich einige Jahre ziemlich viel getrunken. Ihr Tod war schlimm für mich. Ich fühlte mich irgendwie schuldig. Etwas ging mir nicht mehr aus dem Kopf: Sie haßte doch Krankenhäuser, sie hatte richtig Angst davor, und ich habe sie dorthin geschickt, wo sie dann auch sterben mußte. Vielleicht hätte sie 'ne Chance gehabt, wenn sie draußen geblieben wäre. Ich habe den Wohnwagen nach ihrem Tod verkauft und bin abgehauen. Na ja, so ging das jahrelang – ich bin rumgereist, habe gearbeitet und gesoffen. Ich lebte ziemlich lange ohne ein festes Dach über dem Kopf. Ich war auch ein paarmal in Schlägereien verwickelt. Zweimal haben sie mir die Arme gebrochen. Und einmal haben mich ein paar verdammte Skinheads zusammengeschlagen und mir alles geklaut.«

Während Frank redete, hatte ich das Gefühl, als säße noch jemand im Zimmer: die Vergangenheit. Er spürte es vielleicht auch, denn er stand auf und begann umherzuwandern. Er sah sich überall um, und trat dann an den Eßzimmertisch, auf dem ich einige Fotos aus unserem Familienalbum ausgebreitet hatte. Aus irgendeinem Grund waren diese Bilder bei mir gelandet. Sie waren das einzige, was vom Besitz der Familie noch übriggeblieben war. Ich hatte mir die Fotos in letzter Zeit oft angesehen und versucht, darin vielleicht die Lösung des Rätsels um unsere Familie zu entdecken.

Wir setzten uns an den Tisch und beugten uns über die alten Fotos. Frank fiel zu jedem Bild eine Geschichte ein. Ich dagegen betrachtete die Fotos als Außenseiter. Für mich beschrieben sie eine ferne Welt, denn ich war erst sehr viel später geboren worden.

Dann stieß Frank auf das einzige Foto, auf dem nur mein Vater und Gary abgebildet sind. Auf dem Bild trägt Gary ein Matrosenmützchen, hat die Arme fest um den Hals meines Vaters geschlungen und drückt seinen Kopf an ihn; es liegt ein bekümmerter Ausdruck in seinem Gesicht. Der Anblick der beiden ist herzzerreißend – nicht nur wegen Garys Blick, Vorbote seiner Zukunft, sondern auch wegen Vaters Gesichtsausdruck, denn in seinem Gesicht spiegelt sich kaum verhohlene Ablehnung gegenüber Gary, dessen Annäherungsversuche er abzuwehren versucht.

Frank betrachtete die Aufnahme einige Minuten schweigend, dann sah er mich an. »Hast du gewußt«, sagte er langsam und bedächtig, »daß Gary einen Sohn hat?«

Ich antwortete, daß ich es kürzlich durch eines der Tonbandinterviews von Larry Schiller erfahren habe. Ich fügte hinzu, daß meine Mutter demnach wußte, daß der Junge doch nicht gestorben war, wie Gary geglaubt hatte.

»Das stimmt«, sagte Frank. »Das Baby ist gar nicht gestorben. Das haben Mom und Dad Gary nur vorgeschwindelt. Ich glaube, vor ein paar Jahren bin ich Garys Sohn sogar begegnet. Es war aber kein sehr erfreuliches Treffen.

Es war an einem Sommernachmittag. Ich ging gerade die Burnside entlang, nicht weit vom Park, wo viele Obdachlose herumhängen. Ich kam gerade von der Arbeit und wollte in der kleinen Eckkneipe noch ein paar Bierchen trinken. Kaum war ich dort, kam dieser Kerl auf mich zu und quatschte mich an. Er fragte, ob ich Frank Gilmore sei, und ich sagte ja. Er sagte: ›Ihr Bruder Gary war mein Vater.‹ Ich sah ihn an und meinte: ›Ich weiß gar nicht, was Sie wollen‹, und hatte vor weiterzugehen.

Er hielt mich aber auf und sagte: ›Und ob Sie's wissen. Ihr Bruder war mein Vater. Ihre Familie hat mich total fertiggemacht, und jetzt mache ich Sie fertig.‹ Dann wollte er mir einen Kinnhaken verpassen. Ich habe mich geduckt und ihn gepackt und mit dem Rücken an die Wand geknallt. Auf einmal sehe ich, daß ihm ein Gummiknüppel aus der Hand fällt. Die Dinger können einem ganz schön weh tun. Ich habe das Ding auf die Straße gekickt und gebrüllt: ›Mensch, nicht mal kämpfen wie ein Mann kannst du!‹ Dann habe ich ihn losgelassen. Als ich sah, daß der mir nichts mehr tun würde, bin ich wieder in die Kneipe gegangen und habe dem Barkeeper gesagt, was passiert war. Der erwiderte, der Kerl sei ihm schon seit ein paar Tagen aufgefallen, weil er immer wieder dort herumgestrichen sei, als ob er auf jemand warte. Ich habe mich hingesetzt und mein Bier getrunken, und nach einer Weile sehe ich, daß der Kerl draußen steht und durchs Fenster zu mir reinschaut. Ich dachte mir, daß ich rausgehen und versuchen sollte, mit ihm zu reden. Aber bis ich draußen war, war er verschwunden, und ich habe ihn nie wiedergesehen.

Ich fragte Frank: »Glaubst du wirklich, der Mann war Garys Sohn? Sah er Gary denn ähnlich?«

Frank betrachtete mich einen Augenblick lang nachdenklich und sagte dann: »Er sah *genau*so aus wie Gary.«

Verdammter Mist, dachte ich. Wenn das stimmte, wenn der junge Mann tatsächlich Garys Sohn war, dann bedeutete das vielleicht etwas viel Schlimmeres, als ich je geahnt hatte: Dann gab es vielleicht nie ein Ende für dieses gewalttätige Erbe und diesen bösen Fluch. Der Fluch würde möglicherweise immer wieder in unser Leben eindringen, in unsere Welt, unsere Kinder, in alles, was von uns abstammte.

All das schoß mir durch den Kopf, als Frank sich über den Tisch beugte und sagte: »Entschuldige, daß ich mich in all den Jahren nie gemeldet habe. Ich wußte ja, wo du warst und daß es dir gutging.

Aber ich wollte dich nie stören. Ich wollte dich nicht besuchen und in Verlegenheit bringen, da ich ja so ein Herumtreiber war. Ich wollte dich auch nicht an eine Vergangenheit erinnern, die du doch lieber hinter dir lassen wolltest. Ich dachte: ›Einer von uns – ein *einziger* – hat's geschafft, aus dem ist was geworden. Ich gönne ihm sein Glück. Er soll ruhig gehen dürfen. Was soll er an seine Familie gekettet bleiben?‹«

Ich sagte nichts. Ich glaube, ich hätte auch nichts herausgebracht. Ich saß nur da, schaute meinen Bruder an und dachte: »Er ist vielleicht alles, was ich an Familie auf der Welt habe, aber wie viel ist das doch!« Ich hatte die Tiefe seines Herzens und das Ausmaß seiner Einsamkeit nie richtig verstanden, doch vielleicht war es noch nicht zu spät für die Treue, die nur aus einer Blutsbildung heraus entstehen kann.

Im Laufe des nächsten Jahres trafen Frank und ich uns mehrmals pro Woche bei mir, um über die Vergangenheit zu sprechen. Viele von den Geschichten, die ich hier aufgeschrieben habe, weiß ich von Frank, und durch ihn bekam ich ein umfassenderes, ausgewogeneres Verständnis für unsere Familie. Wie sich zeigte, hatte Frank ein erstaunliches Gedächtnis und ein beeindruckendes Gespür für wichtige Details. Immer wieder machte er mich auf Aspekte der Familiengeschichte aufmerksam, die ich nie für möglich gehalten hätte, und wenn er meine Fragen nicht beantworten oder manche Rätsel nicht lösen konnte, so sagte er es mir. Dadurch entdeckte ich mit der Zeit ganz neue Seiten an meinem Bruder, und wir nahmen die Gelegenheit wahr, so offen über schwierige Erfahrungen und Erinnerungen zu sprechen, wie es unter Geschwistern wohl selten vorkommt.

Im Sommer 1991 machte ich mit Frank eine Reise nach Utah. Ich wollte die Orte besuchen, wo meine Mutter aufgewachsen war, meine Eltern sich kennengelernt und Gary zum Mörder wurde. Und ich wollte mich mit den dort noch lebenden Verwandten aussöhnen. Im Verlauf der Ereignisse um Garys Hinrichtung hatte ich diese Leute damals sehr hart und wahrscheinlich unfair beurteilt und ihnen die Schuld an dem, was geschehen war, zugeschoben. Inzwischen hatte ich begriffen, daß mein Onkel, meine Tante und die Cousinen damals ihr möglichstes versucht hatten, um mit einer entsetzlichen und unkontrollierbaren Situation fertig zu werden. Sie hatten Gary ja nicht darum gebeten, in ihr Leben zu treten und es durcheinanderzubringen. Innerhalb weniger Monate hatte er die Hoffnungen vieler Menschen zerstört. Und nun war es an der Zeit, mich daran zu erinnern, daß sie auch zur Familie gehörten.

Frank und ich reisten unabhängig voneinander, denn er hatte vor, unterwegs noch Freunde zu besuchen. In einer Julinacht kam ich allein in Ogden, Utah, an und nahm mir in einem Motel ein Zimmer. Ich schaltete den Fernseher ein, um beim Auspacken die neuesten Nachrichten zu hören, als ein Reporter gerade sagte: »Die Hinrichtung verlief reibungslos, es gab keinerlei Probleme oder Zwischenfälle.« Ich setzte mich aufs Bett und war wie betäubt. Der mit einer Giftspritze hingerichtete William Adrews war einer der beiden Männer, die in Utah unter dem Namen »Die Hi-Fi-Killer« bekannt waren (weil sie ihre Opfer in einem Stereogeschäft zu Tode gequält hatten). Ich wußte nichts von dieser bevorstehenden Exekution, sonst wäre ich zu dem Zeitpunkt nicht nach Utah gefahren.

»Willkommen in Utah!« dachte ich; dann ging ich ins Bad und mußte mich übergeben.

Ich erinnere mich, daß ich mich auch am nächsten Abend wieder übergeben mußte. Ich war nach Orem gefahren, einem Nachbarort von Provo, um mir die Tankstelle anzusehen, in der Gary den ersten Mord begangen hatte. Die alte Tankstelle existiert längst nicht mehr. Heute steht dort eine moderne Anlage mit Selbstbedienung. Ich war erleichtert. Der Anblick der winzigen Toilette würde mir erspart bleiben, in der mein Bruder den wehrlos am Boden liegenden Max Jensen zweimal in den Hinterkopf geschossen hatte. Trotzdem ging von diesem Ort etwas Unheimliches, Unerträgliches aus. Hier hatte sich der böse Fluch manifestiert und ein Leben ausgelöscht. Ich saß in meinem Wagen, betrachtete alles genau und hatte den gleichen Gedanken wie meine Mutter damals: »Wie *konntest* du nur, Gary? Wie konntest du diesem Mann das antun?«

Die alten Gefühle von Scham und Entsetzen kamen in mir hoch. Ich fuhr nach Provo und fand eine Bar, wo es harte Drinks gab – gar nicht so einfach in Provo. Dann fuhr ich in mein Motel zurück und übergab mich.

Ein paar Tage später traf ich mich mit Frank, und wir besuchten unseren Onkel Vernon in seinem Haus etwas außerhalb von Provo. Auch unsere Cousinen Brenda und Toni waren da. Ida war vor einigen Jahren gestorben, und Vernon hatte wieder geheiratet – eine liebenswerte, fürsorgliche Mormonin. Auch Brenda hatte ihren Lebensgefährten verloren. John war vor ein paar Jahren an Krebs gestorben und lag nun neben Ida auf dem Friedhof von Provo nahe den Gräbern unserer Vorfahren.

Für mich war es eine Gelegenheit, Verwandte zu entdecken, die mir eigentlich nie nahegestanden hatten und die ich seit der Zeit, als meine Mutter zur Beerdigung ihres Vaters mit mir nach Utah gefahren war, nie mehr wiedersehen sollte. Für Frank war es anders. Er kannte diese Leute gut, er war ja mit ihnen aufgewachsen. Als ich ihn beobachtete, wie er mit Brenda und Toni sprach, spürte ich, daß sie für ihn wie Schwestern waren. Es war schön für mich zu sehen, wie gut sich alle verstanden.

Später, als ich Frank nach Salt Lake City zurückbringen wollte, verirrten wir uns in Provo und fuhren eine Weile im Kreis herum. Ich hielt an, um auf die Karte zu sehen, als Frank plötzlich sagte: »Da ist es.« Ich sah hoch. Wir standen direkt vor dem City Center Motel. Hier hatte Gary, nach dem Mord an Max Jensen in der Nacht zuvor, Ben Bushnell gezwungen, sich hinzulegen, bevor er ihn ebenfalls erschoß. Frank und ich saßen ziemlich lange schweigend da. Endlich holte ich tief Luft und fragte: »Was meinst du, sollen wir reingehen und uns umsehen?«

»Nein«, sagte Frank. »Ich will es nicht sehen.«

Ich war erleichtert. »Ich auch nicht«, sagte ich, und wir verließen die Stadt.

An jenem Abend bei Vern hatte mein Onkel mich beiseite genommen und gesagt: »Ich habe Garys Kleidung noch hier. Da ist etwas, das ich dir zeigen will.«

Doch solange Frank dabei war, wollte ich die Sachen nicht anschauen. Ein paar Tage später fuhr ich noch einmal hin. Wir setzten uns an den Küchentisch, und Vern brachte eine große Plastiktüte. Er holte ein ärmelloses schwarzes Sweatshirt, weiße Hosen und Tennisschuhe hervor und breitete alles vor mir aus. Es waren die Sachen, in denen Gary hingerichtet worden war. Ich hatte eigentlich gedacht, sie wären blutverschmiert und zerrissen, doch inzwischen hatte man sie gründlich gewaschen. Ich saß da und fuhr mit den Händen über die Kleider. Sie fühlten sich weich an, und seltsamerweise machte es mich nicht traurig, sie zu berühren. Es hatte fast etwas Tröstliches.

Vern hob das Hemd hoch und deutete auf das Muster der Einschußlöcher, das die Kugeln hinterlassen hatten, als sie den Stoff durchdrangen und Garys Herz zerfetzten. Es waren vier glatte Löcher, jedes etwa so groß, daß ein Finger durchpaßte.

»Schau mal«, sagte Vern und deutete auf ein weiteres Loch, das ein wenig abseits lag. »Das da«, sagte er, »das ist auch ein Einschußloch.«

Nach der Tradition – und wahrscheinlich auch nach dem Gesetz – besteht ein Erschießungskommando in Utah aus fünf Männern, von denen aber nur vier geladene Gewehre haben. In einer Waffe ist lediglich eine Platzpatrone. Sollte einer der Männer später in Gewissenskonflikte kommen, so konnte er sich darauf berufen, keine echte Kugel auf den Verurteilten abgefeuert zu haben.

Das Hemd hätte also eigentlich nur vier Löcher haben dürfen.

Statt dessen waren es fünf. Offensichtlich hatte man im Staate Utah auf Nummer Sicher gehen wollen, als man meinen Bruder an jenem Morgen töten ließ.

Während meines Aufenthalts in Utah verbrachte ich ziemlich viel Zeit mit meiner Cousine Brenda und lernte auch ihren zukünftigen Mann kennen, einen starken, intelligenten, gutmütigen Mann namens Jack. Ich verstand sofort, was meinen Brüdern an Brenda so gefallen hatte: Sie war lustig, natürlich, absolut ehrlich, gescheint und liebevoll. Auch tat sie nie etwas gegen ihr Gewissen; dies verkannt zu haben war Garys schlimmster Fehler gewesen. Brenda liebte Gary und hatte Mitgefühl mit ihm, doch als er Menschen tötete, wollte sie ihn nicht verstecken und in Schutz nehmen. Sie wußte, wenn sie das tat, würde er weiter töten. Ich konnte mir denken, wie ihr damals zumute gewesen war; doch es war richtig gewesen, daß sie der Polizei seinen Aufenthaltsort verraten hatte.

An meinem letzten Abend in Utah gab mir Brenda ein undurchsichtiges, grünes Gefäß, das oben versiegelt war. Durch das milchiggrüne Glas konnte man den Inhalt ausmachen: Es waren Knochenstückchen, die nach einer Verbrennung aus der Asche genommen worden waren.

»Das verwahre ich schon lange«, sagte Brenda. »Ich finde, bei dir ist es besser aufgehoben.«

Damit besitze ich nun alles, was auf dieser Welt von Gary Gilmore übriggeblieben ist. Ich bewahre das Gefäß in meinem Arbeitszimmer auf, und während der letzten Monate hatte ich es bei jedem Wort, das ich schrieb, neben mir stehen.

Aber ich brachte nicht nur Garys Urne aus Utah mit, sondern auch die Auflösung eines wahrhaft erschütternden Geheimnisses, wobei ich nicht wußte, wie ich damit umgehen sollte.

Ich hatte davon schon aus den Tonbandinterviews erfahren, die Larry Schiller und Norman Mailer mir geliehen hatten. Im Lauf eines Gesprächs zwischen Schiller und meiner Tante Ida verriet sie ihm etwas, das sich vor langer Zeit zugetragen hatte. Damals saß mein Vater im Gefängnis, und meine Mutter war mit Frankie und Gary wieder zu ihren Eltern auf die Farm gezogen und hatte in dem Schuppen hinten im Garten gewohnt. Eines Tages, als meine Mutter Ida ein paar Fotos zeigte, stieß sie auf ein Bild von Robert Ingram, dem Sohn von Frank sen. »Hast du schon mal einen so gutaussehenden Mann gesehen?« fragte Bessie. »Der Junge fehlt mir wirklich sehr. Das ist nämlich Frankies richtiger Vater.«

Und Bessie erzählte Ida, daß sie kurz nach ihrer Heirat ein flüchtiges Liebesabenteuer mit Robert erlebte, nachdem Frank sen. sie bei seiner Mutter zurückgelassen hatte. Bessie mochte Robert, und Robert mochte sie, und im übrigen konnte sie es Frank mit dieser Affäre heimzahlen, daß er sie so vernachlässigte. Bessie hatte nicht damit gerechnet, schwanger zu werden, doch als sie es merkte, dachte sie, daß es bestimmt nicht schwer wäre, den alten Frank davon zu überzeugen, das Kind sei von ihm. Trotzdem blieb mein Vater immer argwöhnisch. Allerdings glaubte er, Gary sei vielleicht Roberts Sohn, und wahrscheinlich hat das bei seiner späteren Abneigung gegen Gary und der Härte, mit der er ihn verprügelte, eine Rolle gespielt. Vielleicht lag es auch an diesem Geheimnis, daß Bessie Frankie als Kind immer geschlagen hat. Vielleicht mußte sie jedesmal, wenn sie ihn ansah, an ihr Geheimnis denken. Vielleicht empfand sie Schuld oder Scham, vielleicht machte sie dem Kind Vorwürfe. Jedenfalls war Frankie der einzige von uns, den meine Mutter regelmäßig verprügelte. Für das Geheimnis, das sie vor meinem Vater verbarg, mußten Frankie und Gary teuer bezahlen.

Ich wußte seit einiger Zeit über diese Geschichte Bescheid, wollte sie mir aber von den Verwandten in Utah noch bestätigen lassen. Meinem Bruder Frank hatte ich noch nichts davon gesagt. Ich wußte nicht, wie ich es anstellen sollte. Allerdings hatte ich mit Frank vereinbart, daß wir uns benachrichtigen würden, wenn wir etwas Neues erfuhren oder Gerüchte hörten. Er hatte mir bereits einige Dinge erzählt, bei denen es ihm sehr schwergefallen war, sie mir mitzuteilen. Nach dem Besuch in Utah – wo Vern und Brenda das Gerücht, so gut sie konnten, bestätigten und noch genauere Einzelheiten hinzufügten – war mir klar, daß ich Frank alles offenbaren mußte.

Bei unserem letzten Treffen sagte ich, ich hätte noch eine Sache herausgefunden.

Er setzte sich hin. »Ist es ein Schocker?«

Ich nickte. Und dann erzählte ich ihm alles. Er nahm es schweigend auf und sagte lange nichts. Dann sprach er mit leiser Stimme: »Ich habe mitgekriegt, wie Dad ein paarmal gegenüber Mom solche Anschuldigungen machte. Er schrie sie an, daß sie ihn mit Robert betrüge und er es schon immer gewußt habe. Ich hab's gehört, aber ich dachte, daß er nur das Maul aufreißen und ihr eins auswischen wolle. Doch jetzt wird mit einiges klar. Zum Beispiel, warum ich emotional so kaputt bin und warum Mom immer so streng mit mir war. Nach Dads Tod haben Gary und Gaylen doch andauernd Mist gebaut. Das hat sie fertiggemacht. Aber sie hatte sie immer lieb. Ich war derjenige, der sich einen abbrechen mußte. Ich habe sie versorgt, so gut ich konnte, und ich habe nichts dafür gekriegt außer Haß, Haß und noch mal Haß.«

Frank machte eine Pause und sah mich mit schmerzverzerrtem Gesicht an. »Das heißt also, Dad war überhaupt nicht mein Vater. Das heißt, mein Halbbruder war mein Vater, und Dad war mein Großvater. Aber jetzt will ich bloß eins wissen: Wenn wir beide nicht den gleichen Vater haben, bist du dann überhaupt noch mein Bruder?«

»Ich werde immer dein Bruder sein«, sagte ich, »und du immer meiner. Daran ändert sich nichts. Es tut mir leid, daß ich dir das sagen mußte. Ich habe lange überlegt, ob ich's tun soll. Es ist schwer, über so etwas zu reden.«

Frank senkte den Kopf und versuchte, seine Tränen wegzuzwinkern. »Über alles in unserer Familie«, sagte, »ist es schwer zu reden.«

Seit diesem letzten Treffen habe ich Frank nicht mehr gesehen. Ich mußte nach Los Angeles zurück, um meine Arbeit zu beenden; er wollte lieber in Portland bleiben. Wir rufen uns nur selten an, weil Frank kein Telefon hat. Allerdings schreiben wir uns ab und zu, wobei der bessere Briefeschreiber aber Frank ist.

Vor einiger Zeit schickte er mir einen Brief, in dem er noch einiges über unsere Familie schreibt, worüber wir damals nicht mehr sprechen konnten. Ich muß diesen Brief immer wieder lesen.

»Bevor Du auf die Welt gekommen bist, also als wir noch am Crystal Springs Boulevard wohnten, gingen Gary und ich nicht weit von dort zur Schule. Es ist jedesmal schlimm für mich, wenn ich an diese Schule denke, denn dann fällt mir wieder ein, daß ich gesehen habe, wie dort ein Schulkamerad getötet wurde, als er die Flavel Street überqueren wollte.

Er hieß Paul und ging mit seinem Vater dort entlang. Auf einmal sah ich, wie Paul über die Straße rannte und von einem großen schwarzen Auto angefahren wurde. Ich weiß noch, sein Vater geriet in Panik, und dann fiel mir ein, daß ich ganz vergessen hatte, meinen Bruder Gary von der Schule abzuholen. Ich sollte ihn mit nach Hause bringen, hatte ihn aber aus irgendeinem Grund vergessen.

Als ich sah, wie Paul von dem Auto angefahren wurde, bekam ich einen Schreck, weil ich dachte, es sei Gary. Ich rannte in die Schule zurück und schrie, mein Bruder sei von einem Auto totgefahren worden. Ich erinnere mich an eine dunkelhaarige Dame, die in ihrem Vorgarten stand und mich traurig ansah. Ich fand Gary, war aber immer noch ganz durcheinander. Ich erzählte ihm, was passiert war, und wir gingen zusammen nach Hause. Als ich es Mom erzählte, sah sie mich nur voller Abscheu an und sagte: ›Geh, wasch dir die Hände und komm Abendessen. Und daß du *ja nie* wieder deinen Bruder vergißt.‹ Damals lernte ich, wenn man was auf dem Herzen hat, darf man seinen Eltern nie etwas davon sagen...

Damals trugen Gary und ich beide Zeitungen aus. Das ging eine Zeitlang ganz gut, bis Gary keine Lust mehr hatte und die Zeitungen eines Tages statt sie auszutragen einfach wegschmiß. Damit war er seinen Job los. Er flog raus, und ich erinnere mich, Dad war so sauer, daß er Gary wahnsinnig vertrimmte. Von uns Kindern war ja keins perfekt. Aber der arme Gary war anscheinend noch ein bißchen weniger perfekt...

Du bist in unser Leben getreten, als wir noch am Crystal Springs Boulevard wohnten. Das war vor unserem Umzug nach Utah. Gary und ich saßen gerade da und hörten Radio, als das Telefon klingelte. Dad ging dran und kam kurz darauf ins Zimmer und sagte: ›Na, Jungs, ich weiß ja nicht, wie ihr das findet, aber ihr habt jetzt ein Brüderchen.‹

Ich erinnere mich auch noch an Deinen kleinen Laufstall, der außen herum ganz hohe Wände hatte, damit Du nicht rauskonntest. Es hat Dich auch keiner rausgenommen außer mir. Immer, wenn Du mich ansahst, bist Du ganz aufgeregt geworden und hast nach mir gegriffen, damit ich Dich rausholte. Und kaum hatte ich Dich hochgehoben, da fingen Deine Beinchen auch schon an, wie wild zu strampeln. Und wenn Du dann auf dem Boden warst, *wutsch*, da warst Du auch schon weg. Überall, im ganzen Haus herum, wie der Blitz. Es war, als wolltest Du allen sagen: Seht, ich bin frei.«

Epilog

Dahin sind meine Tage, zunichte meine Pläne, meine Herzenswünsche.
Sie machen mir die Nacht zum Tag, das Licht nähert sich dem Dunkel.
Ich habe keine Hoffnung. Die Unterwelt wird mein Haus, in der Finsternis breite ich mein Lager aus.
Zur Grube rufe ich: Mein Vater bist du!, meine Mutter, meine Schwester!, zum Wurm.
Wo ist dann meine Hoffnung und wo mein Glück? Wer kann es schauen?
Fahren sie zur Unterwelt mit mir herab, sinken wir vereint in den Staub?

Hiob 17, 11–16

Der Prozeß

Ich träumte, ich nähme an Garys Gerichtsverhandlung teil. Wir sitzen in einem kleinen Saal in einem Gerichtsgebäude in Utah, und der Raum ist voller grimmiger, unerbittlicher Gesichter. Es sind die Richter. Sie fragen Gary, der im Traum wie im richtigen Leben seine Exekution verlangt, wieso er die Verbrechen begangen habe, wieso er so gewalttätig sei. Er ist über ihre Fragen verblüfft und nicht gewillt, etwas zu seiner Verteidigung zu sagen. Ich gehöre zu seinen Verteidigern – entweder als einer der Anwälte oder als Zeuge – und schiebe Garys Hauptverteidiger einen Zettel hin.

»Ich weiß die Wahrheit«, schreibe ich. »Lassen Sie mich in den Zeugenstand.«

Ich gehe hinauf und sage, was meiner Meinung nach der Sache eine Wendung geben wird: Ich erzähle den Richtern, daß Gary als Kind geschlagen wurde, daß er zusehen mußte, wie man seine Mutter schlug, daß er unzählige Male allein gelassen und miß- handelt wurde.

Niemand mißt meinem Bericht besondere Bedeutung zu. Die Richter stufen meine Aussage als irrelevant ein. »Was dem Kna- ben geschieht, spricht den Mann nicht frei«, sagt einer von ihnen.

Doch dann bekommt der Traum einen seltsamen logischen Bruch – zumindest in der Logik der Richter. Sie erfahren, daß Gary eine dunkelhaarige, etwa dreijährige Tochter hat. Sie be- schließen, daß das Mädchen, da es als Garys Nachkömmling von ihm infiziert ist, nicht weiterleben darf. Wenn Gary sterben will, verfügen die Richter, muß das Kind mit ihm sterben. Gary ist einverstanden.

Ich bin außer mir über diese Entscheidung. Ich bin so aufge- wühlt, daß man mich aus dem Gerichtssaal schaffen muß. Ich versuche, jedem, der mir über den Weg läuft, die Ungerechtigkeit, Grausamkeit und Sinnlosigkeit dieses Urteils vor Augen zu füh- ren. Aber niemand scheint sich besonders daran zu stoßen. Gary nimmt den Tod des Kindes bereitwillig in Kauf, um seine persön- lichen Ziele durchzusetzen.

Inzwischen ist es mir egal, was mit meinem Bruder geschieht. Ich will dieses Kind retten. Ich kämpfe bis zum letzten Augen- blick – bis jemand in der Dunkelheit vor dem Gefängnis zu mir tritt und sagt: »Das Kind ist tot.«

Als ich das höre, breche ich zusammen, überwältigt von einem Gefühl unendlicher Trauer. Ich kann es nicht fassen. Ich kann mir nicht vorstellen, daß das Leben angesichts dieses Verlusts weitergehen oder noch erträglich sein kann. Mit so etwas Unfaß- barem vermag ich nicht zu leben.

445

Ich wache auf und spüre einen stechenden Schmerz in mir. Schluchzend liege ich in der Dunkelheit, und obwohl ich weiß, daß in Wirklichkeit gar kein Kind gestorben ist, kann ich nicht aufhören zu weinen. Es erscheint mir wie ein realer Verlust, und ich habe das Gefühl, daß ich damit nicht weiterleben kann.

Ich stehe auf und sehe auf die Uhr. Es ist erst halb fünf. Ich gehe in die Küche und schenke mir ein Glas Whiskey ein. Dann steige ich wieder ins Bett und bleibe in der Dunkelheit aufrecht sitzen. Lange verharre ich so. Dann trinke ich den Whiskey aus, schlüpfe unter die Decke und ziehe mir ein Kissen über den Kopf, um das grelle Morgenlicht abzuhalten, das ich so verabscheue. Ich rolle mich zusammen und sage mir: »Es wird nie wieder gut. Nie. Es wird *nie* wieder gut.« Das murmele ich vor mich hin, bis mich die Worte so weit beruhigt haben, daß ich wieder einschlafe.

Verzeichnis der Fotografien / Fotonachweis

9: Das Haus am Johnson Creek. Portland, Oregon, zirka 1956.

17: Melissa Brown (Bessie Brown haltend), George Brown, Will Brown, Patta Brown und Mary Brown. Provo, Utah, zirka 1915.

19: Gary Gilmore, Gaylen Gilmore und Frank Gilmore, Jr. Kingman, Arizona, zirka 1947.

24: Mikal und Bessie Gilmore, zirka 1958.

43: Provo, Utah.

57: Alta Brown und unbekannte Freundin. Provo, Utah, zirka 1930.

67: Hintere Reihe: Frank und Bessie Gilmore. Vordere Reihe: Frank Jr., Gary und Gaylen. Portland, Oregon, zirka 1930.

69: Unbekannte Frau und Bessie Brown. Provo, Utah, zirka 1933. Mit freundlicher Genehmigung von Lawrence Schiller.

79: Hintere Reihe: Robert Ingram und Frank Gilmore, Sr. Vorne: Gary, Gaylen und Frank Jr. Portland, Oregon, zirka 1950.

98: Das Grab von Clarence Gilmore. Wyuka Cemetery, Lincoln, Nebraska, 1994. Mit freundlicher Genehmigung von Gail Folda.

105: Gary Gilmore, Bessie und Frank Jr. Provo, Utah, zirka 1942. Mit freundlicher Genehmigung von Lawrence Schiller.

134: Gary Gilmore, Frank Sr. (Gaylen haltend) und Frank Jr. Kingman. Arizona, zirka 1947.

151: Frank Gilmore, Jr., unser Hund Queen, Gary und Gaylen. Portland, Oregon, zirka 1949.

153: Gary Gilmore (Mitte hintere Reihe), zirka 1952. Mit freundlicher Genehmigung von Tom Lyden.

174: Gary Gilmore. Kingman, Arizona, zirka 1947.

188: Gary Gilmore. Salem, Oregon, zirka 1957.

200: Mikal Gilmore. Seattle, Washington, zirka 1958.

209: Gary Gilmore, Bessie (mit Mikal) und Gaylen. Portland, Oregon, zirka 1956.

211: Gary Gilmore, Mikal, Gaylen und Frank Jr. Portland, Oregon, zirka 1957.

236: Milwaukee, Oregon, zirka 1961.

251: Frank Gilmore, Sr., Gaylen und Mikal. Portland, Oregon, zirka 1956.

263: Frank Gilmore, Sr. Seattle, Washington, zirka 1960.

269: Gary Gilmore. Provo, Utah, zirka 1949.

282: Gaylen und Mikal Gilmore. Tacoma, Washington, zirka 1957.

293: Frank Gilmore, Jr. Portland, Oregon, zirka 1958.

304: Mikal Gilmore. Portland, Oregon, zirka 1958.

319: Frank Gilmore, Jr., Bessie, Mikal, Janet und Gaylen. Vancouver, Washington, zirka 1971.

335: Gary Gilmore, Provo, Utah, zirka 1949.

337: Gary Gilmore, Staatsgefängnis von Oregon. Salem, Oregon, zirka 1972.

353: Gary Gilmore, Bundesvollzugsanstalt in Marion, Illinois, zirka 1975.

375: Gary Gilmore und Frank Jr. Sacramento, Kalifornien, zirka 1946.

399: Bessie Brown. Salt Lake City, Utah, zirka 1934. Mit freundlicher Genehmigung von Lawrence Schiller.
401: Bessie Gilmore. Milwaukie, Oregon, zirka 1973.
412: Mikal Gilmore. Oregon City, Oregon, zirka 1957.

427: Hintere Reihe: Robert Ingram, Bessie Gilmore. Vorne: Gary, Gaylen und Frank Jr. Portland, Oregon, zirka 1950.
444: Bessie und Mikal Gilmore, Salt Lake City, Utah, zirka 1951.

Soweit nicht anderweitig vermerkt, Wiedergabe aller Fotos mit freundlicher Genehmigung von Mikal Gilmore.